魏榆隽永集

王 菡 著

中华书局

图书在版编目(CIP)数据

魏榆隽永集/王菡著. —北京:中华书局,2018.9
ISBN 978-7-101-13308-0

Ⅰ.魏… Ⅱ.王… Ⅲ.文献学-文集 Ⅳ.K292.54-53

中国版本图书馆 CIP 数据核字(2018)第 128539 号

书　　名	魏榆隽永集	
著　　者	王　菡	
责任编辑	樊玉兰	
出版发行	中华书局	
	(北京市丰台区太平桥西里 38 号　100073)	
	http://www.zhbc.com.cn	
	E-mail:zhbc@zhbc.com.cn	
印　　刷	北京市白帆印务有限公司	
版　　次	2018 年 9 月北京第 1 版	
	2018 年 9 月北京第 1 次印刷	
规　　格	开本/920×1250 毫米　1/32	
	印张 20¼　插页 4　字数 503 千字	
印　　数	1-900 册	
国际书号	ISBN 978-7-101-13308-0	
定　　价	98.00 元	

　　王菡 (1951—2017)，生于北京，1968年12月参加工作，山西大学硕士研究生毕业，1992年6月到北京图书馆，先后任《北京图书馆馆刊》常务副主编、北京图书馆出版社副总编、《文献》杂志主编。

王菡女士于北京紫竹院公园，2010年10月29日。远处建筑为国家图书馆新馆。

王菡女士于《北京图书馆馆刊》编辑部门口，1995年10月29日。

王菡女士访美时与钱存训夫妇合影，2003年10月。

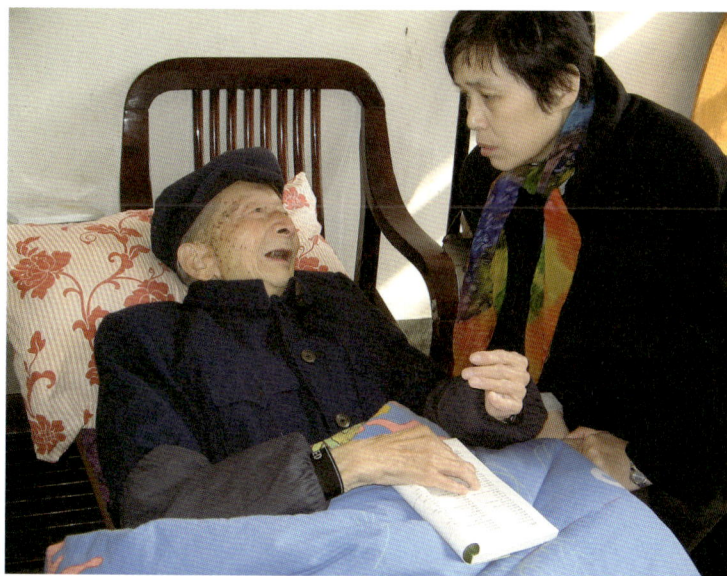

王菡女士于嵊州看望张秀民老先生，2005年11月6日。

王菡女士于南浔嘉业堂考察刻书文化遗存，2011年6月2日。

王菡女士化疗期间抱病校稿，2011年9月24日。

目 录

文献揭示

藏园校书研究

书　评

游　记

前　言

　　王菡女士《魏榆隽永集》出版在即，忝为同道，幸先获读，欣佩之馀，感慨良多。古今才媛文章传世，取地名以入集名者颇不多见，以"隽永"题名者尤觉独特。览此书名，已足觇女士之清远绝俗。不揣浅陋，略述感言如次。

　　"魏榆"者，今山西榆次县之旧名，晋中古邑，史迹斑斓，引入书名，著乡贯之所出，敬父祖之遗行也。女士出身书香门第，祖父王永祥先生（孝鱼，1900—1981），早年求学于清华留美学校、南开大学，学涉中西而归于中国哲学研究。20世纪30年代，即编撰《焦里堂三种》《船山学谱》行世。1949年后，历任北京蒙藏学院教师、中华书局编审等职，并于中国人民大学哲学系、北京大学古典文献专业授课。孝鱼老人好读子部书，曾为中华书局点校《庄子集释》《叶适集》《二程遗书》《陈确集》《春秋繁露》《王廷相全集》等，又凤究心于船山学说，先后整理王夫之《周易外传》《尚书引义》《诗广传》《读四书大全说》《读通鉴论》《庄子通》《老子衍》诸作，用力专精，积累丰厚。女士少时曾随祖父生活，深受老人学行熏陶,好习中西文字。未几,动乱嚣然而至,老人饱经磨难,藏书荡然,被迫返晋,穷处乡里,犹力疾著书,遗稿满床。女士年未二十,亦下乡至山西五台县,学耕稼于陇亩,备尝艰辛。所幸天厌丧乱,斯文未绝,读书种子,历劫犹存。20世纪80年代,女士回归校园,90年代,又进入北京图书馆(今中国国家图书馆,下同此)任编辑,自此日亲图书,优游文史,承其家风,服务时代。光阴荏苒,至2006年,女士循例退休,遂于白石桥畔国图善本室,埋首整理藏园老人读书校记,成绩斐然。众师友方羡其摆脱事务,专心治学,足以继踪先人,益多贡献,不意二竖潜至,女士竟罹疾矣。手术之初,女士偕夫君钟铀先生,积极配合治疗,又恳商主治医生,请求保护脑部缓受损伤,以便争分夺秒,利用馀力完成祖父遗著整理。天从人愿,孝鱼老人遗著《周易外传选要译解》《老子衍疏证》两种,终于2014年由中华书局顺利出版,而女士病情渐深矣。亲友收集其历年论文,仍交中华书局出版,女士自定书名,首标"魏榆",即以明学问之所从出,不忘告慰先人之情。夫子曰"必也正名乎",又曰"名不正则言不顺",女士之尊祖敬贤、献身学术,岂非合于古人"纯孝"之说。

女士为人端凝诚挚,言行有方。其服膺传统文化,敬重学术前辈,非仅囿于亲情。以笔者闻见,其行事尚多可述者。女士自20世纪90年代,即与远在浙江嵊县(州)山乡之张秀民先生(1908—2006)开始通讯。张老寿跻百龄,20世纪30年代即服务北图,至70年代初退休南返,蛰处闾巷,研究不辍,年届耄耋,犹勤写作,所著《中国印刷史》《安南史》等要著,皆完成于乡间陋室。女士以其夙有之善良及细腻,既佩张老穷而弥坚之治学精神,又为老人索居山乡,祁寒酷暑,研究缺少资料、起居乏人照应而抱忧,遂致函张老,嘘寒问暖,春秋不辍,并远道邮寄写作用稿纸,及冬日取暖之手套、怀炉等。至 2005 年，女士趁至沪开会之机，特意前往浙江嵊州崇仁镇廿八都村，探望老人于张宅"成美堂"。十载神交，一握为笑，尊贤重道，再谱佳话。2006 年国图举办"庆贺张秀民先生百岁诞辰——《中国印刷史》（修订版）首发式暨出版研讨会"时，曾展出女士与张老之往来书信，观者莫不为之动容。女士身居京城而能遥知张老，知张老而又能关怀备至、尽己力以助之，读集中《剡溪蕴秀异　欲罢不能忘》诸作，世于女士之为人，能不肃然以起敬。

　　女士任职国图出版社时，又与旅居北美之著名中国印刷史、图书馆学专家钱存训先生（1910—2015）建立联系，2003 年借赴美国哈佛大学燕京学社会议之便，专程至芝加哥大学拜访钱老。钱老亦为 20 世纪 30 年代起投身图书馆事业之北图老馆员，毕生致力于图书馆学、历史学、印刷史和中西文化交流研究，发表专著与论文逾百种，所著《书于竹帛》《纸和印刷》为驰名中外之经典专著，先后有英文、日文、韩文译本及中文等多种版本。钱老寿逾期颐，治学犹勤，读集中《在芝加哥大学拜访钱存训教授》一文，可知钱老之学行及其与女士交往之原委。钱老晚年结集之《中国书籍纸墨及印刷术论文集》，1999 年初版于香港中文大学出版社，女士关注殷拳，决意引归大陆出版，随即奉书北美，致敬钱老。电邮往复，多经磋商，幸蒙钱老首肯，签约授权，乃以"中国古代书籍纸墨及印刷术"为名再版（国图出版社，2002），并引发钱老多种著作单行本于大陆先后出版。女士与钱老由通讯而相知，结为文字之交，2003 年至芝加哥访问，钱老以九十高龄，仍拟亲自驾车至机场迎接，并周密安排其在芝加哥大学演讲等行程。读钱老"多年来在电脑中通信的'王菡女士'，居然在二周前见面握手，亲自欢迎，感到十分高兴而荣幸。你这次访美，虽然短短一月，但走访了美国东部和中西部的重要城市和主要图书馆,一定收获丰富,为你高兴"之语,不难想见两代学人间之珍贵友情。

女士论文结集,又取"隽永"为题名,以明其著述旨趣。"隽永"之辞,溯源可至秦汉。《汉书·蒯通传》记"通论战国时说士权变,亦自序其说,凡八十一首,号曰《隽永》"。唐颜师古注云"言其所论甘美,而义深长也"。后世评论诗文,多以"隽永"为标准。言有尽而意无穷,固然为世间诗文创作者所追求,女士从事文献研究,所撰学术论文仍以"隽永"为指归,令人既感其性情之温文尔雅,复窥其于文献学之深自矜重。女士娴习文史,先后任北京图书馆出版社编辑,《北京图书馆馆刊》及《文献》季刊主编,长期服务于国家图书馆,校书兰台,多读善本,又因编辑学刊,广结四方文友,谙熟学林动态,沉潜考索,融会贯通,学问见识,遂超迈群流,成为出身图书馆界之优秀文献学者。20世纪80年代以来,中国图书馆界专家迭出,女士则为学者型专家中之佼佼者。

图书馆为古典文献收藏之渊薮,其整理研究以目录学、版本学、校勘学为基础,又涉及相关文献之内容,学无定界,人须通才。女士历年论文结集,编为宋史研究、版刻与版本研究、文献揭示、藏园校书研究、名家与书籍、目录学与目录研究、国图工作、书评、游记诸单元,载文五十六篇,涉及宋史、文献传播史、中国印刷史、中国藏书史、图书馆史、四库学等专题,范围颇广,内容甚富,而研讨深入,用力极勤,检点其成果,令人目不暇接,而其最称难能者,在文词洗练,风格沉稳,气定神闲,迥非率尔操觚所可及。女士研究视野虽广,所关注则仍在文献承传与阐释,其追求"隽永"之初志,又可以孜孜整理傅增湘校勘跋识为证。藏园老人毕生校书万馀卷,遗书归于国图等馆,其藏书题跋虽久已传世,读书校记及批识则散布各书,书则分藏南北各图书馆及博物院,查访检辑,机缘有待。幸遇有心人如女士,先取国图藏本细心迻录,往复比勘,铢积寸累,历时多载而辑为《藏园群书校勘跋识录》(中华书局,2012)。集中《感受"于青灯黄卷中"——藏园群书校勘跋识之文献意义刍议》,提纲挈领,胪述藏园老人于近代校勘学史上之卓越贡献,原本实践,悉中肯綮,堪称藏园老人之身后知己,故曾邀傅熹年先生激赏。笔者陋见所及,女士之礼敬昔贤,穷年用力于辑集傅氏批校题识之举,实可与王欣夫先生当年辑集清惠栋《松崖读书记》事相媲美。欣夫先生《松崖读书记》遗稿不全,刊布攸待,藏园遗书则未尽登录,题识校辑亦待赓续。世有以守先待后、文献华国为怀者,当知王菡女士其人其书矣。

二〇一七年初夏吴格谨记于复旦大学光华西楼

宋史研究

宋代武学武举制度考述*

我国古代的武学武举制度可以溯源到汉代，甚至更早。但作为一项正规的、经常性的培养、录取武官的制度，是在宋代逐渐完善、确立的。兹就宋代武学和武举诸方面问题作一探讨。

一 武学

（一）宋代武学的兴衰

武学始建于唐代开元年间，置于太公尚父庙内①，其发达完善则在宋代。宋代科举制度盛行，对文化事业的推动，对选官制度的健全，起了很大的促进作用。不言而喻，太学盛极一时，武学随着武举制度的逐步确立，也成为国子监中的主要组成之一，是宋

---

* 本文原刊《文史》第三十六辑，合作者吴九龙。原文引用文献未注明版本信息，今仍其旧。
① 参见《文献通考》卷五七《职官考》。

代高级军事院校,在武官选拔制度中起着重要的作用。

宋代建武学之动议,在庆历三年间。庆历三年五月丁亥建武学于武成庙,以阮逸为教授。历时不久,同年八月罢武学。阮逸改兼国子监丞,"其有愿习兵书者,许于本监听读"①。其间正是范仲淹推行"庆历新政"之时。范仲淹为参知政事,欧阳修任谏官,与韩琦、富弼等人一起改革吏治,对官吏选拔、取士有一些新规定,对加强防务也连上奏章。在这样的背景之下,建立武学自然顺理成章。但建立不久,有人议论说:"古名将如诸葛亮、羊祜、杜预、裴度等,岂尝专学《孙》《吴》。"②故罢之。

再兴武学在熙宁五年。熙宁五年六月乙亥日,宋神宗诏于武成庙置武学。从六月到七月之间,逐渐健全了武学的各项制度,诸如规模、学制、课程、考试,及毕业后的职任。《宋史·选举志》曰:"生员以百人为额,选文武官知兵者为教授。使臣未参班与门荫、草泽人召京官保任,人材弓马应格,听入学,习诸家兵法。教授官纂次历代用兵成败、前世忠义之节足以训者,讲释之。愿试陈队者,量给兵伍。在学三年,具艺业考试等第推恩,未及格者,逾年再试。"③这次虽不是初立武学,但其制定的这些管理办法,却为以后几次再兴武学时所借鉴。王安石主持的熙宁变法,其中一个重要内容就是要改变"冗兵"之状。在这个思想基础之上,复置武学,对培养素质较高的武官是有积极意义的。在武举中,武学生员的比重也在逐渐增加。

宋代国子监的生员在科举考试中所占的重要地位是不容忽

---

①《续资治通鉴长编》(以下简称《长编》)卷一四一。
②《长编》卷一四二。
③《宋史》卷一五七《选举志三》,又见于《长编》卷二三四。

视的。以太学为例,太学是国子学中最主要部分,神宗时分上内外三舍。刚入学的学生先入外舍学习,经过一系列的考试,逐渐升入内舍,以至上舍学习,上舍生数量很少。上舍生考试合格后,其中优等者可免解试,甚至可以直接释褐授官,并取得进士资格。武学生员的升迁,与太学大致相同。除国子武学的学生参加武举外,各路都监、文臣转运判官以上者均可举荐一人参加武举。据《长编》记载,武学"生员及应举者不过二百人,春秋各一试,步射以一石三斗,马射以八斗,或弓八斗,矢五发中的,或别习武伎副之策略,虽弓力不及,学业卓然者,并为优等,补上舍,以三十人为额"①。《宋会要辑稿》熙宁六年八月,"命武举官龙图阁直学士张焘、权枢密副都承旨张诚一,同军器监官考试武举武艺,武举合格所取无过三十人"②。总之,每次所取的三十人,是武学生员中欲升入上舍者,加上各地应举中的优等者之和。馀者按成绩入内舍或外舍,继续学习。

到了宋徽宗时期,情形有所改变,对州学和国子学格外重视。首都的太学以外,又设辟雍,实际上是扩大太学的影响。崇宁三年九月有诏令各州学"别为斋舍,教养材武之士,随人数多寡许令入学,并依进士法,其考选、校试、升补,取今武学条制,看详修定颁下"③。当时提倡州学县学,州学中立武学。太学生员以三舍法取士,学生由县学升至州学,由州学选拔到辟雍。考试之后,再分为上舍、内舍、外舍的次第。武学生员分内外舍,内舍生被称为武俊生,外舍生被称为武选生。学校贡举,几乎代替了科举④。这是

①《长编》卷二三六。
②《宋会要辑稿·选举一七》。
③《续资治通鉴长编拾补》(以下简称《长编拾补》)卷二四。
④参见《长编拾补》卷三二,《玉海》卷一一二《学校》。

蔡京当政以后在选官制上采取的新措施。一年多以后,因州学中武学生员不多,但仍需添置鞍马、马房、射圃,并设武艺教头,费用甚多,曾有诏令罢州武学①,崇宁五年九月又议复置②。宣和年间州武学已存,宣和二年十月,"尚书省言,契勘州县武学已罢,内外愿入京武学人,乞依元丰法补试入学"③。

立学校,逐级贡举,废罢科举,不利于吸引更多的庶族知识分子参加科举,取士范围限制在学校生之内,而能够在官立的州县学及国子学中学习的生员,多是官员子弟。三舍法不利于庶族知识分子的提拔,引起甚多不满。宣和年间侍御史毛注就曾数次上言,希望徽宗能够"省边事、足财用、收士心、禁技巧"。其中"收士心"之谓,就包括恢复科举,他解释说:"今学校养士,盖有常额,额外之人,不复可预教养,岁贡之馀,略无可进之地。愿留贡籍三分,暂存科举,以待学外之士,使无失职。"④宣和三年,恢复科举。

南宋之初,为适应国家的需要,迅速地擢用武艺及兵法谙熟者。由于对武官的需求迫切,恢复武举之议常见于大臣的奏议之中。如建炎三年起居郎胡寅上疏条陈七事,其一曰罢和议而修战略,其四曰大起天下之兵,提出"择强武者训习,且耕且战,文武臣中有明习营屯之事,肯承任者,因以任之"⑤,其以主战为主导思想,主张任用文武臣中既能训练军队,又能屯田备粮的得力之人。绍兴五年进士王九龄进言五事,其二曰屯田,其三曰复武举⑥。与

---

①参见《长编拾补》卷二六。
②参见《长编拾补》卷二六。
③《长编拾补》卷四二。
④《宋史》卷三四八《毛注传》。
⑤《建炎以来系年要录》(以下简称《系年要录》)卷二七。
⑥参见《系年要录》卷八八。

此同时,亦殿试武进士,但规模较小。

绍兴十二年,各州学相继恢复。同年九月,秦桧等上《国子监太学武学律学小学敕令格式》二十五卷①。绍兴十六年三月初一,诏有司建武学。从此迁延十年,武学萧条。绍兴二十六年三月,三省奏言太学生本二千人为额,现在学不足三百人。四月高宗到景灵宫,看到"武学颓弊,亦全无士人"②,希望礼、兵部能迅速采取措施。十几天以后,诏武学以八十人为额,至七月份,增到百名。这一年八月份,任命周操为武学博士,从此,武学似乎有了重新振兴的希望。

(二)宋代武学的管理

武学的规模从北宋到南宋,变化不大。武学隶属国子监,神宗立武学时,设武学教授一人,元丰后称博士,还设有学谕及正、录职任。博士讲授兵书、历代用兵成败之例。学谕、正、录负责安排考试,及管理学生诸事。

熙宁时,武学生员以百人为额。南宋绍兴年间重振国子学时,曾以八十人为额。绍兴二十六年又增至百人之额。熙宁时,这百名生员,有"使臣未参班与门荫、草泽人召京官保任,人材弓马应格,听入学",同时又规定"科场前一年,武臣路分都监、文官转运判官以上各奏举一人,听免试入学"③。生员由低级武官、官员子弟及各路举荐者三部分组成。

武学生员入学时虽然已经过武艺考试,入学以后,私试、公试

---

①参见《系年要录》卷一五〇。
②《系年要录》卷一七二。
③《宋史》卷一五七《选举志三》。

仍要求弓马武艺。熙宁、元丰年间,"强兵"之声甚高,对武艺亦甚为重视。国子司业朱服在元丰六年曾言"养士莫盛于太学,而士鲜能知射。今武学教场隶本监,欲听学生每遇假日习射"①。太学生尚且需要习射,可想而知武学生对步骑射的重视了。

　　武学发展的几个阶段,都有相应的管理条例。《宋史·选举志》中提到的几个条例,均是关于考试成绩定等,以及因此授官级别的规定。如熙宁年间的《武举试法》,元丰元年的《大小使臣试弓马艺业出官法》,崇宁年间科举改为三舍选贡,随之亦有《考选升贡法》。绍兴十六年,武学再兴,立《武士弓马及选试去留格》,这个条例比较简单,绍兴二十六年,兵部参立新制,见于《宋史·选举志》。淳熙七年,朝廷采取鼓励武举出身者直接从军的做法,立有《武举绝伦并从军法》②。

　　关于武学校规,元丰三年曾有《新修敕令格式》③,绍兴十三年九月,秦桧领衔上《国子监太学武学律学小学敕令格式》二十五卷,这以后不久,武学、武举正式恢复,其具体的管理规定已难确知。不过,在《长编》中有这样一个诏令:"武学上舍生在学一年不犯第二等过,委主判同学官保明免解从上,毋过二人,内于贡举法自应免解,及已该免解,后更又在学二年以上无殿罚,免阁试。"④这说明上舍生不仅要行为规范,无差池,即不犯第二等过,而且对考试成绩也十分重视。所谓"殿罚",《宋史》曰:乾德元年,"定诸州贡举条法及殿罚之式:进士'文理纰缪'者殿五举,诸科初场十'不'殿五举,第二、第三场十'不'殿三举,第一至第三场九'不'

①《长编》卷三三五。
②参见《宋史》卷一五七《选举志三》。
③参见《长编》卷三五〇。
④《长编》卷二九〇。

并殿一举。殿举之数,朱书于试卷,送中书门下"①。"不"是指文理不通处,殿举次数,是指停止应考的次数。可见有无殿罚是学习成绩优劣的标志。

《宋史·艺文志》中有贾昌朝的《庆历编敕律学、武学敕令》二卷。贾昌朝,庆历三年时任参知政事,不久拜同中书门下平章事,兼枢密使,本传中录其《上备边六事》。他所撰写的武学敕令,大约是宋代武学最早的条例了。《艺文志》中还著录有元丰年间《武学敕令格式》一卷,《绍圣续修武学敕令格式看详》并《净条》十八册②。《文献通考》著录秦桧所上的《格式》③。今皆不存。

(三) 宋代武学官员及教授

宋代的武学官员有学判、教授,元丰以后称教授为博士;还有学正、学录,后来又改为学谕。学录和学谕,是武学中的管理人员,有时由上舍生担任。兹将部分官员和教授行状钩沉如下。

阮逸,庆历三年建武学时任武学教授,是宋代第一任武学教授。字天逸,福建建阳人,进士出身。景祐初因通乐律,曾与胡瑗一起校定钟律。庆历初迁太常丞。庆历三年建武学,阮逸为教授。不久,武学罢,改兼国子监丞。或曰《李卫公问对》一书,系出于阮逸家,《春渚纪闻》《后山谈丛》等书又以之为阮逸伪撰。《问对》一书今存;《四库全书总目》认为是五代宋初人所撰。《宋史·艺文志》上还著录有阮逸《野言》一卷④,今不存。

---

① 《宋史》卷一五五《选举志一》。
② 参见《宋史》卷二〇四《艺文志三》。
③ 参见《文献通考》卷二〇三《经籍考》。
④ 参见《宋史》卷二〇七《艺文志六》。

　　熙宁五年,韩缜、郭固先后判武学。韩缜,字玉汝,是韩亿第六个儿子。景祐二年时,韩亿知枢密院事,他认为,"时承平久,武备不戒。乃请二府各列上才任将帅者数十人,稍试用之。又言武臣宜知兵,而书禁不传,请纂其要授之。于是帝亲集《神武秘略》,以赐边臣"①。韩缜曾除陕西转运副使,又知秦州。他著有《元丰清野备敌》一卷,《枢密院五房宣式》一卷,《论五府形胜万言书》一卷②。郭固对用兵也知之甚深,他曾著《军机决胜立成图》一卷,《兵法攻守图术》三卷③。熙宁时,宋神宗多次与臣僚讨论李靖兵法,深感兴趣。六年十一月,诏令郭固与贾逵撰写一部《教习比试队伍法》④,来说明古代五人为伍与李靖三人为队的团力之法孰优孰劣。该书不见诸著录,故未知其详。

　　刘奉世,熙宁七年以枢密院兵房文字权同判武学。字仲冯,刘敞之子,亦谙熟汉史。《宋史》有传。《麟台故事》曰:"熙宁三年十月诏馆阁校勘王存、顾临、秘书省著作郎钱长卿、大理寺丞刘奉世同编《经武要略》。"⑤《长编》熙宁八年五月戊子,"罢修《经武要略》"⑥。《宋史·艺文志》著录有《经武略》二百九十卷⑦,不著撰人,未知与《经武要略》是否一书。

　　杨佋,熙宁八年五月权武学教授⑧。他研究李靖兵法,并有图议,《宋史·艺文志》上有杨佋《兵法图议》一卷,今不传。

①《宋史》卷三一五《韩亿传》。
②参见《宋史》卷二〇七《艺文志六》。
③参见《宋史》卷二〇七《艺文志六》。
④参见《长编》卷二四八。
⑤《麟台故事》卷二。
⑥《长编》卷二六四。
⑦参见《宋史》卷二〇七《艺文志六》。
⑧参见《长编》卷二六四。

程颢,元丰二年二月判武学。字伯淳,人称明道先生。《宋史·程颢传》曰:颢"除判武学,李定劾其新法之初首为异论,罢归故官"①。《长编》记罢程颢武学判是因御史何正臣言"颢学术迂阔趋向僻异故也"②。罢程颢后,顾临判武学。程颢判武学才八日。

顾临,元丰年间判武学。字子敦,会稽人。曾和刘奉世等受诏编《经武要略》。宋神宗曾召之问兵,对曰:"兵以仁义为本,动静之机,安危所系,不可轻也。"并条陈十事。不久,判武学。历任刑、兵、吏三部侍郎兼侍读,为翰林学士③。

何去非,元丰五年除武学教授。字正通,福建浦城人。先多次举进士不第,元丰五年时参加科举,考官曾巩奏有一人累试不第,其所论用兵之道非通儒硕学所能及。后以特奏名参加廷对,神宗问:"昔尝游边乎?"对曰:"臣生长闽粤,每恨未识边防制度。"又问:"何以知兵?"对曰:"臣闻文武一道,古之儒者未尝不知兵。"神宗很满意,除右班殿直、武学教授,并诏校兵法七书。元祐四年苏轼奏请为何去非换一文职,任太学教授,结果出为徐州教授。后来苏轼又奏乞除何去非一馆职,未果。苏轼的两篇荐状今存。苏轼推重何去非笔力雄健,识见高远,有秦汉间风力。何去非著有《备论》十四卷,皆为评论古人用兵之作,东坡荐状曰该书二十八篇,今存二十六篇。何去非还著有《三略讲义》和《司马法讲义》,今不传。

周操,绍兴二十六年为太学博士兼武学博士。字元持,吴兴人,绍兴五年进士④。绍兴二十年先为国子学录,高宗因欲兴武

①《宋史》卷四二七《程颢传》。
②《长编》卷三九六。
③参见《宋史》卷三四四《顾临传》。
④参见《咸淳吴兴志》卷一四。

学,询问于周操,周操便将本朝武学建置的优劣兴衰略述一番,因此兼武学博士。

赵应熊,绍兴二十九年八月为武学博士。他于绍兴二十七年三月武举考试第一名,弓马甚精,文字亦可采,遂以阁门祗候为江东安抚司准备将。绍兴二十九年被荐为武学博士,史家评之曰:"拔自武科,通于文艺,素高膂力,洞达兵机,故有是命。"①

孙显祖,乾道七年为武学博士。隆兴元年应武举程文第一,武艺绝伦,依赵应熊例加官阁门祗候,殿司军中差遣。

高似孙,庆元年间为武学博士。字续古,淳熙十一年进士。曾官校书郎,以礼部郎守处州。著述甚丰,于地理学、目录学、诗词之属均有建树,今传世的有《剡录》《子略》《疏寮小集》等。

(四)宋代武学与兵法七书

宋人重文,雅好论著,故今传世之文集、笔记、史志尤多。在兴武学、武举的过程中,朝廷降诏刊刻校勘古代兵书,有些官员公馀勤于笔耕,对古代兵法典籍的研究和整理,做出了贡献。

武举中要考试兵法,唐代已然。《唐会要·制科举》曰:"景云元年十二月制:其有能习三经、通大义者;……韬略学孙、吴、识天时人事者;畅于辞气,聪于受领、善敷奏吐纳者,咸令所司,博采明试,朕亲择焉。"②特别提到了孙、吴韬略。宋代不仅要以兵法考试,还要在武学中讲授兵法。中国兵法首推《孙子》《吴子》,馀者还有《三略》《六韬》《孙膑兵法》《司马法》等等。《太平御览》中尚提到《李卫公兵法》。宋人对《六韬》是否原本、《李卫公问对》

---

①《系年要录》卷一八三。
②《唐会要》卷七六《制科举》。

的真伪提出疑问,武学对此七种兵书曾加以校勘。

　　宋神宗是一位较有作为的皇帝,他在位期间,进行了著名的变法改革,成为北宋中期一个生气勃勃的阶段。宋神宗很重视兵法,但他并不一味崇古,推原《孙子》,而是对前代的李靖兵法深感兴趣。根据史书记载,宋神宗与王安石等大臣,曾数次讨论李靖的阵法、队法,及其兵法思想的渊源。熙宁六年十二月,神宗与王安石论司马、孙、吴和李靖的团力之法,甚善李靖的结队法,王安石因之曰:"后世无知兵者,靖能结三人为队,以当衰乱散斗之敌,宜其每胜,比之韩信则已不及。至于黄帝兵法,必非靖所能知。盖自黄帝以来即有伍法,岂容历代圣人智不及靖,而不能结三人为队也?"上曰:"韩信以数十万当项羽十万,靖以万人当颉利一国,靖未必不如信。"①君臣之间对问甚长,兹不一一细举。熙宁七年九月,神宗与辅臣论战阵之法,并曰:"兵,阴事也,主杀尚右,而阳多者胜,如高者可以胜下,长者可以胜短是也。"②朝廷重视强兵,讲求兵法,对朝野有较大的影响。

　　元丰六年十一月,国子司业朱服受诏校定《孙子》《吴子》《司马兵法》《卫公问对》《三略》《六韬》六种兵法,因奏言曰:"诸家所注《孙子》互有得失,未能去取。它书虽有注解,浅陋无足采者。臣谓宜去注,行本书,以待学者之自得。"朱服认为只出白文本即可,以免注文反碍正文。神宗诏曰:"《孙子》止用魏武帝注,馀不用。注《卫公对问》者,出阮逸家,盖逸仿杜氏所载靖兵法为之,非靖全书也。"③该书出于阮逸家之说,不独神宗云云,何薳在《春渚

<hr>

①《长编》卷二四八。
②《长编》卷二五六。
③《长编》卷三四一。

纪闻》中追述其父何去非受诏校定兵法七书时亦曰:"先君言,《六
韬》非太公所作,内有考证处,先以禀司业朱服,服言,此书行之已
久,未易遽废也。又疑《李卫公对问》亦非是。后为徐州教授,与
陈无己为交代。陈云,尝见东坡先生言,世传王氏《元经》《薛氏
传》、关子明《易传》《李卫公对问》,皆阮逸著撰。"①又陈师道《后
山谈丛》、邵伯温《闻见后录》俱载阮逸伪撰之事,何相约太齐? 因
之,陈振孙《直斋书录解题》、晁公武《郡斋读书志》中都以该书为
阮逸伪撰。

　　《新唐书》和《旧唐书》中的确没有著录《李卫公问对》,但是
宋初编纂的类书《太平御览》中,不仅提到了兵法七书,也引用了
《李卫公兵法》。《太平御览》成于太平兴国年间,所引征的典籍大
致反映了唐五代时期的状况,这个成书年代,比阮逸登进士第(天
圣五年)要早四十馀年,比他任武学教授早六十年左右,该书独出
于其家之说,似不当成立。又神宗熙宁八年时曾诏枢密院,"唐李
靖兵法,世无完书,杂见《通典》,离析讹舛,又官号物名,与今称谓
不同,武人将佐,多不能通其意。可令枢密院兵房检详官与检正
中书刑房王震、提举修撰经义所检讨曾旼、中书吏房习学公事王
白、管勾国子监丞郭逢原,校正分类解释"②,并要用李靖的营阵法
训练步军和马军。这件事载入四朝国史,《文献通考》在《李卫公
问对》的解题中转引。故《四库全书总目》认为该书出于五代宋初
人的伪作。李靖的营阵法、结队法宋神宗最为欣赏,熙宁六年十
一月曾诏令郭固与贾逵撰写《教习比试队伍法》③,说明李靖三人

①《春渚纪闻》卷五。按,《李卫公问对》,《长编》《春渚纪闻》作《李卫公对问》,《文献
　　通考·经籍考·子部·兵家类》和《武经七书》作《李卫公问对》。
②《长编》卷二六〇。
③参见《长编》卷二四八。

为队,古人五人为伍的各自特点。熙宁八年,又有杨俛撰述李靖兵法,并上图议。

元丰元年,大名府元城县主簿吴璋注释《司马穰苴兵法》三卷①,该书见诸《宋史·艺文志》,但宋代重要私家书目及《文献通考》上不见著录。

宋人注释《孙子》者数家,可见于《宋史·艺文志》《文献通考·经籍考》等书目。兹不细举。

兵法七书,经过宋人的校勘整理,成为我们目前可见到的最早的传世善本之一,又因其在武学、武举中的重要地位,被奉为"武经",这其中的发展过程如何呢?

前面引到的朱服因承诏校定兵法,而奏言神宗,从其奏言和神宗的诏令中可知:1,朱服受诏校的兵法共六种,比今传世之《武经七书》少《尉缭子》。2,他的校定本中《孙子》有曹操注,馀五种是白文本。《宋史·艺文志》中著录朱服校定本共五种,比《长编》的记载还少《李卫公问对》。朝廷降诏校勘兵法不止一次,何薳云其父何去非受诏校正七书,其时间虽然和朱服相近,但内容却有差异。《春渚纪闻》曰:"先君为武学教授日,被旨校正武举《孙》《吴》等七书。"据何薳回忆,何去非在对七书的校勘中,为《六韬》是否太公原作问题进行过考证②。朱服与何去非为同时人,后人或以为二人所校兵书为同一件事。

熙宁间重建武学,元丰间降诏校兵法七书,但北宋的文献中并没有将这七种兵书称之为"武经"。在武举考试中,以《孙子》和《吴子》为重。《宋史·选举志》记载升补内舍生要达到"试马射

—————————

① 参见《长编》卷二八七。
② 参见《春渚纪闻》卷五。

以六斗,步射以九斗,策一道,《孙》《吴》《六韬》义十道,五通补内
舍生"。熙宁时再修《武举试法》时,"又以《六韬》本非全书,止以
《孙》《吴》书为题"。元丰元年立《大小使臣试弓马艺业出官法》,
其中要求第一等《孙》《吴》义十通七,第二等《孙》《吴》义十通五,
第三等《孙》《吴》义十通三。元丰七年,"止试《孙》《吴》大义一
场,第一等取四通,次二等三通,三等二通为中格"①。北宋武举对
兵法考试是趋于简化的,强调武艺,重视时务和边防的策论。

　　南宋更重文墨。建炎三年诏武举人要试《七书》义五道。绍
兴二十六年,兵部讨论武学武选去留条例,规定武学生要学《七
书》,凡外舍生补内舍,要先试武艺,中格者才允许试《七书》义一
道②。由于对兵法要求甚高,逐渐有太学生久不第者从武举,有臣
议曰:"武士舍弃弓矢,更习程文,褒衣大袖,专做举子。夫科以武
名,不得雄健喜功之士,徒启其侥幸名爵之心。"③衢本《郡斋读书
志》中《六韬》题解曰:"元丰中以《六韬》《孙子》《吴子》《司马法》
《黄石公三略》《尉缭子》《李卫公问对》颁行武学,今习之,号《七
书》云。"④该语在袁本《郡斋读书志》中,置于《李卫公问对》的题
解中。但在《直斋书录解题》中,则以"武经"称之,曰:"今武举以
七书试士,谓之武经。"⑤陈振孙生活在宁宗、理宗之时,他于淳祐
四年任国子司业,此间阅览了大量皇家藏书,他的《直斋书录解
题》大约完成于此后。他对武学武举考试的记叙,反映了南宋,特
别是南宋中期的情况。

①《宋史》卷一五七《选举志三》。
②参见《宋史》卷一五七《选举志三》。
③《宋史》卷一五七《选举志三》。
④《郡斋读书志》卷一四。
⑤《直斋书录解题》卷一二。

总之,北宋时,对《六韬》《李卫公问对》等书的真伪尚存争议,且考试亦以《孙子》《吴子》为主,故不会遽称为"武经七书"。到了南宋,随着武举、武学中将"七书"视为一体,考试以"七书"为题,其权威性提高,方将之称为《武经七书》。

二　武举

（一）宋代武举取士

武举,唐代已有。唐代武举科目名目不一,开元二十三年有智谋将帅科,建中元年有军谋越众科,贞元元年有识洞韬略、堪任将相科,元和二年有军谋宏达、材任将帅科,宝历元年有军谋宏达、材任边将科等等①。名将郭子仪就曾以武举高等任官。据《新唐书》记载,参加武举者,均为官员子弟,"岁取文武六品以下,勋官三品以下五品以上子,年十八以上,每州为解上兵部"②。五代离乱,尽管科举尚存,武举则与频繁的战争合一了。

继五代之后,宋初定,尚不及武举。北宋开始武举,在真宗咸平三年。真宗曾诏两制馆阁详定武举武选入官的规则及前代的旧例,但未实行。仁宗天圣七年闰二月又下诏令:"三班使臣,诸色选人及虽未食禄、实有行止,不曾犯赃及私罪情轻者,文武官子弟别无负犯者,如实有军谋武艺,并许于尚书兵部投状乞应上件科。先录所业军机策论五首,上本部。其未食禄人召命官三人委保行止。"③由此可知,凡是三班使臣,即级别较低的武官和文武官

---

① 参见《唐会要》卷七六《制科举》。
② 《新唐书》卷四五《选举志下》。
③ 《宋会要辑稿·选举一七》。

员的子弟，及候补的官员，只要行为较严谨，有些谋略武艺的都可报名参加武举。取士的范围比唐代扩大，吸引了较多人应举，这和宋代扩大科举取士范围的精神相一致。

天圣七年始，武举之议不断，亦有少数官员中选。康定元年，曾有一次大规模的武艺校试。丁度等人受仁宗之命，"晓示使臣及诸军班将校兵士，如实有武艺精强，胆勇敢战，谋虑出众者，许经试验官自陈，当与拣择"①。这道诏令是根据范仲淹的奏请而下。经丁度等人校试，武艺高低共分五等，中选者一百八十一人。这次考校不是武举及第的考试，所以没有兵法、策论之试。但这次校试为军队中武艺超众者的升阶开辟了道路，也是范仲淹、丁度等人力倡边务的重要措施之一。丁度曾著《庆历兵录》《赡边录》，并奉诏与曾公亮修《武经总要》四十卷。他曾对仁宗曰："承平时用资，边事未平宜用才。"②范仲淹在任参知政事前，曾守陕州，对西夏的进犯，防守甚严。康定元年三月曾有诏令："试中武艺人并遣赴陕西任使，观其才用。"③由于范、丁等人积极抵御西夏进犯，使材武中选者急赴前线，得以锻炼并发挥他们的才干。

熙宁五年立武学之后，武举考试分武艺、兵法、策论三部分。策论的内容以时务、边防为主，比较灵活，尤其是廷对，由皇帝亲自出题，有时问兵法，有时问战争的道义，有时请分析屯田中兵与农的关系。今存的几篇策问之一，就是分析战争道义问题的，乾道五年三月八日内出制策曰："昔唐太宗与其臣李靖讲论兵法，至终篇发最深之问，靖则等而三之，一曰道，谓神武不杀也；二曰天

①《宋会要辑稿·选举一七》。
②《宋史》卷二九二《丁度传》。
③《宋会要辑稿·选举一七》。

地,谓天时地利也;三曰将法,谓任人利器也。太宗亦以不战而屈
人兵为上,百战百胜为中,深池高垒为下。要使学者繇下以及中,
繇中以及上,其言是矣。然任人利器,深池高垒,此在我者,固可
以自善其术,至若不杀之武,不战之功,虽我之本心,然有不可得
而自必者。我欲待之以诚信,彼且复我以诈谋;我欲怀之以德义,
彼且应我以强暴。若之何其使学者习而进于上乎?"①孝宗此问,
与当时金兵节节进逼,北方国土大片沦丧,孝宗又欲图强,有密切
关系。

与南宋的武举考试相比,北宋更重武艺的选拔。熙宁时,王
安石曾对枢密院先定的武举条例中"不能答策者止答兵书墨义"
一条提出异议,曰:"今三路武艺入等、义勇第三等以上,皆已有旨
录用,陛下又欲推府界保甲法于三路,即须每岁解发合试人赴阙
录用,如此则录用武力之人已多,又广开武举一路,恐入官太冗。
兼近方以学究,但知诵书,反更愚鲁不晓事废之。今又置武举墨
义一科,其所习墨义又少于学究,所取武艺又不难及,则向时为学
究者,乃更应武举,若收得如此人作武官,亦何补于事? ……既所
取在于勇力御侮而已,则令诵书答墨义复何为也?"②王安石从务
实出发,认为武臣就是要孔武有力,御侮外敌即可,不必拘泥于背
诵兵法,书卷气太浓。再修武举条例时吸取了王安石的意见。

康定元年三月校试规模甚大,此后直到庆历三年初建武学,有
过七次武举,每次取士从不及十人到五十馀人不等。大观四年追述
熙宁武举法时曰:"旧来奏名三十人,武学三人许免省试一人,量材

---

①《宋会要辑稿·选举八》。
②《长编》卷二三四,又见《宋史》卷一五七《选举志三》。

宋代武学武举制度考述 19

录用,每举以官者三十四人。"①就目前所见的文献记载,熙宁年间武举三次,都没有取够三十四人次,元丰年间曾一次中选三十九人,元祐年间两次武举,均不足二十人。后以三舍取士,一度增加了名额,武学上舍生曾多至百名,有冗滥的趋向,大观四年时诏以后,"诸路所贡武士试上舍以合格者取十人为上等,四十人为中等,五十人为下等,补武学内舍。逐等合格人不足者听阙。馀不入等并充武学外舍"②。武学规模比熙宁时有所扩大。

靖康元年由于金兵南下,军事力量的需求骤然增加,特诏曰:"诸路州府军监有习武艺、知兵书人,仰知通不限数,保明解发赴阙,朕将亲策于廷,量材拔用。其筹策深远,艺能绝伦,赏不次升擢。在京武学士仰礼部择日考试,具等第以闻,不系在学人亦许自陈收试,策义弓马优异者与推恩。"③这个诏令中需求材武之人的迫切溢于言表,既无名额限制,也不必是官员子弟,更无须州、县学贡举,只要切合实际需要就可以。一个月以后,有大臣奏请,只要武艺精熟,不知文的也可"别作一项解赴殿前司,按试艺能,使之前诣边陲收大功效,以称强边却敌之用"④。然时过不久,终于没能抵挡得住金兵的攻势,北宋灭亡。

南宋武举、武学的兴衰,比如取人多少,差遣如何,都与当时国家的局势,特别是主战派与议和派哪方占上风关系重大。建炎之初,曾下诏令,靖康元年参加考试合格者仍予以承认,可到尚书省申名。又曾诏天下"采访寓居文武官有智谋及武艺精熟者,具

---

①《宋会要辑稿·选举一七》。
②《宋会要辑稿·选举一七》。
③《宋会要辑稿·选举一七》。
④《宋会要辑稿·选举一七》。

名以闻,量材录用"①。绍兴四年重开武举,几次御试武举人,取士不多。正式武举是绍兴十六年再建武学之后,几乎每三年考试一次,中选人数不断增加,淳熙二年一次中选七十九人,比北宋大为膨胀。其馀几次也是四十馀人到七十馀人不等。这和孝宗准备北伐,急于图治是分不开的,但是,积极主战的虞允文病故,太上皇赵构又时时掣肘,以及整个政治机构的腐朽,积重难返。尽管武举入选人数甚多,又制定了从军法,却并没有对北伐事业做出更多的贡献。

(二)宋代武举中选后的授官

宋代武举中选后,例分三等:成绩第一、第二,称之曰及第;成绩第三,称曰出身;成绩第四、五等,称之曰同出身。皇帝亲试后还有临轩唱名,及第是正奏名,出身是特奏名。以正奏名为最荣耀,例准赐较高官职。

武举殿试之后,将武艺、策论两部分的优劣结合起来,论等入官。"策、武艺俱优为右班殿直,武艺次优为三班奉职,又次借职,末等三班差使、减磨勘年。策入平等而武艺优者除奉职,次优借职,又次三班差使、减磨勘年,武艺末等者三班差使。"②从《宋会要辑稿·选举》可知,策论优等与平等之间,官低一等,展磨勘二年三年。这就是熙宁年间制度的《武举试法》中关于授官的内容,南宋基本沿袭该出官级别。武官叙迁,从三班借职到节度使,是惯常途径。右班殿直、三班奉职、借职是其中较低官级。

元丰改制时文官定官阶二十四阶,但未及武官。政和年间将

---

①《系年要录》卷二二。
②《宋史》卷一五七《选举志三》。

武官叙迁定为五十二阶，从下班祗应到太尉。旧日三班借职、奉职、右班殿直、左班殿直代之以承信郎、承节郎、保义郎、成忠郎。授以保义郎等官主要在南宋，相对应地，最优等授以保义郎，次之以承节郎和承信郎。也有例外，绍兴二十七年三月武举殿试时，赵应熊武艺绝伦，策论亦出色，高宗授之以阁门祗候，淳熙年间，曾给武举第一名授秉义郎，级别高于成忠郎。阁门祗候、秉义郎为从八品，成忠郎、保义郎为正九品。

　　武举授三班奉职、右班殿直之官，乃承自唐五代。《石林燕语》曰："唐末五代武选有东西头供奉、左右侍禁殿直，本朝又添内殿承制崇班，皆禁廷奉至尊之名。"①而阁门祗候则往往用为武举出身者之贴职。南宋时，赵应熊曾"以阁门祗候差江东安抚司准备将"，不久又以阁门祗候任武学教授。武举武学渐趋正规，使越来越多的人获得了补官的资格，他们中选后所获官职变化不大，但差遣则依形势需要，有过较大区别。

　　庆历二年八月金景先等三十人武举授官，派往"京东捉贼"②，治平四年十二月授延州李延夫（策论第一等，弓为第二等）以鄜延路指挥使。鄜延路辖延州、鄜州一带（今延安、洛川），是北宋西北边防重地之一。熙宁五年再建武学之后，对武学毕业者的差遣，曾做过如下规定："三班使臣与三路巡检监押、寨主，白身试中，与经略司教押军队，准备差使，三年无遗阙与亲民巡检。如至大使臣，历任中无赃罪杖以上及私罪情理轻者，令两省或本路钤辖以上三人同保举，堪将领者并与兼诸卫将军。外任回，归环卫班

①《石林燕语》卷五。
②《宋会要辑稿·选举一七》。

阙。"①武学的生员一部分源于三班使臣，一部分源于门荫、草泽人等未曾任过职者，毕业后待遇也稍有区别，但基本上都是边防或治安方面的职务，材武出身者的另一类差遣是沿边诸县的县尉。从外任回到京朝，所做之环卫官，《宋史·职官志》曰："诸卫上将军、大将军、将军，并为环卫官，无定员，皆命宗室为之，亦为武臣之赠典；大将军以下，又为武官责降散官。"②富于戏剧色彩的"杯酒释兵权"中的王彦超，解除了节度使的兵权后，就做过环卫官——右金吾卫上将军。

　　南宋直到绍兴十六年恢复武学后，武举才正式恢复，每三年举行一次考校，取士规模颇大，最多时一次取七十馀人。这么多材武之人，差遣又如何呢？绍兴二十六年武学博士周操奏言曰："前此武举登科者，除第一人朝廷与巡检差遣外，其馀例处以管库窠阙，使一旦舍其平日所习，似非选练本意。自今乞下枢密院措置，高者籍记姓名，任满有绩，即加擢用；其次亦乞免充财谷之任，使各以才武自效。"③可见武举中选者，真正得到武职的机会很少，多是管库、财谷之任。绍兴二十九年吏部又奏请曰："今武举承信郎以上人，通注沿边亲民巡检、县尉及监当窠阙。"④吏部奏请的武举中选的差遣，基本上援北宋熙宁年间之例。隆兴元年，殿中侍御史胡沂又奏言："唐郭子仪以武举异等，初补右卫长史，历振远、横塞、天德军使。国初，试中武艺人并赴陕西任使。又武举中选者，或除京东捉贼，或三路沿边，试其效用，或经略司教押军队、准

----

①《宋会要辑稿·选举一七》。
②《宋史》卷一六六《职官志六》。
③《系年要录》卷一七四。
④《系年要录》卷一八一。

备差使。今率授以榷酤之事，是所取非所用，所用非所学也。请取近岁中选人数，量其材品、考任，授以军职，使之习练边事，谙晓军旅，实选用之初意也。"①北宋对材武之人的差遣尚可用其所长，而南宋仅为一出身、资历而已。乾道二年，中书舍人蒋苔请以武举登第者悉处之军中，由于这道奏章，有诏"应武举出身人候关升亲民，实历一任，如有材能，许监司帅守荐举，取旨与将副差遣"②。淳熙七年制定了《武举绝伦并从军法》。李心传述此《从军法》曰："殿试第一名与御前同正将，三名以上同副将，五名以上及省试魁同准备将。"③《文献通考》并有"第六名已下，并同准备将。从军以后，立军功及人才出众，特旨擢用"之语④。《朝野杂记》《文献通考》和《宋史·选举志》对从军法中中选名次的称谓、不同等级差遣的记述，互有差异，因为李氏生活年代与所述事件最近，故暂取其说，容后详考之。前面提到绍兴二十七年赵应熊以武举第一任江东安抚司准备将，比较而言，淳熙七年《从军法》对武举中选者的差遣优于以往。

　　但是，武举出身不愿从军，求换文职者有，"太学诸生久不第者多去从武举，已乃锁其厅，应进士第"⑤，以求一出身者亦有，武举失去其最初的意义，史家评之曰："自淳熙以来，武举人亦未有卓然可称者。"⑥

---

①《宋史》卷一五七《选举志三》。
②《宋会要辑稿·选举一七》。
③《建炎以来朝野杂记》甲集卷一三。
④《文献通考》卷三四《选举考》。
⑤《建炎以来朝野杂记》甲集卷一三。
⑥《建炎以来朝野杂记》乙集卷一六。

三　结语

宋代初立,鉴于五代的祸乱,谨防再成为那样的短命政权,对外进行统一战争,渐次伐平了中原和南方,对内则逐步强化集权统治。强化措施之一,就是防止藩镇割据的再兴。但是,北宋的疆域从没有恢复到唐的版图,比隋也小得多,北方一直面临异族入侵的危险。到了南宋,所辖疆土更只限于淮河流域以南,西边只到四川,战事威胁无日不存在。宋朝廷一方面要限制武臣用兵的权力,一方面战事无时不再需要智深骁勇的军官,这就产生了矛盾。也使宋代的武举、武学时兴时衰。

淳化年间,宋太宗曾论及将帅的使用,曰:"前代武臣,难为防制,苟欲移徙,必先发兵备御,然后降诏。若恩泽姑息,稍似未遍,则四方藩镇,如群犬交吠。"①防范武臣,不仅是赵匡胤的重要思想及手段,太宗亦如此,甚至一直影响到了南宋。

宋初曾起用懂韬略、愿习武的文臣担任武职。既然唐代已有武举在先,宋代武举的恢复和振兴,就是势在必行了。边境上时时抵御异族侵扰,国内此伏彼起的农民起义,都需要精悍的官军去作战,自然也需要武艺出众,谙知兵法的武官。同时,武举、武学确立并兴盛于宋,与宋代整个社会环境有密切关系。宋代科举发达有口皆碑,太祖开宝六年取进士二十六人,仁宗天圣八年取进士王拱辰等二百五十人,熙宁三年一次取士三百五十五人,建炎二年取进士四百五十一人②。科举规模迅速胀大,促进了其他

①《长编》卷三二。
②参见《宋会要辑稿·选举七》《选举八》。

诸科的发展。武举在宋代形成制度,大致与科举相同,每三年考校一次,进士等级与科举类似。虽然名额比科举少得多,但其明确考试内容,扩大取士范围,都与科举有着异曲同工之妙。武学的情况也是如此。熙宁四年太学规模成倍增长,从以前的六百名生员,增加到三舍生总数二千八百人,免费供给食宿及书籍。熙宁五年,重建武学,定额百人。逐渐地,武学成为国子监中的重要组成部分,武学博士的待遇也和太学博士相同,武学的管理体制,参照着太学,逐步确立完善起来,为宋代成批培养有勇识谋的文武双全的武职人员。

　　综观武举、武学比较兴盛的庆历、熙宁、绍兴、乾道时期,确实一些有识之士在提倡武备,积极御边,使武举、武选以及武学、兵书的校订刊行,都受到了相当的重视。如方勺《泊宅编》记:"司业朱服……既以经术造士,恐其忘武备及不知法律,因令每旬休斋,轮五人过武学习射。"①

　　但是防藩镇之患于未然,是北宋南宋一贯的思想。建炎之初,朝廷南迁,北方数十州为义军所把持,官军的力量单薄,不能顾及。对此既成之事实,范宗尹切言上书,曰:"今日救弊之道,当稍复藩镇之法,亦不尽行之天下,且裂河南、江北数十州为之,少与之地,而专付以权,择人久任,以屏王室。"②希望朝廷承认义军镇守北方的事实,以使义军有所归,共同维持抗金大局。朝廷采纳了范宗尹的建议,但并没有给北方义军以实际上的支持,反患其势力浸长,不久,北方数州失守。绍兴十一年,秦桧解除岳飞、韩世忠等大将的兵权。岳飞含冤死去,韩世忠将所储军粮,尽献

①《泊宅编》卷一〇。
②《系年要录》卷三三。

朝廷,并上疏言秦桧误国。而高宗曰:"唐藩镇跋扈,盖由制之不早,遂至养成。今兵权归朝廷,朕要易将帅,承命奉行,与差文臣无异也。"①可见朝廷防将帅手中的兵权,甚于防金兵。

这种心理反映在武举制度上,便是武举中选者不能被任以军中差遣,而是去做榷酤、库笼之事,这种情形直到乾道、淳熙年间,宋孝宗积极抗金时才有所改观,制定了从军法,鼓励材武之人中选后到军队中任职,并许以一定的擢升方法。朝廷对武举中选者使用不当的做法,使有宋一代,武举、武学出身的著名武将甚为罕见。柳开、范仲淹、沈括,俱以文士守边,声威震于异邦。李纲、宗泽以进士第,提拔岳飞的张所,也是登进士第,后任河北招抚使。岳飞和韩世忠,俱因战功卓著被擢为宣抚使、招讨使等职,前面提到的赵应熊,曾因武艺、策试俱优差遣为江东安抚司准备将,但时隔两年,改任武学教授。

宋代一向被称著为重文轻武。在文化方面,的确取得了巨大成就,史学、文学、书刊的传播、整理诸项的成绩,都足资后世羡慕不已。那么,是不是轻武呢? 恐怕不能简单地一言以蔽之。可以说,武学的制度、规模确立于宋朝。比起唐代,宋代的武举更正规,规模更大,也可以说,武举取士到了宋代,才真正被确立为取士的重要途径之一。这说明宋朝廷对武备相当重视。但是宋代重视文化,重视经义阐述的风气,又的确影响到武举考校和武学。在武举考校中,北宋熙宁年间仅要考孙、吴兵法,南宋时《兵法七书》都要考,以致洪迈认为武举中选者是"以文墨进"。不少武举出身的人耻为武职,欲换文资,故朝廷关于武职换文职,还有特别的规定。就连何去非进士出身做了武学教授,尚以为不够体面,

---

①《系年要录》卷一四七。

苏轼遂为之奏请换太学教授。所以，我们认为，宋代并不是简单地"轻武"，而是要有效地控制"武"，控制武臣的擢升，防止军队的兵权长期固定在某些人手中，控制地方武装力量的强壮，这就造成了一方面需要和培养材武之人，一方面对武官时存戒备之心的状况。

自宋代确立了武举武学制度，对后世甚有影响。明代建武学较早，洪武、建文年间均曾设置，武科开得更早，朱元璋还是吴王时已立之，内容同宋代，策论、弓马各一场。武学、武举的生员、授官诸等，均有沿袭。特别是南宋将"七书"列入考试题目，奉为《武经七书》，明代武学亦将《武经七书》作为必读书。《明史·选举志》曰："弘治中，从兵部尚书马文升言，刊《武经七书》分散两京武学及应袭舍人。"①促进了后世对兵书的研究、整理工作，孙、吴的思想渊源、战术方法愈来愈广为人知，运用到军事活动中去。如名将戚继光，曾在海疆和北方蓟门一带的防卫中屡建奇功，并著有《纪效新书》《练兵纪实》，俱为兵法新作，其中亦多受到孙、吴兵法的军事思想的影响。

----

①《明史》卷六九《选举志一》。

宋史书籍介绍之基本

以宋代刊刻的宋代史料为例,说明书籍的部分基本制度,以及原生态书籍的重要意义。

一 装帧与版式

(一)装帧

书籍装帧是一个循序渐变的过程,与书籍逐渐形成、印刷术逐渐普及相关。早期出现的卷轴装,与秦汉时期的简册,与纸的逐渐普遍使用有关。书籍在宋代,基本上不多使用卷轴装,大量使用的是经折装、蝴蝶装。现在所能看到的多为后人改装的线装,但仍能看到一些留存下来的蝴蝶装。装帧,体现了中国古代典籍制度的一部分。纸发明以前,先秦至汉时期的竹简已有形制,王充《论衡》曰:"大者为经,小者为传记。"又说:"二尺四寸,圣人之语。"郑玄在《论语序·勾命决》曰:"六经皆二尺四寸书之,《孝经》一尺二寸书之,《论语》八寸书之。"出土的简册印证传世文献的纪录，相关研究，可以参考各种考古报告及早期书籍史研究论著。纸发明以后，用于书写，出现的装帧形式有卷轴装、经折装、旋风装、蝴蝶装、包背装、线装等等。我们今天关注的主要对象，是比较常见的，与宋代关系密切的装帧形式。

　　经折装。多用于佛经的雕刊和抄写。经折装源于卷轴装，敦煌写本多用卷轴装。4 至 7 世纪的古纸大约宽 24 厘米，与简牍的高度相仿佛。纸的长度，从 41 厘米到 48.5 厘米不等，约等于古制的二尺。这种长度可以印证当年荀勖用以抄写竹书的"二尺之纸"。纸的长度之所以基本一致，与当时造纸技术有关。纸逐张连接，长度可以无限。唐代末叶，卷轴形式被折叠形式所取代，出现经折装。将一幅长卷，依版面一反一正地折叠起来，形成长方形的一叠，首末二叶用硬纸裱糊，类似今天的封面封底。这种形式完全脱离卷轴，近似后来的册页书籍，是卷轴装向册页装过渡的中间形态。但是，这一形态在佛经印刷中经常使用，甚至线装书相当普及时，佛经装帧依旧使用经折装，比如清代的《龙藏》。自此以后，书籍的形式逐渐变化，经折装之后出现蝴蝶装、包背装及线装。在此期间，还有旋风装、梵夹装，甚至缝缋装，因与宋代史料关系不密切，故而略之。

　　蝴蝶装。宋代主要采用雕版印刷，印出的书籍采用何种装帧形式，此前已有的卷轴装、经折装、旋风装是否沿用下去，是装裱工人自然而然要考虑的问题。于是，蝴蝶装出现了。这种装帧是将每张印好的书叶，以版心为中缝线，以印字的一面为准，上下两个半版字对字地折齐，然后集数叶为一叠，以折边成为书脊，书脊处用糨糊或其他粘连剂使逐叶粘连在一起。再用一张比书叶稍长的硬厚整纸粘在抹好糨糊的书脊上，成为前后封皮，也叫书衣。然后把上下左三边馀幅裁齐，一部蝴蝶装的书便装订好了。这种装帧,外表看,很像现在的平装书,打开来,书叶似蝴蝶两翼张开,故有是称。蝴蝶装突出书版一版一叶的特点,文字朝里,版心集中于书脊,利于保护版框内的文字,即使版框外馀幅磨损了也不会影响版框内的文字。同时没有穿线针孔,易于重新装裱。这种装帧形式在宋元两代流行将近四百年,说明其优点显著。但因单面印刷,故翻叶时常有白叶,不甚方便。

线装。用线装订书籍,起源于何时,尚不清楚,但在敦煌和西夏的文献中,均可见到一些书册右边或上端打二、三或四个透眼,用线穿过书叶,横索书脊。其样式并不固定,比如西夏文献中的缝缋装,说明这种装帧形式尚在初级阶段,在很长时间里没有成为装帧形式的主流。南宋张邦基《墨庄漫录》中曾说:"王洙原叔内翰常云'作书册粘叶为上,久脱烂,苟不逸去,寻其次第,足可抄录。屡得逸书,以此获全。若缝缋,岁久断绝,即难次序。初得董氏《繁露》数册,错乱颠倒,伏读岁馀,寻绎缀次,方稍完复,乃缝缋之弊也'。"这段话说明南宋人依旧认为缝缋不如粘叶。明代以后,书业更加发达,文化更加普及,蝴蝶装的不方便越来越明显,而线装书较之五代时的缝缋,有了很大改进,更加精整,至今仍然在使用。它与蝴蝶装的主要区别:1,书口移至左侧;2,每次翻动是一叶的前后面,与蝴蝶装时需翻一个空白面不一样。

(二)版式

书的版式如同装帧,缘起很早,帛书写卷时就已经有界行之说。版刻印刷以后,版式有了相对固定的组成部分,一般包括:边栏界行、书口等等。南宋刻书的版式一般比较疏朗,不像有些明代福建的坊刻书,为了节约,行密字小,显得拥挤。今天我们看到的以浙江刻书为主。

边栏界行。大致可以分为四周单边、左右双边、四周双边几种情况。几种不同形式反映了书籍雕刻的精细程度不同,宋刻本多为左右双边,即左右粗黑边栏内,再各镌一条细黑线,显得整肃古朴。有些明版书的边栏不是简单的直线,而在两道直线间雕饰花纹,如草纹、云龙纹等,即花栏。由于与宋代书籍关系不大,故从略。宋版书的行款不固定,半叶九行十行至十三四行的情况均存在,每行字数各书也不相同,所以不能单纯依靠行款判定是否宋版书。

书口。这是印刷书籍特有的版式组成部分,是指一版的中缝,也称版心、版口,为折叶之用。看见蝴蝶装的时候,可以理解版心和书口的关系了,他们本是同一事物。但书口有种种装饰性和实用性。书口有黑口白口之分。黑口又分粗黑口、细黑口。宋代刻书口多为白口,白口是刻书精细的表现。南宋开始出现细黑口。元代《宋史》初刻本即细黑口,后来刻书不求精细,将细黑口扩大,成为粗黑口,明代前期依旧。嘉靖以后,文化又一次兴盛,刻书转而精细,又出现白口。

鱼尾。也是书口中的内容。这里本是版心,鱼尾本为折页整齐,后来成为版心的标示之一,鱼尾之黑白、方向、鱼尾上下的文字若何,都成为判断版本的途径。上下鱼尾之间常常镌刻简化书名、卷次、页码。下鱼尾下方常常镌刻刊工姓名,以便分清责任,按字数计报酬,以《咸淳临安志》为例。有时上鱼尾以上至上端栏线,镌出一道细黑线,称之为象鼻。象鼻两边记大小字数。

刊工。刊工不属于版式,但在宋版书中,版心下方一般刊有刊工姓名或名。刊工姓名是判断该书刻于何时、何地的重要辅助方法。之所以说辅助作用,是由于刊工生活年代很长,可能三四十年都在工作,同时也可能是流动状态,比如在杭州、宁波各地工作。但是,一本书一般不是一个刊工完成,所以用这些同事来共同判断,还是可行的方法,比如赵明诚《金石录》,既有宋洪迈《容斋四笔》"赵德甫《金石录》三十篇,其妻易安李居士作后序。今龙舒郡斋刻其书,而此序不见取"记载,又有该书刊工曾于淳熙三年(1176)为舒州(今安徽舒城)公使库刻《大易粹言》的纪录,所以尽管该书并没有书牌记,仍可以断定这是安徽舒州公使库初印本。《舆地广记》宋刊本有两种,顾广圻与黄丕烈为孰早孰晚有一番笔墨,后来当代学者王欣夫先生《蛾术轩箧存善本书录》于此曾有考论,从刊工入手,确认曾藏曝书亭者较早。《中国版刻图录》曰:"刻工蔡才、熊海、余彦、陈信等,南宋初年又刻赣州本《文选》。此书撰人欧阳忞原籍庐陵,庐陵与赣州相距不远,此书疑是庐陵刻本。"

二　宋代刻书特点

(一)避讳问题

宋代书籍避讳严格,正好与后面的元代形成鲜明对照,成为宋版书特征之一。比如吕祖谦音注《唐鉴》,书中卷十九"构"字阙末笔,卷七、卷九、卷二二"慎"字阙末笔,是避高宗、孝宗讳,说明此书刊成于孝宗时期。范成大《绍定吴郡志》中避讳与《宋史》相合之处,此本避讳严谨,讳"桓"、"敦"、"惇"等字,避宁宗讳最严,"廓"、"扩"多拆分为两部分,如卷四十"陈蔚真书从广从郭落",同《宋史·礼志十一》记载钦宗庙讳即从某从某之例。该书卷首有赵汝谈为之序,宋刻本序文申明龚颐、滕宬、周南三人尝为范成大搜访佚闻。龚颐即龚颐正,此人原名龚敦颐,因避宋光宗名讳而改,赵汝谈序文因讳而称"龚颐"。《咸淳临安志》的避讳亦非常严谨,遇玄、匡、贞、署、桓、构、启、璇诸字,作"庙讳"、"旧讳"、"今

上御名"(度宗)等等。其中玄、匡乃赵匡胤及其始祖玄朗讳,贞讳
仁宗,署讳英宗,构讳高宗,启讳度宗,见卷四。又如卷十一:1,大
成殿门外礼毕,御庙讳化堂;2,寅奉基图庙讳崇教化;3,蓬孝宗旧
名字伯玉;4,五臣论著御旧名沃良多;5,子能御旧名问;6,擅誉鲁
邦御旧名祚巨野。避讳成为书史重要现象,从以上列举的例子,
可知宋代避讳的方式多种多样:1,缺末笔;2,换字;3,直称"庙
讳";4,从某从某;5,省字。了解并利用避讳,判别书之真伪及时
代,并可应用于校勘学及考古学,感受宋代的制度,是史学一辅助
学科。

(二)牌记

　　牌记的作用在当时大约体现了一种模糊的版权意识。为什
么说大约或模糊? 是由于尚未见到当时人对牌记有专门的阐述,
牌记的内容也详略不一,著录项不全一致,位置不固定(卷首、卷
尾、目录之后、一书之最后)。但是,基本内容为刊刻者、刊刻时间
及地点。这三点,对于判断一书之版本,起决定性作用。有时虽
然三项不全,但可以根据其他资料考订,比如著名的临安陈宅书
籍铺,所刻书卷末有一行牌记"临安府棚北大街睦亲坊南陈宅刊
印",但这一行字稍有变化,又有"临安府睦亲坊陈宅经籍铺印"。
陈起本人会写诗,是江湖派诗人之一,曾因此被贬谪。但他出版
刊刻的《江湖集》成为现在研究南宋诗人最重要的资料之一。
　　李焘撰《李侍郎经进六朝通鉴博议》十卷,南宋毕万裔富学堂
刻本,关于富学堂,乃南宋建阳崇化魏齐贤的书坊名。据《巨鹿魏
氏宗谱》所载魏甫序称,魏家远祖乃周文王第十五子高允公,武王
末年受封于毕,故后世子孙以毕为姓。春秋时,其后裔毕万为晋
献公右师,伐霍有功,封之于魏,故又以魏为姓。唐末黄巢起义,

魏氏兄弟十馀人避地来闽,分居建阳、南平、漳州、泉州。魏齐贤乃第四世潘公之子,潘公乃成公之子,行二,从麻沙迁居崇化,娶杨氏,继娶陈氏,生子一,即魏齐贤。魏齐贤在崇化以富学堂名义开书坊,以刻自编《圣宋名贤五百家播芳大全》名振书林,其次便是刻了这部《李侍郎六朝通鉴博议》。牌记所称"毕万裔宅刻/梓于富学堂",毕万裔过去长期被理解为人名,其实并非人名,而是指毕万后裔,这位后裔就是魏齐贤,堂号便是富学堂。所以此本似应著录为"宋绍熙毕万后裔魏齐贤富学堂刻本"。

《大唐西域记》,这是宋代刊经,有书牌,可见安吉州地理变化。此次再造善本所选系资福寺大藏经,为著名《思溪藏》本。该藏经由湖州归安县王永从与弟王永锡施刊,始刻于北宋末年靖康元年(1126)至绍兴二年(1132)已完成。后来曾经补版。国内原无存完整之《思溪藏》,日本尚存,杨守敬从日本寻访归国一部,今藏国家图书馆。扉页书牌题"宋绍兴二年王永从刻安吉州思溪法宝资福寺大藏本",《宋史·地理志》记宝庆元年(1225)改湖州为安吉州,时距绍兴二年已有九十馀年。杨守敬《日本访书志》认为这是"宋理宗嘉熙三年(1239)安吉州思溪法宝资福寺所刊"。根据日本藏本中题记,王永从宋绍兴二年刊经时已致仕,此时当不在世。王国维《两浙古刊本考》中曰:"疑此藏即就思溪王氏所刊加以增补,未必别有一刻。"王国维之说,可增进对扉页书牌之题的理解。

《三苏先生文粹》仅婺州地区在宋孝宗前后就刊印两次,分别为吴氏和王氏,从牌记可以分辨出版先后。《舆地广记》卷二十六刊三次重修记录,对后人了解该书流传、庐陵郡守对本土欧阳忞著作的重视都有重要帮助。所以这些牌记除了有广告、版权作用,还对我们研究当时历史很有帮助,比如陈宅书籍铺的地址,在棚北大街睦亲坊南,经南宋城市史研究,此书籍铺与宗学距离非常近,占到了地利。

(三)官刻书

官刻书可以分成两种,一种是中央刻书,比如国子监刻本,一种是地方政府刻书。北宋国子监刊刻了各种正史及经部书,如《春秋公羊传》《穀梁传》《说文解字》等等,这些书今基本无存,仅见于记载。今存较多的宋板官刻书,是南宋各地官府刻书。比如淳祐十年(1250)福州府曾刊《国朝诸臣奏议》,淳熙三年(1176)严州刻印《通鉴纪事本末》,是袁枢任严州教授时所为。今国家图书馆存严州初刻本及宝祐年间湖州重刻本。地方官在任上刻书,有时是表现政绩,也有时的确在提倡兴学之风,或者二者兼有,且他们掌握地方经济,所以南宋地方官府刻书甚多。赵明诚《金石录》即是安徽舒州所刻。官府刻书,财力雄厚,所以刊书一般都比较精美,比如《咸淳临安志》,版式宽大,疏朗,字迹严整,是杭州官刻的代表作之一。《宝庆四明志》,《中国版刻图录》称中国国家图书馆所藏之宋刻本曰:"此为绍定原刻本,世无二帙。"坊刻书开本、用纸有时稍逊,尤其避讳不严格,比如《通典详节》卷三"沟"字不讳,卷八"惇"不讳,但卷十一讳"惇"字,卷十三讳"勾"字,时讳时不讳,坊刻本中常见。

(四)作者署名

作者在书题下一般有署名,也当引起注意。比如吕祖谦音注《唐鉴》,他的署名"朝奉郎行秘书省著作佐郎兼国史院编修官兼权礼部郎官",据《南宋馆阁录》及《续录》,淳熙三年(1176)十一月吕祖谦为国史院编修,淳熙五年四月除著作佐郎,同年十月除著作郎。根据衔名,可知该书成于淳熙五年四至十月之间,因为衔名尚称"著作佐郎",可以判断该书成书年代。

三 原版书之重要

原版书刊刻之时,与作者关系紧密,是当时社会环境下的产物,所以彼时彼地的现象、信息较多,后之翻刻本,不一定能够完整保存这些信息。比如,李焘《六朝通鉴博议》,《四库全书》虽收录此书,但无陈之贤序、无李焘"乞尚史学札子表"、无图、无目录。国家图书馆所藏清抄本,曾经潘祖荫藏,有藏印"潘印祖荫"、"伯寅",无图,但陈之贤序、"乞尚史学札子表"、目录俱在,只有宋刊本,序、表、图、目录皆完整。李焘"乞尚史学札子表",陈述了对分裂时期历史研究的重要性,其实是对南宋国家前途深切关注,应当也是李焘研究的重要文献。

再比如,《开庆四明续志》,此志修于开庆元年(1259),记宝祐四年(1256)至开庆元年吴潜任州牧间诸事。吴潜(1195—1262)字毅夫,号履斋,宣州宁国(今属安徽)人。宁宗嘉定十年(1217)举进士第一。理宗淳祐十一年(1251)为参知政事,拜右丞相兼枢密使,封崇国公。曾两度掌庆元府。后被沈炎等奸臣排挤,罢相,谪建昌军,徙潮州、循州,卒于循州。著有《履斋遗集》,词集有《履斋诗馀》,二书均不存宋元刻本。此《志》卷九至卷十二载其《吟稿》二卷,《诗馀》二卷,名臣著作借以获存,足资考镜。此开庆元年刊本,第十二卷末至"贺新凉(和惠检阅惜别)",残,清烟屿楼刻本《宋元四明六志》予以补全。而《四库全书》底本系两淮盐政采进之抄本,第十二卷较原刊本少十一首词。

范成大《吴郡志》以征引浩博著称,该志中所征引者部分今已不存宋刻本，而吴郡志保存了这些书的宋刻状态，足当重视。《咸淳临安志》卷三引《朝野杂记》，是该书的宋版状态。

以上仅举数例说明，凡是需要考察文献，当尽量查找早期刊本，并对比多种刊本，把握该书在流传过程中的变化，同时重视后来学者的研究。

宋史中的杨业与杨家将戏剧小说*

一 杨业的籍贯、姓名和来历

杨业祖籍麟州,即今天的陕西神木县。其父在北汉任职,故居住在太原。所以《宋史》本传中说他是太原人。

杨业原名杨重贵,北汉国主刘崇赐姓名为刘继业。归顺北宋以后,恢复杨姓,单名业。

杨业在北汉时即为抗辽名将,多次与辽交锋,以骁勇著称。宋太宗攻打北汉时,杨业顽强守城,直到北汉国主已降宋,杨业才无可奈何地归顺了宋朝廷。

后世称之杨继业,是把他不同时期的姓名混合出来的。

---

*本文原为 1999 年 CCTV-4《千秋史话》栏目讲解稿。

二　陈家谷战役

杨业在陈家谷战役中壮烈殉国,也是潘杨矛盾冲突最激烈所在。

陈家谷在今山西神池县西,桑干河上游与古长城交汇处。这次战役是雍熙三年(986)北伐的尾声。雍熙北伐是宋代一次大规模收复燕云十六州(大致指今北京及河北中部北部至山西北部以北地区,五代晋石敬瑭割给契丹)的军事行动。如果按照宋太宗的部署,这次北伐一定会成功,但是东路军在曹彬的错误指挥下,于岐沟关大败,几乎全军覆没。宋朝廷于是命令西路军和中路军撤退,放弃已取得的胜利。潘美和杨业是西路军的主帅和副帅。杨业的任务就是在撤退时,要尽量护送云朔地区的百姓经陈家谷迁徙到内地。

北宋的军队全面撤退,辽军立刻追击。面对这种严峻的形势,杨业提出只率部队护送断后,争取不与辽军正面冲突。但是监军王侁与刘文裕逼迫杨业与辽军正面交锋,甚至用"畏懦"一词来刺激杨业。对王侁和刘文裕的恶意中伤,潘美沉默不语,杨业无奈,只得和潘美约定,由潘美带领援兵在谷口接应。杨业带着不归的悲愤心情走向了战场。战事果然如杨业预料的那样,处于退守之势的宋军不敌辽军的锐气,杨业且战且退,身负数十处伤,总算到了陈家谷口。潘美早已听说兵败而撤走,杨业见无人接应,心中大悲,遂让手下士兵先自散去,自己继续拼搏。最后杨业被俘,儿子杨延玉牺牲。杨业坚决不降,绝食三日而死。

杨业殉国之地不详,北京密云古北口有杨令公祠,苏辙曾有诗颂之,或许是卒于押送途中,辽人敬畏,修祠祭祀。杨业在这次雍熙北伐中的最后，牺牲于不救和构陷，令人浩叹痛心。戏剧小说中，只说是潘美的陷害，事实上，还有监军王侁和刘文裕的共同作用。监军制，唐代已有，原是为控制、监视将帅，虽然监军级别不高，但可以直接向皇帝禀报，较有威慑力。王侁和刘文裕构陷良臣不止一次，《宋史》中记载了他们构陷田仁朗事。陈家谷战役之后，二人被除名发配。诸多因素集中在一起，杨业牺牲之忠烈悲剧色彩更加鲜明。

杨业殉国后，宋太宗极其痛心，下诏书厚赐杨家，诸子录官。并且将潘美连降三官，将王侁和刘文裕严肃指斥除名，发配远地。诏书曰："群帅败约，援兵不前。独以孤军，陷于沙漠；劲果飙厉，有死不回。求之古人，何以加此！"

陈家谷战役不是雍熙北伐中的关键，它的胜负已经不能改变北伐失败的结局。这次战役的损失在于失去了忠诚英武的抗辽英雄杨业。有人假设，如果潘美依杨业的嘱咐去接应，杨业没有牺牲，也许燕云十六州的国土还会收复。但是，历史不能假设；其次，抗辽斗争不仅需要出色的武将，还要有充足的国力和敌我双方适当的时机。历史发展中各种事件之间错综复杂的关系及相互影响，后人研究时必须要注意。

三　杨家将后代

据《宋史·杨业传》，杨业有子七人：杨延昭、杨延浦、杨延玉、杨延训、杨延环、杨延贵、杨延彬。杨延玉牺牲在陈家谷战役中。杨延昭原名杨延朗，后为避赵匡胤圣祖名讳改名杨延昭。《宋史·杨延昭传》称："在边防二十馀年，契丹惮之，目为杨六郎。"辽人称之杨六郎，想是因为两国相隔，杨业遗留六个儿子，何者为长，何者为幼,辽人未必清楚,故有"六郎"之说。杨延昭曾随杨业出征,为其麾下先锋。咸平年间仍戍边御辽,后澶渊之盟时曾上奏书,希望一举歼辽,但奏书没有得到答复。其馀五子皆无传。后世话本、戏曲、小说中演义四郎、五郎的故事,不可以当作史实。

杨延昭有子三人:杨传永、杨德政、杨文广。杨延昭卒后,录杨文广为官。

杨业的儿子、孙子相继为抗辽戍边、收复失地而呕心沥血,以至捐躯。其子杨延昭的儿子杨文广曾跟随狄青出征,亦曾是范仲淹的部下。世代为国家为朝廷忠心耿耿,为收复失地呕心沥血,以至捐躯,虽然壮志未酬,已足以感怀后人。

四 戏曲小说与历史事实的区别

戏曲小说的感染力之大,杨家将故事是一个突出的例子。经过了戏曲特别是评书的改编,杨家将故事妇孺皆知,甚至文盲也耳熟能详。其实,与杨业同时,在河北与辽的交界处戍边的,还有许多英伟将领,如党进、李重勋、田重进、曹翰等等。而杨业从北汉降宋到殉国,只有七八年时间,并且只驻扎在山西代县附近。小说评书的渲染,使人以为北宋初年的抗辽战争中,只有杨业和杨家将在支撑,这是误会。抗辽战争不是个人行为,而是国家的方针大略,众将的努力、皇帝的意志、国家的财力,都具有举足轻重的影响。我们在欣赏杨家将戏曲小说的同时,不妨对这段历史做一番探究,做一番对比,就如同将《三国演义》与《三国志》做一对比一样。

金代话本及元杂剧曲目中,已有杨家将出现。现代戏曲剧目中,仍有观众津津乐道的《杨门女将》《四郎探母》等。

元代有五部杨家将杂剧(《放火孟良盗骨殖》《谢金吾诈拆清风府》《杨六郎调兵破天阵》《八大王开诏救忠臣》《焦光赞活拿萧天佑》)流传下来,已可见其铺陈衍义。明代是小说创作的繁荣时期,杨家将故事于此时从杂剧脱胎为小说,有《北宋志传》和《杨家府演义》。虽然这些小说在语言、人物形象、情节处理上比不了《三国演义》《水浒》等名著,但由于后来人将之改编为评书,使之家喻户晓,影响不亚于名著。

不过,历史事实与小说戏剧艺术,向来是既相关又独立,就是说,戏剧取材于历史,艺术加工时又游离于历史之外,为了制造戏剧冲突,渲染情节,与历史真相可能大相径庭。读者在受到艺术感染的同时,如果以为这就是历史,还要从中找出前因后果,那就南辕北辙了。举个简单的例子,小说戏曲中的潘仁美,史书中只有潘美;戏曲小说中的杨继业,历史上只有杨重贵、刘继业、杨业,这是将一个人不同阶段的名字合一了。

举例一,小说《北宋志传》第十九、二十回,讲陈家谷战役后,杨七郎被潘仁美高高吊起,命军士乱箭射死七郎。杨六郎回京告状,潘仁美被下狱审问,后削职为民。这是潘仁美特别激起民愤的情节之一。事实上,陈家谷战役中只有一个儿子杨延玉在杨业身旁,战斗中牺牲。杨延昭没有参加此次战役。杨业殉国后,诸子都被录官,杨业最小的儿子七郎,因为年幼(大约不足十五岁)尚不能加封,几年之后正式录为殿直,并无乱箭射死之事。潘美只受到降级处分,未下狱,亦没有削职为民。

举例二,无论是小说还是戏曲,常有一位八王千岁,为杨家做主申冤。这位八王,权威甚高,连皇帝也怕他几分。此人究竟何人?能够有如此资格的人,按常理只有赵匡胤的兄弟和儿子才行。宋太祖赵匡胤兄弟五人,最长与最幼者早卒。赵匡胤待两位兄弟甚厚,其中之一的便是后来"斧声烛影"登极的宋太宗。宋太宗即位后,多次发现其弟赵廷美有谋反状,削职流放,廷美雍熙元年(984)卒,年仅三十八岁。此时还没有陈家谷战役。赵匡胤有四子,其中二子早卒,馀赵德昭和赵德芳。赵德昭曾参加高粱河之役,某夜军营受惊,大家找不到宋太宗,有人便传闻立赵德昭为帝。回京后,宋太宗借机警告过赵德昭,赵德昭甚为紧张,不久用刀自刎,约在太平兴国四至五年(979—980)。此时杨业刚刚归顺北宋。赵德芳卒于太平兴国六年(981),年仅二十三岁。至此,赵匡胤诸子全部去世,不知是哪位亲王为杨家将在陈家谷战役之后申冤。赵匡胤的兄弟和儿子对宋太宗的皇位在客观上都造成威胁,宋太宗不断施以迫害手段,众千岁亲王都如履薄冰,朝不保夕,岂能容得小说中的八王千岁那样挥斥方遒?

举例三,杨门女将中的佘太君是否确有其人呢?据记载,杨业的妻子是折德扆的女儿。今山西保德县(毗邻宋代麟州)有折窝村,村中有宋大中祥符三年(1010)的折太君碑。后世小说戏曲演化的佘太君,或许从此而来。折德扆,《宋史》有传。穆桂英从何而来呢?清乾隆《保德州志》记载杨文广的妻子慕容氏,是保德县穆塔村人。另有一种说法,杨文广出征西南地区时,曾在那里娶穆族女子。但这些说法出现较晚,疑是附会戏曲小说而言之。

司马光论因循与变革*

司马光在集注《法言》时,于《问道篇》论道的因循与变革。

扬雄在《法言·问道篇》中,论道曰:"或问:道有因无因乎?曰:可则因,否则革。或问无为,曰:奚为哉?在昔虞夏袭尧之爵,行尧之道,法度彰,礼乐著,垂拱而视天民之阜也,无为矣。绍桀之后,篡纣之馀,法度废,礼乐亏,安坐而视天民之死,无为乎?"温公引《太玄》文释道的因与革,很得扬雄本意。《太玄·玄莹》曰:"夫道有因有循,有革有化,因而循之,与道神之;革而化之,与时宜之,故因而能革,天道乃得;革而能因,天道乃驯。夫物不因不生,不革不成,故知因而不知革,物失其则;知革而不知因,物失其均。革之匪时,物失其基;因之匪理,物丧其纪,因革乎因革,国家之矩范也。矩范之动,成败之效也。"司马光在这里注释曰:"前人所为,是则因之,否则变之,无常道。"又曰:"所以有为者,救时之失耳,时不失道,又何为哉?"

* 本文原刊《晋阳学刊》1989 年第 2 期。

　　扬雄否认无为而治,认为那是有条件的,有因有革,才是治理国家和规律。扬雄此言,从理论上说明了政治制度的批判与继承关系。针对董仲舒的"天不变,道亦不变"的观点,扬雄的因革观是积极的。司马光论道的因革,因其注释《法言》,所以依从扬雄,也是积极的。但还需参见其他文章。

　　司马光自称"迂夫",又有《迂书》,在其《辨庸》中曰:"古之天地有以异于今乎? 古之万物有以异于今乎? 古之性情有以异于今乎? 天地不易也,日月无变也,万物自若也,性情如故也,道何为而独变哉? 子之于道,将厌常而好新,譬夫之楚者不之南而之北,之齐者不之东而之西,信可谓殊于众人矣。"在这里司马光却认为从古到今,天地万物没有变化,所以也不需要有新的变革,遵守古制而已。认为道不必变更,是司马光的基本观点。不惟《辨庸》,在与王安石的信中,在《学士院试李清臣策目》中,司马光引《诗经》《尚书》之语,反对"天地与人了不相关"和祖宗之法,未必尽善,可革则革,不足循守的观点。

　　遵守古制并不是因为反对王安石变法的一时之论,而是司马光贯穿始终的思想。在《迂书》中,遵守天命,重视治心的思想比比皆是。在《士则》中,司马光说:"违天之命者,天得而刑之,顺天之命者,天得而赏之。"在《治心》中,他同意"小人治迹,君子治心"。司马光认为,作为人臣,当正名分,正君臣之体,以古代圣贤之训治国,其明等级,定尊卑。在《潜虚》中,这种思想,表述甚为充分,导致了司马光的主导思想是维护现行制度,而不是大规模地改变现状,即使有所变动,也是从维护的目的出发,进行小的改革,由于"贵治心,贱治迹",所以司马光忌言利,以无利欲之心为尚。

　　近年,曾就司马光为什么反对变法,展开了广泛的讨论。有些人撰文指出,司马光并非反对变法,甚至在王安石变法以前就曾提出若干改革的建议,因此,说他是反对变法的保守派代表是不合适的。在此,仅想就变法前后司马光在讨论道的因循与革新问题上,看看司马光的言行。

王安石变法以前,已有不少人指出国力贫困的事实,希望采取措施,改善现状。范仲淹的庆历新政之后,改革之议不断提出,嘉祐七年,司马光曾上《论财利疏》:"吾恐国家异日之患,不在于它,在于财力屈竭而已矣。"对国力日益疲弊,司马光是有所觉察的,也提出一些补救方法。其一是"随材用人而久任之",其二是"养其本原而徐取之",其三是"减损浮冗而省用之"。司马光的这三条,其实是整顿吏治和厉行节约两个方面。治平元年、二年的奏章中,他又提出要惩革"官冗赏滥"和"务从俭薄"的建议。司马光与王安石本来交游友善,司马光自己也说:"昔从介甫游,于诸书无不观,而特好孟子与老子之言。"(《与王介甫书》)孟子和老子之书,正是从两个方面论治统之道的。司马光与王安石,读书焉能不论国之兴衰? 改变当时国家的积弊,肯定是他俩的共同愿望。但是在实施改革的方法上,他们产生了严重的分歧,尤其在王安石任宰相之后。

从熙宁年间的奏章可知,司马光对于变法的想法和治平年间基本相同,他认为政治制度应当基本沿袭祖宗,也就是太祖、太宗留下的遗训,在此基础上进行吏治和厉行节约。熙宁二年,司马光上《体要疏》:"安民勿扰,使之自富,处之有道,用之有节,何患财利之不丰哉!"他认为三司条例别置一局,乃"未必胜于其旧,而徒乱祖宗成法"。熙宁三年,又上《乞罢条例司常平使疏》,极言新法种种弊端。但是,面对北宋积贫积弱的现状,司马光所欲采取的措施仅是节约支出,整顿吏治,这其实是一个维持现状的小改小革,没有变革的雄心,所以其节约支出,整顿吏治也是难以实施。

王安石则不同,他疾言"天命不足惧,祖宗不足法,流俗不足恤",他要彻底变革现实。新法失败,有许多原因,诸如用人失当,某些措施不合时宜等,但就改变社会政治、经济状况的决心来说,王安石是有振兴国家的气魄的。

司马光也主张改革,但他的因革是在不违背天命的前提下进行的,因此他必然站在王安石相对立的一边,反对变法。"智愚勇怯,贵贱贫富,天之分也;君明臣忠,父慈子孝,人之分也。僭天之分,必有天灾;失人之分,必有人殃。"温公此语,不过是教人不要"舍其分而妄为",要安于天命,基于这个出发点,司马光只能是在因循祖宗之法的基础上,进行一些不大的变动。

司马光不言鬼怪,唯务实为是,这是历史学家的本色,也是正统儒学的本色。但在是否可变的问题上,司马光采取了保守的、维护封建统治秩序的态度。因此,尽管他在《法言》中提到了道是因革相承的,但在政治活动中,他反对进行大刀阔斧的改革,认为尊卑、强弱、贫富乃是天命,不可变更,只能做局部修正。这样,在道的因循与变革的问题上,司马光讲因循多,讲变革少,导致了他阻止新法的实施。

范纯仁生平事迹钩沉 *

　　范纯仁(1027—1101),字尧夫,范仲淹次子。范仲淹曾称之"得其忠"①,《宋史》有传,有《范忠宣公集》传世。《范忠宣公集》南宋嘉定五年曾经刊刻,见于楼钥《范忠宣公文集序》,曰:"少而读元祐丞相忠宣范公《言行录》,反复终始,正学大节,伟识宏度,赞叹不足于诸巨公间,尤愿执鞭欲追逐其万一而不可得也。如《奏议》《国论》等书,如责人责己、助廉成德之训,又若避好名之嫌则无为善之路等语,皆当终身诵之。每恨未见其家集也。嘉定五年三月甲戌,公之从元孙中书舍人之柔见过,谓钥曰:忠宣文集未行于世,晚而谪居永州三年,邦人至今怀仰。比因沈史君圻赴郡,以家藏本属之,既已刊就,而旧无序引,径以见委。"②楼钥于范仲淹、范纯仁俱怀崇敬之情,不仅为《范忠宣公集》作序,且为范仲淹

---

* 本文收入《徐规教授九十华诞纪念文集》,浙江大学电子音像出版社,2009年。
①《宋史》卷三一四,中华书局,1977年。
②《范忠宣公集》,元刻明修本,半叶十二行行二十字。细黑口,左右双边。国家图书馆藏书,书号7663。

编辑年谱,传于今。《范忠宣公集》宋刊本不存,今存元刊明修本、明刊本、清刊本,刊刻递修有绪,祝尚书《宋人别集叙录》已叙①。元刊明修本其卷十八至卷二十系范纯仁《国史本传》及《忠宣公行状》,文字避宋讳,可见避"光庙"之名讳,知延续嘉定刊本之旧。且文集出自家传②,其文献益可信。

据《宋史·范正平传》和李之仪《姑溪居士集》,李之仪曾撰写《纯仁行状》,并因此遭到蔡京迫害③,然其中内容没有完全采入《宋史·范纯仁传》。元刊本为天历年间范氏岁寒堂家刻,比《宋史》编撰早十五年左右,大约《宋史》撰修仓促,未及遍访。固然《宋史》本传详于此《国史本传》及《行状》,然二者仍有异。《四库全书》虽然收录《范忠宣集》,其结构内容与元刻本有异,尤其未见《国史本传》及《忠宣公行状》,更显得元刊本《范忠宣公集》可贵。今以《宋史》本传为底本,将《国史本传》及《忠宣公行状》④中可增加、辩证之事实钩沉于此,为继之研究者提供线索。凡《宋史》本传已有者,不赘。由于可以增加之事有大有小,有的较为细碎,不及详考,仅选取有关讨论治河、差役法及子嗣、文集等与《宋史》本传区别较大之事罗列于下。

近年研究范仲淹甚众,对范纯仁渐多关注,笔者因早年写作《宋哲宗》,对范纯仁事迹、品格久怀钦佩,然下笔此文,仍觉积累

①祝尚书《宋人别集叙录》卷八,中华书局,1999年。
②见文集前有楼钥、范之柔序。
③《姑溪居士文集》中李之仪撰"姑溪居士妻胡氏文柔墓志铭"曰:"崇宁二年,余以撰故宰相范忠宣公行状逮系御史狱……"然据笔者所见文渊阁本《四库全书》及清宣统三年吴崶刊本《姑溪居士文集》,并未收录此行状。
④以下《范忠宣公文集》引文均出自"中华再造善本"(北京图书馆出版社,2005年),其底本现藏上海图书馆。

不足,尚盼方家指正。

一 有关差役法与回河

宋哲宗时期,朝臣政治命运起伏变化激荡,范纯仁胸怀气度在此时表现最为充分。《宋史·范纯仁传》①记哲宗即位之初事云:

> 时宣仁后垂帘,司马光为政,将尽改熙宁、元丰法度。纯仁谓光:"去其泰甚者可也。差役一事,尤当熟讲而缓行,不然,滋为民病。愿公虚心以延众论,不必谋自己出;谋自己出,则谄谀得乘间迎合矣。役议或难回,则可先行之一路,以观其究竟。"光不从,持之益坚。纯仁曰:"是使人不得言尔。若欲媚公以为容悦,何如少年合安石以速富贵哉。"

而在《行状》中,范纯仁的阐述更加恳切,事情原委也稍有曲折:

> 于是,司马光初相,将尽改熙宁、元丰以来法度,公闻而叹曰:"先帝励精求治十九年间,痦瘝尧舜三代之君,如旦暮相与绅绎。但大臣用心太过,希和者不计可行与否,趋风迎意,私致先帝痦瘝之求,旦暮之遇,转而之他。今特去其太甚者可矣,又须徐徐经理,乃为得计一时。"与光同者多指公为好名。公闻而叹曰:"是又一王安石矣。"又曰:"差役一事尤不可暴,当择人付之,使之施行以审利害,方可去取,然而不独此也,贤者在位,能者在职,法度无不便者。"

以上两段文字比较,知范纯仁早已经认识到,熙宁变法是宋神宗心血,司马光为相之初便急遽废罢,甚为不妥。在这一点上,司马

---

①《宋史》卷三一四。

光之强硬与王安石何其相似。尽管议事见解相左，但是当章惇一贬再贬范纯仁时，范纯仁严厉禁止家人以与司马光政见不同请求减免处罚①，可见其行事准则。司马光与范纯仁曾经友谊深厚，文集之前五卷中多首诗记载二人在洛阳交往及优游生活。

元丰元祐年间，黄河治理是朝议重点之一，《宋史·河渠志》之一、二、三有很多记载，记录较多苏辙奏疏。元祐三年，范纯仁为相，吕大防、文彦博欲兴河工，要堵塞小吴口，使河水东流。《行状》中记录范纯仁对吕大防、文彦博之说颇有疑惑：

> 元丰中，河决小吴口，水遂北流，神宗命因其性而导之。要功之徒乘时射利，辄谓北流害塘泺，请塞小吴，使之东注。文彦博、吕大防是此说。公曰："水性故未易知，然水性就下则不待讲而□信。"彦博、大防不悦。公曰："上初即位，母后垂帘，是岂兴大役时耶？"附会者益众，彦博、大防持益坚，乃议遣使按视，遂以吏部侍郎范百禄、给事中赵君锡为使。既回，具言东流地高，水不可行，议遂罢，然起事者终不快也。

此段文字不见于《河渠志》和《宋史》本传，不过《河渠志》对此事全过程记录甚详，如范纯仁曾有"四不可"之说，又如《范忠宣公集》②中"奏议"之卷收有关"回河"之论三篇，《宋史·范百禄传》记载此次按视亦详，可以参阅。通过朝议种种，既可了解范纯仁持论之正，又可以了解当时诸重臣，尤其是文彦博、吕大防、梁焘等人各自心态。其实，从酬诗可知，范纯仁与文彦博颇有交谊，比如"和文潞公归洛赏花"、"洛花已开报潞公"等等，但朝议国是，不可与私谊混淆，这种行事原则，至今仍有现实意义。

---

①其言见于《宋史》本传。
②文渊阁《四库全书》本。

《宋史·河渠志三》载张商英奏言：

> 元祐初，文彦博、吕大防以前敕非是，拔吴安持为都水使者，委以东流之事。京东、河北五百里内差夫，五百里外出钱雇夫，及支借常平仓司钱买梢草，斩伐榆柳。凡八年而无尺寸之效，乃迁安持太仆卿，王宗望代之。宗望至，则刘奉世犹以彦博、大防馀意，力主东流。①

元祐八年间治河费工料无数，而无成果。数次回河之议，范纯仁皆力阻之。《行状》记绍圣初事云：

> 颍昌岁料河役，每输七千则免一丁之行，或以为便，已奏得请，公曰："此有钱而不出力者之便，有力而无钱者何便之有？且用民之力于古有限，而今其远不过五百里，乃一概催之，特在官者与上户为地尔。"复奏罢之。移鄜延路经略安抚使知延安府。未行，进大学士，改河东路安抚经略使知太原府。

此段河役议论及官职变迁，《宋史》本传不详。

河役之事尚未就此完结。哲宗亲政之后，因起用章惇，范纯仁自请免职，遂以观文殿大学士加右正议大夫（《国史本传》作"左正议大夫"）出知颍昌府（今河南许昌）。临行前到哲宗处辞行，《行状》记载较《宋史》本传详细且有关河役，其曰：

> 遂以公为观文殿大学士加右正议大夫知颍昌府。陛辞日，赐坐啜茶，慰劳甚渥。上曰："卿耆德硕望，朝廷所赖，然坚不肯为朕留。卿虽在外，两为宰辅，凡有所以裨益于时政者，但入文字来，无事形迹。"公曰："敬受命。"既到官，值兴广武埽，役下颍昌汝州科梢草一百万。公曰："两处之民不习河

---

① 《宋史》卷九三。

役,方荐饥之后,加之道路阻远,乘此急难,又须数倍之价,何以堪。异时遂以为例,则永为深忌。"力请至七八方免。然破产失业已十三四,有至非命而死者矣。报到闾巷田野,欢呼鼓舞,如脱机阱,方为公立生祠。

广武山,在开封之西,因与汴河临近,此处指汴河河役,可参见《河渠志》。这段文字说明,尽管有哲宗皇帝护佑,减免河役并不容易。河役给百姓带来沉重负担,亦可见端倪。

治河事,既关联神宗治国方略,亦关联西北边防,还与开封城防有关,所以曾经有激烈辩论。范纯仁从民生出发,力求减轻百姓负担,强调治河应当顺从水性,不应强做工程。

二　范纯仁子嗣

关于范纯仁子嗣,《宋史》记载与《国史本传》及《行状》区别甚大。《宋史·范纯仁传》记其子嗣"子正平、正思"二人,又称"没之日,幼子、五孙犹未官",正平有传。《国史本传》中,记"子正民、正立①、正思、正路、正国"五人,五人均无传。《行状》记"五男,长正民,单州团练判官,次正平,次正思,宣德郎,次正路,次正国;五女,嫁将作监主簿崔保孙、朝请郎荆湖北路转运使庄公岳、奉议郎司马宏、承议郎蔡毅、通直郎郭忠孝。正民、正路、崔氏、(司)马氏二女皆先公卒。孙七人,直彦,宣义郎,直方,郊社斋郎,直雍、直英、直清、直举、直孺;女一人,嫁长安李琥;曾孙一人"。

①《国史本传》次子作"正立",《宋史》本传、《行状》、曾肇《范忠宣公墓志铭》均作"正平",未能考知"正立"之出处。

正国有传见于《范忠宣集·补编》①。

曾肇撰《范忠宣公墓志铭》，记其子嗣为"五子，正民，单州团练推官，正平，忠武军节度推官，正思，宣德郎，正路、正国。五女，归将作监主簿崔保孙、朝请郎庄公岳、奉议郎司马宏、承议郎蔡毂、通直郎郭忠孝。正民、正路、崔氏、司马氏二女皆前卒。孙男七，直彦，宣义郎，直方，郊社斋郎，直雍、直英、直清、直举、直儒，孙女一，曾孙一"②。与《行状》小有别，均比《宋史》本传详细③。

《国史本传》中记载，元丰年后期，齐州任职时，"以丧子请罢，得管勾西京留司御史台"，知至少一子殇于范纯仁去世之前十七八年。

欲考知范纯仁子嗣，可参考另一书，即范公偁《过庭录》。该书记载范仲淹、范纯仁及作者父亲、祖父事迹，当是听其父祖言传，应属真实可信。今有孔凡礼先生点校本，其《点校说明》借鉴清末陆心源的考证，并参考传世宋代史书，对作者父亲、祖父基本情况一一分析，较之《四库全书总目》似更清晰准确，故不再征引四库馆臣之提要。现将《点校说明》中有关范纯仁子嗣种种的文字移录于此：

> 曾祖是范纯仁，据清末陆心源考证，他祖父范正思，是纯仁的第三子。据本书"忠宣以忠自份处逆境怡然"条，纯仁哲宗绍圣三年知陈州，据本书"忠宣谓光禄为福人"条，正思时年四十六。知正思生于仁宗皇祐三年。据影印《四库全书》

①《范忠宣公集·补编》，文渊阁《四库全书》本。
②《范忠宣公集·补编》。
③关于范仲淹子嗣，还可以参阅任崇岳《范公偁与〈过庭录〉》一文，《第二届中国范仲淹国际学术论坛论文汇编》，2008年10月，第184页。

文渊阁本《范忠宣集补编·宋忠武军判官赠朝奉大夫子夷公传》,正思卒年五十八。知卒于徽宗大观二年。据本书,正思与苏轼有交往。又据陆心源考证,公偁之父乃直方。据本书,直方徽宗崇宁间已出仕。据李心传《建炎以来系年要录》卷四十九、九十、九十三、九十四、一百一、一百二、一百七、一百九、一百一十、一百一十八、一百三十七、一百三十八、一百六十三,直方于高宗绍兴元年十一月,以直秘阁为荆湖广西宣抚使吴敏参谋。五年五月,以知浔州行尚书刑部员外郎;九月,提点福建路刑狱公事;十月,为枢密院检详诸房文字。六年五月,召对于内殿;六月,为左司员外郎仍兼都督府推行实功文字;十二月,宣谕川、陕诸州及抚问吴玠一行将士。七年三月,赐三品服。八年三月,进秩二等。十年八月,以右朝议大夫、直秘阁试司农卿;十月,为淮北宣抚副使杨沂中计议军事,为右正言万俟卨所论,提举洪州玉隆观,与远小监当。二十二年正月,卒,时为左中大夫。据本书"先子言种氏与范氏数代交往"条,正思丧终时,直方三十七岁。知直方约享年八十。范公偁事迹无考。据本书,绍兴丁卯、戊辰这几年,侍于父直方之侧。时直方已是年近八旬的老人,公偁似未出仕。[1]

从这段文字可以得知,范纯仁后代南北宋更迭之际活动,而且还可以补充范仲淹等范氏事迹,由于已经有点校本,本文不赘。综读该书,更为范氏后代一直保持敦厚、严谨家风而感慨。

---

[1]《过庭录》,孔凡礼点校,中华书局,2002年。该书卷末附陆心源《仪顾堂题跋》卷九《〈过庭录〉跋》:"愚案,忠宣五子,长正明,次正平,次正思,次正路,次正国。正明官单州团练推官,与正路皆前卒。"称范纯仁长子为"正明",实难知出处,当以元刊本勘为"正民"。

三　《范忠宣公集》

据《宋史》本传记载,范纯仁"有文集五十卷,行于世"。《行状》曰"公有文集二十卷,台谏论事五卷,边防奏议二十卷",似与《宋史》相距不远;而"国史本传"仅称"有文集二十卷"。《直斋书录解题》卷十七著录"《范忠宣集》二十卷,丞相忠宣公吴郡范纯仁尧夫撰,文正公之次子也。文正子四人,长纯佑,尤俊有贤行,早年病废以死,富文忠志其墓,近时吏部尚书之柔者,其四世孙也;次纯礼、纯粹,皆显用至大官"。卷二十二著录"《范忠宣弹事》五卷《国论》五卷,范纯仁撰"。说明宋代流行范纯仁著述文集二十卷之外,尚有《弹事》《国论》各五卷,曾肇所撰墓志铭称"有文章、论议三十卷"[1],与《直斋书录解题》近似。然而《弹事》《国论》未见宋刊本传世,后世明清刊本着力于辑佚,有《奏议》二卷、《遗文》一卷、《补编》一卷等等。不过,据嘉定四年范之柔刊书跋文和嘉定五年楼钥序,零陵以范纯仁贬谪之地,曾刊行《言行录》,范之柔跋曰:"先忠宣公《国论》《军事》外有文集二十卷,未曾版行。零陵实谪居之地,仅刊《言行录》。今史君沈公到阙奏事,因过访语及,慨然欲得锓木,尚友前贤,深所敬叹。即以家藏本属之,仍附以《国史本传》及李姑溪所述《行状》,且识岁月于后云。嘉定辛未上巳日,元侄孙朝散郎左司谏兼侍讲范之柔谨书。"沈圻跋曰:"圻徯次零陵,己巳仲冬入觐过都,得其元侄孙侍讲司谏家藏全帙,跪受以归。辛未莫春到郡,靖惟零陵实公旧寓之地,自元符迄今馀百年,邦人尚能言之,且堂而思、祠而祝。圻既得其文,不敢秘,因

---

① 《范忠宣公集·补编》。

与同志精加订正,命工锓梓,以永其传。嘉定壬申元正日,朝散大夫、权知永州军州兼管内劝农营田事借紫吴兴沈坼书于思范堂。"①说明嘉定五年刊本是《范忠宣公集》初刊本,《国史本传》及《行状》当时就被收入。《宋史·艺文志》著录"范纯仁《言行录》三卷",今未见传世。

《范忠宣公集》收范纯仁诗二百馀首,其内容多生平纪事、友朋交往,是其本人及同时诸多重臣传记资料很好的说明与补充,当有进一步笺注。比如韩缜,字玉汝,官位及相,《宋史》有传。其官声不佳,民间俗语"宁逢乳虎,莫逢玉汝",形容其暴酷。然而范纯仁与之频有诗传,文集卷五有《奉寄西京玉汝相公》之章,曰:"三纪荣途愧汇征,数逢忧患见交情。"自注:"每迁谪困病,烦公忧恤。"还有《寄西京留守韩玉汝》之章,曰:"四朝出处久亲依,共上青云更复谁。……恩荣过分知难报,忧患频经觉早衰。"这些诗章说明他们不仅曾经同朝为官,而且在范纯仁屡遭贬谪时,韩缜曾经尽力予以关切。韩缜乃韩亿之子,韩氏一族是著名望族,范纯仁与之有姻亲关系,这一点,苏辙、刘安世曾经有所指责②。

国家图书馆现存司马光《资治通鉴》残卷,其上有范纯仁手札残存,这是范纯仁致信司马光及其兄司马旦以亲切问候,虽然已经墨笔划删,仍因范纯仁、司马光手迹受到历朝收藏重视。这段文字还可见于明汪砢玉《珊瑚网》卷三,曰:"纯仁再拜:近人回曾上状,计必通呈,伏惟尊候多福,伯康必更痊乎? 纯仁勉强苟禄,自取疲耗,无足此处抹去念者。日企轩驭之来,以释倾渴。天气

---

① 以上二则引文俱出自《范忠宣公文集》,元刻明修本,半叶十二行行二十字。细黑口,左右双边。国家图书馆藏,书号 A01032。
② 详参游彪、赵海梅《宋代官员子弟的家学、姻亲及师友——以范纯仁为例》,《第二届中国范仲淹国际学术论坛论文汇编》,2008 年 10 月,第 257 页。

计寒,必已倦出,应且盘桓过冬,况伯康初山,谅难离去,咫尺无由往见,岂胜思仰之情？更祈以时倍加保重,其他书不能尽。纯仁顿首上,伯康、君实二兄坐前。九月十一日。"而国家图书馆今所存《资治通鉴》残卷上,仅"纯仁再拜:近人回曾上状,必计通呈,比来伏惟尊候多福,伯康必更痊乎？纯仁勉强苟禄,自取疲耗"三十馀字①,后半八十馀字不知何时散佚。若以钤印观之,当是乾隆以前已不存。由于此卷又被司马光用来撰写《资治通鉴》,说明信函写于司马光居住洛阳期间,彼时范纯仁多在各地任职,大约缘此有"勉强苟禄,自取疲耗"之叹。

综上所述,范氏家族自范仲淹,经范纯祐、范纯仁、范纯粹等,以忠直闻世,形成坚实的优良传统。范氏家族以溢美、虚荣为耻,范纯仁事迹诗文及其后代著述为后世昭示了这一美德。至今,范纯仁文集尚无整理本,对范纯仁研究尚停留在较表面层次,希望研究范仲淹的同时,扩大并深化范纯仁及其家族研究,使其精神传之久远。

---

①笔者根据手书残卷,更正《珊瑚网》卷三著录文字。以上《珊瑚网》著录文字出自国家图书馆藏清抄本,书号6571。

版刻与版本研究

宋代雕版印刷工价述略*

宋代雕版印刷技艺与成就为世人瞩目，已多人论述，毋庸多言。利用已有研究成果，以及尚存宋代典籍，似乎可以探究印刷过程细节问题。本文即因此探索宋代印刷成本，以期与物价做一比较。有关工价资料所见无多，也许尚不足以讨论这一问题，仅希望抛砖引玉，逐渐得到更丰富材料，以充实此方面认识。又由于一向缺少对经济史研究，所言多有不妥，尚希方家不吝赐教。

一 引言

宋代印刷出书机构，一般来说，大约是国子监、各地转运司、公使库、郡庠、县学、书院、书坊及私塾甚至个人。除书坊以营利为目的，其馀各类，虽然大约不以营利为唯一目的，但会计算成本。事实上，出版过程无法忽视印刷成本。纵使西夏国申请得一部《大藏

---

* 本文为 2010 年武汉宋史年会论文。

经》，亦曾以马匹充印造工值，《欧阳文忠公集》卷八十六有内制文曰："赐夏国主赎《大藏经》诏：诏夏国主。省所奏伏为新建精蓝，载请赎《大藏经》、帙、签、牌等，其常例马七十匹充印造工直。俟来年冬贺嘉祐四年正旦使次附进，至时乞给赐藏经，事具悉。封奏聿来秘文为请，惟觉雄之演说，推善利于无穷，嘉乃纯诚，果于笃信。所宜开允，当体眷怀。所载请赎《大藏经》、帙、签、牌等，已令印造，候嘉祐四年正旦进奉人到阙，至时给付。故兹诏示，想宜知悉。春寒，比平安好否，书指不多及。十二月日。"① 当然，此马匹数量与实际工价未必对等。著名如朱熹，自己刊书出版，亦时常为经费所困，《朱子文集大全类编·书札》卷九有给女婿刘学古信②，即因筹措纸张印造费用，曰："少恳有纸万张，欲印经、子及《近思》、小学二仪，然比板样，为经、子则不足，为《四书》则有馀，意欲先取印经、子分数，以其幅之太半印之，而以其馀少半者印它书，似亦差便。但纸尚有四千未到，今先发六千幅，便烦一面印造，仍点对勿令脱版乃佳，馀者亦不过三五日可遣也。工墨之费，有诸卒借请，已恳高丈，送左右可就支给，仍别借两人，送至此为幸。"③

　　国子监所刻书可以出售，并有相应管理办法，《宋史·职官志五》"国子监"条曰："淳化五年，判国子监李志言：'国子监旧有印书钱物所，名为近俗，乞改为国子监书库官。'始置书库监官，以京朝官充。掌印经史群书，以备朝廷宣索赐予之用，及出鬻而收其直，以上于官。"④ 此后书库官时置时罢，乾道年间尚存。宋刊徐铉校定《说文解字》卷末"新校定说文解字牒"有一段文字，对以上国

①《欧阳修全集》，文渊阁《四库全书》本。
②《四库全书存目丛书》，影印清雍正八年朱玉重修本，该本将"刘学古"作"叶学古"。
③参阅方彦寿《朱熹刻书事迹考》，《东南学术》1995年第1期。
④《宋史》卷一六五《职官志五》，中华书局，1977年。

子监印书出售有更具体说明,曰:"其书宜付史馆,仍令国子监雕为印版,依《九经》书例,许人纳纸墨价钱收赎,兼委徐铉等点捡书写雕造,无令差错,致误后人。"①从这一段文字看来,国子监收取费用,基本上是工本费,不因此营利。

陈师道《后山集》卷十四有《论国子卖书状》一文,针对国子监印书用纸价格而发,曰:"臣伏见国子监所卖书,向用越纸而价少,今用襄纸而价高,纸莫不迨,而价增于旧,甚非圣朝章明古训以教后学之意。臣愚欲乞计工纸之费以为之价,务广其传,不以求利,亦圣教之一助。伏候敕旨。臣惟诸州学所买监书,系用官钱买充官,物价之高下何所损益,而外学常苦无钱而书价贵,以是在所不能具有国子之书,而学者闻见亦寡。今乞止计工纸,别为之价,所冀学者益广见闻,以称朝廷教养之意,及乞依公使库例,量差兵士般取。"②成本引起书价变化,士人颇为敏感。

二 通常所见宋代官私刊书成本信息

叶德辉《书林清话》③中专辟"宋监本书许人自印并定价出售"一节,将所见宋代官刻书刊记中有关工本费用及书价之文字集中,乃研究宋代印刷成本入门。近见程民生教授《宋代物价研究》一书④,更是从笔记、文集中搜罗许多书价记载,丰富此类资料。为说明成本计算,还是重复引用《书林清话》中已经提及刊记,不过尽可能与原书校对过。

---

① 《四部丛刊》影印本。国图书号1995(以下书号均指国家图书馆善本书目书号)。
② 明弘治十二年刊本,书号10297。
③ 岳麓书社,1999年版,2000年第2次印刷。
④ 人民出版社,2008年。

　　明万历年间谢氏小草斋影宋钞本王禹偁《王黄州小畜集》三十卷①，书末录有绍兴十七年黄州契勘造此书公文，云："黄州契勘诸路州军，间有印书籍去处。窃见《王黄州小畜集》，文章典雅，有益后学，所在未曾开板，今得旧本，计壹拾陆万叁仟捌百肆拾捌字。检准绍兴令：诸私雕印书，先纳所属申转运司选官详定，有益学者听印行。除依上条申明施行，今具雕造《小畜集》一部，共捌册，计肆佰叁拾贰版，合用纸墨工价下项：印书纸并副板肆佰肆拾捌张，表背碧青纸壹拾壹张，大纸捌张，共钱贰佰陆拾文足；赁板、棕墨钱伍佰文足，装印工食钱肆佰叁拾文足，除印书纸外，共计壹贯壹佰叁拾陆文足。见成出卖，每部价钱伍贯文省。右具如前。绍兴十七年七月日。"以下为印造有关者衔名八行及知军州沈虞卿跋。依刊记所述，此书当别有雕版费而未计，此次仅为印刷费。折合每版不足三文钱。出售时每部书五贯文省，以大约七折算省佰，实际每部书价三千五百文至四千文。

　　旧抄本宋孔平仲《续世说》十二卷②，卷末有绍兴二十七年重雕该书之记二则，其一则曰："沅州公使库重修雕补到《续世说》壹部，计壹拾贰卷，壹伯伍拾捌板，用纸叁百壹拾陆张，右具如前。"其后为刊造有关人员衔名五行。其二曰："今具印造《续世说》一部，计六册，合用工食等钱如后：一、印造纸墨工食钱，共五百三十四文足：大纸一百六十五张，计钱[三百]三十文足；工墨钱计二百四文足。一、裱褙青纸物料工食钱，共二百八十一文足：大青白纸共九张，计钱六十六文足；面腊工钱计二百一十五文足。以上共用钱八百一十五文足。右具在前。"每版约折五文钱，其费用稍高。

①书号6648。
②江苏古籍出版社影印《宛委别藏》本，1988年。

　　淳熙三年(1176)舒州公使库刊印《大易粹言》,书后刊有舒州公使库雕造所牒文,有关雕造者衔名之后为工料价:"今具《大易粹言》壹部,计贰拾册,合用纸数、印造工墨钱下项:纸副耗共壹阡叁百张,装背饶青纸叁拾张,背青白纸叁拾张,棕墨、糊药、印背匠工食等钱共壹贯伍百文足;赁板钱壹贯贰百文足。本库印造见成,出卖每部价捌贯文足。右具如前。淳熙三年正月日,雕造所贴司胡至和具。"①合每张纸幅印刷壹文钱,加上租版费,每部书成本三千二百文,售价八千文。

　　《天禄琳琅后编》卷四载南宋象山县学刻林钺《汉隽》书末淳熙十年(1183)杨王休刊记,曰:"象山县学《汉隽》,每部二册,见卖钱六百文足。印造用纸一百六十幅,碧纸二幅,赁板钱一百文足,工墨装背钱一百六十文足。"又题曰:"善本锓木,储之县庠,且藉工墨盈馀为养士之助。"此书印造成本似与舒州公使库刊印《大易粹言》持平,售价利润亦不太高,可见县学"藉工墨盈馀为养士之助"之语不虚。该书最早为淳熙五年(1178)滁阳郡斋刊本,卷末有魏汝功淳熙戊戌(五年)后序,曰:"兹守滁阳,搜诸库,得梨版,命工刊之,以广其传。"②其次为淳熙十年象山县学刻本和嘉定四年(1211)刻本。张元济《宝礼堂宋本书录》曰:"天禄琳琅藏是书二部,《书目》所载均为蒋鹗象山刊本。除林、魏二序外,有杨王休序,附记工价及刊校人姓名,其年为淳熙癸卯,后于是本五载。《续古逸丛书》有景印本,杨序及工价、刊校人姓名均已不存。审其印记,即天禄乙本。行款与是本同,而刻工姓名各异。故知此为滁州第一刊本,而象山刊本则取是覆刻也。"笔者曾经就《续古

---

①书号12338。
②书号8680。

逸丛书》影印本与馆藏宋本（即张元济所跋本）比对，一如张元济先生所云，所以象山县学刊本是据滁阳郡斋刊本重新镌雕。成本是否仅止于此呢？下文将阐述管见。

清影钞宋庆元庚申年刊《二俊文集》，全书末有记云："《二俊文集》一部，共四册，印书纸共一百八十六张，书皮表背并副叶共大小纸二十张，工墨钱一百八十六文，赁版钱一百八十六文，装背工糊钱①。右具如前。二月日印匠诸成等具。"②此书赁版费已经高过淳熙年间印刷《汉隽》费用，由于不知道书价，未知此处稍高费用，是否会影响书价或利润。

明仿宋施宿《会稽志》，前有记曰："绍兴府今刊《会稽志》一部，二十卷，用印书纸八百幅，古经纸一十幅，副叶纸二十幅，背古经纸平表一十幅。工墨钱八百文，每册装背□□文，右具如前。嘉泰二年五月日手分俞澄、王思忠具。"尽管装背钱缺文，就工墨钱八百文而言，和以上二书每幅纸一文钱单价相差无几，此时距淳熙三年或淳熙十年大约二十年左右，工价变化不大。

上述多为官方刻书，私人刻书之成本，今见楼钥《攻媿集》卷一百九《周伯范墓志铭》有一段文字，可稍有说明："诸父既亡，从兄伯济比邻，君事之如同气，榜所居曰怡怡堂，以著其友爱之笃。中大夫遗文甚多，如《承宣集》等行于世，文集仅二十卷，君恐其久而坠失，手加编校，以千缗为锓版印造之费，始得家有此书。"③周伯范名模，其曾祖母为范仲淹之女。楼钥于范仲淹、范纯仁俱怀崇敬之情，不仅为《范忠宣公集》作序，且为范仲淹编辑年谱，传于

---

① 此处原文如此，未有写出。
② 书号 2751。叶德辉《书林清话》卷六据明正德十四年刊本亦引用此则，与钞本相较，稍有异字。此清钞本历经鲍廷博收藏、卢文弨、严元照、翁同书校跋。
③ 《四部丛刊》影印清乾隆武英殿聚珍版丛书本，书号 1995。

今。《攻媿集》中,还可以看到他为从弟楼铺重葺广德军范文正公祠撰记文等等。较之以上费用,千贯之钱,显然是巨资,不过,与上述情况不同,上述几例,均指每部书工本,此千贯之数,不仅需要请刊工,亦是印刷全部费用。

那么,究竟应该如何理解宋代印刷工本呢?从《承宣集》费用,可以推测,雕印一部书,其原始投资,应高于上述《书林清话》诸引文所记数额,也就是说,还应该有刊工费用、版片费用,甚至写版费用。目前尚未见到此方面完整记载。但是,有一些间接记载也许可以借鉴,比如,佛经刊刻,除少数官方主持,多为在民间筹办捐款,而民间诸多善男信女亦借此机缘,广做功德,故此这些经卷末尾发愿文中常常留下捐助款项数量、捐款人籍贯、年代等等信息,可供分析了解彼时工价。

三 捐施请刻佛经费用

2003 年秋,我曾有机会看到庋藏于普林斯顿大学葛思德书库中的《碛砂藏》,计近七百册南宋刻本,一千六百三十馀册元刻本,八百六十馀册明刻本以及二千一百多册白纸钞配[①]。事实上,葛思德书库所藏的《碛砂藏》的准确数字,曾经胡适、屈万里反复审核,胡适于 1959 年发表的文章中对葛思德书库中的《碛砂藏》有一个统计,1966 年屈万里又做过一番统计,在葛思德书库根据影印《碛砂藏》目录整理的馆藏目录的最后一页上,有这样一段话:"右系最后核计之数字,计存一四七九种,六零一四卷,五三五九

①胡适《记美国普林斯顿大学的葛思德东方书库藏的碛砂藏经原本》,《大陆杂志》第十九卷第十期,1959 年 11 月。

册。万里　一九六六，八月一日。"

宋元递刊的《碛砂藏》，至今已知存世较为集中的地点有：北京国家图书馆①、原在陕西开元寺卧龙寺今藏陕西省图书馆、山西太原崇善寺、日本杏雨书屋、美国普林斯顿大学葛思德书库，海内外又多有零本②。在陕西的一部，1935 年曾经影印；太原崇善寺所藏曾有《太原崇善寺文物图录》等资料揭示③；庋藏普林斯顿大学葛思德书库者，既有胡适先生考察在先，又有汤一介先生介绍继续④。我虽然并不研究佛经，但对宋元时期杭州地区印刷业很有兴趣，有机会亲睹这部刊印流传甚为复杂的大藏经，自然是深感荣幸。

关于此部《碛砂藏》，前人研究已经相当深入，普林斯顿大学东亚图书馆目录颇详细，标注出某部是何时印本，其中是否有明版补配或后人钞配。该东亚图书馆研究基础甚好，不仅先有胡适先生任葛思德书库库长时对这批《碛砂藏》进行了专门研究，至今仍是重要的参考；现在的库长马丁（Martin Heijdra）博士、图书馆长马泰来先生、主持善本书目编目工作的艾思仁（Soren Edgren）博士，都在汉学研究方面做出重要成就。由于时间短促，我不可能将这批《碛砂藏》全部阅读，于是挑选数部宋版和元版佛经。

我共读七种宋版的《碛砂藏》，它们都是在嘉熙二年（1238）至嘉熙四年间完成的⑤。例如"伤一"字函《甚希有经》卷末题记：

---

①参见李际宁《北京图书馆藏〈碛砂藏〉研究》，《北京图书馆馆刊》1998 年第 3 期。
②详见李富华、何梅《汉文佛教大藏经介绍》，宗教文化出版社，2003 年。
③山西人民出版社，1987 年。
④汤一介《简介美国普林斯顿大学所藏〈碛砂藏〉》，《首届国际法门寺历史文化学术讨论会论文选集》，陕西人民教育出版社，1992 年。
⑤李际宁在《中国版本·佛经版本》中说："宝祐六年（1258），碛砂延圣寺发生火灾，……有一种观点认为，现在存留的《碛砂藏》南宋原版《大般若波罗密多经》的板木，几乎就在这次大火中全部烧毁，现在存世的碛砂藏《大般若经》，几乎都是用元刊妙延寺版补配的。"

"大宋国嘉兴府华亭县长人乡十九保下砂场第七灶衙西面北居住,奉/佛弟子唐思敬同母亲倪氏三娘、妻王氏三娘、男岘家眷等/情旨发诚心,施净财贰拾贯文省,恭入延圣院经坊,命工刊造/甚希有经一卷,功德追荐先考唐六十承事超升净土者,更乞/保扶家门清吉,人口安宁。时嘉熙三年七月日弟子唐思敬谨题。"

　　《佛说无上依经》卷上的卷末题记曰:"大宋国嘉兴府华亭县北郭追远庵道者顾觉臻/兹者发心回施长财捌拾贯文,恭入/平江府城东延圣院大藏经坊,刊造/无上依经上卷,永远流通圣教,所集功德回向/真如实际奉福三界万灵十方真宰法界冤亲同成种智者/嘉熙三年二月日道者顾觉臻谨题　干雕经版僧可晖、善成、可闲、法来、法澄、法升、志圆募缘/都劝缘住持释法超。"

　　"伤七"函《入法界体性经》刊工陈秀,其卷末题记曰:"大宋国嘉兴府华亭县长人乡十九保下砂南场第七灶居住,奉/佛弟子唐思明同妻瞿氏四十九娘、男大年家眷等,施官会肆拾伍阡/恭入碛砂延圣院,刊造大藏经入法界体性经一卷,所集功德上答四恩,下资三有者。嘉熙三年十二月干缘僧志圆题。"

　　《善恭敬经》刊工秀,卷末题记曰:"奉佛弟子张寔元贯武林新城永昌骆源,今寄嘉禾云间南郭太平桥北居住/每赖穹后覆载之恩,父母生成之德,无由报效,谨发诚心,施财三十贯,恭入/平江延圣院,刊造大藏善恭敬经一卷。所求善利报答四恩,资益三有,然愿法/界劳生同成佛道,更用资荐先考张五承事、先姚陈氏二太君、亡妻周氏百二娘子/同生佛界受胜妙乐,更乞忏悔宿累劫冤尤,现生重障。凡有过愆俱希洗净者/嘉熙二年十二月日干缘僧可闲、志圆谨题。"

　　我所见到的宋版《碛砂藏》卷末题记多类此,明确指出时间、刊经地点、刊经价格、施经者的地区及其缘由。元代的经卷末题记则不同于此,虽然内容似乎也包括了这几项,但功德主多为官宦,如管主八。

　　杨绳信先生已经注意到此,1984年曾发表文章《从〈碛砂藏〉刻印看宋元印刷工人的几个问题》①,利用《法苑珠林》和《碛砂藏》发愿文,得到南宋刊工工价甚详。比如引用宝祐元年刊刻《法苑珠林》发愿文,曰:"《法苑珠林》第六十六卷,连意旨字共伍仟伍佰壹拾陆字,每字工钱伍拾文旧会,总计钱贰佰柒拾伍贯捌佰文旧会。所集功德,保佑六三娘身位常安,增延福寿,门阑法吉,宝眷康宁。凡在时中,吉祥如意者。"此条发愿文,不仅指出每字工价,还指出货币为旧会,必须依照南宋后期会子发行情况,方能折算实值。该文中另外一则引文系淳祐五年刊印《光明童子因缘经》发愿文,亦有字数、捐款数,推算之下,每字工价大约三十文。该文根据陕西省图书馆所存《碛砂藏》卷末发愿文,整理出十七种带有捐施款项及字数记载,以此知每字工价,非常清晰表现出北宋至南宋末年工价不断上涨,抑或说物价不断上涨,或是货币不断贬值之趋势。下表系移录自杨文:

《碛砂藏》部分经卷工价统计表

刻书时间	施主	千字文号	经名	施钱数	经文字数	每字工价
端平元年(1234)四月	管行臻	养十二	《佛说观无量寿佛经》	50508文	约7500	约6.7文
端平二年三月	范传家	养七	《如来庄严智慧光明入一切佛境界经》	30000文	约8300	约3.6文

---

① 刊于《中华文史论丛》1984年第1期。

（续表）

刻书时间	施主	千字文号	经名	施钱数	经文字数	每字工价
端平二年三月	耿氏千八娘	养十二	《称赞净土佛摄受经》	20000文	约4500	约4.5文
嘉熙二年（1238）五月	张道明等	敢十	《太子慕魂经》等	55贯官会	约5000	约11文
嘉熙二年九月	马俊	毁二	《大乘遍照光明藏无字法门经》	30贯	约3000	约10文
嘉熙二年十二月	张宓	伤九	《善恭敬经》	30贯	约3000	约10文
嘉熙三年元月	张氏七娘等	毁七	《佛说德护长者经》卷上	60贯	约6000	约10文
嘉熙三年二月	妙实	伤五	《佛说无上依经》卷下	60贯	约6000	约10文
嘉熙三年十二月	唐思明	伤七	《入法界体性经》	45千旧会	约4300	约10.5文
嘉熙四年六月	钱妙坦	伤十	《采华违王上佛受决经》	10贯	约900	约11文
嘉熙四年八月	顾桪	毁三	《申日兜本经》	18贯	约1100	约16文
淳祐元年（1241）五月	可涓	毁六	《伽耶山顶经》	53900文	约3700	约15文
淳祐三年十二月	金铸	菜五	《放光般若波罗蜜经》卷五	257730文	8591	30文

（续表）

刻书时间	施主	千字文号	经名	施钱数	经文字数	每字工价
淳祐三年十二月	叶赞	兵一	《佛说大乘无量寿庄严经》卷五	366780文	12226	30文
淳祐四年四月	周康年	男七	《千眼千臂观世音菩萨陀罗尼神咒经》	319620文	9132	35文
淳祐五年元月	沈兴祐	重七	《放光般若波罗蜜经》卷十九	179000文	5964	30文
淳祐五年十二月	叶蔵	策四	《佛说光明童子因缘经》卷四	472710文	15757	30文

说明：凡注有"约"字者，系推算所得字数，未注"约"字者是照原文登录的。

我在葛斯德书库所见《碛砂藏》发愿文（上文所列举四种，其中两种未见诸杨绳信文章），并没有清晰记载字数，仅有捐施额度，不过根据该经字数，亦可以有大略估算，由于年代、地区与陕西省图书馆藏接近，故与杨计算应无大出入。

根据《碛砂藏》刊工工价，反观前引《小畜集》卷末公文，该书全部雕造工价，至少一千六百贯，如该书印数为六百（以唐仲友刊印《荀子》《扬子法言》为例①）。如此，便可以理解周伯范出千缗之资，印刷《承宣集》，的确是刊工、印刷费统统包括在内。

————————————

① 关于唐仲友刊书事，详参本书《唐仲友刻书今存考略》一文。

四 雕版印刷步骤与工价计算

佛经刊刻与印刷,通常是两步分别进行,尤其是民间或寺院刊经。先是广结善缘,募得善款,刊刻藏版,然后庋藏某寺,以便日后刷印。《赵城金藏》募款过程最具有传奇色彩,费尽辛苦三十年方成,于大定十八年(1178)先印一部进于朝廷,而后经版于大定二十一年运到北京,此后至少在金代有两次印刷,一次是大定二十九年(1189),一次是大安元年(1209)①。《碛砂藏》刊刻过程更长,前后迁延数十甚至上百年,跨宋元两个朝代。

社会用书雕刊印刷情况近似,《宝庆四明志》"学校"章辟"书板"一节,记藏"《四明续志》三百三十幅",又"《四明续志》四十五板"。说明某些官修书书版保存在学校,日后可以再次刷印。因此,刊工费用相对来说是一次性投资,而纸墨糊褙费于每次印刷时支付,刊工费用之回收,大概就体现在赁版费,显然与印数多少有关。宋版书行款多为半叶十行行十八字,每版以三百字计②,每字工价就依十文计,每版即三贯钱。据上述《二俊文集》和《汉隽》《小畜集》刊造跋文,赁版费每版仅一文钱,差不多仅仅是保管费而已,其收回成本时日甚远。难怪唐仲友在台州刻书后,曾将部分书版担回家中③。书版比较昂贵。

笔者认为,社会用书之刊雕印刷,与佛经印制过程相似,其刊造书版之费,与印刷之费分开计算,特别是经典著作,以倡导教化

---

① 详见李富华、何梅《汉文佛教大藏经研究》,第90—94页。
② 亦有行款较为密集,还有注释文字小字双行等情况,此处皆省略,使计算较为简单。
③ 参见朱熹《晦庵集》卷一八,弹劾唐仲友六道状子之第三。

为主旨①。尤其公使库刻书,资金雄厚,故投资在先;私人刊刻个人文集,为保存文泽,传之久远,亦不以营利为目的,故肯于投资。书籍出售时,刊版费用以赁版钱方式渐次回收,故书价以印刷费用为基本成本。

---

① 由于材料所限,本文未包括专门营利之书坊刊书经济核算,甚为局限,盼有识者赐教。

唐仲友刻书今存考略[*]

一 引言

唐仲友少以学名,因被朱熹弹劾,声名渐淹,《宋史》无传,但或因此,又格外受到史家关注。关于唐仲友与朱熹之间一段公案,不仅当时《齐东野语》等笔记有生动描述,为后人津津乐道,且朱熹数道劾章,一直是研究唐仲友重要资料。20 世纪 30 年代,邓广铭先生曾有《悦斋唐仲友生卒年份考》一文,专论唐仲友生平及其交游①;近年来,对唐仲友研究未曾稍减,比如:张继定、毛策《唐仲友之悲剧及其成因略考》②,俞兆鹏《从朱熹按劾唐仲友看南宋

* 本文原刊《中国典籍与文化》2007 年第 3 期,又收入《邓广铭教授百年诞辰纪念文集》,中华书局,2009 年。
① 《邓广铭全集》第八卷,河北教育出版社,2005 年,第 711 页。
② 《浙江社会科学》2005 年第 5 期,第 147—150 页。

贪官与营妓的关系》①,方如金、方国伟《唐仲友学术思想初探》②,
王承略《论朱熹与唐仲友间的一桩公案》③,台州学院图书馆楼波
《台州刊书厘正》④,朱瑞熙《宋代理学家唐仲友》⑤,周学武《唐说
斋研究》⑥等文,从各个方面对唐仲友及其与朱熹关系进行研究。
邓先生全集出版后,有幸看到邓先生早年著述,其中有关唐仲友
之文,识见高远,考论精微,令人钦服,同时引起我对图书馆现存
唐仲友所刊书深入研究的兴趣,于是草成小文,尚请大家指教。
有关唐、朱公案,以及严蕊事迹,前人已有颇多阐述,特从略。

　　唐仲友(1136—1188),字与政,号说斋,东阳(今属浙江金华)
人。其父唐尧封曾为侍御史,声名清直。其兄仲温、仲义皆为进
士。唐仲友少承家学,绍兴二十四年(1154)进士⑦,绍兴三十年再
中博学鸿词科,次年以从事郎出任建康府学教授。乾道年间历秘
书省正字兼实录院检讨官,除著作佐郎,又出知信州,以善政闻。
淳熙七年移知台州,迁江西提刑,为朱熹劾罢,以主管武夷山冲佑
观归。从此专心讲学治学,致力于经史百家。淳熙十五年(1188)
卒⑧。

---

①《江西社会科学》2005 年第 2 期,第 212—218 页。
②《浙江师大学报》2001 年第 5 期,第 15—19 页。
③《烟台师范学院学报》2000 年第 1 期,第 23—26 页。
④《台州学院学报》2005 年第 2 期,第 81—84 页。
⑤朱瑞熙《嵺城集》,华东师范大学出版社,2001 年。
⑥《文史丛刊》之四十,台湾大学文学院,1973 年。此书承北京大学中古史研究中心邓
　小南教授自台湾携归相赠,特此申谢。
⑦《康熙金华府志》卷一八称唐仲友于绍兴二十一年中进士,今取陈骙《南宋馆阁录》
　之说。朱瑞熙先生曾于此专门考证,参见前揭文。
⑧关于卒年,朱瑞熙先生亦另有考证,参见前揭文。因周必大为《帝王经世图谱》序文
　中提及卒年,故仍从淳熙十五年说,详见下文。

唐仲友博学,著有《六经解》《孝经解》《九经发题》《诸史精义》《陆宣公奏议解》《经史难答》《乾道秘府群书新录》《天文详辨》《地理详辨》《愚书》《说斋文集》《帝王经世图谱》《诗解钞》《鲁军制九问》《故事备要》《辞料杂录》诸种,又尝取韩子之文合于道者三十六篇定为《韩子》二卷①,今大多已佚。清代张作楠辑为《金华唐氏遗书》,有道光年刊本。胡宗楙又刻《悦斋文钞》十卷,补一卷,有《续金华丛书》本。其事迹参见《金华先民传》卷三及《宋史翼》卷十三。

南宋淳熙年间文化发达,文人写作刊书盛行,可与绍兴年间比肩。此期间,唐仲友在台州任职,刻书数种,有《荀子》二十卷、《中说》十卷、《扬子法言》十三卷、《昌黎先生文集》四十卷《外集》十卷、《后典丽赋》四十卷②。又有《周礼》十二卷,大约刊于台州任职之前。

二 婺州唐宅刊书

国家图书馆现存婺州唐宅刊《周礼》一部又半部,或与唐仲友有关。该书行款半叶十三行,行大字二十五至二十七字不等,小字双行,行三十四或三十五字。完整之部曾藏海源阁,是其"四经四史"之一,《楹书隅录》卷一著录;后转周叔弢收藏。钤"臣绍和印"、"以增之印"、"周暹"等印记。避讳"敬"、"徵"、"树""恒"、"桓",至宋孝宗之"慎"字。从该书行款、刊工及避讳字,颇有北宋末年《通典》刊本风格,当是翻刻北宋刊本。书中卷三末叶有刊记

---

① 《宋元学案》卷六〇,中国书店影印本,1990年,下册,第147页。
② 陈振孙《直斋书录解题》卷一五著录《后典丽赋》,现代出版社,1987年,第1394页。

“婺州市门巷唐宅刊”（见图一），卷四、卷十二末叶有刊记“婺州唐奉议宅”，奉议郎，元丰文臣寄禄官阶奉议郎之省称，或指代唐仲友曾在馆阁任职。推测《周礼》之刊，或早于《荀子》《扬子法言》，当在乾道年间任馆职之时。此书刊工有王珍、沈亨、高三、余玹、卓宥、丁珪、包正、吴亮、李文诸人，其中丁珪、包正、王珍、余玹曾参加绍兴年间《事类赋》雕刊，丁珪、包正、吴亮、王珍、余玹又曾参加孝宗朝《广韵》一书雕刊。唐仲友刊《荀子》《扬子法言》俱在淳熙年间，所聘刊工以蒋辉为首，多与此书刊工不同。

图一

赵万里先生早在四十年前《中国版刻图录》一书叙录中指出，“宋讳缺笔至桓、完字。刻工沈亨、余玹又刻《广韵》。《广韵》缺笔至构、慎字，因推知此书是当南宋初期刻本。卷三后有‘婺州市门巷唐宅刊’牌记，卷四、卷十二后有‘婺州唐奉议宅’牌记。九经三传沿革例所谓婺州旧本，疑即此本。唐奉议疑即唐仲友，仲友以校刻《荀子》等书遭朱熹弹劾而得名。”[1]事实上，本书卷七已经有慎字阙笔，可与《广韵》互证。全书卷末有劳健 1934 年跋文一则，叙说该书曾经海源阁珍藏及今

---

①北京图书馆编《中国版刻图录》，文物出版社，1960 年，第 22 页。

获亲见之眼福①。

　　另一部之前半部即前六卷是婺州市门巷唐宅刊本,后六卷为补配,亦为南宋初年精良刊本。钤"周栎园藏书印"、"商丘宋荦收藏善本"、"寒云如意"、"佞宋"等印记,说明曾经周亮工、宋荦、袁克文收藏。从钤印可知入藏宋荦家时已经配补。第三卷末叶有李盛铎题识,第六卷末和第十二卷末均有杨守敬题识。李盛铎题识曰:"此书当为北宋刊板南宋修补。"②杨守敬则认为"审其款式、字体,雕印当在北宋末南宋初"③。有关此书前六卷刊工与刊时,一同上文。书中卷六、卷七、卷十一另有袁克文跋语三则,因不见于《寒云手写所藏宋本提要廿九种》,故录于此,或有助于了解此书流传。卷六末杨守敬题识之后为袁克文跋语:"杨氏校语帖于书首,虽见精到颇不耐观,况如此佳椠尤不宜粘缀,遂揭去另装一册,庶不负校者之苦心尔。丁巳后二月寒云。"卷七封面内副页袁克文跋曰:"《周礼》郑注附释文卷七至十二,南宋刊之绝精者,从未见于著录,亦书林之秘籍,与婺州前六卷早经合璧,当不让百衲专美也。乙卯冬月寒云。"卷十一之册书衣内副叶袁克文跋曰:"冬官之失,古人以《考工记》补之,而官仍不可考。予藏一铜镞,长二寸许,作奔虎形,背错金三篆书,文曰:大攻胥。制作精古,确为周器。按,《考工记》有攻木攻金攻皮之工,天官大府有胥八人,则大攻胥必冬官之官无疑。戊午冬莫寒云记。"唐宅《周礼》

①李致忠《宋版书叙录》(书目文献出版社,1994年,第99页)中对此书介绍甚详,可参阅。
②袁克文《寒云日记》乙卯年七月二十二日:"得北宋刊北宋印《北宋录》残本……半叶十一行行二十四字。茗微见之大为惊赏,谓与昔年所见婺本《周礼》相仿佛。"(王雨《王子霖古籍版本学文集》附录,上海古籍出版社,2006年,第144页)或即指此书。
③李致忠《宋版书叙录》中引录李盛铎、杨守敬跋文较详,故不赘录。

刊印精良,即或成为后来在台州刊书精益求精之先导。

三　台州刊书

　　辽宁省图书馆存台州刊本《扬子法言》一部。李轨所注《扬子法言》,于北宋治平二年(1065)由国子监精校刊出,附以《音义》一卷。司马光集注时,以治平监本为底本,并与吴秘注本、宋咸注本、《音义》及其所引之天复本参校,从而保存诸本之优长;但也存在以己意辄改原文的情况。温公集注完成于元丰四年(1081),尤袤《遂初堂书目·儒家类》中已著录,知南宋初已有刻本传世。目前知《扬子法言》五臣注之传世宋刻本:1,《纂图分门类题五臣注扬子法言》,宋刘通宅仰高堂刊本,今藏国家图书馆;2,《新纂门目五臣音注扬子法言》,宋崇川余氏刊本,国家图书馆有藏;3,另有一种宋刻宋元递修本,批注甚多,亦藏国家图书馆;4,辽宁省图书馆存唐仲友台州刊本一部①。此台州刊本半叶八行行十六字,白口,左右双边,版心下方有刊工名。皮纸、柳体字,版面疏朗,有"字大如钱,楮墨如新"的浙刻本特点。首有宋宋咸进书表,次为唐仲友后序,再次为宋咸序,目录之后为司马光序。卷末附音义。该书曾为天禄琳琅旧藏,钤"五福五代堂古稀天子宝"、"八征耄念之宝"、"太上皇帝之宝"、"天禄继鉴"诸印记。《天禄琳琅书目续录》卷五著录曰:"扬子法言一函六册,见前。十三篇篇为一卷。前宋咸表序、司马光序、又唐仲友淳熙八年序。后有扬子音义一卷。书中阙笔极谨密,至孝宗讳慎字止,是淳熙时镂。唐仲友序

---

①笔者曾为文《〈扬子法言〉历代校注本传录》,彼时尚未知有台州刻本存于天壤间。

前阙一叶,盖刻书时序也。大字麻沙最善本。"①该书曾为长春伪皇宫旧藏,后进入辽宁省图书馆②。

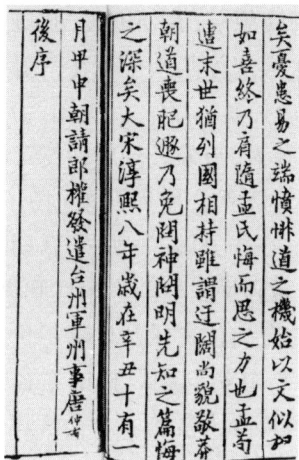

图二

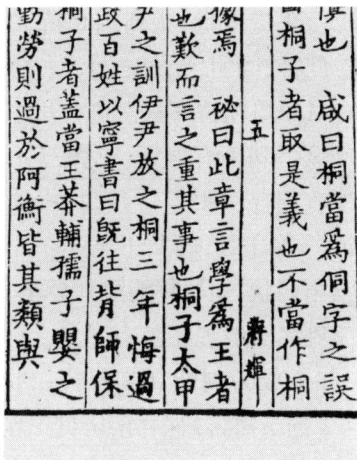

图三

唐仲友后序稍有残,因不见于《金华唐氏遗书》中,故录其文字如下:"(此前疑有缺文)雄书,谓监于二子而折衷于圣人,后之立言者莫能加,所潜最深,恐文公所云未可为定论;又谓孟子好《诗》《书》,荀子好〔《礼》,扬子〕好《易》;孟文直而显,荀文富而丽扬文简而奥,惟简而奥故难知,虽曰不敢□□□□实与子云多矣。孟子亚圣,荀扬□□□□马公皆钜儒,未容蠡测。道大者文炳,□□□□□,思苦者言艰,有中形外,固自□□第邪。子云悟道,以悔自独智,入《法言》□□辞壮,夫不为悔于文高饿显,下禄

①《中华汉语工具书书库》第六十七册,影印自清光绪十年长沙王氏刊本,安徽教育出版社,2002 年。
②参见王清原《伪皇宫藏书聚散考》,《文献》2005 年第 2 期,第 200 页。

隐□□尾之愧。故曰杨雄覃思《法言》《太玄》,盖知□矣。忧患易
之端,愤悱道之机,始以文似□如喜,终乃肩随孟氏,悔而思之力
也。孟荀遭末世,犹列国相持,虽迂阔尚貌敬,莽朝道丧,肥遯乃
免。问神、问明、先知之篇,悔之深矣。大宋淳熙八年岁在辛丑十
有一月甲申朝请郎权发遣台州军州事唐仲友后序。”①(见图二)

该书刊工有蒋辉(见图三)、王定等人,与朱熹劾唐仲友第六
状所言相合,“去年三月内,唐仲友叫上辉就公使库开雕《扬子》
《荀子》等印版,辉共王定等一十八人,在局开雕。”②从朱熹劾唐
仲友第四状,知蒋辉能雕刊会子,说明雕刊手法娴熟。宋代刊书,
刊工姓名一般署在版心下方,当初大约有岗位责任及计算工价之
便,如今成为判断刊刻年代、刊刻地点,分析刊刻风格的途径之
一。《扬子法言》保存南宋良工作品,甚堪今人赏鉴。今存蒋辉刊
书,除《扬子法言》,尚知有《荀子》。

台州本《荀子》。该书与《扬子法言》同是被朱熹劾案多次提
及,赫赫有名,此本曾存日本金泽文库③,幸有《古逸丛书》影印,仍
可窥见其概貌。《荀子》,至宋,司马光于皇祐二年(1050)上疏,请
由崇文院校定并送国子监印行。此事至熙宁元年(1068)终成,是
为监本《荀子》之祖。宋南渡后,书籍缺毁严重,淳熙八年(1181)
唐仲友知台州时,访得善本,遂以公使库资财刊雕之,其后序中
曰:“皇朝熙宁初,儒官校上,诏国子监刊印颁行之。中兴,搜补遗
逸,监书寖具,独《荀子》犹阙,学者不见旧本传习,闽本文字舛异。

---

① □处原残。巴蜀书社影印本,1987年。
② 参见《晦庵先生文集》卷一九。文渊阁《四库全书》本。
③ 涩江全善、森立之《经籍访古志》“荀子”条:“每卷有金泽文库印,印文宽肥,异所经
　见,殆文库火前物,与惺窝先生题签亦希觏之珍矣。”不过,严绍璗《日本藏汉籍珍本
　追踪纪实》(上海古籍出版社,2005年,第232页)没有提及此书。

仲友于三馆睹旧文，大惧湮没，访得善本，假守馀隙，乃以公帑锓木，悉视熙宁之故。"①台州本《荀子》，行款同《扬子法言》，半叶八行行十六字，白口，左右双边，版心下方有刊工名。刊工以蒋辉为首（序言、目录及第一卷系蒋辉刊刻），并王定、李忠、吴亮、宋琳、叶佑、林俊、金华、陈岳、僖华、王震、周言、周伋、陈显、林桧、徐迻、徐通、周安、徐逯一十八人，与朱熹劾案相合，与《扬子法言》一书刊工相同。二书之第一卷均由蒋辉独力刊雕，其馀诸卷系众人合力完成，蒋辉仅刊刻少数几叶。虽然今已不能再见到《中说》和《昌黎先生文集》之台州本，但可从此二书推测，唐仲友对此四种书极为重视，故正文首卷要用最优秀刊工。书中避讳至孝宗，慎字缺笔可证。唐仲友遭劾后，板归南宋国子监，再印即成国子监本。王应麟《困学纪闻》卷十考辨《荀子》语句有注曰："今监本乃唐与政台州所刊熙宁旧本，亦未为善，当俟详考。"②可见台州刻本之精良，是当时一般公论。淳熙八年（1181），钱佃于江西亦据熙宁本重刻此书，只是行款改为半叶八行，行十八字，小字双行同。今《荀子》最著名宋刻本为曾经陈清华收藏之本，20世纪50年代经政府拨款从香港购回，今存国家图书馆，该书以北宋监本为底本刊刻，与唐仲友台州刊本属同一渊源。国家图书馆另藏有清士礼居摹抄本，而"敦"、"廓"二字均缺笔，系避光宗赵惇、宁宗赵扩之嫌名；又此版刻工与唐本、钱本并不相同。可知此本非唐氏刻本或其重修本，亦非钱佃本，而是宁宗时期重刻本。但版式格局不失监本规制，仍属监本系统，且海内仅一存，亦属罕见。今台州刊本仅藏海外，涩江全善、森立之《经籍访古志》"荀子"条下录狩

①转引自《古逸丛书》影印宋台州本《荀子》卷末唐仲友后序。
②《四部丛刊》本。

谷望之跋语,知台州本至迟在道光年间已成狩谷求古楼藏品。杨守敬在《古逸丛书》影印本卷末题识曰:"余初来日本时,从书肆购得此书双钩本数卷。访之,乃知为狩谷望之旧藏台州本,此其所拟重刊未成者。厥后从岛田篁村见影摹全部,因告知星使黎公求得之,以付梓人,一仍其旧,逾年乃成。"①此段文字叙述访求台州本《荀子》及影印过程,也说明杨守敬所见为台州本之影摹本,虽非为台州本之真身,终是近似,藉有《古逸丛书》影印,使我们稍得亲近。

　　杨守敬在日本时曾见朝鲜古刊本,《重刊宋台州本荀子跋》一文中曰:"此间别有朝鲜古刊本,亦略与此本同。"日本文政八年—十年间(1825—1827)平安书肆水玉堂刊久保爱撰《荀子增注》,该书校勘所用版本甚多,其中提到"韩本",据研究,《荀子增注》所引"韩本"文字,与台州本略同,甚至若干误字亦同②,期待韩国尚存台州刊本原本。

四　身后评说种种

　　"庆元党禁"之后,朱熹声名日隆,大有"顺我者昌,逆我者亡"之势,而唐仲友台州任职种种,由于朱熹连奏六章,流传甚广,似成一面之词。然景定《赤城志》及林表民辑《赤城集》中有唐仲友事迹及文章。唐仲友任上,曾修中津桥,百姓称便;又大修文庙及部分寺观③。《赤城集》收录唐仲友三篇文章:《台州重修学碑》

①题识全文可见杨守敬《日本访书志》卷七,辽宁人民出版社,2003年,第111页。
②参见高正《〈荀子〉版本源流考》,中国社会科学出版社,1992年,第23页。
③参阅景定《赤城志》卷三、卷四、卷三〇、卷三一及卷九"官秩门二",文渊阁《四库全书》本。

《新建中津桥碑》《重修桐山桥碑》，陈耆卿《赤城志序》中还提到唐仲友与前后诸任知州均勤力于《赤城志》之修纂①。可见唐仲友守台州期间，颇有善政。元末明初宋濂曾为《唐仲友补传》②，是书不传，不过明代朱右有《题唐仲友补传》之文，其中曰："语曰不逆诈，不亿不信。予读唐仲友补传而窃有感焉。初，仲友以乾道七年守台（案：当为淳熙七年），时朱子提举浙东常平，仲友发粟赈饥，抑奸拊弱，创中津浮梁，以济艰涉，民至今赖之。"③所言当是源自《赤城志》及《赤城集》。朱右《题唐仲友补传》文中认为："永康陈亮以纵横之术与仲友不相能，然亦未尝信程朱氏学也；亮撰无以抑仲友，乃设诡计若为歆艳性学者，朱子遂信之。行部过其家，乘间为飞言中仲友，高文虎为通判，复以旧怨倾之。"四库馆臣在清王懋竑《朱子年谱》一书提要中也说"淳熙元年（按：当是九年）劾奏知台州唐仲友事，后人深有异论"④，显然是指《齐东野语》等诸书记载。

　　淳熙八年十二月，朱熹受命巡视台州时，连续上书弹劾太守唐仲友"违法扰民，贪污淫虐，蓄养亡命"⑤，诸多罪名中即包括用公使库资财刊书事宜。宋代利用公帑刊书并不罕见，至今，国家图书馆所藏宋版书中，至少有抚州、舒州、筠州、台州、两浙东路茶盐司五地公使库刊本，曹之先生综合《书林清话》《藏园群书经眼录》等

---

①《赤城集》卷五、卷一三、卷一四、卷一七，文渊阁《四库全书》本。
②黄虞稷《千顷堂书目》卷一〇，上海古籍出版社，1990年，第277页。
③朱右《白云稿》卷八，国家图书馆藏明初刻本。
④《四库全书总目》卷五七，中华书局，1987年，第517页。
⑤朱熹《晦庵集》卷一八、卷一九，文渊阁《四库全书》本。

文献记载及图书馆公藏目录记载,曾统计宋代公使库刊书有二十馀种①。公使库刊书,因财力雄厚,且主持者通晓典籍,故一般聘请良工,刊刻精整,纸墨俱佳,多为宋版书之典范。唐仲友在雕刊《荀子》后序中明确指出"假守馀隙,乃以公帑锓木",他是否曾经以公帑谋私,难以确知。全祖望《宋元学案·说斋学案》序云:"盖先生为人,大抵特立自信,故虽以东莱、同甫,决不过从,其简傲或有之,晦翁亦素卞急,两贤相厄,以致参辰,不足为先生盖其一生。"②全祖望又为《说斋文钞》序,云:"详考台州之案,其为朱子所纠,未必尽枉。说斋之不能检束子弟,故无以自解于君子,然弹文事状多端,而以牧守刻荀、扬、王、韩四书,未为伤廉,其中或尚有可原者。"③其持论甚平,可为参考④。

据朱熹劾唐仲友第六状曰:"唐仲友开雕荀、扬、韩、王四子印板,共印见成装了六百六部。"⑤据朱熹劾状,唐仲友刊书每存书院若干。时光流逝,当年刷印数百部,八百年之后,仅存二三,珍若星凤。

宋刊《帝王经世图谱》。唐仲友一生著述虽丰,然声名最著、刊印次数最多者当推唐仲友门人金式所刊《帝王经世图谱》⑥。《直斋书录解题》卷十四著录曰:"《帝王经世图谱》十卷,著作佐

①关于公使库刻书,可参见曹之《宋代公使库刻书》一文,《晋图学刊》1988年第4期,第78—81页。

②《宋元学案》卷六〇,中国书店影印本,1990年,下册,第147页。

③《全祖望集汇校集注》,上海古籍出版社,2000年,第1191页。

④余嘉锡《四库提要辩证》卷一六于朱唐之争有详细分析,可参见。中华书局,1985年,第982—989页。

⑤朱熹《晦庵集》卷一九。

⑥关于国家图书馆藏宋版《帝王经世图谱》,获《文献》编辑部张燕婴女士撰写该书善本书提要信息,特此致谢。

郎金华唐仲友与正撰。凡天文、地理、礼乐、刑政、阴阳、度数、兵农、王霸，本之经典，兼采传注，类聚群分，凡百二十二篇。"①《宋元学案·说斋学案》称其学"不专主一说，苟同一人，隐之于心，稽之于圣经，合者取之，疑者阙之"②。唐仲友提倡学经经世，故广涉天文、地理、刑政、经史、传略等。是书以图谱形式条列帝王所宜关心之经国大事，广采《周易》、《尚书》、《诗经》、三《礼》、《春秋》三传、《孝经》、《论语》、《孟子》、《晏子春秋》、《国语》、《荀子》、《白虎通》等书以证其说。故《四库全书总目》提要称道此书，曰："考证之学，议论易而图谱难；图谱之学，阴阳奇偶推无形之理易，名物制度考有据之典难。仲友此编，可徵其学有根柢矣。"③清高宗弘历亦推崇之，作御制诗"题帝王经世图谱"，其序曰："帝王经世之道具在六经，法戒所垂取则不远顾。篇籍殽陈，披览非一时可竟。唐仲友乃撮举诸经要旨列为图谱，旁采传注附以总说，分门别类，条理秩然。读之而其辞易通，玩之而其义易见，允为政治圭臬。若夫择之精，语之详，提要钩深，用力不纷而见功甚巨，宜周必大题词比诸水之流东而车之指南也。夫左图右史，藉资观省之益，兹乃汇而为一，苞括靡遗。《永乐大典》中搜罗甚富，如此书之有资君道，盖不屈指数也。洵宜侑诸座右，鉴以朝夕，庸讵赏其广搜博记已哉。序识大端，用申作诗之意。"④传世是书，以四库馆所辑《永乐大典》本最为通行。然《永乐大典》所载以图谱数繁，析为一十五卷，且不复分别其门目，割裂舛混，原次遂不可寻。四库抄本则依类排比，分为一十六卷，体例之淆，句字之误，则各为考核

①许逸民、常振国编《中国历代书目丛刊》（下），现代出版社，1987年，1381页。
②《宋元学案》卷六〇，中国书店影印本，1990年，下册，第146页。
③《四库全书总目》卷一三五，中华书局，1987年，第1147页。
④文渊阁《四库全书》子部十一。

更定而附注案语于下方。然两者皆非《遂初堂书目》《直斋书录解题》著录之"十卷"本旧貌,而国家图书馆所藏宋本现存八卷九十七篇,所缺二十五篇分作两卷最恰,故此本当即十卷本,远胜四库辑本。此书原应有宋宁宗嘉泰元年(1201)周必大"题辞"一篇,今残去,不过仍可见于周必大《文忠集》卷五十四,曰:"金华唐仲友字与政,于书无不观,于理无不究,凡天文、地理、礼乐、刑政、阴阳、度数、兵农、王霸,皆本之经典,兼采传注,类聚群分,旁通午贯,使事时相参,形声相配,或推消长之象,或列休咎之证,而于郊庙、学校、畿疆、井野尤致详焉。各为总说附其后,始终条理如指诸掌。每一篇成,门人金式辄缮写藏去,积百二(别本作三)十有二篇,又得与政犹子烨别本相与校雠,厘为十卷,以类相从。会分教庐陵,将镂板校官,而郡守赵侯善鐇助成之,属予题辞。夫水之流东,惟海是归;车之指南,其途不迷。今是书折衷于圣人,示适治之路,故名曰帝王经世图谱,非其他类书比。昔汉儒专通一经,仍守师说,居家用以修身,莅官取以决事,况乎六经旨趣,百世轨范,皆聚于此。学者能因广记备言,精思博考,守以卓约,则他日见诸行事,岂不要而有功也欤。与政名臣子,少登两科,历秘书省正字、著作佐郎,出知信、台二州,擢江西提点刑狱。孝宗深知其才。不幸得年仅五十三。凡所蕴蓄,百未究一,予每与士大夫共惜之。因序其书,并告来者。"①对此书成编、付梓情况表述甚明。此本刻工胡元、胡彦、蔡文、蔡成、蔡思、蔡武、蔡懋、刘宗等,多为淳熙间江西地区刻工,与刻赣州本《文选》、吉州本《诗本义》等书,故此本确为江西地区刻本。刻书之时正是周必大致仕归里主持

---

① 周必大《周益国文忠公集》卷五四,国家图书馆藏傅增湘校跋清道光二十八年欧阳棨瀛塘别墅刻本。

刊刻《欧阳文忠公集》之际,官声学望俱佳的周必大为之题辞,并非偶然,周、唐之间,颇有交往,周必大淳熙三年(1176)"乞取唐仲友尤袤书目札子"①、庆元元年(1195)书"郑丙神道碑"②中,均对唐仲友褒奖有加。周必大向来对朱熹道学持保留态度,故而在"庆元党禁"之际支持出版《帝王经世图谱》,郡守赵善鐩予以资助,有其历史背景。是书刊于唐仲友辞世之后,而唐仲友经世思想正当有所发扬,故附说于此。

---

①周必大《文忠公文集》卷一三九。
②周必大《文忠公文集》卷六五。

国家图书馆藏西夏文献整理续记*

一 缘起

百年之前,俄国探险队首次在黑水城发掘出了西夏文献,从此西夏研究正式成为学术界瞩目的重大课题。1929年,国立北平图书馆以重金购买了宁夏出土的西夏文献,成为国内西夏文献庋藏最丰富的所在。1932年《国立北平图书馆馆刊》上刊出了《西夏研究专号》①,体现了当时西夏研究的最高和最全面的成就。七十年来,该专号一直是西夏研究的必备书。七十年来,西夏研究取得了很多新的进展,出土了一批又一批西夏文献,推动了西夏研究。特别是近年将存于俄国的黑水城出土的西夏文献予以整

---

* 本文为2008年7月昆明国际宋史第十三届年会论文。
① 关于国家图书馆20世纪20—30年代之际,入藏出土西夏文献并出版《西夏研究专号》过程,胡玉冰撰文刊于台湾《书目季刊》。

理影印,使国内的西夏学研究者和宋金辽史研究者可方便地利用。1973 年和 1982 年史金波先生曾经抽出时间,认真地翻阅了国家图书馆藏西夏文献,和黄润华先生一起整理了一份简目,1985 年史、黄二人联名在《文献》季刊上发表《北京图书馆西夏文佛经整理记》。2002 年中国社会科学院的西夏研究中心与《国家图书馆学刊》合作,再次出版西夏研究专号,文章内容包括建筑、考古、语言、宗教诸多方面,其中并有一份《国内现存出土西夏文献简明目录》。2002 年这次整理仍以史金波先生领衔,以 1985 年简目为基础,参加者还有王菡、林世田和全桂花。是本文以续记为名。

二　文献种类再认识

我们看到,几乎所有的西夏文献还依刚入藏本馆时候的状态,先以油纸包裹,若干油纸包用一白布再包起来,形成若干大白布包。70—80 年代整理时,馆藏西夏文献的种类已不同于 1932 年周叔迦先生整理的目录,1932 年时认为共有十三种,1985 年《整理记》认为有十九种文献。此次新发现一种不知名的经文和一卷华严经(卷六五),加上裱纸上的汉文、西夏文文书,可以说有二十馀种文献①。第三包和第四包以《大方广佛华严经》为主,此经的有些卷帙重复,仔细考察相同的两卷后,发现它们之间的区别主要在于纸质,一种纸较细而绵软,一种纸较粗脆,新发现的《华严经》卷六十五就是纸粗脆的一种。

———————

① 详情见《国内现存出土西夏文献简明目录》,《国家图书馆学刊》2002 年增刊“西夏研究专号”。

除《华严经》卷六十五之外,新发现的文献几乎都在裱纸上。有文字的裱纸部分仍在原封面或封底上,有些则是早年的整理者已经将之揭为散页。无论裱纸上是汉文或西夏文,主要内容为二种,一为社会文书,一为经文。社会文书多以草书细心写就,史金波先生在没有充裕时间细细考察的条件下,已经认定了部分帐簿,比如写本《大般若波罗密多经》卷第二百八十一的封底裱纸上有户籍文书。这无疑是西夏经济史研究的重要资料①。裱纸上的经文,均为残片。多数可借助技术手段查得所属之经,有一种是汉文《禅宗灯录》,一种是汉文《金刚经》,一种是《观世音菩萨普门品》。这些经文残片,或有活字印刷,但其字体、间距与已知的活字版西夏文华严经不同,间距稍大,字体稍小而秀丽②。

三　元代河西字大藏经的刻工与印刷地点

1227 年西夏王朝被蒙古军队所灭,五十年之后南宋政权也被蒙古军消灭。蒙元时期的统治者,虽然消灭了西夏王国,但是对西夏的上层人士及西夏的僧人仍有相当宽容的民族政策,党项族成为色目人的一种,地位高于汉族人。蒙古统治者对各种宗教,无论佛、道,甚至基督教,均采取了宽松的态度①。从这一大背景出发,元朝政府出资刻印河西字(西夏文)大藏经,显然是出于政治和宗教的考虑。

①史金波后来以《国家图书馆藏西夏文社会文书残页考》为题撰文介绍这批文献,刊于《文献》2004 年第 2 期。
②根据本馆林世田分析,这些残片是明代修补时所粘裱,参见其《国家图书馆藏西夏文献中汉文文献释录》(北京图书馆出版社,2005 年)。
①参见蔡美彪、陈垣、冯承钧的相关著作。

　　到元代皇庆元年(1312),江浙一带刊刻的《大藏经》,至少有始刊于南宋时的《碛砂藏》补版印刷,以及《普宁藏》、河西字(西夏文)大藏经、西蕃字(藏文)佛经数种①。

　　国家图书馆所藏元刊西夏文献雕版印刷,经折装,经卷接纸处即书耳上有用汉字俗省字刻的经名、卷数、纸数、刻字数及刻工名,一个书耳上不一定同时有这些项,这些项是陆续、错落地出现在诸纸的接缝处。刻工名在两纸接缝处,如同宋元版书刻工在版心下方,有全名,有省称,如有单一个字"周",亦有全名"王子任"。他们留下的名字少数可考知,是浙江良工。

　　年代可考的且有刻工姓名的西夏文佛经,一部为元大德六至十一年间(1302—1307)所刻《慈悲道场忏罪法》,卷第一之图《梁皇宝忏图》刊工"俞声",序文叶面下方记刊工"何森秀"。另一部是皇庆元年(1312)所刻《过去庄严劫千佛名经》,其刻工名"台周"。《大悲经》虽然没有记载刊刻年代,但其上的刻工为"周子俊"、"王子正"、"台周",而《不空羂索神变真言经》亦是未见刊刻年代,记有刻工"周子俊"、"任"。从此我们可以推algn:既然皇庆元年台周刊刻《过去庄严劫千佛名经》,那么《大悲经》的刊刻时间当在与皇庆元年相近的年代,同理,《不空羂索神变真言经》应与《大悲经》的刊刻时间接近,也就是说,周子俊、台周应生活同一时代,年龄差距不会超过四十年;《大悲经》和《不空羂索神变真言经》俱为皇庆元年左右刊刻。《梁皇宝忏图》的刊工俞声,乃元代杭州地区著名刊工,除《梁皇宝忏图》,还为宋两浙茶盐司刊《礼记正义》补版刊工,为宋杭州

---

① 李富华、何梅《汉文佛教大藏经研究》(宗教文化出版社,2003年)对杭州刊《碛砂藏》《普宁藏》情况有概述。

本《尔雅疏》补版刊工①。见下表。

国图藏西夏佛经年代小考

元大德六至十一年间（1302—1307）	慈悲道场忏罪法卷第一（西夏文）		《梁皇宝忏图》刊工"俞声"，忏文刊工"何森秀"
元大德十一年	悲华经	封面里有一印，疑为巴思八文印。	刻工"周"
元大德十一年	说一切有部阿毗达磨顺正理本母		毛、王、英
元皇庆元年（1312）	过去庄严劫千佛名经（西夏文）		台周
	不空羂索神变真言经（西夏文）	多人施经，汉文墨书于卷末	周子俊、任
	大悲经（西夏文）		周子俊、王子正、台周

　　除年代可考的佛经及完整姓名的刻工，国家图书馆所藏的西夏文佛经上还留有部分刻工姓名的单字。如《说一切有部阿毗达磨顺正理本母卷第五》诸纸接缝处有刻工："王"、"英"、"毛"、"倪(？)"。

　　整理过程中，善本部李济宁先生取出元至元年间（1264—1294）的《普宁藏》中与西夏佛经有关的二卷佛经，一为《不空羂陀罗尼经》，该卷卷首和卷末均有朱印"李大德光明禅师"，"大德"二字乃西夏文；亦各有两个牌记，其一为汉文（14.7×

----

①参见王肇文《古籍宋元刊工姓名索引》，上海古籍出版社，1990年。

4.5厘米）："河西李立义光明禅师惠月舍体己财印造诣十二大藏经散诸方普愿见闻生生见佛世世闻经者谨记。"其二为雕版西夏文牌记（22×8.5厘米），有上覆莲叶下托莲花之雕饰，共四行文字，行十九至二十字，共七十一字，据史金波先生识读，译文为："番国贺兰山佛祖院摄禅圆和尚李惠月平尚重照禅师之弟子为报福恩印制十二部《大藏经》及五十四部《华严》，又抄写金银字中《华严》一部、《金觉》、《莲华》、《般若》、《菩萨戒》经契、《行信论》等。"①基本内容同汉文牌记。第十六纸接缝处记刻工"陈政"。《古籍宋元刊工姓名索引》记宋绍熙二年（1191）两浙东路茶盐司黄唐刊本《礼记正义》之补版刊工有陈政。这和前面提到的俞声是同一部书的补版刊工。尽管《普宁藏》与大德至皇庆年间雕印的西夏佛经的内在关系不甚明了，但是刊工们曾经共事的事实似乎可以肯定了。关于李惠月禅师刊刻佛经之事，还可以参见李际宁曾经发表于《文献》季刊上的文章《关于"西夏刊汉文版大藏经"》②。

　　元代所有的河西字《大藏经》都是在杭州刊印吗？《慈悲道场忏罪法》卷第一序文最后一行下有西夏文双行小字刻款，每行十一字，经过反复斟酌，译文为"此忏罪法出处地界者江南金陵建康府城中奉敕所集"。南宋和元代都曾设建康府（今江苏南京市），但南宋与西夏各为王朝，西夏是从宋朝分裂出去而建立的国家，宋夏关系历来紧张，曾发生多次战争。宋朝不仅不承认西夏是独立王朝，还不承认其文字。双方战争中宋朝还以西夏文书作为战利品。康定初（1040），宋大将仁福攻陷西夏白豹城"悉焚其伪署

_____

①史金波《西夏佛教史略》，宁夏出版社，1988年，第206页。
②《文献》2000年第1期。

李太尉衙署、酒税务、粮仓、草场及民居室、四十里内禾稼积聚。诸将分破族帐四十一……虏牛、马、羊、橐驼七千馀头,器械三百馀事,印记六面,伪宣敕告身及蕃书五十通"①。所谓"伪宣敕告身及蕃书五十通"应指西夏文字文献。西夏以西夏文上表,宋朝拒不接受。宋元丰元年(1078)西夏使臣到宋朝,"以蕃书附之入谢"。"蕃书"即西夏文。宋接待官员赵蒇收下谢表,宋神宗下诏毁书表,并令开封府治赵蒇之罪②。可见宋朝对西夏文的忌讳。有宋一代,从未见在宋朝境内刊印西夏文文献。因此宋朝不可能在建康府印西夏文佛经。蒙元时期西夏故地已成元朝的一部分,党项民族是当时主要民族之一,西夏文依旧流行,元顺帝至正五年(1345),在大都北居庸关的通道上,修筑了一座著名的过街塔。在过街塔门洞内的高大石壁上,用六种文字镌刻了陀罗尼经,西夏文为其中一种,有七十七行。其馀五种是汉文、梵文、八思巴文、藏文、回鹘文。无独有偶,元代另一方有西夏文字的六体石刻,即莫高窟速来蛮西宁王的梵、藏、汉、西夏、蒙古、回鹘文的六字真言碑,建于至正八年(1348)③。这是元代有确切年代可考的、最晚的西夏文字资料。笔者曾到甘肃省永昌县的西夏圣容寺附近考察,其山冈左侧河崖山石上也见以西夏文等上述六种文字镌刻的六字真言。这些石刻反映出元代多民族文化的典型特质,表现出党项人及其文化在元朝的地位,说明当时汉文、八思巴文、藏文、回鹘文、西夏文都是国家认可的通用文字。

　　因此可以肯定国家图书馆藏西夏文《慈悲道场忏罪法》是在元

①司马光《涑水记闻》卷一二,中华书局点校本,1989 年。

②李焘《续资治通鉴长编》卷二九六,中华书局,2004 年。

③史金波、白滨、吴峰云《西夏文物》,文物出版社,1989 年,图 118。

代雕印。"此忏罪法出处地界者江南金陵建康府城中奉敕所集",所谓"出处"、"集"者,应为集结印刷出版之意。前述《大宗地玄文本论》卷三管主八发愿文记印造河西字大藏经外,还印"《华严大经》《梁皇宝忏》《华严道场忏仪》各百馀部",其中的《梁皇宝忏》即《慈悲道场忏罪法》,证明元代确实印过西夏文《慈悲道场忏罪法》。馆藏《慈悲道场忏罪法》或许即是管主八当时所印之一。《华严道场忏仪》即是前述一行沙门慧觉曾集《大方广佛华严经海印道场十重行愿长遍礼忏仪》,仅存汉文本,未见西夏文本传世。

四　有关活字印刷品与版画

西夏文《华严经》多为活字,已是周知之事。此次整理,有机会见到著名的木活字版《华严经》,雕版《慈悲道场忏罪法经》和《现在贤劫千佛名经》版画,以及数张汉文大藏经残片,眼福不浅。

木活字版《华严经》已有多人论述,在研究专号中的插页中特意安排了卷四十的卷末题款,即"实勾管作选字出力者盛律美能慧共复愿一切随喜者皆共成佛道",以提供印刷史资料,此不赘①。此番整理,特别注意了活字印刷工艺某些细节问题,比如活字版补字的现象。一种情况,某一版面这个字或这个词使用频率特别高,没有这么多备用字,于是留下空白,印刷完一版另外捺印。之所以说是后来捺印,其一是因为这些字的纸背明显墨色淡,似是捺印着力不如整版刷印;其二是这些字没有上下其他字摆得正,

---

① 史金波、雅森·吾守尔《中国活字印刷术的发明和早期传播:西夏和回鹘活字印刷术研究》,社会科学文献出版社,2000年。笔者也曾经为文《从出土西夏文献中有关题记谈西夏的活字印刷》(《中国印刷》2003年第2期)。这篇文章也收入本书。

有的笔画甚至压住了上面字的笔画,活字版正常情况下不会有这种现象,显然是后来补印。另一种情况,纸面有破损,或是印错剜去或是纸面原有破洞,补救的方法为先从背面补上一块小纸,再于正面捺印需补之字。之所以能分出工序的先后,是因为有的补纸已脱落,仍可从正面看到残馀的笔画。

馆藏西夏佛经中有两部《现在贤劫千佛名经》每卷末均有手写墨书西夏文发愿者人名,并同有"李慧胜"、"赐食者王氏"字样(史金波先生释文)①,可视为同时期的印刷品。其一有著名的《译经图》,史金波先生曾有专文介绍考订②。自魏晋佛教大兴,译经场景常在文献中提及,所有人物分别任职,比如主译、助译、笔受、证梵、润文等等,西夏译经并无两样,但中土译经仅有文字记载,向无绘图演示其场面。据史金波先生以题款记载姓名推测,白智光可能是龟兹僧人或汉人,助译者中至少有四位党项人,并有汉族人,这是一幅多民族合作译经图。

另一件卷首的插图边框处有"圆满功德兰州周道安刊"数字,或是以西夏时期的印刷品为元代刊经之底本的证据。另一部《过去庄严劫千佛名经》之发愿文是西夏译经史及元代杭州刊刻河西字《大藏经》综述,史金波先生早在80年代初就进行解读研究③,该文所述历史事实,可与管主八在《碛砂藏》中《大宗地玄文本论》卷三题记④意义等同重要,促进对本馆所藏西夏文献深入认识,当

---

① 参见《国内现存出土西夏文献简明目录》第95、96号,《国家图书馆学刊》2002年增刊《西夏研究专号》。
② 史金波《〈西夏译经图〉解》,《文献》1979年第1期。
③ 史金波《西夏文〈过去庄严劫千佛名经〉发愿文译证》,《世界宗教研究》1981年第1期。
④ 本书《元代杭州刊刻〈大藏经〉与西夏的关系》一文中述及该题记。

然更加开拓西夏研究视野。元刊西夏佛经中另一部很有特色的就是《慈悲道场忏罪法》,卷首为《梁皇宝忏图》,刊工"俞声",图中所绘梁武帝郗后死后化蛇,复又生为天人故事。有机会将两幅著名版画同观,尤其是《译经图》,尽管是元代刊本,也可以感受到西夏时期政教合一庄重气氛。一般佛经扉画以说经场景为主,也有各种护法神像,但以上两幅版画与现存宋代刊刻佛经扉画内容有所区别,应该是西夏刊经特点之一。

结合整理本馆的西夏文献,我们也同时将俄罗斯所藏黑水城文献纳入视野。鉴于上述两幅版画具有情节意义,后来我们注意到俄藏黑水城文献中《金光明经》卷首有《冥报记》版画。《金光明经》以《冥报记》为引说,众所周知,不过中原地区所刊《金光明经》一般没有以《冥报记》为内容的卷首扉画,而今存俄罗斯黑水城西夏刊本则有标题下方的《忏悔灭罪金光明经》扉画,共五面,将《冥报记》中世俗生活、冥间感悟,用图画生动体现,情节鲜明,故事完整,类似连环画。

该图年代为12世纪,尺寸为24×58厘米,细致地表现了《冥报记》内容,分上、下行左右分布。《冥报记》中讲述了温州张居道在女儿出嫁期间,宰杀了大量的羊、猪、鸡、鹅、鸭,卒得重病,因而将死。经三夜却活过来,给人们描述了他所经历的故事:其所宰杀的羊、猪等与之结怨,讼于阎罗王,要求把他转生为动物……因此居道必须抄写《金光明经》,以为自己赎罪,并超度其宰杀他动物,使他们可以再次转生为人。此扉画得之于本馆与圣彼得堡东方学会联合召开西域文献座谈会俄国代表披露资料,根据她的文章,似乎俄藏西夏文献中《金光明经》的木版画不止这一种,我们也期待进一步掌握更多西夏版画资料。自从上海古籍出版社的《俄藏黑水城文献》出版以来,部分黑水城出土的西夏时期的汉文文献逐渐面世,部分流入西夏地区的宋金时期文献也随之面世,为印刷史的研究提供了新的材料。西夏时期西夏当地汉文文献中的雕版印刷品以佛经为主,内中也记录了部分刻工,显然是西夏地区人氏①。流入西夏地区的宋金时期文献既有佛经又有一般社会用书,近年渐渐引起关注。

书耳上的经名,有的是简称,如"本母经"。有的与西夏经名颇有出入,例悲华经卷第九的书耳上刻"圣法显长本母九卷",这大概不是刻工自作主张,或许可为译经研究之参考。《神变真言经》书耳上刻的经名为双语,既有西夏文也有汉文。

五　写本《大般若波罗密多经》

馆藏西夏文写本《大般若波罗密多经》,单独为一布包,内中各册系用宣纸包裹,无黄色油纸,各册外包装纸上无 30 年代整理时的编号,1932 年《国立北平图书馆馆刊》之《西夏研究专号》中亦不见其踪迹,显然系后来之物。这些写本共二十一卷,各卷一册,多钤有俄罗斯东亚图书馆藏书印及该馆编号。1985 年《文献》上发表的《北京图书馆西夏文佛经整理记》一文中曾略微提及此事。至今尚不清楚这些写本何时进入我馆。

这些写本,淡墨色手绘行格(有的无行格),上下单栏,面六、七行,行十八至二十字。书写规整。多数经卷卷末处有西夏文"一遍校同"四个字。其中一册卷首有木刻扉画二幅。如果这些写本源自黑水城,那么很有可能为西夏时期写本。

---

①参见史金波《西夏佛教史略》相关章节,宁夏人民出版社,1988 年。

六　钤印

以往关于西夏的印鉴的认识多集中在对官印的收集和释读①，此次整理过程中，看到几方钤印，记录于此。大德十一年的刻本《悲华经》封面内叶有一枚钤印，史金波先生认为印文或为巴思八文。上面提到的《现在贤劫千佛名经》（有译经图者），其裱衬纸系《华严经》，此《华严经》的某一页上，竟然钤有一枚朱色塔形大印（见图一），底边长约四五厘米，朱色依旧鲜艳，印文乃梵文。

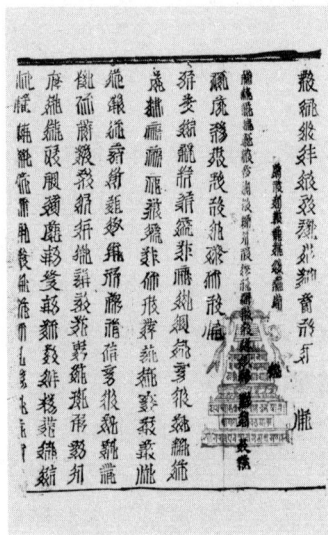

图一

大约在 2004 年，某次本馆召开学术会议，我们有机会向北京大学

---

① 罗福颐等《西夏官印汇考》，宁夏人民出版社，1982 年。

段晴先生请教,得知该印梵文内容系咒语,且为13世纪之际书写。无独有偶,李际宁同志在给我们展示前面提到的《普宁藏》的同时,还取出两件源自敦煌地区的唐卡,唐卡背面有塔形钤印和几个西夏文字,但十分模糊,难以辨析,此塔形钤印与《华严经》残片上的钤印形制、文字均类似。本馆还藏有两件"瓜州审案纪录",其一上有两方朱文印,另一件上有三方西夏朱文印,并有年款"天赐礼盛国庆元年(1069)"。俄藏西夏文献中有一件乾祐二十年雕版的《金刚般若波罗密经》(汉文),其上有"温家寺印经院"印记。结合前面所述《普宁藏》上李惠月钤印的汉文与西夏文合璧的朱印"李大德光明禅师",我们可以看到官印之外的其他钤印,特别是加盖于佛经上的塔形钤印,从另一方面说明藏传佛教与西域文化及汉文化在西夏地区共同交流。

七　结语

《国家图书馆学刊》2002年增刊《西夏研究专号》出版之际,国家图书馆举办"神秘的西夏王国"展览,不仅展出本馆藏多件珍贵文献,宁夏西夏博物馆也送来珍贵文物,如西夏时期货币及西夏王陵残碑等。展览之后,善本部积极申请资助,全面修复馆藏西夏文献①,并且进行高清晰度数字化扫描,最后形成内容丰富、名为"西夏碎金"数据库②,方便研究者使用。

本次整理,以20世纪30年代研究成果和70—80年代整理的简目为基础,出版专号之后又绵延数年,反复揣摩馆藏西夏文献

①修复过程中,本馆同事用显微镜观察,发现部分纸张为竹纸。
②全桂花《西夏文献资源库建设概况》,《国家图书馆学刊》2005年第4期。

的内容,对于这批文献种类、所属各个时期(西夏时期、蒙元时期、元代甚至明代)尽可能予以仔细分辨,对元代印刷西夏文佛经地点亦有新认识。本次整理工作,不仅对这批西夏文献有进一步正确认识,也对西夏民族留存状态增进认识。可以推测西夏文字在西夏遗民中的使用,至少延至明代。同时尽量细致精确记录,如封面封底、题签、行款、科文、题款、佛画,以及一些特别之处,如某些刊题,某些经末手写汉人姓名等,较之专号中的《国内现存出土西夏文献简明目录》又有深入考量。

从出土西夏文献中有关题记谈西夏的活字印刷*

活字印刷,一向是书史和印刷史研究者关注的热点,继张秀民、韩琦先生大作《中国活字印刷史》①问世后,又有潘吉星先生的《中国金属活字印刷技术史》②一书出版。以上二书详尽地考察了活字印刷的初始、发展以及新近发现的资料。但是,正如我们研究中国问题要面向世界一样,研究书史或印刷史,也要看到与汉民族同时在中华民族文化背景之下的其他民族的辉煌成就。尤其是沈括的《梦溪笔谈》非常明确地记载着早在宋代庆历年间就有了活字印刷,其活字的制作、印刷的工艺,均一一道来。但遗憾的是,至今尚未发现实物留存,仅存文献记载。而与整个宋代几乎相始终的西夏王国,曾经成规模地进行活字印刷。现在尚存的已出土的西夏文献中,不仅有大量的雕版印刷品,还有很多活字

---

* 本文原刊《中国印刷》2003 年第 2 期。
① 中国书籍出版社,1998 年。
② 辽宁科学技术出版社,2001 年。

印刷品。故此,史金波、雅森·吾守尔先生有《中国活字印刷术的发明和早期传播:西夏和回鹘活字印刷术研究》①一书。

通常的情况下,人们谈到活字印刷,多是从各种表象去推测、判断,比如栏线是否严整、字体是否歪斜。不过如同对雕版印刷情况的研究一样,最有分量的依据应是印刷品上的发愿文、题记或牌记,很多出土西夏雕版印刷品的发愿文、题记中记载了雕版印刷的史实,如刻工姓名、雕印缘起、印刷地点,有待研究者进一步条理、分析之。关于活字印刷,也有一些题记,是难能可贵的资料,现将已知有关活字印刷的题记条缕如下。

日本京都大学所藏《大方广佛华严经》卷五有西夏文题记两行,为:"一院发愿使雕碎字管印造事者都罗慧性并共同发愿此一切随喜者皆当共同成佛道。"②

这条题记最早受到西夏史研究者的注意,罗福苌和王静如先生虽然早已认为西夏某些文献系活字印刷品,直到 1972 年王静如先生撰文译引了这段题记③,仍疑"雕碎字"即指西夏活字,且谨慎地说"不能强解"。不过,"使雕碎字"的意思,说明所制造的字应是木活字,非金属铸造。

史金波先生于 1973 年和 1982 年仔细研读了国家图书馆所藏西夏文献,发现《大方广佛华严经》卷四十之末有西夏文题记两行,译为汉文为:"实勾管作选字出力者盛律美能慧共复愿一切随喜者皆共成佛道。"④(图一)此题记的释读,是史金波先生于 80

---

①社会科学技术出版社,2000 年。
②转引自史金波《中国最早的活字印刷品》,《北京图书馆馆刊》1997 年第 1 期。
③王静如《西夏文木活字版佛经与铜牌》,《文物》1972 年第 11 期。
④史金波《中国最早的活字印刷品》,《北京图书馆馆刊》1997 年第 1 期。

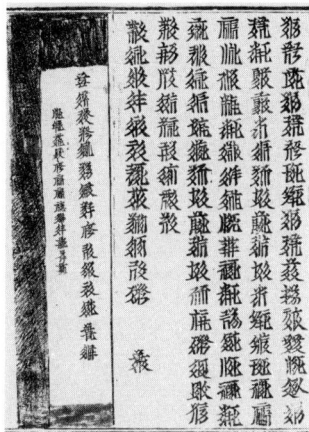

图一

年代初首先译出①，其中的"选字出力者"实为活字印刷的有力
证据。

　　俄罗斯藏黑水城文献第 4166 号《三代相照言文集》的题记中
有"清信发愿者节亲主慧□/清信发愿相沙□道慧/字活新印者陈
集金"之西夏文②。该书蝴蝶装。史金波先生根据西夏文语法，认
为"字活"即"活字"，因为西夏文佛经中有"人活"之语，即对应汉
文佛经中的"活人"一词。由于"节亲主"一词是西夏特有的称谓，
类似中原王朝的亲王。所以研究者一般判断此文献印成于西夏
政权时期。

　　还应该引起特别注意的是，最近聂鸿音先生对俄罗斯藏黑
水城文献第 5130 号佛经题记的释读，其中曰："五明现生寺院讲
经律论辩番羌语比丘李慧明五台山知解三藏国师沙门杨智幢新

①史金波、黄润华《北京图书馆藏西夏文佛经整理记》，《文献》1985 年第 4 期。
②史金波《中国最早的活字印刷品》，《北京图书馆馆刊》1997 年第 1 期。

译番文/出家功德司正禅师沙门宠智证义/出家功德司正副使沙门没藏法净缀文/出家功德司承旨沙门尹智有执羌本校/御前疏润校都大勾当中兴府签判华阳县司检校罔仁持/御前疏润印活字都大勾当出家功德司承旨尹智有/御前疏润印活字都大勾当工院正罔忠敬/光定丙子六月　　日。"①据西夏学家研究，"都大勾当"是一个官职，意思盖为勾当官的总管。他所负责的工作，就是梳通润色和用活字排印。这段文字的内容至少表示了如下的意义：1，此经是从藏文译为西夏文；2，除通晓番羌语的高僧，译经工作中还有"证义"、"缀文"、"执羌本校"诸项工作；3，翻译之后的印刷工序，由专门的"印活字都大勾当"负责；4，题记时间即夏神宗光定六年，宋宁宗嘉定九年（1216）；5，印刷地点在西夏政权控制下的区域，"中兴府签判华阳县司检校"。这条题记既有明确纪年，而且明确了活字印刷已有专门的官方机构，十分重要。

《梦溪笔谈》记载的毕昇发明活字印刷术之事，是在北宋仁宗庆历年间（1041—1048）。而西夏与北宋的文化、宗教的往来，早于庆历之年。今藏俄罗斯的黑水城文献中，就有北宋大中祥符九年（1016）知丹州军州的梁某施刻的《金刚般若经钞》②。且两朝官方就佛经的赐施请赎，早在西夏建国之前的德明时期已肇其端，第二次以五十匹马赎经，是在景祐元年十二月（1035）。这使西夏国有机会接触到中原地区成熟的雕版印刷技术以及活字印刷技术。西夏大臣野利仁荣受元昊之命创制党

①聂鸿音《俄藏5130号西夏文佛经题记研究》，《中国藏学》2002年第1期。此条题记史金波先生曾在《中国活字印刷术的发明和早期传播：西夏和回鹘活字印刷术研究》一书中有释读，文字略有不同。
②《俄藏黑水城文献》第1册彩色插页二七，上海古籍出版社，1997年。

项族文字——蕃文即后世所谓的西夏文字,是在1063年。显然,以西夏文化开始发展的时间判断,西夏不可能独立发明雕版印刷和活字印刷技术,必定是从中原学习了这一方法,在本地发扬光大起来。现藏于俄罗斯的黑水城文献,除宋、金两朝的印刷品,主要是大量西夏政权时期的印刷品,既有与北宋同时的雕版印刷品,也有晚期的印刷品。西夏地区雕版印刷的汉文佛经,以夏仁宗在位期间(1139—1193)数量多且质量上乘。彼时相当于南宋高宗孝宗之时。西夏文的雕版印刷品中很多汉文化典籍的译作,如《论语》《孟子》《孙子兵法》《六韬》《贞观政要》等等,甚至还有双语词典《番汉合时掌中珠》,说明了西夏对汉文化积极汲取的态度。虽然早在北宋仁宗时中原地区已经发明了泥活字印刷术,但是就目前所知道的史料,有宋一代,用活字印成之书,最可靠的记载,就是南宋绍熙四年(1193)周必大用泥活字印刷自著的《玉堂杂记》,其事见于周必大《周益文忠公文集》卷一八九。从西夏王朝的《天盛律令》(系俄罗斯藏黑水城文献之一)中,可见到当时用麻布树皮造纸之记载,并在“末等司”中记有“刻字司”①,加之现存的大批出土印刷品为证,说明西夏的印刷业已甚具规模。今见题记中对正式官方机构“印活字都大勾当工院”和明确纪年的记载,尽管比周必大印书晚二十三年,但是既有此官办机构,说明当时社会上活字印刷技术使用一定相当普遍,其肇始时日当上溯若干年,不必晚于周必大印书。换言之,虽然现在仅知此一条题记明确了活字印刷机构及年代,但活字印刷技术的使用并不拘泥于这一时期。官方机构的建立,必定在已经有了完整的工艺流程和可观的成品数量,活字印刷技

①王天顺《西夏天盛律令研究》,甘肃文化出版社,1998年。

术也相当成熟的基础之上。综合上述，可以清楚地看到宋代活字印刷技术对周边地区产生的影响，并且感受到各民族在共同繁荣中华民族文化中所做的贡献。

10—14世纪中国西北地区的印刷活动诸问题*

首先,要解释本文标题。10—14世纪,相当于中国历史上宋元两朝统治时期,由于宋代统治未曾达于现今中国的西北地区,故以宋元统称这一地区并不恰当,况且当时西北地区各民族此起彼伏,难以统说,故以10—14世纪为界。

在这一时间阶段中,其地区行政区划与现今差别甚大,印刷业发展最辉煌的地区即西夏,相当于现今甘肃、宁夏及部分陕西地界;现今的新疆当时是西州回鹘、于阗等民族聚集地,南宋时此地处于西辽统治下;西藏地区当时在吐蕃统治之下。契丹统治虽然达于今内蒙古中部,但其文化发达地区仍在东部,故本文不予涉及。以下行文以当时地区名称分别之。

西北地区五代十国时期(907—960)雕版印刷,现在存世有印品,虽然是零散残片,且乏历史记载,但是依旧说明中原印刷技术已

---

* 本文为2003年10月在芝加哥大学做学术报告之讲稿。

经逐渐传播到西北,所以宋元时期西北印刷技术的发展,有其渊源。五代十国时期中原继承唐代印刷技术,并且发扬光大,有著名的后唐国子监刊《六经》①,民间刊书亦不乏见,相关著作已有考述,可以参见。就西北地区而言,值得注意的一点,即今所见残片,多为佛经,鲜见儒家经典及文人著述。现在所见,以敦煌时瓜、沙地区归义军曹元忠主持雕刊佛经及菩萨像最著名,尤其版画雕刊技术娴熟,成为以后这一地区雕版印刷特色之先声②。但是10世纪丝绸之路上的印刷业,基本上是以汉族人为主在进行,可以看作是中原科学技术异地复制,及至进入宋辽金西夏时期,虽然汉族政权统治难以达到西北边陲,中华文化影响却一直延伸到遥远的西北地区,并与当地民族文化结合起来,展示新面貌。

一　西夏地区的印刷业

西夏的印刷业曾经非常辉煌,与该地本土文化内涵几乎不相称,这一点越来越多地引起史学研究者的关注③。《西夏书籍业》一书着眼点以俄藏黑水城文献,为国内学者概括该藏品大致情况,某些细节问题,如纸质帘纹,则有详细列表,为鲜有机会细致考察黑水城文献实物的学者提供方便。事实上,北京国家图书馆

---

① 参见《五代会要》卷八《经籍》、《旧五代史》卷三五至卷四四《唐书·明宗纪》、《资治通鉴》卷二七七《后唐纪六》,等等,不一一。
② 参见舒学《敦煌汉文遗书中雕版印刷资料综议》,中国吐鲁番学会语言文字分会编纂《敦煌语言文字研究》,北京大学出版社,1988年,第280—299页。
③ 今有论著捷连提耶夫·卡坦斯基著,王克孝、景永时译《西夏书籍业》,宁夏人民出版社,2000年;史金波《西夏出版研究》,宁夏人民出版社,2004年;牛达生《西夏活字印刷研究》,宁夏人民出版社,2004年;张秀民《中国印刷史》(修订本)第一章第二章相关章节,浙江古籍出版社,2006年。尚有甚多论文,恕不一一。

虽然是国内西夏藏品庋藏最多处,但若要全面考察西夏印刷品,仍嫌实物较少。而今,对于西夏印刷史研究,主要对象应是出土文献,所以需要较多地借助各方面关于黑水城出土文献研究报告,并结合本馆资料,以及近年考古发掘新成果,比如敦煌北区。西夏刊书活动虽然已经有学者从不同角度予以阐述,如果一一道来,此篇小文未必能够容纳,以下仅以其最突出的几个特点予以分析,以期比以往研究稍有新得。

1,以官方机构和寺院印书为主。由于西夏在多方面学习宋朝相当成熟的行政管理方法,加之是政教合一国家,所以书籍刊刻处于高度管理之中。现今所见到的西夏出土文献,除从宋金两朝所在地流传过来,不在本文讨论范围之列,馀者多为官方颁布法令、字典、官方翻译儒家经典、治国方略,以及大量佛经。因此,西夏刊书数量尽管丰富,但是刊书机构相对单一,《西夏书籍业》中指出,黑水城文献中西夏印本中"有的署上'国家印书局'"①。反观宋王朝统治地区,除官府刊书外,私人刊书、书院刊书、书坊刊书,各种途径不一而足,显然,两个地区文化底蕴本不相同,书籍传播、使用者亦不完全相同,故有此种差别。

寺院刊书发达。查考已经出版的黑水城文献,可以看出,西夏地区佛经印刷,有时刊工就是僧人,如大夏人庆三年(1146)刊刻《妙法莲华经》(汉文),其雕刊题记记刊工为"清信弟子雕字人王善惠、王善圆、贺善海",其经费来源是"以上殿宗室、御史台正直本为结缘之首,命工镂版,其日费饮食之类,皆宗室给之,雕印斯经一部",天盛十三年(1161)王善惠又雕刊《大方广佛华严经普贤行愿品》(汉文),刊记中署名为"雕字僧王善惠",似乎可以推

---

① 前揭该书第 39 页。

测王善惠乃专职雕刊的僧人。天盛四年(1152)刊《注华严法界观门》卷下(汉文),其刊记曰:"邠州开元寺僧西安州归义刘德真雕板印文"。刘德真亦为僧人。皇建元年(1210)所刊《佛说大乘圣无量寿决定光明王如来陀罗尼经、佛说般若波罗多心经》,其刊经者为"西天智圆刁、索智深书",刁同雕,可见西域僧人亦参加刊经活动。僧人参与雕刊佛经,甚至是西域僧人也参与雕版印刷,非常符合这个处于河西走廊上民族融合、政教合一王国的宗教气氛。

这一点与内地佛经刊刻大不相同。比如浙江地区刊刻佛经,虽然刊经或印刷地点在寺院,比如《碛砂藏》,其刊经及印刷地点在印经院,但是刊工则是浙江世俗社会中的良工,这些刊工不仅刊刻佛经,也刊刻其他儒家经典及文史著述。以下列表可以清楚地看出西夏部分印刷品印刷机构、雕刊者、刊记及地点、施经者的身份等项内容:

西夏文献雕版及刻工表

年代	文献名称	施经者	刻工	地点	刊记	册数
天赐礼盛国庆五年(1074)	夹颂心经(汉文)(俄藏)	陆又政			今则特舍净捐恳尔良工雕刻板成印施。	4
大安十年(1084)	大方广佛华严经卷四十(汉文)	演妙沙门守琼		大延寿寺		2

（续表）

年代	文献名称	施经者	刻工	地点	刊记	册数
贞观六年 （1106）	维摩诘所说经(西夏文)（俄藏2334号）	审义行善座主耶危智宣	写者赐绯移讹平玉			
夏仁宗 （1139-1193） 之初	胜相顶尊总持功能依经录	夏仁宗				3
天盛十九年 （1167）	佛说圣佛母般若波罗密多心经(汉文)	兰山觉行国师沙门德慧				3
乾祐十二年 （1181）	类林				刻字司所刻。为唐代于立政同名著作西夏文译本。	11
乾祐十五年 （1184）	佛说金轮佛顶大威德炽光佛如来陀罗尼经（汉文）		袁宗鉴、杜俊义、朱信忠、杜俊德、安平、陈用、李俊才、杜信忠、袁德忠、杜产忠、杜用、牛智惠、张用、讹德			3

（续表）

年代	文献名称	施经者	刻工	地点	刊记	册数
			胜、杜宗庆、薛忠义、张师德等			
乾祐十六年（1185）	六字大明王功德略	比丘智通				3
乾祐十九年（1188）	西壁国师劝世集（西夏）（俄藏3706号）	雕印发起者僧人杨慧宝	□前面执笔罗瑞忠执写			
乾祐二十年（1189）	观弥勒菩萨上生兜率天经（汉文）					2
乾祐二十年（1189）	金刚般若波罗密经（汉文）	正宫皇后罗氏谨施		有"温家寺印经院"印记		1
乾祐二十一年(1190)	番汉合时掌中珠	官方				9
当于夏仁宗去世不久	大方广佛华严经入不思议解脱境界普贤行愿品	今皇太后				2

（续表）

年代	文献名称	施经者	刻工	地点	刊记	册数
西夏仁宗年间（1140-1193）	胜相顶尊总持（汉文）				睹兹胜因，倍激诚恳，遂命工镂印番汉一万五千卷，普施国内。	4
乾祐年间	论语全解（西夏文）				刻字司所印。	11
乾祐年间	六韬				刻字司所印，其中"一战"、"攻城"两篇为汉文《六韬》所无。	11
天庆二年（1195）	佛说转女身经（汉文）（俄藏）	皇太后罗氏发愿谨施			命工镂版印造斯典番汉三万馀卷并彩绘功德三万馀帧，散施国内。	1
天庆七年（1200）	密咒圆因往生集					12

（续表）

年代	文献名称	施经者	刻工	地点	刊记	册数
天庆七年（1200）	圣六字增寿大明陀罗尼经	哀子仇彦忠				3
光定四年（1214）	金光明最胜王经（西夏泥金字）	今朕安坐九五……				14
1247	金光明最胜王经（西夏文）	兰山石台寺云谷慈恩众宫一行沙门慧觉		兰山石台寺云谷慈恩众宫	始奉白高大夏国盛明皇帝、母梁氏皇后敕,渡解三藏安全国师沙门白智光译汉为番。	15
乙巳-丁未年（1247）	金光明最胜王经（西夏文）	陈慧高				16
	注清凉心要（汉文）	善女施		李丑儿宅经记		4
宣光二年（1371）				宣光二年题记押印		4

（续表）

年代	文献名称	施经者	刻工	地点	刊记	册数
人庆三年（1146）	妙法莲华经（汉文）	其日费饮食之类，皆宗室给之	清信弟子雕字人王善惠、王善圆、贺善海、郭狗埋		以上殿宗室、御史台正直本为结缘之首，命工镂版，其日费饮食之类，皆宗室给之，雕印斯经一部。	1
天盛四年（1152）	注华严法界观门卷下（汉文）	沙门释法随	刘德真	邠州开元寺	邠州开元寺僧西安州归义刘德真雕板印文。	4
天盛十三年（1161）	大方广佛华严经普贤行愿品（汉文）		雕字僧王善惠	京市周家寺		21
天盛十六年（1164）（俄藏5378号）	金刚般若波罗密多经（西夏）		印面雕行者前内伺耿长葛，印面写者罗瑞那征讹			
天盛十七年（1165）	佛说圣佛母般若波罗密多心		印面雕行者前内伺耿长葛，			

（续表）

年代	文献名称	施经者	刻工	地点	刊记	册数
	经（西夏文）（俄藏7036号）		印面写者罗瑞那征讹			
	金刚般若波罗密多经（西夏文）（俄藏4095号）	发愿令雕者耿人乐	雕者刘宝四			
	佛说阿弥陀经(西夏文)（俄藏4773号）	写者僧人马智慧	雕者李什德、刘铁迦			
	诸说禅源集都序(西夏文)（俄藏800号）		雕字者申行征			
	诸说禅源集都序干文（西夏文）（俄藏4736号）		雕字者申行征			
皇建元年（1210）	佛说大乘圣无量寿决定光明王如来陀罗尼经、佛	张盖利副使、沙门李智宝	西天智圆刁、索智深书	众圣普化寺		2

（续表）

年代	文献名称	施经者	刻工	地点	刊记	册数
	说般若波罗多心经					
	大乘起信轮立义分				届亡妣百日之辰,特命工印普贤行愿品经一□□卷,绘弥陀主伴尊容七十有二帧。	3

　　从现在已经披露的西夏时期印刷品来看,基本上都属于官方或寺院主持刊刻项目,个人行为的刊刻几乎为零。从《天盛改旧新定律令》中可以看到,西夏王朝职司中有秘书监、番汉大学院、翰林学士院等文化机构,还有刻字司、工院等印刷机构①。《俄藏黑水城文献》第 6 册有《杂字》之书,其中"诸匠部第七"记有纸匠、彩画、雕剢、剞刀、簇剪、镟匠、笔匠等等,"器用物部第十一"中有表纸、大纸、小纸、三抄、连抄、纸马、金纸、银纸、镶纸、京纸等纸的种类。说明雕版刻字、纸张制作在当时是很成熟的行业,社会需求相当可观。番汉大学院和翰林学士院在图书编撰方面无疑起到主要作用,可能印刷时也有监督作用,《德行集》②卷末题记中

①史金波、聂鸿音、白滨译注《天盛改旧新定律令》,法律出版社,1999 年,第 364 页。
②《俄藏黑水城文献》第 11 册,上海古籍出版社,1999 年。

有"印校发起者番大学院择明、学士讹则信照……"之语,说明番汉大学院和翰林学士院参与印刷活动。《天盛改旧新定律令》中记载刻字司之存在,更是有别于中原地区。宋代刻字工匠一般在民间,官府刻书时临时从民间聘用,并不单独成立一个机构刻字司。但西夏王朝刻字司很重要,今存数种印刷品上都留下记录,《音同》跋文中有"今番文字者,乃为祖帝朝搜寻。为欲使繁盛,遂设刻字司"①之记载,又西夏文本《诗歌集》的题款中有"乾祐乙巳十六年刻字司头监……御使正、番学士未奴文茂、刻字司头监、番三学院百法博士骨勒善源……",还有如上表指出,《论语全解》《六韬》《类林》,这三部西夏文译作全部由刻字司印刷,证明刻字司确为官方印刷管理机构。

　　众所周知,西夏活字印刷非常兴盛,存世至今的印刷品成为这一时期印刷史研究珍贵实物。西夏王朝也有相应的活字印刷管理机构及工院。俄罗斯藏黑水城文献第 5130 号佛经《胜慧到彼岸要论学习现前解庄严论显颂》题记有"御前疏润印活字都大勾当出家功德司承旨尹智有/御前疏润印活字都大勾当工院正罔忠敬/光定丙子六年六月　日"一段文字,印活字都大勾当就是活字印刷机构负责人之意②,类似记载还有,例如国家图书馆所藏西夏文佛经《大方广佛华严经》卷四十之末有西夏文题记两行,译为汉文为:"实勾管作选字出力者盛律美能慧共复愿一切随喜者皆

---

①史金波、黄振华《西夏文字典〈音同〉序跋考释——〈音同〉研究之二》,《西夏文史论丛》,宁夏人民出版社,1992 年。

②聂鸿音《俄藏 5130 号西夏文佛经题记研究》,《中国藏学》2002 年第 1 期。此条题记史金波先生曾在《中国活字印刷术的发明和早期传播:西夏和回鹘活字印刷术研究》一书中有释读,文字略有不同。

共成佛道。"①其中有"实勾管作选字出力者"即指在活字印刷机构中负责选字的人;日本京都大学所藏《大方广佛华严经》卷五有西夏文题记两行,为:"一院发愿使雕碎字管印造事者都罗慧性并共同发愿此一切随喜者皆当共同成佛道。"②无论是印刷品还是《天盛改旧新定律令》中对政府职能机构之记载,都说明印刷全过程节在中央政权控制之下。

　　史金波《西夏出版研究》中虽然安排"民间刻印出版"小节,但其中内容,并无中原意义上的私人刊书或坊间刊书。由于西夏是一个政教合一的国家,所以寺院刊经,或个别私人刊经活动,可以视作国家宗教活动的一部分,与宋代众多文人自行刊刻其文集,坊间刊刻通俗读物是全然不同的文化意义。也就是说,西夏印刷并不是文化普遍发展到一定高度后自然产生的行为,而是统治者在学习宋王朝统治方法,学习儒家经典的过程中,同时从中原学习印刷技术,用以推广意识形态统治,故此基本上由官方控制。至今出土西夏文献中难以见到民间作品之刊印,或许与之有关。

　　2,精彩纷呈的版画雕刊。雕版印刷是流传至今西夏印刷品中大宗,无论是西夏文佛经,还是汉文佛经;无论是翻译汉籍,还是西夏社会政治用书,其刊刻水平与宋代刊书堪可比肩。西夏雕版印刷成就突出之处,甚至超过中原地区水平的,就是其版画雕刻③。无论是构图、雕刻手法或是数量,都令人叫绝。现存版画主要庋藏在俄罗斯科学院东方研究院圣彼得堡分部和埃尔塔什(即

①史金波、黄润华《北京图书馆藏西夏文佛经整理记》,《文献》1985年第4期。
②史金波《中国最早的活字印刷品》,《北京图书馆馆刊》1997年第1期。
③版画概况可参见徐庄《西夏佛教版画初探》一文,《国家图书馆学刊》2002年增刊《西夏研究专号》。

冬宫），从斯坦因《亚洲腹地考古图记》[1]中还可以见到斯坦因在黑水城所发掘的大量版画残片，这些版画残叶现今应当存于英国大不列颠博物馆[2]。但由于埃尔塔什（即冬宫）的藏品资料不易得到，讨论仍以上海古籍出版社已经刊布的资料为主，同时尽可能收集各篇论文中披露的信息。目前可以看到的部分版画，显示出西夏佛经传播中对故事的强调，比如，国家图书馆所藏《现在贤劫千佛名经》卷首有"西夏译经图"一幅两面，图中有僧俗人物二十五身，西夏文题款十三条，正中高僧为"都译勾管作者安全国师白智光"，即主译者，旁列十六人为"助译者"，下方人像较大者，左为"母梁氏皇太后"，右为"子明盛皇帝"，因此知为西夏惠帝及其母亲梁氏皇太后[3]。自魏晋佛教大兴，译经场景常在文献中提及，所有人物分别任职，西夏译经并无两样，但中土译经仅有文字记载，向无绘图演示其场面。再比如，俄藏黑水城文献中《金光明经》卷首有"冥报记"版画。《金光明经》以《冥报记》为引说，众所周知，不过中原地区所刊《金光明经》一般没有以《冥报记》为内容的卷首扉画，而今存俄罗斯黑水城西夏刊本则有扉画，共五面，将《冥报记》中世俗生活、冥间感悟用图画生动体现，情节鲜明，故事完整，类似连环画。由于宋代大藏经存世太少，扉画存世更少，难以与西夏扉画比对；较为完整的《赵城金藏》，其扉画只有释迦牟尼说法图一幅，较之西夏生动细腻、场景宏大的版刻扉画，不可同日而语。天庆二年(1195)皇太后罗氏发愿刊印《佛说转女身经》(汉文)，其刊印题记曰："命工镂版印造斯典番汉三万馀卷，并彩绘功德三万馀帧，散施国

---

①今有王新华等人译本，广西师范大学出版社，2004年。

②英国国家图书馆、西北第二民族学院《英藏黑水城文献》，上海古籍出版社，2005年。

③史金波《〈西夏译经图〉解》，《文献》1979年第1期。

内。"可见对扉画之重视①。另外，扉画普遍存在，也许和当地文化水平有限，读图更加容易有关。应该说，这种风气影响直至元代官方在杭州刊刻河西字大藏经，国家图书馆所藏元刊西夏文献中，如《慈悲道场忏罪法》卷首"梁皇宝忏图"一幅四面，该图以主人公阴间阳间生活感受为情节，启发向善。以下是已经公布的黑水城文献中带有四面或超过四面扉画佛经统计：

黑水城西夏版画录

经名	大小	册数	文字	图号	备注
西夏刻本《观弥勒菩萨上生兜率天经》版画	共四面	册1②	汉文	图版三六	右角下有刊工姓名"张如一"
西夏刻本《大方广佛华严经入不思议解脱境界普贤行愿品》版画	共六面	册1	汉文	图版三七	
西夏刻本《观弥勒菩萨上生兜率天经》卷首版画，	共八面	册1	西夏文	图版五二	乾祐二十年
刻本《妙法莲花经观世音菩萨普门品》第二十五	共四面	册2	汉文	图版一〇	
刻本《佛说大威德炽盛光佛诸星宿调伏消灾吉祥陀罗尼经》版画		册1	西夏文	图版五七	

①《俄藏黑水城文献》第1册，上海古籍出版社，1997年。
②指上海古籍出版社出版之《俄藏黑水城文献》第1册，下同。

（续表）

经名	大小	册数	文字	图号	备注
西夏刻本《圣观自在大悲心总持功能依经录》卷首版画	共六面	册4	汉文	图版三	
西夏刻本《妙法莲花经》卷一版画	共四面	册1	汉文	图版三五	

　　关于西夏佛经版画突出成就，近年已经引起国内学术界的重视。与西夏刻本同时出土的文献中，有一些唐卡，现在的研究已经确定其中部分唐卡具有藏传佛教风格①，部分版刻扉画亦具有藏传风格。这与西夏同西藏地区密切交往有关。现在已知部分西夏佛经，乃译自藏传佛经。两个部族之间交往密切，历史上有通婚记载，地域接近，均信仰佛教中显宗和密宗教义②，所以版画具藏传风格在情理之中。不过，我认为，西夏地处汉唐时期西域古道，大概受到西域艺术熏陶更多，敦煌石窟、榆林石窟都曾经探明有多个西夏石窟，留存有西夏文供养人题记，那些生动的壁画，说明西夏一向并不缺少艺术细胞③，接受西域艺术影响再自然不过，比如以西夏佛经扉画与北宋治平年间杭州所刊④相比，至少人物形象就有区别，西夏版画中佛像颜面有胡须，而中土所刊释迦

①谢继胜《黑水城出土唐卡研究述略》，《民族研究》2002年第1期。谢继胜另一部著作《西夏藏传绘画》（河北教育出版社，2001年）中专门论述西夏三幅扉画的藏传风格。
②参见史金波《西夏的藏传佛教》一文，《中国藏学》2001年第1期。
③1964年王静如、白滨、史金波等人曾到敦煌、榆林等地考察西夏石窟。可以参见白滨《寻找被遗忘的王朝》第一章，山东画报出版社，1997年。
④此图原藏傅增湘处，民国年间售予美国国会图书馆，今藏国会图书馆。系居蜜女士提供。

牟尼颜面多无胡须。释迦牟尼颜面有胡须,是西域佛像特点之一。事实上,由于西夏所处地理位置,以及她多元文化的背景,版画风格也应当是同时融合多种文化内涵,至今对西夏版画研究尚处于起步阶段,需要更多披露资料并深入细致比对,或许可以有更加全面认识。

3. 活字印刷熟练应用。活字印刷是西夏印刷事业又一重要成就,尽管《梦溪笔谈》中记载北宋仁宗庆历年间(1041—1048)毕昇发明活字印刷术之事,但至今没有宋代活字印刷品实物留存,仅见诸记载,而西夏文献中不仅有活字印刷品实物,而且有非常明确、具有历史意义的题记,使后人可以知道西夏有活字印刷官方管理机构。

活字印刷品历来是讨论的热点,继张秀民、韩琦先生大作《中国活字印刷史》问世后①,又有潘吉星先生的《中国金属活字》一书出版②,还有史金波,雅森·吾守尔《中国活字印刷术的发明和早期传播:西夏和回鹘活字印刷术研究》③。以上诸书详尽考察了活字印刷的初始、发展以及新近发现的资料,特别关注到与汉民族同时在中华民族文化背景之下的其他民族的辉煌成就。通常的情况下,人们谈到活字印刷,一般是从各种表象去推测、判断,比如栏线是否严整、字体是否歪斜。不过如同对雕版印刷情况的研究一样,最有分量的依据应是印刷品上的题记或牌记,很多出土西夏雕版印刷品的题记中记载了雕版印刷的史实,如刻工姓名、雕经缘起、印刷地点,有待研究者进一步条理、分析之。关于

①中国书籍出版社,1998 年。
②科学出版社,2001 年
③社会科学文献出版社,2000 年。

活字印刷,也难能可贵地存留一些题记,是可贵的史料,现将已知有关活字印刷的题记条缕如下。

日本京都大学所藏《大方广佛华严经》卷五有西夏文题记两行,为:"一院发愿使雕碎字管印造事者都罗慧性并共同发愿此一切随喜者皆当共同成佛道。"①这条题记最早受到西夏史研究者的注意,罗福苌和王静如先生虽然早已认为西夏某些文献系活字印刷品,1972年王静如先生撰文译引了这段题记②,疑"雕碎字"即指西夏活字。史金波先生于1973年和1982年仔细研读了国家图书馆所藏西夏文献,发现《大方广佛华严经》卷四十之末有西夏文题记两行,译为汉文为:"实勾管作选字出力者盛律美能慧共复愿一切随喜者皆共成佛道。"此题记的释读,是史金波先生于80年代初首先译出③,其中的"选字出力者"成为活字印刷的有力证据。俄罗斯藏黑水城文献第4166号《三代相照言文集》的题记中有"清信发愿者节亲主慧□/清信发愿相沙□道慧/字活新印者陈集金"之西夏文。该书蝴蝶装。史金波先生根据西夏文语法,认为"字活"即"活字",因为西夏文佛经中有"人活"之语,即对应汉文佛经中的"活人"一词。由于"节亲主"一词是西夏特有的称谓,类似中原王朝的亲王。所以研究者一般判断此文献印成于西夏政权时期④。俄罗斯藏黑水城文献第3947号世俗文献《德行集》,卷末题记有"印校发起者番大学院学正、学士、节亲文高"字样。在该册卷首的内容提要中,将此文献拟定为西夏天庆年间(1194—

①史金波《现存世界上最早的活字印刷品》,《北京图书馆馆刊》1997第1期。

②王静如《西夏文木活字版佛经与铜》,《文物》1972年第11期。

③史金波、黄润华《北京图书馆藏西夏文佛经整理记》,《文献》1985年第4期。

④史金波《现存世界上最早的活字印刷品》,《北京图书馆馆刊》1997第1期。

1206)印刷品①。由于西夏雕版印刷品的题记或发愿文中通常有"恳尔良工雕刻板成""命工镂板……雕印斯经一部""印面雕行者前内伺耿长葛,印面写者罗瑞那征讹""刘德真雕版印文"之类的词语②,而此题记曰"印校发起者",甚不同于雕版者,可以理解为所指是活字印刷的工序。

　　还应该引起特别注意的,是近年聂鸿音先生对俄罗斯藏黑水城文献第5130号佛经题记的释读,其中曰:"五明现生寺院讲经律论辩番羌语比丘李慧明五台山知解三藏国师沙门杨智幢新译番文/出家功德司正禅师沙门宠智证义/出家功德司正副使沙门没藏法净缀文/出家功德司承旨沙门尹智有执羌本校/御前疏润校都大勾当中兴府签判华阳县司检校罔仁持/御前疏润印活字都大勾当出家功德司承旨尹智有/御前疏润印活字都大勾当工院正罔忠敬/光定丙子六年六月　　日。"③据西夏学家研究,"都大勾当"是一个官职,他所负责的工作,就是"都大勾当"一词前面的语词。这段文字的内容至少表示了如下的意义:1,此经是从藏文译为西夏文;2,除通晓番羌语的高僧,译经工作中还有"证义"、"缀文"、"执羌本校"诸项工作;3,翻译之后的印刷工序,由专门的"印活字都大勾当"负责;4,题记时间即夏神宗光定六年,宋宁宗嘉定九年(1216);5,印刷地点在西夏政权控制下的区域"中兴府签判华阳县司检校"。这条题记既有明确纪年,而且明确了活字印刷已有专门的官方机构,十分重要。

────────────

①《俄藏黑水城文献》第11册。
②引文部分出自《俄藏黑水城文献》汉文佛经部分,上海古籍出版社,2000年。亦可参见史金波《西夏佛教史略》附录部分,宁夏人民出版社,1988年。
③聂鸿音《俄藏5130号西夏文佛经题记研究》,《中国藏学》2002年第1期。

　　西夏与北宋文化、宗教往来,早于庆历之年。今藏俄罗斯的黑水城文献中,就有北宋大中祥符九年(1016)知丹州军州的梁某施刻的《金刚般若经钞》①,还有稍晚于1063年的熙宁年间杭州晏家所刻佛经②。关于杭州晏家所刻佛经,亦可见于宿白先生《唐宋时期的雕版印刷》一书的图版三十及其说明③。黑水城文献中的印刷品,除宋、金两朝者,大量出自西夏政权时期。西夏地区雕版印刷的汉文佛经,以夏仁宗在位期间(1139—1193)数量多且质量上乘。就目前所知,有宋一代,用活字印成之书,最可靠记载,是南宋绍熙四年(1193)周必大用泥活字印刷自著的《玉堂杂记》,其事见于周必大《文忠公文集》卷一八九。上述题记中对正式官方机构“印活字都大勾当工院”和明确纪年的记载,虽然比周必大印书晚二十三年,但是作为一个官办机构,必定已有完整的工艺流程和可观的成品数量,印刷技术大约基本成熟。综合上述,可以清楚地看到宋代活字印刷技术对周边地区产生的影响,并且感受到各民族共同繁荣起来的中华传统文化。

　　4. 多语种文字印刷品。以黑水城为主的考古发掘中,所得印刷品有汉文、西夏文、藏文、梵文等等,突出体现西夏文化是多元文化组合。上面曾经征引天庆二年(1195)刊印《佛说转女身经》(汉文)之刊印题记:“命工镂版印造斯典番汉三万馀卷,并彩绘功德三万馀帧,散施国内。”1140—1193年间刊印的《胜相顶尊总持》(汉文)有刊记曰:“睹兹胜因,倍激诚恳,遂命工镂印番汉一万五千卷,普施国内。”④从刊记可以想象,当时汉字应用十分普遍,

---

①《俄藏黑水城文献》第1册彩色插页二七。
②《俄藏黑水城文献》第4册,第59页,上海古籍出版社,2000年。
③文物出版社,1999年。
④《俄藏黑水城文献》第1册。

所以刊经时两种文字需同时刷印。还有两种文字同时刊印在一部书中，最典型的例子便是《番汉合时掌中珠》。该书类似当今双解词典，虽然收字不多，但的确成为西夏学研究者入门钥匙。另有《大随求陀罗尼》，是梵文经咒与汉文对照，梵文竖写，一行汉文一行梵文①。多元文化使西夏后裔在西夏国灭亡之后，流亡到藏地或内地，易于当地社会生活尽快融合在一起。关于藏文印刷品详见下节。

二　吐蕃地区造纸与书籍

1. 文字与造纸。据记载，藏族远祖源出于羌人，至松赞干布统治期间，与唐王朝往来密切，发展生产，制定法律，参照梵文创制文字，藏语属汉藏语系藏缅语族藏语支。文成公主入藏时，随行以珍宝、佛经、史书、谷物及大批技师工匠，是一次大规模汉文化输入。藏族地区有了文字以后，开始出现书面文献，现在可以看到早期文献，如有斯坦因等人在南疆发现写有藏文的木简②，以及敦煌遗书中古体藏文佛经写本③。藏区纸张以皮纸和麻纸为主，据潘吉星先生研究，藏纸所用原料颇具藏地特点，多为藏地特有植物纤维，比如桑树、灯台树、瑞香狼毒草等等。由于藏地不产竹，所以其造纸不用竹帘纸模，一律使用粗棉布制成的布帘纸模，多为方纸④。手工造纸延续很久，清乾隆年间四川布政使查礼到

---

① 《俄藏黑水城文献》第5册，上海古籍出版社，1998年。
② 今藏英国国家图书馆。
③ 今藏北京国家图书馆、英国国家图书馆、巴黎国立图书馆。
④ 潘吉星《中国科学技术史：造纸与印刷卷》第三编第十四章，科学出版社，1998年，第476—479页。

藏区巡视后曾有《藏纸诗》一首，其中曰："孰意黄教方，特出新奇样。日捣柘皮浆，帘漾金精浪。取材径丈长，约宽二尺放。质坚宛茧练，色白施浏亮。"①唐宋时期造纸技艺或许尚不精湛，质量或不及清乾隆时期，但据黑水城和敦煌北区出土文物，彼时确实已经可以生产用于印刷之纸。

2. 宋元时期文化发展。吐蕃文化经过几个世纪的积累，在佛教传播、诗歌、历法、医药，特别是绘画艺术、雕塑艺术方面，有巨大发展，书籍美术作品甚丰，不仅取得辉煌成就，而且对周边地区产生影响。

日喀则萨迦县萨迦寺是一座藏族文化蕴藏丰富的寺院，其北寺始建于 1073 年，时宋神宗熙宁六年，1260 年（宋理宗景定元年，蒙古世祖忽必烈中统元年）八思巴国师即萨迦派第五代祖师，从这里前往元大都，受到元世祖宠信，协助蒙元政府管理西藏事务，以藏文为基础创制元代国书八思巴文。数年之后八思巴返回萨迦寺，寺中今存八思巴本人生前著述三十馀种，传世有《萨迦五世传》等，或是在寺内刊印。元代大德十年（1306）由官方在杭州主持刊刻西番文（藏文）、河西字（西夏文）大藏经，是藏文大藏经雕版印刷之始，其原委见诸国家图书馆藏《碛砂藏》之《大宗地玄文本论》卷三所载管主八长篇题记②。然而，何时藏族地区开始雕版印刷？萨迦南寺始建于至元六年（1269），萨迦寺众多书籍、佛经及木雕版至今都存放在这里。一般认为，是八思巴将内地雕版印刷技术引入西藏，其中比较有利的旁证就是今存寺内的元大都补

①载黄沛翘《西藏图考》卷三，西藏人民出版社，1982年，第104页。
②附有此篇重要题记的《大宗地玄文本论》卷三在太原崇善寺、日本崇福寺、美国普林斯顿大学葛斯德书库均有藏本。参见本书《元代杭州刊刻〈大藏经〉与西夏的关系》一文。

版重印本《赵城金藏》,宿白先生认为萨迦寺所藏《赵城金藏》与八思巴弟益邻真曾在圣寿万安寺(即今白塔寺)有关①。萨迦寺庋藏刻本写本极其丰富,值得进一步研究,然不得机会详细加以整理,故此还不能对西藏地区印刷状况有较为准确的描述。

　　早在西夏政权确立之前,藏传佛教已经达于甘肃边陲。20 世纪在黑水城和敦煌考古发掘中,说明藏传佛教向东部传播的足迹,部分保存在西夏佛教文献和敦煌、榆林石窟壁画中②。佛经扉画中的藏传佛教色彩已经如上述,不赘。西夏时期佛经刊记中,一部分明确指出是番羌语译,并有专门羌文校对。令人瞩目的是有一些藏文雕版印刷品现身于黑水城遗址③,这些印刷品是出自西夏本地还是由藏地传来? 史金波先生认为这是西夏地区的藏文刻本。然而斯坦因《亚洲腹地考古图记》④曾在黑水城西北索果诺尔湖以南的遗址中,发现多件版画残片以及手绘图片,这些纸质文献共同特征是都有藏族风格或藏文,而无西夏文字。比如:"E. G. 017. a. xlv 雕版印刷纸片。印着长方形边线,边线里面是藏文。藏文上方有一组相连的花瓣状托架,托架末端是漩涡饰。背面的长方形框里有藏义题识。""E. G. 022. a. lviii、liv 2 张雕版印刷的纸片。有简单的线边。大概是佛龛中的人物,保留下来一部分复杂的莲花座和两侧的旋涡饰,底下是一行藏文。"还有五张版画残片斯坦因明确指出具有西藏风格,其中之一是"E. G. 03 雕版

①宿白《赵城金藏、弘法藏和萨迦寺发现的汉文大藏残本》,《藏传佛教寺院考古》,文物出版社,1996 年,第 224 页。

②可以参见史金波《西夏学和藏学的关系》,《西藏民族学院学报》(哲学社会科学版) 2006 第 1 期。

③史金波《最早的藏文木刻本考略》,《中国藏学》2005 年第 4 期。

④巫新华等译,第十三章《黑河三角洲和哈喇浩特遗址》,广西师范大学出版社,2004 年。

印刷的纸。画一个站在狮子身上的熊头神拥抱着沙克蒂。神腰上挂着骷髅串成的绳子。只画出轮廓线，四边都撕破了，背面印着题记。西藏风格"。斯坦因特别指出，这部分文字多具西藏风格，写着或印着吐蕃文，但无遗址年代的明确线索，这批文物也许晚于哈喇浩特发现的文物。由于这批文物没有西夏文字，由于这批文物也许晚于西夏政权统治时期，而且由于其雕版技术尚处于较粗糙阶段（西夏地区印刷技术已可与中原比肩），应当早于明代晚期在四川甘孜地区理塘寺刊行《甘珠尔》《丹珠尔》，并且是藏族地区刊印品。黑水城科兹洛夫发掘所得文献，并不是都出自西夏政权统治时期，其中"至元通行宝钞贰贯""中统元宝一贯文省"显见是元代印刷品，藏文木刻本应该也具有此种可能性，即本是元代藏地刊印，与西夏印刷品混同在一起。当然，如果能找到更多证据，说明这些文献刊印早于元代，那么，西北地区印刷史将增加辉煌一页。

三　回鹘地区活字与雕版印刷

1. 曾经辉煌的回鹘文化。据记载，回鹘原本生活在漠北草原，唐后期（开元会昌年间），回鹘汗国爆发内乱，回鹘人分三支逃散，一支南下到长城附近，后来与汉族及其他民族融合，另一支到达今新疆地区，占有吐鲁番盆地，建立了高昌回鹘王国，还有一支向西南迁到甘肃河西走廊，建立甘州回鹘王国，史称"甘州回鹘"。宋辽时期，后两支回鹘人很活跃，他们继承西域古道上发达的佛教文化，创造辉煌的回鹘文化，今日尚存吐鲁番附近高昌遗址，就是宋辽时期高昌汗国在唐朝高昌城基础上继续建设的遗存。相当于北宋仁宗天圣年间（1023—1030），甘州回鹘亡于西夏。至元代,这一地区处于蒙古人统治之下,不过,由于蒙古西北诸王发动反抗忽必烈的叛乱,高昌回鹘王亦都护被迫撤退到甘肃永昌县一带,此期间不断有回鹘人从吐鲁番地区迁来,因而加强了河西走廊回鹘人势力①。

回鹘西迁新疆和河西走廊以后,逐渐采用以古代粟特文为基础而创制的回鹘文,取代在漠北时使用的古代突厥文,用回鹘文字撰写和翻译了大量文献,使回鹘文字成为当时新疆、河西走廊和中亚地区广泛使用的通行语言之一。回鹘文字对契丹小字、满文、蒙文的形成都有影响。14、15世纪以后,由于伊斯兰教在天山以南地区取得了统治地位,回鹘文渐次废弃不用,但在甘肃河西走廊,回鹘文一直使用到清朝初年②。

回鹘汗国地处中西交通要道,受到西域和内地各种文化影响。今英国国家图书馆藏敦煌出土的回鹘文《俱舍论颂疏》残叶、法国国家图书馆藏敦煌出土回鹘文《菩萨修行道》残叶,都是汉文回鹘文夹写,汉文无译文,说明回鹘人对汉文同样熟悉。敦煌、高昌地区佛教大兴的同时,摩尼教也得到推崇,现在已经发现尚存回鹘语摩尼教经典③。回鹘弘扬佛教,受到邻国西夏王朝的尊重,回鹘僧人被延请到西夏参与弘法活动,翻译佛经④。

2. 回鹘文雕版印刷品。1902—1907年李谷克(Albert von Le

①元代回鹘、西夏民族文化融合状态,还可参考耿世民《回鹘文〈大元肃州路也可达鲁花赤世袭之碑〉译释》,《维吾尔古代文献研究》,中央民族大学出版社,2003年,第409—421页。

②20世纪初在甘肃酒泉地区裕固族(即河西走廊回鹘人后裔)处,发现抄写于康熙二十六年的回鹘文本《金光明经》。耿世民《回鹘文〈金光明经〉第九卷长者子流水品研究》,《中国民族古文字研究》1993年第二辑。

③耿世民《回鹘文摩尼教寺院文书初释》,《考古学报》1978年第4期。

④参见史金波《西夏佛教史略》,宁夏人民出版社,1988年,第31—32页。

Coq，1860—1930）和格林威德尔（Albert Grunwedel）率领的普鲁士考察队在新疆进行考古发掘。他们在吐鲁番地区发现大量雕版印刷品残片，大部分是佛经和佛经版画，使用的文字有回鹘文、汉文、梵文、西夏文、藏文和蒙文等六种文字。这些残片至今没有全部公布，已公布的部分可见于史金波与雅森·吾守尔合著的《中国活字印刷术的发明和早期传播：西夏和回鹘活字印刷术研究》①以及耿世民《维吾尔古代文献研究》②。现存日本有邻馆的一件佛经残片上共有四行回鹘文，意为："愿成就圆满。至正二十一，牛年，三月一日甘州印刷。善哉，善哉。"③至正二十一年，辛丑年（1361）。这一件残片文字言之凿凿，说明元代回鹘确实在西北地区进行雕版印刷④。

与西夏类似，回鹘文化中多艺术修养，考古表明，回鹘人遗址及石窟中残存大量精美壁画，雕版印刷佛经中也常有插图或扉画⑤。由于完整的文书太少，难以有更多阐述，仅从已经披露部分，可以明显看出多民族文化融合的迹象。

3. 活字印刷。回鹘文活字印刷近年最令人激动的研究结果，是不断披露的现存木活字。根据彭金章先生在敦煌北区考古发掘，根据雅森·吾守尔在法国找到伯希和当年从敦煌北区携归法国者，以及1949年以前发掘所得和彭金章先生在世界各地访知

①社会科学文献出版社，2000年。钱存训《中国纸和印刷文化史》（广西师范大学出版社，2004年）第八章也提到此次考古所得。
②中央民族大学出版社，2003年。
③转引自史金波与雅森·吾守尔合著的《中国活字印刷术的发明和早期传播：西夏和回鹘活字印刷术研究》一书，第83页。
④史金波先生认为11—12世纪回鹘已经在进行雕版印刷，参见其《汉族和少数民族文字书籍印刷出版之互动》一文，《文献》2006年第1期。
⑤参见耿世民《维吾尔古代文献研究》。

所存,回鹘文木活字现在法国吉美博物馆存九百六十枚,日本东京东洋文库存四枚,美国纽约大都会艺术博物馆存四枚,此三处皆伯希和发掘所得;俄罗斯艾尔米塔什博物馆存一百三十枚,系1914—1915年俄国人奥登堡在敦煌北区发掘所得;敦煌研究院陈列中心库房存六枚,系1944—1949年在敦煌北区采集;敦煌研究院考古所文物库房收藏四十八枚,系1995—1998年再次进行敦煌北区考古发掘时所得。以上共计一千一百五十二枚①。其中既有以词为单位的活字,也有以语音为单位的活字,由于回鹘文字是拼音文字,长度不一致,与汉文方块字不同,因此其木活字的制作,需要事先有周密的考虑,有其独特的创造②。

那么,如何认定这些木活字的年代呢? 就目前所知,这些回鹘文木活字全部出自敦煌北区石窟,与之同时出土的还有西夏文、藏文、蒙文写本或刻本,甚至还有叙利亚文、梵文文献,其中西夏文刻本《龙树菩萨为忏陀迦王说法要略》残叶上有捺印题记,译文为"僧录广福大师管主八施大藏经于沙州文殊师利塔中永远流通供养"③,这是元代官府于杭州刊刻西北民族文字大藏经著名标识④,加之同时出土的蒙文文献,可以认为以元代文献为主。伯希和1908年写给巴黎亚细亚协会会长塞纳-马恩省尔(E Senart)的一封长达七十五页的信中,谈到在敦煌北区发现了"属于13—14世纪的汉文、蒙文、婆罗迷文、西夏文写本和印刷本的断片",并且

---

①详参彭金章《讲学·参观·寻宝——赴美讲学纪略》,《丝绸之路》2001年第3期。
②详参史金波与雅森·吾守尔合著的《中国活字印刷术的发明和早期传播:西夏和回鹘活字印刷术研究》一书,第107页。
③史金波、王菡、全桂花、林世田《国内现存出土西夏文献简明目录》之敦煌研究院藏品部分,《国家图书馆学刊》2002年增刊《西夏研究专号》,第226页。
④参见拙文《元代杭州刊刻〈大藏经〉与西夏的关系》,已收入本书。

说还发现了"用于印刷蒙古书籍的大量小方木块"①,说明伯希和当时就认为这些文献产生于元代。

　　以上探讨三个不同民族及其区域印刷业的发展及特点,由于篇幅所限,仅仅选取最有典型意义的事件,以及近年研究尚不够充分的领域,以期综观宋元时期西北地区印刷史状况,说明以下几个问题:

　　1. 此期间西北地区印刷业最发达的地区当首推西夏王朝,西夏王朝接近中原,与汉族交往更加密切,接受汉族文化较为充分,所以今存西夏文献中汉文化存留甚多,同时印刷技术受到官方高度重视,在中华印刷技术西传过程具有里程碑意义。

　　2. 西夏王朝同时还接受了藏传佛教、西域艺术的影响,今存佛经、壁画、版画,保留了这些特点,显示出多元文化的交汇,尤其版画制作的艺术性、制作技艺成就辉煌,甚至可以认为超过中原地区版画雕刊水平。

　　3. 吐蕃与回鹘文化的发展,和西夏王朝紧紧交织在一起,从出土文献同时存在就已经表明,宋元时期西北地区这三种相当强大的民族文化,处于相对独立又共同发展之状。吐蕃与回鹘地区的印刷当稍晚于西夏政权的统治时期,正反映了西夏王朝在印刷技术西传过程中的接力作用。而回鹘和吐蕃,他们又分别接受西方外邦文化影响,比如印度和摩尼教的影响,使他们文化中民族融合特色更加鲜明。而这种文化与中原印刷技术结合后,显示出新面貌,比如具有典型意义的回鹘文活字。

――――――――――

① 参见彭金章《敦煌莫高窟北区所出多种民族文字文献和回鹘文木活字综述》,《敦煌研究》2000 年第 2 期。彭金章先生认为伯希和当时没有准确地分辨出回鹘文字。

4. 民族融合大势，使西北地区各民族文化在元代呈现百花盛开局面，各种民族语言同时普遍使用，促进民族文字印刷，敦煌北区集中出土多种民族文字印刷品，体现元代印刷史重要特色。今后印刷史研究或可更多关注这一地区。

以上通过对10—14世纪西北地区印刷史进程的描述及分析，可以看出继唐五代以来，中原文化与西方异域文化在以河西走廊为主要走向，与西北各民族进行相互融合、相互影响又相互促进，成为此时期西北地区文化特色，从而在印刷活动中也显示出相同的特点。不过本文论述尚不够充分，实物考察亦欠缺，比如藏区萨迦寺就当专程前往，故此希望方家指正，亦有待将来进一步修订。

葛思德书库所藏《碛砂藏》与国家图书馆藏本之比较*

早已耳闻美国普林斯顿大学葛思德书库藏有甚多宋元版的《碛砂藏》，惜未经眼。适有哈佛大学燕京学社图书馆邀请参加该馆七十五周年馆庆，于是趁此良机，到纽约、普林斯顿、华盛顿等地访读中文古籍，遂得以见到若干种《碛砂藏》。

在普林斯顿大学的东亚图书馆，受到了图书馆长马泰来先生的热情接待。我们在北京时虽已认识，但交往并不多，此番到了普林斯顿，马先生颇尽地主之谊，除我原申请的《碛砂藏》以及《永乐大典》两册，还取出该馆所藏西夏文佛经两册，使我一饱眼福。

---

* 本文原刊《文津学志》第二辑，北京图书馆出版社，2007年。原名《在美国所读〈碛砂藏〉》。

一

　　世人瞩目的葛思德书库,庋藏了原藏在北京一座寺庙——大悲寺①的《碛砂藏》,计近七百册南宋刻本,一千六百三十馀册元刻本,八百六十馀册明刻本以及二千一百多册白纸钞配本②。事实上,葛思德书库所藏的《碛砂藏》的准确数字,曾经胡适、屈万里反复审核,胡适于1959年发表的文章中对葛思德书库中的《碛砂藏》有一个统计,1966年屈万里又曾经做过一番统计,在葛思德书库根据影印《碛砂藏》目录整理的馆藏目录的最后一页上,有这样一段话:"右系最后核计之数字,计存一四七九种,六零一四卷,五三五九册。万里　一九六六,八月一日。"

　　宋元递刊的《碛砂藏》,至今已知存世较为集中的地点有:北京国家图书馆③、原在陕西开元寺卧龙寺今藏陕西省图书馆、山西太原崇善寺、日本杏雨书屋、美国普林斯顿大学葛思德书库,海内外又多有零本④。在陕西的一部,1935年曾经影印;太原崇善寺的一部曾有《太原崇善寺文物图录》等资料揭示⑤;普林斯顿大学葛思德书库的一部,既有胡适先生的考察在先,又有汤一介先生的介

---

①北京西山八大处有大悲寺,元代所修,明代在院内建大悲殿,清康熙年间改称大悲寺。国家图书馆收藏有明嘉靖年"大悲殿修建记"碑之拓片。不知是否即庋藏《碛砂藏》所在。
②胡适《记美国普林斯顿大学的葛思德东方书库藏的碛砂藏经原本》,《大陆杂志》,第十九卷第十期,1959年11月。
③参见李际宁《北京图书馆藏〈碛砂藏〉研究》,《北京图书馆刊》1998年第3期。
④参见李富年、何梅《汉文佛教大藏经介绍》,宗教文化出版社,2003年。
⑤山西人民出版社,1987年。

绍继续①,引起我十分的兴趣。我虽然并不研究佛经,但对宋元时期杭州地区的印刷业很有兴趣,这部刊印流传甚为复杂的大藏经,各部之间并不相同,且国家图书馆藏本并不完整,有机会亲睹葛思德书库的藏本,自然是深感荣幸。

由于时间短促,不可能全部阅读,于是挑选了数部宋版和元版佛经。幸而前人已有相当深入的研究,普林斯顿大学东亚图书馆有相当详细的目录,标注出某部是何时的印本,其中是否有明版补配或后人钞配。该东亚图书馆的研究基础甚好,不仅先有胡适先生任葛思德书库库长时对这批《碛砂藏》进行了专门的研究②,至今仍是重要的参考;现在的库长马丁(Martin Heijdra)博士、图书馆长马泰来先生、主持善本书目编目工作的艾思仁(Soren Edgren)博士、《东亚图书馆杂志》(The East Asian Library Journal)的执行主编罗南熙(Nancy Tomasko)博士,都在汉学研究方面做出了重要的贡献。

我读了数种宋版的《碛砂藏》,它们都是在嘉熙二年(1239)至嘉熙四年间③完成的。例如"伤一"字函《甚希有经》卷末题记:"大宋国嘉兴府华亭县长人乡十九保下砂场第七灶衙西面北居住奉/佛弟子唐思敬同母亲倪氏三娘、妻王氏三娘、男岘家眷等/情旨发诚心,施净财贰拾贯文省,恭入延圣院经坊,命工刊造/甚希有经一卷,

---

①汤一介《简介美国普林斯顿大学所藏〈碛砂藏〉》,《首届国际法门寺历史文化学术讨论会——论文选集》,陕西人民教育出版社,1992年。

②胡适《记美国普林斯顿大学的葛思德东方书库藏的碛砂藏经原本》。

③李际宁在《中国版本·佛经版本》(江苏古籍出版社,2002年)中说:"宝祐六年(1258),碛砂延圣寺发生火灾,……有一种观点认为,现在存留的《碛砂藏》南宋原版《大般若波罗蜜多经》的板木,几乎就在这次大火中全部烧毁,现在存世的碛砂藏《大般若经》,几乎都是用元刊妙延寺版补配的。"

功德追荐先考唐六十承事超升净土者,更乞/保扶家门清吉,人口安宁。嘉熙三年七月　日弟子唐思敬谨题。"

《佛说无上依经》卷上的卷末题记曰:"大宋国嘉兴府华亭县北郭追远庵道者顾觉臻/兹者发心回施长财捌拾贯文,恭入/平江府城东延圣院大藏经坊,刊造/无上依经上卷,永远流通圣教,所集功德回向/真如实际奉福三界万灵十方真宰法界冤亲同成种智者/　嘉熙三年二月　日道者顾觉臻谨题　干雕经版僧可晖、善成、可闲、法来、法澄、法升、志圆募缘/都劝缘住持释法超。"以上两则特别指出了延圣院的"大藏经坊"。

"伤七"函《佛说宝积三昧文殊师利菩萨问法集经》《入法界体性经》之卷末题记曰:"大宋国嘉兴府华亭县长人乡十九保下砂南场第七灶居住奉/佛弟子唐思明同妻瞿氏四十九娘、男大年家眷等施官会肆拾伍阡/恭入碛砂延圣院,刊造大藏经入法界体性经一卷,所集功德上答四恩,下资三有者。嘉熙三年十二月干缘僧志圆题。"

《善恭敬经》卷末题记曰:"奉佛弟子张崇元贯武林新城永昌骆源,今寄嘉禾云间南郭太平桥北居住/每赖穹后覆载之恩,父母生成之德,无由报效,谨发诚心,施财三十贯,恭入/平江府延圣院,刊造大藏善恭敬经一卷,所求善利,报答四恩,资益三有,然愿法/界劳生同成佛道,更用资荐先考张五承事、先妣陈氏二太君、亡妻周氏百二娘子/同生佛界,受胜妙乐,更乞忏悔,崇累劫冤,尤现生重障凡有过? 俱希/雪净者(?)嘉熙二年十二月干缘僧可闲志圆谨题。"

我所见到的宋版《碛砂藏》卷末题记多类此,明确指出时间、刊经地点、刊经价格、施经者的地区及其缘由。元代的经卷末题记则不同于此,虽然内容似乎也包括了这几项,但功德主多为官员,如管主八。

元代经卷据统计共有一千六百馀册,我尽我的时间之内翻阅了五六种。《大乘阿毗达磨杂集论》卷第十一卷末题记曰："劝缘都功德主右荣禄大夫行宣政院使张闾谨发诚心,捐舍净财/壹佰锭,刊雕大藏经文,鸠兹胜力,端为祝延/今上皇帝圣寿万万岁/皇后齐年太子诸王福寿千秋,文武官僚常居禄位,更愿/佛日增辉,法轮常转,次乞保佑身躬康泰,禄算增崇,合衙眷爱,如意吉/祥,上世宗祖咸遂超升法界,冤亲俱圆种智/大元国岁次丙午大德十年正月初一日意愿。"这条题记的用语与管主八在《大宗地玄文本论》卷三末的题记有相似之处。经查,该卷可补国家图书馆和陕西本之缺。

有的题记依旧反映了民间助资刊刻的情况,比如"敬四"隋达磨笈多译《摄大乘论释》卷第四的题记:"平江路碛砂延圣寺比丘志明发心舍施白米一十二石恭入刊经局/人匠食用,助刊大藏经板,所生功德仰酬/佛祖之恩,下报生成之德,普为有情,同兹利乐。大德十年五月　日意。"这条题记可补国家图书馆藏本之缺。

再说《大宗地玄文本论》卷三,由于此卷上有管主八的长篇题记,记载了西番文、河西字大藏经的刊刻工作,受到此项专题研究者的重视。起初是王国维等人在日本善福寺所藏的《碛砂藏》中看到这段文字,以后人们陆续得知太原的崇善寺、国家图书馆亦存该卷佛经,并有完整的题记,使研究者可以更加方便地对这段题记记载的史实进行研究。我在普林斯顿大学与管理葛思德书库的马丁先生谈起此事,他竟然在书库中找到了《大宗地玄文本论》卷三,遗憾的是,此卷卷末管主八的题记只残存了前一半,后半无存。前一半中尚存关于西番文、河西字大藏经的刊刻事,起始曰:"上师三宝佛法加持之德皇帝太子诸王覆护之恩管主八誓报四恩流通正教累年发心……遂于大德十年闰正月为始,施财募缘,节续雕刊已及二千馀卷,又见江南闽浙教藏经板比直北教……"以下残。所残存部分,与国家图书馆所藏该卷的题记的最大区别,就在于"已及二千馀卷"一语,国家图书馆所藏该卷,此处为"已及一千馀卷",缘何有此差别,尚待考证。

另有一条题记是在元代延祐年间(1314—1320)所刊"驾一"宋施护译《佛说大方广善巧方便经》卷二之末。此卷佛经函套内有一纸条,曰:"此中有延祐二年碛砂版善巧方便经,为向来所未知。"字迹似钢笔水,不似上面提到的屈万里的笔迹,不知是否胡适先生的遗珍? 卷末题记曰:"平江路碛砂寺大藏经局伏承/妙明圆悟普济佛心大禅师、本路嘉定州大报国圆通寺/住持比丘明了伏睹本寺刊雕/一大藏经版胜事,思念/法宝胜缘,千生难遇,夙(以下多字磨损)/四恩,下资三有,法界有情,同沾利益/延祐二年岁在乙卯八月日题。"其实宋元以来的几部《大藏经》中均收录了此经,国家图书馆便有藏本。

《根本说一切有部毗奈耶》卷第十一卷末题记仅残存一行:"平江路碛砂延圣寺比丘志颐情旨伏自行年庚戌五十七岁七月。"庚戌就是至大三年,志颐此时主持寺中刊经事宜,亦见载于其他《碛砂藏》中。

近年一些研究者已经注意到了杭州众安桥北杨家印行的扉画①,在《碛砂藏》的元代补刊中很醒目,其刊工为杨德春。《阿毗达磨大毗婆沙论》卷第一百九十一的卷首扉画就是这样一幅扉画,其卷末题记曰:"至大三年(1310)六月日住山志明谨题。"扉画用纸与正文用纸不同,艾思仁先生因此推想扉画的印刷与正文的印刷不同时或不同地,以至出现如此的区别。

除了宋元版佛经,还有一些补版也相当有意义。《根本说一

---

① 参见李富年、何梅《汉文佛教大藏经介绍》,宗教文化出版社,2003 年。

切有部毗奈耶》卷二十的卷末有补裱的书牌及韦驮像，书牌内空
白，书牌旁有一行小字："崇文门里单牌楼裱褙胡同胡家印造。"另
一卷佛经《阿毗达磨大毗婆沙论》的卷末有同样的修补，书牌旁有
同样的一行小字。由于一般认为这部《碛砂藏》有明代补刻的八
百多册①，那末这行小字为我们提供了这部《碛砂藏》明代在北京
补版印行的具体证据②，也对北京大悲寺所藏一部《碛砂藏》的缘
由进行了提示。

二

　　由于胡适先生的文章，普林斯顿大学所藏《碛砂藏》中的"天龙
禅寺"的明代刻本，特别引人注意。行前，善本部的李际宁先生希望
我能代他查阅这些"天龙禅寺"刻本，国家图书馆所藏"天龙禅寺"
本，全为《大方广佛华严经》，存卷一、二、三、四、五、七十二、七十四、
七十五、七十六、七十七、七十八、八十。国家图书馆所藏卷一末有
题记曰："谨募众缘重刊大经，全部功德仰视/皇图巩固，帝道遐昌，
正教流通，众生饶益者/元年己卯岁春天龙禅寺住持比丘行满敬
识。"这三行字镌刻在莲花形书牌内，书牌右侧有一行小字："版留杭
州府城南天龙禅寺。"书牌左侧也有一行小字："馀姚夏伯坚刻。"这
条题记将捐款人、刻经者、刻经时间及经板保存地均交待明白。李
际宁在另一篇文章中曾经阐述了国家图书馆所藏《碛砂藏》中的永
乐年间补刊部分的题记，补刊的地点也是在杭州③。在葛思德书

①胡适《记美国普林斯顿大学的葛思德东方书库藏的碛砂藏经原本》。
②张秀民先生曾有《明代北京的刻书》（《文献》第一辑，1979年）一文，其中记内府刻
　书、国子监刻书、寺院刻书、坊间刻书，而不及于此。
③李际宁《"武林藏"之我见》，《佛学研究》1995年第4期。

库，我共看到三卷"天龙禅寺"本，俱属《大方广佛华严经》，系卷第五十一、五十二和五十六（图一，图二，图三）。

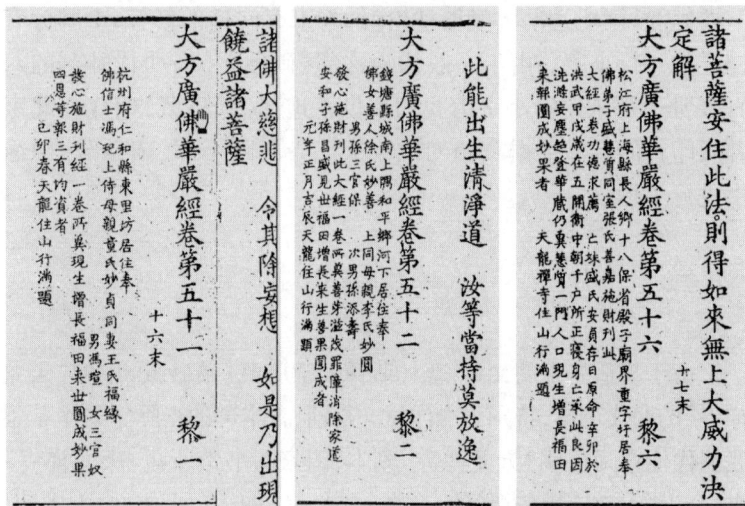

图一（最右）：
诸佛大慈悲　令其除妄想　　如是乃出现
饶益诸菩萨
大方广佛华严经卷第五十一　　　十六末　　黎一
杭州府仁和县东里坊居住奉／佛信士冯玘上侍母亲童氏妙贞，同妻王氏福缘／男冯瑄、女三官奴／发心施财，刊经一卷，所冀现生增长福田，来世圆成妙果／四恩等报三有均资者／己卯春天龙住山行满题

图二（中）：
此能出生清净道　　汝等当持莫放逸
大方广佛华严经卷第五十二　　黎二
钱塘县城南上隅和平乡河下居住奉／佛女善人徐氏妙善，上同母亲李氏妙圆／男孙三官保、次男孙添寿／发心施财，刊此大经一卷，所冀善芽滋茂，罪障消除，家道安和，子孙昌盛，见世福田增长，来生善果圆成者／元年正月吉辰天龙住山行满题

图三（左）：
诸菩萨安住此法，则得如来无上大威力决
定解
大方广佛华严经卷第五十六　　　十七末　　黎六
松江府上海县长人乡十八保省殿子庙界重字圩居奉／佛弟子盛慧质，同室张氏，善嘉施财，刊此大经一卷……

图一　　　　　　　图二　　　　　　　图三

　　卷五十一的卷末题记曰："杭州府仁和县东里坊居住奉／佛信士冯玘上侍母亲童氏妙贞，同妻王氏福缘／男冯瑄、女三官奴／发心施财，刊经一卷，所冀现生增长福田，来世圆成妙果／四恩等报三有均资者／己卯春天龙住山行满题。"

　　卷五十二卷末题记曰："钱塘县城南上隅和平乡河下居住奉／佛女善人徐氏妙善，上同母亲李氏妙圆／男孙三官保、次男孙添寿／发心施财，刊此大经一卷，所冀善芽滋茂，罪障消除，家道安和，子孙昌盛，见世福田增长，来生善果圆成者／元年正月吉辰天龙住山行满题。"

　　卷五十六卷末题记曰："松江府上海县长人乡十八保省殿子庙界重字圩居奉／佛弟子盛慧质，同室张氏，善嘉施财，刊此／大经一卷,功德求荐亡妹盛氏安贞存日原命辛卯,于/洪武甲戌(二十七年,1394)岁,在五开卫中朝千户所正寝身亡,承此良因/洗涤妄尘,超登华藏,仍冀慧质,一门人口,现生增长福田/来报圆成妙果者。天龙禅寺住山行满题。"

这位助刊者的缘由十分明确,其妹早卒,故刊经以超度亡灵。千户所是卫的下级单位,明代治安机构。胡适先生曾经认为"元年己卯岁"是指明建文元年,因后来避讳而挖改掉"建文"二字。己卯固是建文元年,但将葛思德书库的三册和国家图书馆所藏通观起来,其挖改痕迹并不明显,尤其第一卷卷末的牌记之完整(图四)。

或许雕版时已经不是建文年号,为纪念建文帝遁身佛门的传说而特以"元年己卯岁"为说,此乃本人臆测,尚请方家指正。关于国家图书馆所藏行满主持刊刻的《大方广佛华严经》诸卷情况(卷五、卷七十二、卷八十题记图),李际宁先生在《中国版本·佛经版本》一书中有专章介绍,可以参见。明建文元年天龙禅寺刻经的资料线索不多,研究似尚薄弱,这些资料希望能有助学界的进一步研究。

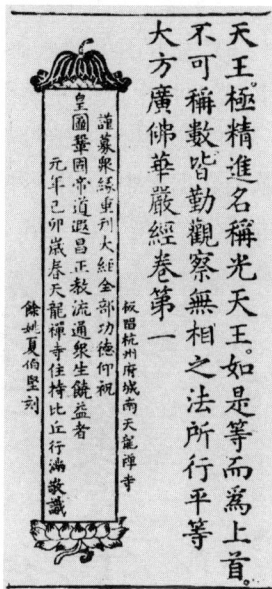

图四

三

承普林斯顿大学葛斯德书库的艾思仁先生见告,纽约公共图书馆还藏有一些《碛砂藏》零本,亦为美国人吉礼士(L. V. Gillis)从中国购回。艾思仁先生关于美国人吉礼士从中国所购书的缘由及这些书后来的大致去向,有专文介绍[①],此处不赘言。但这一部分《碛砂藏》零本很有特点。

　　纽约公共图书馆版画与印刷史研究的资料在单独的一间阅览室,需要提出申请并预约。幸好有艾思仁先生事先已告诉我索书号,纽约公共图书馆没有书本式的善本书目,所有的书目均在电脑的数据库中,如果不知道准确的书名或不能利用其他查找途径的话,那才是手足无措。我看到的该馆所藏《碛砂藏》是《阿差末菩萨经》和《佛说秘密三昧大教王经》。《佛说秘密三昧大教王经》仅卷二之册,系黎庶昌旧藏,经折装,共十一纸,首叶有一枚大印"遵义黎氏拙尊园珍藏",旁边一枚小印"杨星吾日本访书之记"。该卷背面也钤有"遵义黎氏拙尊园珍藏"之印,共十三处(图五),似可见其珍重。我没有看见卷末的题记,但艾思仁先生的文章指出它们刊刻于元大德五年。其扉画风格与《阿差末菩萨经》的扉画颇一致而并不相同。这些扉

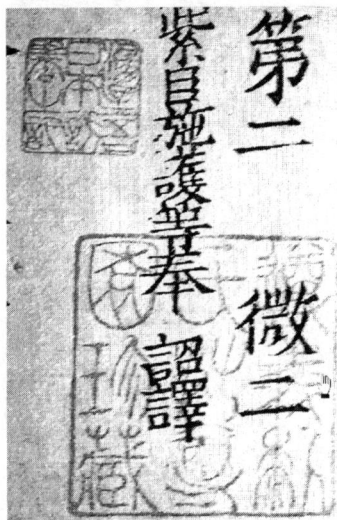

图五

---

①Soren Edgren, "*L. V. Gillis and the Spencer Collection*," *The Gest Library Journal* 1993(2).

图六

画的特殊之处,是它们具有的藏传佛教风格(图六)。

　　《阿差末菩萨经》卷一至卷七,每册一幅扉画,扉画为"陈昇"所画,其刊工有"孙祐"、"袁玉"、"陈宁",正文刊工有"滕秀",其馀仅留单字的刊工不赘录。陈宁不仅参加《碛砂藏》,还参加了《至大重修宣和博古图》的刊刻①。《阿差末菩萨经》及其扉画国家图书馆亦有收藏,刊工和画风基本相同。

　　《碛砂藏》的刊刻源流、主持人、宗教史意义,都已经有若干文章介绍,此处无意赘言。但是我所看到的普林斯顿大学葛斯德书库和纽约公共图书馆藏的数册《碛砂藏》,其题记、扉画、刊工、刊刻价格、印章诸项,对于充实宋元明时期杭州印刷业的记载,充实对北京地区刻书业的认识,研究宋元本《碛砂藏》的递藏,或有借鉴意义,故备说于此。

――――――――――

①参见王肇文《古籍宋元刊工姓名索引》、张新鹰《陈宁其人及回鹘文〈八阳经〉版刻地——读冯家昇先生一篇旧作赘言》(《世界宗教研究》1988年第1期)。

　　国家图书馆所藏《碛砂藏》的资料,承李际宁先生帮助查找核对,特此致谢。

　　本文的部分内容曾发表在《文献》杂志 2004 年第 2 期中,限于当时的版面和时间,现在又做了一点补充,特此。

元代杭州刊刻《大藏经》与西夏的关系 *

蒙元时期的统治者,虽然消灭了西夏王国,但是对西夏的上层人士及西夏的僧人仍有相当宽容的民族政策,彼时原西夏王朝辖地被划为西夏中兴行中书省,后来改为西夏宣慰司、宁夏路总管府,后并入甘肃行中书省。党项族成为色目人的一种,地位高于汉族人。蒙古统治者对各种宗教,无论佛、道、甚至基督教,均采取了宽松的态度①。从这一大背景出发,元朝政府出资刻印河西字(西夏文)大藏经,显然是出于政治和宗教的考虑。《元史·成宗本纪》中至元三十一年(1294)有"罢宣政院所刻河西藏经版"一语,既罢之说明曾有之。

1277年至1312年,杭州地区所刊《普宁藏》、补版《碛砂藏》、河西字《大藏经》,从不同侧面,均与西夏存在或多或少的联系。

---

* 本文原刊《文献》2005年第1期。
① 参见蔡美彪、陈垣、冯承钧的相关著作。

一　《碛砂藏》的《大宗地玄文本论》
　　卷三的题记

　　《碛砂藏》，南宋时曾刊刻，至元代大德初年至大德十年（1297—1306），为该藏在元代补刊时期①。这本是民间的行为，以富绅、寺僧的助捐为主，但到大德十年，由于有松江府僧录管主八的支持，补刊工作有了新的进展②。元代平江路碛砂延圣寺刊《大宗地玄文本论》卷三的题记中清楚地记载了这一过程，说明官府的介入及其积极的态度③。松江府，元至元十五年（1278）设，辖华亭县，即今上海，属江浙等地行中书省。

　　国家图书馆所藏元代平江路碛砂延圣寺刊《大宗地玄文本论》卷三题记④曰："管主八誓报四恩，流通正教，累年发心，印施汉本大藏经三十馀藏，四大部经三十馀部……心愿未周，钦睹圣旨：'于江南浙西道杭州路大万寿寺雕刊河西字大藏经版三千六百二十馀卷，华严诸经忏板，至大德六年（1302）完备。'管主八钦此胜缘，印造三十馀藏；及《华严大经》《梁皇宝忏》《华严道场忏仪》各百馀部；《焰口施食仪轨》千有馀部，施于宁夏、永昌等路寺院，永远流通。装印西蕃字《乾陀》《般若》《白伞盖》三十馀件，经咒各千馀部，散施土蕃等处，流通读诵。"这条题记不仅记载了汉文《大藏经》、西夏文《大藏经》的刊刻，而且还记载了西蕃字（藏文）佛

----

①参见李富华、何梅《汉文佛教大藏经介绍》，宗教文化出版社，2003年。
②详参本书《葛思德书库所藏〈碛砂藏〉与北京国家图书馆藏本之比较》一文。
③该卷现藏北京国家图书馆、山西崇善寺、日本善福寺。
④国家图书馆所藏的《碛砂藏》系"文革"期间发现于柏林寺佛像之中，90年代开始整理。参见李际宁《北京图书馆藏碛砂藏研究》，《北京图书馆馆刊》1998年第3期。

经的刊刻,说明当时杭州官方刊经种类之丰富。民国初年甘肃学者已知敦煌的文书中记载着管主八施经事①。日本天理图书馆藏西夏佛经卷上有一款木押捺印记,其文曰:"僧录广福大师管主八施大藏经于沙州文殊舍利塔寺,永远流通。"②近年敦煌莫高窟北区出土的西夏佛经残叶有相同的压捺题记③。这说明元初杭州地区刻印的西夏文大藏经的确曾大量颁施于西北地区。1917年宁夏出土的西夏文献的其中一部分当与这次颁施有密切关系。

二　西夏文《大藏经》在杭州的刊刻

这批出土的西夏文献大部分于1929年入藏国立北平图书馆即今国家图书馆,其中的《过去庄严劫千佛名经》的发愿文,较为详细地记载了杭州路刊刻河西字大藏经的过程。据史金波先生译读,其曰:"至元三十年(1293)万寿寺中刻印。应用千种,施财万品数超过。成宗帝朝大德六年(1302)夏始告完毕,奉上敕印施十藏。武宗皇帝圣威神功无比,僧尼大安,愈加明治。法门金轮,今帝尔时东宫藏龙,建广大愿,施印五十藏。当今皇帝一达至尊至圣……因诏重五十藏可为印刷。大臣知院净德法处心重,受敕遣用二使共勾管明。至大四年(1311)七月十一开始,皇庆元年(1312)八月望日印毕。"④据清修《西湖志纂》,万寿寺的地址在杭州孤山西南,唐代为孤山寺,北宋时改为广化寺,南宋理宗时改为

---

①见国家图书馆藏清末民初甘肃学者邓隆手稿。
②史金波《西夏佛教史略》,宁夏出版社,1988年,第208页。
③敦煌研究院藏品,莫高窟北区出土。详见本书《国内现存出土西夏文献简明目录》第10号。
④史金波《西夏佛教史略》,第206页。

西太乙宫,元杨琏真伽改为万寿寺,元末寺毁,明初易名六一泉。国家图书馆藏西夏文《悲华经》题款文曰:"奉大元国天下一统世上独尊福智名德俱集……印制一全大藏经流行……奉敕大德十一年(1307)六月二十五日,皇太子使见千秋,印大藏经五十部流行。"①与《悲华经》题款文相同的还有《说一切有部阿毗达磨顺正理论》卷第五②。

从《元史》的记载,到《碛砂藏》中保存的管主八关于圣旨的题记,到以上所列举的国家图书馆藏西夏文佛经中的题记说明,从至元三十年(1293)到皇庆元年(1312)间,至少刻印三次西夏文大藏经,地点杭州。即:1,至元三十年至大德六年(1293—1302),印造三十馀部;2,大德十一年(1307),印造五十部;3,至大四年(1311)至皇庆元年(1312),印造五十部。国家图书馆所藏西夏文献哪些是元代杭州雕版呢? 2002 年,为出版《西夏研究专号》并编辑一个国内所藏西夏文献简明目录,对馆藏进行了整理,除以上所移录的题记,这次整理还注意到了一些细节。以下就从刻工的角度对属于元代杭州所刻的西夏文大藏经进行梳理。

这些佛经是经折装,雕版印经接纸处即版端上有用汉字俗省字刻的经名、卷数、纸数、刻字数及刻工名,如同线装书的版心。一个接纸处不一定同时有这些项,它们错落地出现在诸纸的接缝处。我们设想这些刻工或许仅仅略通西夏文,因为留下的名字为汉人姓名。刻工名在两纸接缝处,如同宋元版书刻工在版心下方,有全名,有省称,如有单一个字"周",亦有全名"王子任"。

---

①参见本书《国内现存出土西夏文献简明目录》第89号。
②详见本书《国内现存出土西夏文献简明目录》第88号。

国图藏西夏佛经部分刻工

年代	经名	刊工名
元大德 六年(1302)	慈悲道场忏 罪法卷第一(西夏文)	《梁皇宝忏图》刊工"俞声", 忏文刊工"何森秀"
大德十一年	悲华经	刻工"周"
大德十一年	说一切有部阿毗 达磨顺正理论	毛、王、英
皇庆元年(1312)	过去庄严劫千 佛名经(西夏文)	台周
	不空羂索神变 真言经(西夏文)	周子俊、任
	大悲经(西夏文)	周子俊、王子正、台周

经杭州刊工雕刊的经卷,其笔画、版式流露出宋代印刷的特点:行格疏朗,字大如钱,墨如点漆,"浙本字体方正,刀法圆润"①。西夏文的笔画原从汉字模仿而来,经杭州刊工的雕刊,更加突出这一特点,与西夏王朝时的雕版书形成鲜明对照②。

三　《普宁藏》的主持、刊工与施经者

另一部在杭州刊刻的汉文大藏经即《普宁藏》。该藏始刊于至元十四年(1277),至元二十七年(1290)完成③。这部大藏经本来也是以僧众和信徒的捐助为主,但同时仍然得到了官方道义上的支

---

① 李致忠《古书版本学概论》,书目文献出版社,1990年。
② 参见《俄藏黑水城文献》汉文部分,上海古籍出版社,2000年。
③ 关于刊刻历史的题记,记载在日本增上寺普宁藏本《大放广佛华严经入不可思议解脱境界普贤行愿品》卷尾。

持,藏于日本增上寺的《普宁藏》本《大方广佛华严经入不可思议解脱境界菩萨贤行愿品》卷尾的题记中清楚地表露了这样的意义。《普宁藏》的刊刻时间——元至元年间(1277—1290),略早于西夏文大藏经的刊刻。二者之间是否会有什么联系呢? 据记载①,《普宁藏》的官方主持人即"大元帝师、大元国师胆八上师","江淮诸路释教总摄永福大师",按《元史》的记载,此永福大师或为西夏人,即杨琏真加②,而胆八上师系河西僧人③。故此,《普宁藏》与杭州路刊刻的西夏文大藏经应该有着天然的联系。此种联系,还间接地表现为有共同的刻工,和施经者的身份及其牌记。

根据日本对《普宁藏》的调查研究④,上面所提及的《梁皇宝忏图》刊工"俞声",至少参加了七卷《普宁藏》的刊刻。国家图书馆所藏的《普宁藏》另册《不空羂索陀罗尼经》,此卷佛经第十六纸版端处记刻工"陈政"。《古籍宋元刊工姓名索引》⑤记宋绍熙二年两浙东路茶盐司黄唐刊本《礼记正义》之元代补版刊工中既有陈政,也有俞声。可见《普宁藏》与大德年间雕印的西夏佛经的刊工们曾经共事,而且这些刊工既刻儒学之书,也刻佛教经卷;既刻汉文之典,亦刻西夏文之册。

以下再附言西夏遗民与汉文大藏经之间的一些联系的迹象。国家图书馆所藏《普宁藏》零种中有三部佛经,如《不空羂索陀罗尼经》卷首有一方框牌记,框内文字为"十方普救禅寺常住住持嗣

---

①参见李富华、何梅《汉文佛教大藏经介绍》。
②参见《元史》卷一七、卷二〇二。
③杨禹《山居新话》卷一,上海古籍出版社影印文渊阁《四库全书》本,1991年。
④日本奈良县教育委员会事务局文化财保存课编《西大寺所藏元版一切经调查报告书》,1998年。
⑤王肇文《古籍宋元刊工姓名索引》,上海古籍出版社,1990年。

祖沙门福真记",卷末有朱印"李□□光明禅师","□□"二字乃
西夏文;还有两个牌记,其一为汉文(14.7×4.5厘米)三行:"河西
李立义光明禅师惠月舍体己财印造一十二大藏经散施诸方普愿
见闻生生见佛世世闻经者谨记。"其二为雕版西夏文牌记(22×8.5
厘米),有上覆莲叶下托莲花之雕饰,共四行文字,行十九至二十字,
共七十一字,据史金波先生释读,译文为"番国贺兰山佛祖院摄禅圆
和尚李惠月平尚重照禅师之弟子为报佛恩印制十二部《大藏经》及
五十四部《华严》,又抄写金银字中《华严》一部、《金觉》、《莲华》、
《般若》、《菩萨戒》经契、《行信论》等"①,基本内容同汉文牌记。国
家图书馆藏另一卷《普宁藏》零册是《不空羂索心咒王经》,卷末亦
有那枚朱文印章、汉文西夏文牌记各一、"沙门福真记"的牌记。国
家图书馆的李际宁先生曾集中各地所存元代佛经卷末的相关题记,
考知李惠月是西夏遗民,年幼时西夏国灭,遂出家在贺兰山下,后游
历塞北、江南。各条相关题记最晚纪年为至元二十八年(1291),彼
时距西夏国亡(1226)已有六十五年。关于李惠月禅师施财刊刻佛
经之题记,据统计,国内外有十六件,其中至少七件属《普宁藏》,至
少两件钤有西夏文牌记②。

上面曾经提到《普宁藏》的刊刻,有江淮诸路释教总摄永福大
师的支持,得以顺利完成。判断永福大师是西夏人,除了《元史》
的记载,《普宁藏》中的一幅扉画有髡发状的人物,旁边雕有"总统
永福大师"数字,这说明"永福大师"的确是西夏人;郑振铎先生所
藏的一卷《碛砂藏》本《大方广佛华严经》卷首的扉画,内容全同,

---

① 西安市藏品,《国家图书馆学刊》2002年增刊《西夏研究专号》,页225。
② 李际宁《中国版本丛书·佛经版本》,江苏古籍出版社,2003年。

但旁边所雕文字为"都功德主江淮诸路释教总摄永福大师杨琏真伽"①。

三部《大藏经》与西夏的关系

《碛砂藏》	关于刊雕河西字《大藏经》的圣旨在《碛砂藏》之《大宗地玄文本论》的题记中。
《普宁藏》	①与河西字《大藏经》有共同的刻工,②主持印刷《普宁藏》的是西夏人,③西夏僧人是施经者。
大德十一年	①与以上汉文大藏经同在杭州刊刻印刷,②与《普宁藏》有共同的刻工,③经《碛砂藏》的主持者散施于西北。

通过以上对题记、刻工、西夏遗民和西夏文牌记的考索,可以感受到元初杭州地区的刊刻印刷,受到官方民族政策的深刻影响,同时汉族优秀刻工的精湛技艺,对西夏文化留存做出了重要的贡献。据最近的研究②,初步认为国家图书馆藏西夏文佛经曾经过明代的修补,说明西夏文化的深刻影响及其顽强的生命力。

---

①李际宁《中国版本丛书·佛经版本》。
②据国家图书馆林世田先生对本馆西夏文佛典的裱纸进行的分析。

《扬子法言》校注本传录*

汉代思想家扬雄所著《法言》,为历代学者所重视,并为之校勘注释。本文拟就主要校注本的流传予以考述。

一 李轨注本

最早注释《法言》的人,即扬雄的学生侯芭。《汉书·扬雄传》曰:"钜鹿侯芭常从雄居,受其《太玄》《法言》。"《汉书·艺文志》中没有侯芭注释《法言》的著录。《隋书·经籍志》上记载"梁有《扬子法言》六卷,侯苞注,亡。"据姚振宗《隋书·经籍志考证》一书,侯芭作侯苞,系版本传误。隋以后的书目不见侯芭注本,而《太平御览》引《法言》,有侯芭一条注文,与现存清代重刻治平本相校,其内容为东晋李轨注文的一部分。可见侯芭的注文,至宋代仍散见,李轨注《法言》时,曾以侯芭的注释为参考。

---

* 本文原刊《文献》1994 年第 3 期。

　　东汉末年南阳宋衷,也曾注《法言》。宋衷又名宋忠,字仲子,刘表据荆州,辟为五业从事。史书中没有他的传,其事迹主要散见于《三国志》中。《隋书·经籍志》记"扬子法言十三卷,宋衷注。"新、旧《唐书》志中亦有著录。现存的世德堂本的司马光集注中,可见到一条宋衷的注文。《文选》李善注本中引《法言》及其注文时,也可见到一些宋衷的注文,宋衷的注本在新、旧《唐书》志上的著录均为十卷本。

　　东晋李轨,字弘范,其注释的《法言》相当完整地保存至今。李轨以祠部郎中任终。《隋书·经籍志》中著录他的许多著述,姚振宗称赞他"长于音训,明习故事"。他不仅为众多经书子书作音注,还叙写了两晋之际部分起居注。李轨所注《法言》,于北宋治平年间由国子监馆阁精校刊出,并附以《音义》一卷。后来司马光进行集注时,以此为李本。这个治平本在南宋时由钱佃重刻印,与《孟子》《荀子》《文中子》并为四书。清嘉庆二十三年,江都秦恩复得到旧刊本,在第二年刻印出版的序言中,秦氏曰:"戊寅首春,购得宋刊,稍有修板,终不失治平之真。"现在常见的李轨注本,如《四部丛刊》和《诸子集成》本中收入的《法言》,用的就是秦氏的重刻治平本。

　　王欣夫辑《顾千里集》卷二十"扬子法言十三卷(北宋刻本)"条曰:"何义门学士独校李轨注十三卷,云绛云旧藏,序篇在末卷,后转入泰兴季氏,又归传是楼。予往尝借临得之,窃疑其校与司马温公所见李本颇有不同。"顾广圻举例说明何焯校勘所据本,是后来"剜板添补"者(顾广圻语)。这篇手记作于嘉庆戊寅二月,与嘉庆二十四年秦恩复的序正吻合。顾广圻对版本的鉴别,即何焯校宋本与温公所见之李本不同一,颇为中肯。

　　这个"稍有修板"的重刻治平本,与司马光所见治平本的不同,大体情况如下。

由于司马光集注本是"辄采诸家所长"(司马光《注扬子序》),可见有删节之处,那么李轨的注文,从条目上说,应是李本多于集注本;从内容上说,应该是李本长于集注本。校勘表明,今李注本有,而集注本没有的李轨注文,共七十四条;集注本有,但李注本没有的李轨注文共四条。汪荣宝的《法言义疏》均据集注本补入。内容上的不同,还可以分为两种情况。一是约和繁的不同。如世德堂集注本中《渊骞篇》品藻汉臣,正文:"问晁错,曰愚。"李轨注文为:"画策削诸侯王,七国既反,令盎得行其说,智而不能自明,朝服斩于东市。"而今《四部丛刊》本的《法言》此处李轨注文仅曰:"削诸侯以危身。"二是李注本中,李轨注文只是集注本中李轨注文的一部分。如《问道篇》论中国的礼乐正八荒,《四部丛刊》本中的李轨注文仅作:"殷,正。"世德堂集注本中此处的李轨注文则:"殷,正。中国之制,五百里甸服,五百里侯服,五百里绥服,五百里要服,五百里荒服。"这些,有的是汪荣宝的《义疏》作为李注收入,有的没有收入。

今存的李注本与司马光所见的李本之不同,还表现在另一个方面。由于司马光集注时,以治平监本为底本,并与吴秘注本、宋咸注本及《音义》参校,遇到异文处便出校记。借此,可以对李本的原貌得到一个比较的机会。凡是司马光指出李本作某字,而今《四部丛刊》本确实作某字,如此之处近三十条。但是还有四条校记,司马光指出李本作某字,而《四部丛刊》本非是。《重黎篇》中,有一个较突出的例子,扬雄曰:"始元之初,拥少帝之微。"叙述汉重臣霍光的功绩。《四部丛刊》本则作"始六之诏"。温公的校记中,说李本作"始六世之诏",而宋、吴本作"始六之诏",《音义》中引天复本作"始元之初"。汉武帝末年"察群臣唯光任大重,可属社稷,上乃使黄门画者画周公负成王朝诸侯以赐光"(《汉书·霍光传》)。汉武帝是刘汉第五世,已将顾命重任交给霍光,故拥立六世昭帝即位,无须汉昭帝再下诏。显然李本作"始六世之诏"是不通的,宋、吴本的"始六之诏"是"始六世之诏"的省略语,也不可取。天复本以其较早,可能"始元之初"比较合乎史实,所以温公从天复本。始元是汉昭帝第一个年号,昭帝即位时年仅八岁,霍光辅佐,挫败燕王旦、上官桀等人的谋反。六、元字形相近,容易混淆,刊行治平监本时,大约以"始六之初"意思不通顺,在"六"字下加"世"字,成温公所见李本云,初和诏字因其上部类似,误传写也。近人汪荣宝说:"今治平本'始六之诏','六'字占二格,窜改之迹显然。"

总之,现存的治平本的翻刻本,已经在文字和版本上与司马光所见之原本,有一定的出入,但仍保持了大部分原状。正是秦恩复所说:"稍有修板,终不失治平之真。"

李轨注本因其年代较古,特别又经北宋治平年间国子监校勘发行,成为《法言》的重要注本,后来虽有司马光等人的补注集注,也不能取代李注本的流传和影响。李注本最早著录于《隋书·经籍志》,以后南、北宋的书志中均可见。陈振孙的《直斋书录解题》中说:"此本历景祐、嘉祐、治平三降诏,更监学、馆阁两制校定,然后颁行,与建宁四注本不同。钱佃得旧监本刻之,与《孟》《荀》《文中子》为四书。"简略说明了李注本在两宋的流传情况。

元代学者吴师道《书扬子后》(《吴礼部集》)中指出:"晋李轨注《法言》,钱佃用国子监治平中旧本刊之,当时已用宋咸注增入矣。今以四注本考之,李注简,宋注详,凡李注本其文详者,皆所增入也。"吴师道此言,对前面所说的注文约繁不符的原因,提出见解。这对后来新的点校本,无疑有重要的参考价值。

二　《音义》和唐宋时期的注本

　　李轨之后,隋代辛德源曾注《法言》。《隋书》和《北史》中有辛德源的传,但是《隋书·经籍志》和新旧《唐书》中都没有该书的著录,可见流传时间很短。

　　唐代有柳宗元注本。柳宗元注《法言》,今存于司马光集注之中的仅五条。这和《说郛》中所辑柳宗元《扬子新注》一卷基本一致。柳注《法言》的著录见于《新唐书·艺文志》《崇文总目》和《宋史·艺文志》。《宋志》曰:"柳宗元注扬子《法言》十三卷,宋咸补注。"宋咸注《法言》,曾于景祐四年写进书表,载之集注本卷首,其曰:"虽李郁亭解之于前,柳宗元裁之于后,然多疏略,犹或误遗。"可见柳注比较简单。其单行本除再见于《天一阁书目》外,少有著录。

　　唐以后又有《法言音义》一卷,不知撰人。陈振孙《直斋书录解题》曰:"《法言》注十三卷《音义》一卷。"《音义》今见于李注之后,起端就引《隋志》介绍李轨的著述及仕履,文中亦引柳宗元注,其柳注和今集注本中征引的相同。或柳宗元的注是依靠《音义》保存下来的也未可知,因为《旧唐书》不见著录柳注《法言》,仅于《新唐书》中著录,而《新唐书》修于北宋,晚于《音义》,《音义》还常提到天复本。温公曰:"未知天复何谓也。"(《司马温公注扬子序》)清代顾广圻对天复纪年考之颇详,他说:"以予考之,唐昭宗纪元,天复尽四年,厥后王建于蜀仍称之,然则天复本者盖谓彼时之蜀本,逮温公日而已无有存焉者,故不质言之。"《顾千里集》卷二十"扬子法言十三卷(北宋刻本)"条唐昭宗的天复纪年加上前蜀的天复纪年共七年,从 901 年到 907 年。无论是在昭宗还是前蜀的天复年间,天复本都可算是唐晚期《法言》的版本了。天复年后到宋太祖即位,共五十馀年,虽然政权更迭频仍,但这段时间唐文化的影响并没有间断,《音义》的体例基本沿袭了陆德明的体例。周中孚《郑堂读书记补逸》曰,其"出于故相宋公庠家,当是宋初人作也。"周中孚之论未免武断。宋庠与宋咸、吴秘俱仁宗时人,如《音义》是宋初人所作,独宋庠得之欤? 而宋咸和吴秘则无由知之?《音义》以五代所作可能性较大,首先是因其体例距离唐代不远,与后来宋、吴二人的注释体例区别较明显;其次,宋庠的兄弟宋祁,当时正修《唐书》,唐及五代的文集史料必定收集正多,所以他可能见到唐以后传刻的李轨注本及五代时的《法言音义》,国子监馆阁两制校定的《法言》,用的就是宋庠家的这部李轨注本和音义。这部李轨注本的版本和《音义》中所提到的天复本又有不同,《音义》也许就是根据这部李本注成的,也就是说,宋庠家的这部李注本和这部音义,原来可能是一套。《音义》中有些只是根据天复本指出异同,如前面举过的例子:"始六世之诏",《音义》注曰:"天复本作'始元之初'。"有些则做出判别,说明俗本的错误。如集注本《修身篇》:"华无实则史。"李注本作"华无实则贾"。《音义》注曰:"音古。俗本作'史',后人改之尔。旧本皆作'贾',谓贾人衒鬻过实。"可见《音义》作者见到的《法言》版本起码有三个。

宋代有宋咸注本。《续资治通鉴长编》中,记载宋咸于嘉祐四年因"上所注《扬子》及《孔丛子》,赐三品服。"宋咸对《法言》的序言的位置做了调整,其《重广注扬子法言序》中说:"《法言》每篇之序,皆子云亲旨,反列于卷末,甚非圣贤之法。今升之于篇首,取合经义。"叙录在卷末,是汉代的习惯,《潜夫论》和《汉书》的叙传都是如此。治平监本依旧例,把序言放在卷末,颇得其宜。宋咸的做法,温公的集注本仍之,所以现在所见的集注本的叙录分别在各篇之首。

宋代还有吴秘注《法言》。吴秘曾从学于刘牧,刘牧通《易》。吴秘作过《太玄笺》,见于《宋史·艺文志》。但吴秘所注《法言》,不见各书目著录。温公《注扬子序》曰:"故著作佐郎宋咸、司封员外郎吴秘皆尝注《法言》。"未知吴秘注本是否刊行,而今只依靠司马光的集注保存下来。由于不见吴秘注《法言》的序言,无从知道其成书时间,但司马温公在《注扬子序》中曰:"宋著作、吴司封亦据李本,而其文多异同,《音义》皆非之,以为俗本。今独以国子监所行者为李本,宋著作、吴司封本各以其姓别之。"可推知吴秘注《法言》当在治平二年以前,所以他没见到,也没有使用国子监本。

四家注《法言》。从部分书目看来,有别于司马光集注本的,还有一种四家注。最早见于《遂初堂书目》的记载,再见于《直斋书录解题》。陈振孙说李注本经过精校,"与建宁四注本不同"。由于著录不够详细,姑且记录以备一说。

明代有赵大纲的集注本,《天一阁书目》和《邵亭知见传本书目》中有著录。明代还有谢汝韶、焦竑的注释本。清代有俞樾的《扬子平议》。民国时有刘师培的《扬子法言斠补附逸文》及《法言补释》,曾收入《刘申叔先生遗书》。还有汪荣宝的《法言义疏》,现在中华书局作为"新编诸子集成"之一出版。刘师培的两部著述由于很少刊行,这次也附在汪氏义疏的卷末一起出版。

三　司马光对《法言》的集注与校注

元丰四年,正是司马光住在洛阳的时候,他完成了集注《法言》的工作。元丰五年,他又完成了《太玄经》集注的工作。司马光的集注,为后人研究扬雄的思想提供了钥匙,也为后人研究司马光的思想提供了材料。

司马光对扬雄评价甚高,他在《注扬子序》中说道:"然扬子之生最后,监于二子而折衷于圣人,潜心以求道之极致,至于白首,然后著书,故其所得为多。后之立言者莫能加也。"温公对扬雄的著作潜心研究多年,写有《说玄》《潜虚》。皇祐二年,司马光上《乞印荀子·扬子法言状》,其曰:"顾兹二书,犹有所阙,虽民间颇多私本,文字讹误,读不可通。"可见温公早已注意到《法言》各种版本的异同情况,感到有必要精加勘校,以利流传。

治平二年的国子监精校本刊出之后,温公认为该本在对《法言》的义理发挥和版本校勘方面仍存在一些问题,同时,他也希望把自己"研精竭虑,历年已多"的一些想法记录下来,以利扬雄思想的传播。所以他"辄采诸家所长,附以己意,名曰集注"。把李轨、柳宗元、宋咸和吴秘的注文集中在一起,加上自己的意见,就是现在见到的《五臣注扬子法言》。

司马光所用的版本除治平国子监刊本、吴秘注本和宋咸注本,还用了《音义》和《汉书》。校勘中,异字校正共九十条左右。基本上可分二种情况:一是李、宋、吴本和《音义》及其天复本之间的校雠,一是这几个版本与《汉书》之间的对勘。

对于第一种情况,多数异文之处以李本为准。因为李本是从宋庠家发现的一个较精当的版本,又经国子监馆阁校定,自然不可轻视,但又不盲从,经与李本相校近九十处,有三十处采用了其他版本。

温公在《注扬子序》中说,被《音义》斥为"俗本"者,常与吴秘、宋咸所持之本相同,但在校勘中,司马光仍依宋、吴本而非李本。例如《修身篇》中,扬雄引申《诗经》中的意思说:"田甫田者,莠乔乔;思远人者,心忉忉。"温公注:"李本'甫'作'圃',今从宋、吴本。"此语出自《诗·齐风·甫田》:"无田甫田,维莠骄骄。无思远人,劳心忉忉。"李本"甫"作"圃",其实是三家诗与《毛诗》的区别。《隋书·经籍志》小序曰:"汉初,有鲁人申公,受《诗》于浮丘伯,作诂训,是为《鲁诗》。齐人辕固生亦传《诗》,是为《齐诗》。燕人韩婴亦传《诗》,是为《韩诗》。终于后汉,三家并立。汉初又有赵人毛苌善《诗》,自云子夏所传,作诂训传,是为《毛诗》古学,而未得立。"扬雄之时,三家诗盛行,而《毛诗》未立,扬雄学《鲁诗》。汉末,《毛诗》开始为显学,《鲁诗》亡于西晋。《文选》中班固《东都赋》李善注引《韩诗》曰:"东有圃草。"此诗今见于《诗·小雅·车攻》,作"东有甫草"。此处甫作大解,"维田甫田"之甫也作大解,所以,甫、圃相通。《韩诗》的"东有圃草",成为三家诗中"甫"和"圃"的佐证。司马光此处将李本之"圃"改作宋、吴本之"甫",是以《毛诗》正三家诗,似未尽妥帖。

在《问道篇》中,扬雄曰:"或曰:刑名非道邪?何自然矣?曰:何必刑名,围棋、击剑,反自眩刑,亦皆自然也。"司马光于此校记:"李本'自'作'目',今从宋、吴本。"《音义》曰:"一本作'反自眩刑'。"正和宋、吴本相同。《史记·老庄申韩传》认为,申韩刑名之说,正是出于黄老,而老子是推崇自然的,《道德经》曰:"人法地,地法天,天法道,道法自然。"自然乃道之本,是极致,为最高法则。扬雄此语,是以围棋和击剑为例,说明刑名迷惑别人,而自己亦因此迷惑的自然法则。因运用刑名之道而自身被害的例子,最典型的即韩非之《说难》。《法言·问神篇》曰:"或问:韩非作《说难》之书,而卒死乎说难,敢问何反也?曰:说难盖其所以死乎?"这段话,可以作为前面"反自眩刑,亦皆自然"的解释。刑名之术欲治人,自己反被治,围棋、击剑想迷惑别人,自己未免也迷惑其中,这就是扬雄积极反对申韩刑名之说的原因之一。故此作"反自眩刑",显然符合扬雄本意。古字中"刑""形"通用,李本中大约因"自""目"相近而致误。司马光此处从宋、吴本为"反自眩刑",以符合扬雄一贯的思想,甚有见地。

天复本以其版本较早,《音义》多引征,温公也常以为准,如前面提到的"始元之诏"事。但天复本也有不尽人意的地方,如《渊骞篇》中,扬雄品藻汉代名臣,曰:"晁错,曰愚。"司马光出校记曰:"《音义》曰:天复本作'由忠'。今从诸家。"陶鸿庆《读法言札记》中认为当取"由忠",以和前面论袁盎"忠不足"相对。司马光取"曰愚",并申辩道:"错知诸侯太强必为乱,故削之,而七国寻反,身死东市。不若主父偃从诸侯所欲,分国邑侯子弟,而诸侯自弱也。故以错为愚。"晁错废除封建的做法,过于急切拙直,所以被斩东市,扬雄因此认为他愚。

《音义》中提到天复本共十六处,温公全部征引对勘,其中从八条,不从八条。以上所述李本和天复本在司马光校勘中所起到的作用,可以看出,他并不一味追求古版,也不绝对相信国子监本的权威,而是要体现扬雄思想的本来面貌。从这一点出发,使他在校勘中主观意识较强,产生了前面指出的遽改三家诗的处理结果,这和后代乾嘉学者不随意改动而存疑的做法相比,反映出宋代思想界重视个人意识的表述,大胆怀疑、充分讨论的特点。

司马光作为史学家,很重视史料的征引。他利用《汉书》校《法言》共六处。《法言》中对汉代人物的评价,《汉书》多有引用,作为他校,不失为一个好的参考,但是也有温公拘泥《汉书》,而错改《法言》的。如《渊骞篇》,扬雄论东方朔曰:"非夷尚容,依隐玩世,其滑稽之雄乎?"温公明言李本如此,却据《汉书·东方朔传》的赞论改为:"非夷齐而是柳下惠,戒其子以尚容,首阳为拙,柱下为工,饱食安坐,以仕易农,依隐玩世,诡时不逢,其滑稽之雄乎?"扬雄《法言》所论颇简略,而班固赞语颇详,大概是班固因扬雄语约,特意详细叙述,是扬雄原意而不是扬雄原语。自温公依《汉书》改动,以后的刻本都照引《汉书》语。多亏司马光的校记记录了李本原语,否则几乎不得知其本来面貌。现在的嘉庆重刊治平本也是引《汉书》语,其实李轨对正文的注释,就是引用《汉书》,如果扬雄原文与《汉书》基本相同,那么李轨岂不是等于没有注释吗?这说明李轨所见的《法言》,此处一定是约语。司马光集注《法言》时,也引征了李轨的注,但是根据《汉书》改写《法言》,似没有细加体察。清代顾广圻校《法言》时,曾借何义门的校本,就怀疑其本与司马光所见的李本不同,后又见秦恩复的《法言》。于此处"剜板添补痕迹尤宛然,方悟温公所言者,其初板也,义门所校者,后来修改者也"(《顾千里集》卷二十)。但秦恩复重刊时,其原则是"凡遇修板,仍而不改",体现了乾嘉学者的严谨态度。

除版本外,司马光亦重视音训。他在序中说,有了定本之后,要"先审其音,乃解其义"。所以在集注《法言》时,注音处近二百条。司马光注音的重点在两方面:一是多音字,如好恶长少之类;一是难字,如螟蛉螺蠃之类。司马光的注音,多取于《音义》,反切字的使用也多与之同。

温公集注《法言》,见于尤袤的《遂初堂书目》,著录十分简单。《郡斋读书志》中著录为十三卷。《直斋书录解题》中曰:"《法言》十卷。"没有注者的姓名,其解题曰:"凡十三篇,篇各有序,本在卷末,如班固叙传,然今本分冠篇首,自宋咸始也。"可见是宋咸以后的注本,但无法确定是否温公的集注本。

清代陆心源的《皕宋楼藏书志》卷三十九收录有元刊司马光集注本,其中有刊记曰:"本宅今将监本四子纂图互注附入重言重意,精加校正,兹无讹谬,誊作大字刊行,务令学者得以参考互相发明,诚为益之大也。建安(下缺)"《铁琴铜剑楼藏书目》不仅记有这个元刊本及上面引到的刊记,而且瞿镛因此判断:"据此则是本依宋临本授梓,故卷首宋咸题名上冠以圣宋也。"叶德辉在《书林清话》中记叙宋代刻书牌记,其以《法言》举例曰:"宋麻沙本纂图互注扬子《法言》附入重言重意,精加校正,兹无讹谬,誊作大字刊行,各令学者得以参考,互相发明,诚为益之大也。建安(下空三字)谨咨,见陆续跋,陆志、瞿目,并云元刊本,陆志脱谨咨二字。按此宋季麻沙本,建安下脱刻人姓名,因载鬻他人,故尔剜去。"现在北京大学善本部藏有一部著录为元刊本的《法言》,卷首宋咸之上冠以"圣宋",注文中有"重意""互注"的标目。正文之前述有五声十二律图。这与陆心源和瞿镛的著录颇相合。

莫友芝《邵亭知见传本书目》记有宋本《纂图互注扬子法言》,司马光集注。以莫友芝所引其书题记,可知此纂图互注本和前面叶德辉提到的宋末麻沙本同出一源。

目前常见的是明代顾氏世德堂本,叶德辉在《书林清话》将其列为明代刻书精品。现在美国波士顿哈佛大学中文图书馆藏有傅增湘藏园的宋刊元修明补明印本《纂图互注扬子法言》,卷首傅沅叔前言中说:"按《法言》通行者为明顾氏世德堂本,其源出于建安四子,而去其互注与重言重意耳,然其中亦有未经去净者。此宋末刊本,各家多有云,恒不为世重。"又说:"余此帙得之沪上,为铁琴铜剑楼旧藏未经编入目者。"该书本是瞿镛所藏,但未为之著录。傅沅叔用此本与世德堂本校勘一过,收获不小,其版本价值与北大所藏元刊本不相上下。

《唐女郎鱼玄机诗》历次影刻、仿刻与影印*

　　《唐女郎鱼玄机诗》的作者鱼玄机，是晚唐时期的女诗人，诗意颇新，亦自以才称，感情经历不幸，出家于咸宜观。后触犯刑律，年不及三十而卒。其生平事迹可见于皇甫牧《三水小牍》。其诗集宋代已有单行本，宋陈振孙《直斋书录解题》、元辛文房《唐才子传》均记鱼玄机诗一卷。韦縠的《才调集》与洪迈的《唐人万首绝句》亦曾收录。其中最以名著的单行本是南宋杭州棚北大街睦亲坊的陈氏书籍铺刻印本。陈氏书籍铺刻书精美，大量刊印比较精短的唐人诗集和南宋江湖诗人的别集，这两个特点，使陈氏书籍铺所刻本后代多次仿刻影印，鱼玄机的诗集颇具代表性。

　　鱼玄机是际遇坎坷、才思过人的女诗人，本已备受瞩目，其诗集经南宋陈氏书籍铺刻印，成为历代藏书家之宝，今国家图书馆

＊本文原刊《古籍整理出版情况简报》，全国古籍整理出版规划领导小组办公室编，2002年第2期。

所藏之本,就是这样一册内容与刊印俱佳,又留下众多藏书家鉴赏手迹的珍贵文物。此书先是被明代的朱承爵、项元汴宝藏。项元汴字子京,其印鉴钤在书上的有"墨林秘玩""项子京家珍藏"等。朱承爵则有"西舜城居士"印。清初,入藏沈棠家,沈棠字木公,与王士禛友善。诗集卷末处有"木公珍玩""沈木公氏图书""麟湖沈氏世家"等印,何义门之"茶仙"①印也留在了卷末。黄丕烈于嘉庆八年(1803)闰月购得此书②。黄丕烈(1763—1825),字荛圃,江苏长洲(今苏州)人。乾隆年间举人。藏书、刻书、校书,为清代最著名者。最重视宋刻本,藏书室名"百宋一廛",自号"佞宋居士"。黄丕烈曾手校鱼集一过。黄丕烈嗜善本,凡得一善本,便请人为之图,再遍请当时名士题诗。鱼玄机集如此,孟浩然集亦如此。据说为书图者有十馀种之多③。《黄丕烈年谱》嘉庆八年仲夏条记:"仲夏下浣三日,邀同人十二,各题新得宋本鱼玄机集。"今俱可见,以"荛翁属题唐女郎鱼玄机诗"各字为韵或诗或词。而后有嘉庆十五年曹贞秀的题诗。曹贞秀,字墨琴,能诗工书,其夫王芑孙,为乾隆年间举人,亦善诗,号楞伽山人,又号铁夫、惕甫。曹贞秀有诗一首,纪读诗之感,旁有"铁夫墨琴夫妇印记""惕甫经眼"等印。从此,这一诗集的另一组成内容便形成,即诸多名家题跋及其钤印。后来此书流传到上海徐渭仁家、湖南黄芳及海源阁杨家,民国初曾为袁克文之藏。这些题跋及钤印自明至民国初年,记载了此书的辗转经历。至今,国家图书馆所藏,即为精湛的宋刻本,先贤手书真迹累累,深感"得见祖刻,眼福不浅"

①叶德辉影刻本卷末有跋。
②江标著,王大隆补,冯惠民点校《黄丕烈年谱》,中华书局,1983年。
③叶昌炽《奇觚庼文集》卷中,苏州文学山房,1921年。

（书中跋语）。

这样一部具有多方面宝贵价值之书，自然多次被影印、影刻和影抄。叶德辉《书林清话》："按是书嘉庆庚午云间沈氏有仿刻本，光绪甲午元和江氏亦仿刻，己亥德辉又据宋本影刻。"这三种刻本可分为两类，一类是荟萃了众多的题跋与印鉴，一类是只影印鱼玄机诗集正文，不录题跋，或只录很少的题跋。荟萃了众多的题跋与印鉴的影印本也有两种情况：一种是鱼玄机诗集正文仿陈氏书籍铺刻本，题跋部分为普通雕版刻印，另一种乃完全照相影印，效果极其逼真。

先说仿刻此诗集最早的嘉庆十五年沈恕古倪园刻本。沈氏刻《四妇人集》，即鱼玄机、薛涛、杨太后、孙蕙兰四人诗集，前三种均借自黄丕烈处，每种卷末有两行字"嘉庆庚午云间古倪园沈氏从／吴门士礼居黄氏借本翻行"。此仿刻宋版不仅形似，且颇追其神。卷末有黄丕烈的识语，记《四妇人集》的刊刻经过：此书从嘉庆十五年始，沈绮云（恕）先刻前三种，不久仙逝，至嘉庆二十四年，其弟沈慈（号十峰）续刻孙蕙兰之《绿窗遗稿》，方完成全书。鱼玄机诗集末有黄丕烈于嘉庆八年三月根据洪迈《唐人万首绝句》与韦縠《才调集》所做的考异二页，并有识语一则，记购书、校勘的始末，"因用别纸条载于后，俾读是书者有所考焉"①。卷首有项元汴三枚印。鱼玄机诗集此刻本民国年间再次影印。

清代另有影宋抄本。此抄本半叶十行，行十八字，与宋版格式相同。其内容除有完整的，形略似宋刻本的鱼玄机诗外，还墨描部分明代藏书印和王芑孙、黄丕烈数枚藏书印。黄丕烈遍请时彦所做题诗一首也无。不过，此本有黄丕烈嘉庆八年的考异和识语。国家

①见国家图书馆所藏此刻本。

图书馆所藏之本,系浙江徐维则家藏本,卷首目录页上有"述史楼"朱文印,正文首页有朱印"徐维则读书印",卷末有"会稽徐氏铸学斋藏书印"和"国立北平图书馆珍藏"朱文印,说明此书1949年以前已入藏国家图书馆①。

　　清光绪二十一年(1895)江标灵鹣阁影刻本。江标,字建霞,号萱圃。师从叶昌炽,长于版本之学。此系灵鹣阁影宋刊本"唐人五十家小集"之一,该丛书多用南宋陈氏书籍铺刻本为底本。但此影刻本无任何题跋印鉴。是江标没有见到吗?叶德辉的影刻本中透露了相关的信息。

　　影刻内容包括诸多题跋的,最早当是叶德辉主持的《观古堂所刊书》。此本之影刻,与宋版有几分相似。正文之后的内容甚多,首先是叶德辉引《三水小牍》等书为鱼玄机的身世、诗作钩沉阐微,然后是刘肇隅光绪二十三年(1897)题记。刘肇隅,为江标的学生,于《说文解字》用功,所录徐松、龚自珍《说文段注札记》收在《观古堂所刊书》中。刘氏题记曰:"元和江师有两影刻本,一影于都门,一影于湘中。今年春有持宋刻原书谒江师求售者。余时校书署中,获见之,此即其集后题咏也。江师取册中茝翁题咏补入所辑黄先生年谱。"江标于此事有小注,可见于《黄丕烈年谱》中②。据刘肇隅的记语可知,江标曾欲在北京的影刻本中附诸题跋,因时间不及而中辍。是刘肇隅将自己所录的诸家题跋及所临钤印,重新雕版,置于1899年面世的《观古堂所刊书》的鱼玄机诗之后③。诸家题跋系统一的仿宋方块字,始陈文述终徐渭仁共二

①国家图书馆有藏。
②江标著,王大隆补,冯惠民点校《黄丕烈年谱》,道光五年之中。
③见国家图书馆所藏《观古堂所刊书》。

十一家,钤印系释文。《观古堂所刊书》中鱼玄机诗影刻本后又被收入叶德辉主持的另一部丛书《丽楼丛书》及叶德辉之子叶启倬主持的《郎园先生全书》。

　　民国年间还有一影印本,扉页粘有一签,云"唐女郎鱼玄机诗　宋本　士礼居藏",其后是黄丕烈之孙寿凤碑体大字书"唐女郎鱼玄机诗"。首页有袁克文观书小像"宋书藏主人廿九岁小景"和袁克文之跋。余集(秋室)为黄丕烈所绘"唐女道士鱼元机小影"首次出现在影印本中(叶德辉影刻本记有此画而无图)。卷首还有陈文述道光元年(1821)应黄尧圃之请所写的题诗①。这首诗,按照刘肇隅题记,当在诗集正文之后。陈文述诗旁,有袁克文二首绝句及小记。袁克文,字豹岑,又署寒云,袁世凯第二子。能诗文,善书画,以常人不及之力收藏善本秘籍金石字画。小记曰:"忽获奇珍,欢喜踊跃,与无尘、文云展玩竟夕。册已片片离解,文云手自胶联,可无折损之虞矣。旁题二绝,正东方之既白。"从道光五年至民国丙辰五年(1916),九十年沧桑,书册残损可以想见。此影印本与今国家图书馆所藏之宋版书粗看几乎毫无二致,但仔细对比,在潘奕隽的小简旁,国家图书馆藏宋版还有袁克文写于丁巳年(1917)十月的一则跋,跋文记当时因一时囊中羞涩,取箧中宋版鱼玄机诗为质,因质约丢失,诗集几乎不能赎回。经过一番周折,"遂得完璧以归。感激欣幸爰志颠末。时丁巳十月"。影印本中无此跋语。据说,袁克文得到鱼玄机诗集时,曾影印数册赠人②。显然,影印是在丁巳年十月之前,故无这一悲喜交集的记录。大约因为当时印刷条件所限,没有彩色印刷,所以诸藏书印

---

① 国家图书馆有藏。
② 林申清《明清著名藏书家、藏书印》,北京图书馆出版社,2000 年。

及纸张、字迹为黑灰白色。

1999年北京图书馆出版社用国家图书馆所藏真本再次影印鱼玄机诗集。较之袁克文的影印本,不仅使用了彩色胶版印刷,效果极其逼真,且读者还能多看到两条跋语,一为前引袁克文失而复得之欣喜者,一为曾得灵鹣阁影刻本又得见祖本自叹眼福不浅者。展卷把赏,既有南宋陈氏书籍铺的精美刊印,又有数百年来私人的有序递藏①。化身千百,岂不士林一大快事。

需要指出的是,国家图书馆现藏之本,经过历年流传,与黄丕烈当年整理装裱之本有很大不同。江标光绪年间曾见"鱼元机诗思图题词册"中,有黄丕烈六十三岁画像,画像绘于道光五年七月二十一日,为逝世前一个月。此画像与"唐女道士鱼元机小影"非同时之作(彼时余集已归道山,见诗集后黄丕烈跋语),今此画像不存于鱼元机诗集,江标从黄家后人处借出重刊,故可见于《黄丕烈年谱》中,画像背面是江标光绪廿三年十一月题记。关于"鱼元机诗思图题词册",在《唐女郎鱼玄机诗集》后黄丕烈跋语中留下了记载:"道光乙酉七月七日,再集同人于宋廛,分题鱼集,一切情事并详第二册中。予戏集集中句廿四首,皆七言绝句。"可见黄荛圃曾将部分题咏另装成一册。《黄丕烈年谱》道光五年七月七日,"先生为桐叔邀集同时诸老,集县桥小隐学耕堂,为吟社第三集。题为《宋廛所藏唐女郎鱼玄机诗》,不限体韵"。以下所记诗社之人及诸子孙寿凤等人,这些题诗今未见。但通过《黄丕烈年谱》的记载,第二册的内容略可推知。光绪十四年(1888)六月,叶昌炽曾代跋"士礼居咸宜女郎诗册后",曰:"先生遗书尽归汪氏艺芸书

---

① 题跋的详情还可参考傅增湘《藏园群书经眼录》第四册,中华书局,1983年,第1106页。

舍。艺芸散后尽为聊城杨氏所得,常熟瞿氏得其畸零。今朱庆馀集在瞿氏而咸宜诗则已归聊城矣……今观先生此册,益增余怅惘云。"①叶德辉刻本中刘肇隅之记与此叶昌炽之跋,勾勒了黄丕烈之后此书辗转流传的部分信息。嘉庆十五年沈恕古倪园刻本中保存的黄丕烈的校勘考异与识语,是研究鱼玄机诗的重要资料。凡此种种,应当引起重视。

---

① 叶昌炽《奇觚庼文集》卷中,同上。

金代段克己《二妙集》及版本考述*

一 二段之生平

金代统治者本以马上取天下,并不舞墨习文,自完颜亮迁都燕京以来,遂与汉文化有了进一步的接触,同时,也有较多的汉族知识分子加入到金的政权中来。他们不仅完善了金朝封建化的统治体系,而且也给金代的文坛增加了绚丽的色彩。

段克己、段成己是金代末期的诗人,家居山西稷山县。段氏一族本是甘肃武威人,后迁稷山。他们的高祖段钧、从高祖段铎,同时参加科举,竞相振发,段钧中正隆二年(1157)进士,时人称段钧、段铎为"河东二段",他们的乡里被称为"双桂里"。段克己、段成己之父段恒,以德行、才学闻名于家乡。

段克己(1196—1254),字复之,号遁庵,别号菊庄。段成己

_____

* 本文原刊《文史》2000 年第一辑,中华书局。

（1199—1279），字诚之，号菊轩。伯仲二人年幼时已甚有才名，当时金朝礼部尚书赵秉文就称他们为"二妙"，并大书"双飞"二字名其乡里。二人于哀宗正大七年（1230）同举进士。段克己终身不仕，段成己曾为宜阳县主簿。不久，金亡。元初，世祖忽必烈曾降诏到段成己家中，欲起用为平阳府儒学提举，段成己拒不赴任，时人甚为敬重。入元以后，段克己和段成己二人徙居龙门山二十年，过着隐居的生活。段克己早卒，段成己卒于元朝至元年间，年过八十。段成己本有《菊轩集》数十卷，今不传，段克己的文稿，也不只是《二妙集》中的百馀诗篇，但已遗佚。

　　段克己有二子：思诚、思温。段克己死后，由段成己将他们抚育成人。段成己有一子：思义。三人皆长于诗文。思诚和思义同时被推荐到朝廷，分别授河东路儒学教授和平阳路儒学教授，俱不就。思温曾被安西王辟为记室参军，不赴职。三人以经史教学生，乡间弟子甚众。

　　元泰定年间，段克己之孙段辅（思温之子）官吏部尚书，并授湖广等处参知政事，与名儒虞集、马祖常曾一起共事。虞集为之撰写《段氏阡表并铭》。段辅又于家塾刻印了《二妙集》，出示给吴澄。吴澄，江南著名文人，与赵孟頫（子昂）同时。元初至元年间，程钜夫奉旨到江南求贤，希望江南名流们能够加入元政府，赵孟頫和吴澄于此时仕元。故而，吴澄甚叹二段之名节，曰："如睹靖节三复不置也。"并为诗集作序。从此，《二妙集》乃行于世。

二　《二妙集》的写作和流传

　　《二妙集》共八卷，前六卷为诗，按古诗、律诗、绝句、杂诗、长短句的顺序排列；后二卷为乐府。先段克己后段成己，段克己诗百馀篇,段成己诗二百馀篇。

《二妙集》内部分诗有写作时间,但均不用年号表示,而用干支纪年,如段克己有"丁酉春雪","乙巳清明游青阳峡"等等。这些干支年最早的是段克己于金宣宗元光二年(1223)"癸未中秋之夕与诸君会饮",最晚的是金朝灭亡后十六年、南宋淳祐九年时(1249)段克己为朋友张汉臣的去世所做的诔文。

何以所有的诗作都没有提到年号呢?这和段氏伯仲所处的环境大有关系。金宣宗贞佑元年(1213),由于蒙古军队大举南下,攻取了居庸关,直逼中都燕京,次年三月又包围中都,金宣宗被迫迁都南京开封府。不久,中都燕京被蒙古军占领。金朝统治者不能有效地抵御北方的蒙古军,节节败退。兴定二年(1218),蒙古木黎华的部队攻下太原,又攻下平阳(今临汾),威胁着南京开封。金宣宗北方防御无效,转而南下侵犯南宋,企图以此扩大疆土。双方战事绵延十馀年,金政权屡遭失败。此时尽管金政权尚存,而段氏兄弟已处于蒙古军的占领区,他们在诗中开始出现了要避居乱世、渴望安定的心情。金哀宗即位以后,首先停止了对南宋的战事,全力向北,收复失地,取得过多次胜利,山西大部分回归金朝。正大四年(1227)成吉思汗病死,使金朝再次准备收复失地。正大七年,段氏伯仲参加了科举考试,双双中进士。然而,正大年间收复国土的暂时胜利,只是金朝灭亡前的回光返照。不久,窝阔台亲率大军挺进中原,金哀宗勉强支撑局面,逃到河南蔡州(今河南汝南),蒙古军和南宋军队夹击蔡州。金哀宗眼看城破在即,自缢身亡。

金亡以后,北方完全处于蒙古的统治之下,段氏兄弟真正地隐居起来,《二妙集》的诗篇大部分是这一时期的作品。诗中,他们每每自况陶渊明,有其高节,也有其贫穷,又时时醉酒,对"不知有汉，无论魏晋"深得其中三味。段克己《寿家弟诚之》曰："闭户不出避世纷，胸中泾渭外不分。"既明泾渭又不明确态度，这是《二妙集》的基调。

金末大诗人元好问曾编《中州集》，略集金元一代文人诗作，每位作者并有序传，其意不仅在集诗，亦在传史。但《中州集》中没有二段的作品。这大约有两个原因：第一，《中州集》的编纂是在金哀宗天兴二年（1233），元好问时在山东聊城，而二段在山西，处于蒙古的统治之下，往来不便，元好问未必能得到他们的诗作。元好问深知其集定有阙略，在《中州集》自序中曰："兵火散亡，计其所存者才什一耳，不总萃之将遂湮灭而无闻，为可惜也。乃记忆前辈及交游诸人之诗，随即录之……嗣有所得，当以甲、乙次第之。"第二，《二妙集》的作品多是隐居以后所为，天兴年间恐怕很少公诸于世。元好问卒后六十馀年，《二妙集》乃刻印，流传日广。

元大德年间，平阳人房祺编《河汾诸老诗集》。房祺，字寿卿，自称横汾隐者，曾为河中、大同两府教授，以潞州判官致仕。这部诗集所收录的，都是金之遗佚的诗作，以彰其抗节林泉的志向。有段克己、段成己诗各一卷，其中八首为《二妙集》中所未收。《河汾诸老诗集》的编纂，早于《二妙集》的刊行。据段辅在《二妙集》卷末的跋文中曰，其祖父遁庵君与从祖菊轩君的"遗文惜多散逸，所幸存者，古律诗乐府三数百篇"。显然，房祺因与二段同属平阳府人，又着意搜求，故而得到了一些散逸的诗篇。

三　《二妙集》版本递传

今存《二妙集》的最早的版本，是元刻明修八卷本，难以断定是否段辅初刻之板。这一版本今暂存于台北"中央图书馆",中国国家图书馆可见这一版本的缩微胶卷。其后是明成化年间(1465—1487)贾定的刻本。贾定,字良金,成化年间进士。贾定曾任职绛州,因公到稷山县,得到段辅的家塾本,见已残,遂访乡人及段氏之孙,"得所抄录二本,即与质,订其讹,补其阙,完璧以传"。此之后,还有绛州长官冯公梓刻《二妙集》,今未见。清康熙廿五年(1686)段氏裔孙段宗羲重刻,此重刻本今亦未见,但段宗羲委托族人所写之序,保存在乾隆年间贾汝愚的辑本的抄本之中。序中提到在段宗羲之前,三百馀年之间,《二妙集》曾经三刻,恐怕就是段辅、贾定、冯公三位。贾汝愚在卷末的跋中不仅增加了他辑到的佚诗,还特别指出《二妙集》一向与《河汾诸老诗集》的差别,他对以前付梓时没有进行这方面的校勘,感到疑惑。

清光绪三十二年(1906),吴重熹准备刊刻金人诗集,因段氏伯仲始终不仕元,"与元遗山(元好问)、李庄靖(李俊民)同"(缪荃孙跋语),遂将之收入九金人诗集中。吴重熹交缪荃孙整理后刊刻。缪荃孙不仅找出他所能见到的《二妙集》诸版本,又以《河汾诸老诗集》相校,将《河汾诸老诗集》中所收而《二妙集》历来版本所无之诗补入,得段克己诗二首,段成己诗九首。而后又翻检《金文最》《山右石刻文编》《皕宋楼藏书志》,得到段成己佚文七篇,亦附刻之。缪荃孙因此作跋。跋曰:"荃孙刻之,遂取《河汾诸老诗集》相校,间有可参考处。……又抄出遁庵逸诗二首,菊轩逸诗九首,再录《金文最》《山右石刻文编》《皕宋楼藏书志》,得菊轩逸文七篇,附刻之。并次段氏世表于后,为考古者之一助。"

民国年间,著名藏书家傅增湘曾见到文友堂书坊的明成化刻本,以缪荃孙整理后刊刻的吴刻本与之相校,"余取此吴刻校读一周三日而毕,改正殆数百字。据缪跋云是从贾刻传抄,然其不同乃如此滋,足异也"(傅增湘校后记语)。傅增湘手校本今存北京图书馆,上面朱笔批校灿然。

四　《二妙集》以外的佚文

缪荃孙先生的辑本比贾汝愚多辑三首诗,七篇文章。除此而外,在明万历《平阳府志》的《艺文志》中载有段成己的数篇文章,其中《河津县儒学记》为缪荃孙先生的辑本所无。这些佚文基本为修建儒学碑记和当地人物的墓表。

在所辑的佚文中,有段成己的《故中议大夫中京副留守陈公墓表》,这是段成己为其岳父陈规所做。陈规,《金史》有传,乃金末重臣,以直谏著称,时议甚高,与当时名人许古、杨云翼、赵秉文交往。《金史》本传曰:"死之日,家无一金,知友为葬之。"陈规卒于河南,之后二十七年,其女"间关千里,躬负遗榇,归葬于稷山之阴",段成己与陈规族人合力修墓葬之,并为墓表。墓表中记载,陈规有《律身日录》,当时已佚。其子早卒,孙辈"卓卓有文名"。墓表所记,详于《金史》。

这些佚文另一值得注意的问题,是文章的落款多以元代的年号纪年,基本都在至元年间。这种纪年方式与《二妙集》中的其他作品显然很不相同。上面提到的为陈规所撰墓表是在戊午年(1258),馀六篇文章均写于至元年间,其实直到1260年元代统治者才开始使用年号纪年,此前,处于晋南的段成己,金已灭亡,元又无年号,更谈不上使用南宋年号,故而使用干支纪年是很自然的事。

与段氏伯仲同时的金代诗人,除元好问外,还有麻革、张宇、陈庚、房晔、曹之谦等人。入元以后,他们俱隐居不仕,凛然清风,寄志于山林之间。今虽各有一卷文集传世,想来其文稿多是散佚了。《二妙集》由于段辅的梓刻,保存尚多,从中可以较多地了解金末文坛情况。金代的文学成就,在中国文学史的发展中,应占一定的地位,以往的研究还不够深入。不了解金代的文学,就不能全面认识女真族入主中原后文化思想的发展变化,也不能全面认识辽金宋时期南北方文化思想之间的交流、影响和差异。对元代文化的渊源的研究,也必然涉及到对金代文学的认识。且不说诸宫调对元杂剧的直接影响,单说金末诗人入元以后其隐逸和苦闷,成为元初诗坛的主调,就可知金代文学研究在宋元之际文学发展中的重要意义了。探讨《二妙集》的特色,分析其内容,了解其版本递传,毕集二段的佚诗佚文,对于深入研究这一时期的文化流传,无疑是有促进作用的。

《重修使琉球录》的刻本及其作者 *

　　琉球,位于今日本海西南,自古以来是中国的友好国家。从明代开始,两国交往日益密切,琉球国王去世,新国王即位,明清王朝都要派使臣前往祭奠、册封。据统计,明清两朝共向琉球派出册封使二十五次,其中明代十七次,清代八次①。自从明嘉靖十三年(1534)陈侃任册封使返回后撰写《使琉球录》,以后每次册封使回国后,都要将出使经过和琉球国情写成专门报告,存留至今的有《使琉球录》《琉球记》《中山传信录》等等。

　　以北京国家图书馆藏品为主的各种关于琉球的文献,近年分两次结集影印出版,名为《国家图书馆藏琉球资料汇编》及《续编》②。其中的抄本《重修使琉球录》,是为明嘉靖十三年陈侃《使琉球录》

＊本文收入国家图书馆古籍馆编《2004 地方文献国际学术研讨会论文集》,北京图书馆出版社,2006 年。又刊《中国边疆史地研究》2006 年第 2 期。

①黄润华《国家图书馆藏善本古籍中的有关琉球文献》,《国家图书馆学刊》2000 年第 2 期。

②北京图书馆出版社,2000 年、2002 年。

所做的增修。

　　陈侃《使琉球录》是现存第一部记录册封琉球情况的著述,第二部记载出使情况的就是《重修使琉球录》,该书在陈侃著述的基础上加以补充,体例是先录陈侃叙述,然后郭汝霖补说。该书今存世甚少,其作者情况、刻本与抄本之间的关系,尚待深入考察。2003 年秋季笔者应哈佛大学燕京学社图书馆邀请参加该馆七十五周年馆庆,趁此良机,我到纽约、普林斯顿、华盛顿等地访读中文古籍,遂到国会图书馆申请阅读部分地方文献,其中就有《重修使琉球录》的明刻本。

　　按《明史》记载,嘉靖三十七年派册封使出使琉球,吏科左给事中郭汝霖为正使、行人司行人李际春为副使,在福建准备舟船、给养时,遇风向不顺,未能及时出发。三十九年时琉球国王曾遣使至福建,要求遥封,不允。四十年,郭汝霖等人乘船至琉球,册封琉球国王尚元,回国后著《重修使琉球录》。《四库全书》将此书入存目①,系浙江巡抚采进本。四库馆臣认为作者当作"郭世霖",《四库全书总目·杂史类存目》曰:"明郭世霖撰。据《浙江遗书目》称,世霖,永丰人,官吏科给事中。而《类姓登科考》载嘉靖癸丑进士郭汝霖,永丰人,官至南京太仆寺卿。当即其人。特讹世为汝耳。万历中,萧崇业使琉球录,称陈侃、郭世霖二录,其明证也。"四库馆臣的辨析甚有必要,1960 年商务印书馆将《各省进呈书目》汇集在一起,成《四库采进书目》。该书目中两录此书:《浙江省第六次呈送书目》中有"琉球录(二卷,明郭汝霖辑)二本",《浙江省采集遗书简目》中有"琉球录二卷(刊本,明吏科给事中永丰郭士霖编)"。记作者为郭士霖的,还有阮元《文选楼藏书记》,其卷二记

―――――――――

① 见《四库全书总目·史部杂史类》。

载:"琉球录二卷,明给事中郭士霖辑,永丰人。刊本。是书系嘉靖间士霖出使琉球前取经奉使陈侃、高澄所著琉球录增益之,前载诏敕礼仪,后纪舟行杂事及国事风俗。"①这说明对该书作者的记载,早在四库馆臣之前已存在混乱②。但四库馆臣对作者所做的辩证,很难称其正确。

据《明史·外国琉球传》云:"(嘉靖)三十六年,贡使来,告王尚清之丧。先是,倭寇自浙江败还,抵琉球境。世子尚元遣兵邀击,大歼之,获中国被掠者六人,至是送还。帝嘉其忠顺,赐赉有加,即命给事中郭汝霖、行人李际春封尚元为王。至福建,阻风未行。三十九年,其贡使亦至福建……"不独《明史》,清雍正年修的《江西通志》卷七十九记曰:"郭汝霖字时望,嘉靖进士。官吏科给事。上平倭十事,又上疏极论时务。奉玺书封琉球王馈裹蹄金不受。命督修通州湾城,议者谓非二十万不可,霖力裁之,费止三万有奇。工竣,诏升俸二级。以南太常卿乞归。"③可见郭汝霖曾官吏科给事,又授南太常卿,俱为一人。雍正《畿辅通志》④有徐阶《张家湾城记》,亦记郭汝霖以三万金修城墙事。

郭汝霖有《石泉山房文集》十三卷,浙江图书馆存明万历二十五年郭氏家刻本,《四库全书存目丛书》⑤据之影印。每卷卷首落款:"吉郡永丰郭汝霖著/后学长洲金士衡校"。该文集前五卷为诗集,后八卷为文集,即各体杂文,如书简、奏疏、序、记、碑文、跋、传、墓表、行状等等。诗集部分多首诗与琉球有关,如受命离开京

---

①阮元《文选楼藏书记》,台北广文书局,1969年。
②《千顷堂书目》卷八又记该书作者为"许士霖"。
③文渊阁《四库全书》本。
④文渊阁《四库全书》本。
⑤齐鲁书社,1997年。

城时的感想《奉使琉球出都门》,其中曰:"垂绅青琐闼,祗役闽海东。崇朝出都门,行珮何匆匆。皇心布美泽,四夷悦来同。玉带横我腰,麟袍华我躬。亲知饯我酒,舆台控我骢。"并有多首诗与福建有关。特别是有寓琉球时所作诗,如《书扇别中山王》诗,还有《封王十咏》等,几乎记录了他任册封使以后的大部分历事。文集部分亦有《辞琉球王宴》《辞琉球王赆金》书,卷八之首,即《刻使琉球录序》,该文与今存抄本之首的《使琉球录序》文字几乎完全相同,仅是标题中"刻"字的区别。卷九还有一篇《使事小纪》,记最初朝中欲遣吴某为使,吴氏畏惧不肯前往,才又派郭汝霖为使;诸亲友忧虑重重,郭如霖以国事为重,不以危难为虑;至福建,倭寇来侵情势紧急,遂整修船只给养,至嘉靖四十年始成行。此文可补《明史》记载之简略。文集中还有一些相关的奏疏、为李际春《星槎录》所作序等等。这些资料都明白无误地证实,嘉靖三十七年出任册封使,四十年渡海至琉球的就是郭汝霖,而非郭世霖。郭世霖,无使琉球事迹见载于《明史》及地方史志。郭汝霖字时望,号一厓。江西永丰人。嘉靖三十二年进士。

　　萧崇业《使琉球录》①,今台湾"中央图书馆"存万历年原刊本,上下二卷。萧崇业与副使谢杰于万历四年(1576)出使琉球。该书成于万历七年,正文前有萧崇业序。上卷《使事纪》一节中记宣德二年(1427)至万历四年历次出使情况,曰:"嘉靖四十年,钦差正使吏科左给事中郭汝霖、副使行人李济春敕封国王尚元。"并录郭汝霖《重修使琉球录》中的渡海历险纪事。此与四库馆臣所云颇不同。

　　《四库全书存目丛书》据中央民族大学图书馆藏抄本影印了

---

①台北学生书局影印,1977 年。

《重修使琉球录》,尽管正文之首页就是有郭汝霖署名落款的《使琉球录序》一文,别集部分又有《石泉山房文集》可证,但《四库全书存目丛书》的简短提要中①依旧沿用四库馆臣的结论,将作者著录为郭世霖。

　　该书明刻本今存美国国会图书馆,王重民《中国善本书提要》中记载了这一刻本,定为"明嘉靖间刻本"②。此书共四册,曾经金镶玉修整过,共上下二卷。每半叶十行,行二十字。首为郭汝霖嘉靖辛酉年《使琉球录叙》,次为陈侃嘉靖甲午年《使琉球录叙》。题"吏科左给事中吉郡郭汝霖编,行人司行人杞邑李际春同编"。基本内容同抄本。我在国会图书馆阅读此书之后,对比影印的抄本,最主要的差别是该刻本卷末在高澄《使琉球后序》之后,还有一篇《重刻使琉球录后序》,但抄本无此篇。该文残,未见落款,看行文的语气,当是副使李际春所写。王重民先生的提要中也有"李际春后序,残"之语。其文曰:"夫录遗传信也,琉球使录亦既悉矣,又奚重梓为哉?盖事久则易泯,文备则可征。昔董、张二君使于成化之己亥,逮嘉靖壬辰仅五十馀年,而旧迹遗矣。陈公、高公之使□茫然无稽。吁!前非不录,久斯泯也。是故二公录之。嘉靖戊午际春被□行得兹一览,而事之始终如指诸掌。其助□□□□后之视今□□□视□□□□传匪真□信。况事以时变,俗以化移。今□录吾惧其远之讹且泯也。吏谏郭君忧□□据其记载之迹,参以时势之宜,访之□□之真,重为分类编辑,其造舟用人视□□详,盖昔非疏今非扰,时久而制益精也。风俗事宜于旧闻异,其势之殊化之渐也。稽事立词,援实为文,庶免传疑之

①齐鲁书社,1996年。
②上海古籍出版社,1986年。

误以……"以下残。此处钤有"福山王崇焕收藏之印"的朱文印。王崇焕系王懿荣第四子,著有《王文敏公年谱》①。

　　国会图书馆所藏之刻本,是目前所知该书的最早刻本。其内容以册封活动为主,由李际春《重刻使琉球录后序》看,此书当刻成于郭、李二人回国不久,用于呈上汇报之用。如前所述,乾隆年前后,即《四库全书》纂修前后,无论是私藏,还是浙江省的进呈书,《重修使琉球录》均以刻本形式流传。《四库全书存目丛书》所据以影印的抄本,著录为明抄本,《国家图书馆藏琉球资料续编》著录其所影印者为清抄本,但综观之,抄本似当晚于刻本。郭汝霖《石泉山房文集》中关于琉球的诗文,多亲切自然,个人感受颇多,与此书不同。由此观之,我们如能对出使琉球的明清官员的别集做一番解读,大概还能搜集到若干与琉球相关的研究资料。

---

①台北商务印书馆,1986年。

试析北京图书馆所藏三种越南刻本 *

　　自宋以降，中国的雕版印刷技术日臻成熟，随着作为文化使者的书籍从中国不断旅行到周边各国，印刷技术也在各国普遍使用开来。不必说朝鲜和日本，那里的雕版及活字印刷技术之精湛、老道，是早有口碑了；单是东南亚的琉球、越南、菲律宾一带，一向被认为是文化不特发达之地区，也有保存至今的当地刻本。

　　北京图书馆善本部今存有三部越南刻本。其一是《传奇漫录》四卷，永定初年即嘉靖二十六年（1547）刊成。其二是《御题名胜图绘诗集》十四卷，绍治四年即清道光二十四年（1844）刻成。其三是《新镌海上医宗心领全帙》六十四卷首一卷，嗣德三十二年至咸宜元年即清光绪五年到十一年（1879—1885）刻成，该书残，北图存五十三卷。

　　这三部书的刊刻，无论从内容、从印刷质量、从用纸及刊印者各方面，都值得注意，饶有趣味。

＊本文收入《中国印刷史学术研讨会文集》，印刷工业出版社，1996年。

一

《传奇漫录》四卷，共四册，作者阮屿。

该书不见于一般的目录工具书，《丛书综录》《贩书偶记》《四库全书总目》皆不著录。《北京图书馆古籍善本总目》中亦不记其成书年代，但这是一部很有特点的书。

首先，该书内容系神怪故事。作者阮屿，生平不详，今仅据卷首序言略知一二。序文是署名何善汉所作，何善汉之生平亦不详。序中称阮屿之父是前朝进士，阮屿本人由乡荐参加考试，屡中，后任清泉县令，到任后不数载，农业丰收，阮屿便辞官回乡，奉养父母，以全孝道。本书即阮屿隐居乡间时所做。序中说阮屿"欲以文章世其家"，书中的传奇故事是"有警戒者有规箴者"。今观其书，多为"快州义妇传""木棉树传""昌江妖恠（怪）录""南昌女子录"等，共三十条。作者自幼饱读四书五经，长大后以之获仕途，而存世之作竟是记录神怪之书，想来其中大约有这样一些原因：或是执意冲破儒家思想的束缚，更加偏爱民间的善恶之喻；或是受到中原地区通俗文化——小说流行的影响，援笔而著；或别有苦衷亦未可知。

其次，该书成书时间亦别具一格。阮屿此书显然成于明代，因其识语即小序写于永定初年。永定年号是明代安南王国中一僭立年号，时安南王国国主为黎氏，而有莫氏一族连年起事，势力颇大，盘踞一方，别立年号，永定为其一。永定仅存一年，即明嘉靖二十六年（1547）。第二年莫福源改为景历元年。这是安南庄宗到中宗统治时期。莫氏的起事，加上国内阮氏、陈氏的内讧，使安南国动乱不止，民不聊生。明王朝曾数次派军队及使臣前往平

定,但未见有明显效果。故当时有大臣向嘉靖帝进言道:"莫之篡
黎,犹黎之篡陈,不足深较。"①莫氏在安南境内的势力,虽屡经镇
压,仍不屈不挠地生存发展着,直到清初,莫氏仍保有相当的地
盘。但使用过的年号并不是太多。前面说过,阮屿之父乃是进
士,很可能是在明代两广地区参加会试所中。根据《明史》记载,
明代永乐年间,永乐帝曾在安南国诏访贤良方正、明经博学、精通
算学、明习兵法等人才。不久后,内乱屡起,未及科举之事。但阮
屿所受教育是儒学,必无疑了,为之作序者竟用伪立年号。可以
想见,大约该书流行、写成之处在莫氏统治之下,因为当时安南政
权的正式年号依旧在使用,莫氏不过割据一方而已。

这是一部坊刻本。扉页上清楚地写着"书坊红蓼阮自信锓
梓"。自从南宋以来,坊刻本中多印小说、话本,以其通俗、情节化
取悦广大读者,产生很大影响。在文化事业发展过程中,起到不
可低估的作用。尽管是在远离中原文化的安南,这种沿袭已久的
行业规则仍被遵循。这部书的内容,使之注定不可能成为官刻
本。其用纸稍粗,纸色稍暗,每半页九行,每行十八字,字体较拙。
书口处无鱼尾,是各传奇故事篇名的简称。序言的书口处虽无鱼
尾,却有一阴文标志。该书用字亦有不讲究之处,如"出"字作
"岀"状,还有"猋"字,乃不常使用之状。

二

《御题名胜图绘诗集》十四卷,共十六册,作者阮福暶,刊于绍
治四年,即清道光二十四年(1844)。

---

① 《明史》卷三二一《安南国传》,中华书局,1974 年。

这部书的作者是越南国王宪祖。亦少见于诸书著录。宪祖为阮氏后代。安南自黎氏掌国,传十六世,二百五十七年而亡。而后开始了阮氏掌国时期。宪祖是阮氏称帝后的第四代。在其父阮福皎在位的二十八年中,扩大了国土疆域,规划了行政区域,取士以考试,考经义、诗赋等科目。并请清政府颁发《康熙字典》,与清朝往来比较密切。阮福皎去世后,其子阮福暶继位,是为宪祖。宪祖在位仅七年。大约是受到其父的影响,宪祖精通汉文化,长于赋诗为文,在各地观览山川名胜时,凡有所感皆吟咏成篇,录于纸端,久而衷辑成集。他在位期间重视文化,提倡吏治,曾倡修《大南会典》。绍治四年,内阁大臣范世显、阮德政、阮伯仪、阮久长等人,将宪祖的诗章精选之后,尽量配之以图,镌梓成书。卷首有宪祖的自序,其曰:“我皇考圣祖仁皇帝克享天心,聪明圣哲,诞敷文德,用集大成。覆载所及,致之升平。照临所知,跻之仁寿。统万国之舆图,衍无疆之鼎祚。春京增仕,天险无加,有是天下第一雄图,定北长城,横岭灵江,屏山香水,亿万年之形胜也。居中制外,受四方朝觐,百二山河,以临天下也。”这段文字概括了宪祖及其父亲在位时越南王国的形势。宪祖去世后不久,法国开始对越南进行侵略,越南从此陷入无止境的水深火热之中。

书中题诗的内容按名胜、古迹、时令、人物、洋画花果、洋花、昆虫、鱼类、兽等分类,亦图亦诗,颇美观。

该书系典型的官刻书,甚至可称为殿版书。其纸绵软细白,韧性很好。宪祖之序文,每行十二字,每半页五行。正文每行十六字,每半页六行,俱为优美的行楷字体,刻工精美,版面疏朗宽大,图绘的刻制相当细致。版心线通栏到书口,鱼尾宽大。扉页正面在龙云图案中刻书名“御题名胜图绘诗集”,背面龙云图案中有阴阳文印章各一枚,阳文者为“绍治宸翰”,阴文者为“天行体健"。扉页的图案、印文,宪祖的序文,俱用朱红色印就。

三

《新镌海上医宗心领全帙》六十四卷首一卷,著者黎有卓,刊
成于越南嗣德三十二年至咸宜元年,即清光绪五年至十一年
(1879—1885)。今北图存本不全,共存五十三卷。

作者黎有卓,系越南王朝黎氏之后代。其生活年代相当于清
乾隆时期。该书成书过程比较复杂。先有黎有卓撰述在前,若干
年后有倾慕者武春轩着力搜求,方得全书,再经若干僧人捐助,方
刊行流布。黎有卓的身世,可见于刊书时诸人之序中。武春轩的
序文中说:"嗣德乙卯仲夏,适有医老携来一二集,示曰:此乃唐豪
古辽黎相公尚书第七子号懒翁所作。"武春轩的序之后,是黎有卓
的自序,其序作于景兴三十一年,即清乾隆三十五年(1770)。序
中讲述了他隐居从医后得到的种种人生感受。黎有卓生活的年
代,是越南王国各地小部族不断起事,朝廷内部斗争比较激烈之
时。阮氏大臣因曾有拥戴之功,欲独掌国的愿望越来越强烈,黎
氏政权的不稳定已见端倪。在这样的时代环境中,黎有卓以足不
入于城市获"懒翁"称号。从这篇序文中可知该医书景兴三十一
年已成。然而全书之末卷,附有作者于景兴四十四年(1783)所写
的《上京记事》一册。黎有卓于景兴四十三年时奉命入京,第二年
返回故里。《上京记事》记述了沿途见闻、即时吟咏、为人治病,及
为圣上治病事。此时越南王国是显宗黎维祧在位。《上京记事》
一文的首页有一名蕉山居士者于景兴四十五年作的序文。从这
些序文和《上京记事》看来,该书写成于景兴三十二年,后面又陆
续加入一些文章,直至景兴四十五年,前后十馀年,始成今日所

见。该书除记录妇、儿、内、外诸科疾病和验方,还特有两卷专记岭南本草,这为我国中医药的研究提供了不可多得的资料。

不独该书写作过程曲折,其刊刻成书的过程亦是峰回路转,数年始克。该书写成差不多七十年之后,同郡的武春轩因心仪已久,多方打听,终于于嗣德八年,即清咸丰五年(1855)见到该书的一小部分。读过后,更加着力寻访,又过十年之后,见到黎有卓的五世孙,携来该书的二十一集,估计是全书的十之七八。武春轩遂开始筹措资金,以刊行此书。为该书捐助的除士人外,大部分为僧人。捐款人及数量均记录在册。北宁省慈山府武江县大壮社同人寺住持释清高,作引文记叙了僧人捐资刻书的过程。从嗣德三十二年(1879)开始,直到咸宜元年(1885)始刊刻完毕。此时距黎有卓写完此书,已有百年之久了。

这部书属私家刻书,由武春轩发起,士大夫及僧人捐资刊行。棉纸,通篇系欧体字写刻。每行二十一字,每半页八行,白书口,黑鱼尾。鱼尾低于版心栏线。版心栏线不通到书口,故不包括鱼尾。版心栏线为双栏线,黑粗线一道,细线一道。书中小标题处是墨块阴文。刻工较为美观,虽然比不上官刻书那么考究,但字体、用纸亦属上乘。

四

越南雕版印刷的汉文书籍存世不多,北京图书馆所藏的这三部各具特色,无论从年代、内容、出版者哪个角度去分析,都会给人以新的启迪。

首先,《传奇漫录》的刊刻年代值得注意,不但由于它使用了僭立年号,而且因为它刻印的时间相当早,相当于明代嘉靖年。

彼时安南王国已有了书坊,显然印书事业已有了不小的规模。由于我们没有见到更多的这一时期的刻书,难以更加精确地考察,但据此,可以推知其书坊刻书与中原地区的某些相通之处,这在越南的文化史上是值得珍视的资料。

其次,按中原刻书事业发展的观点看,这三种刻本恰恰是官刻、私刻、坊刻三种出版方式俱齐。其印刷质量与中原刻书的特点极其吻合,亦可以从中领略到中越文化、技术交流的状况。

再次,从内容上看,这三部书恰无中原文化最受重视最正统的儒家经典,没有科举文章,而是医书、传奇和个人文集。宪祖的诗文,虽说是汉学修养很不错,但多是个人感触,绝无言必称孔孟处。医书和传奇两书的作者,都曾隐居不仕,不以科举为重,在思想上,不能不说是有所革新。

总之,这些越南刻本的书籍是中越文化交流的重要资料。如《新镌海上医宗心领全帙》一书,该书以两卷篇幅专记岭南本草,中医的五行辩证原理在该书中亦有阐述,卷首所供奉的先师,就有孙思邈等人。这说明中医的理论和典籍很早就已传到海外,并在当地广泛应用,为许多百姓解除了痛苦。而地处热带的越南,无论是疾病还是药草,必定有其特点。这部医书注意到了这一点,补充进去岭南本草,为中医药学充实了新的内容。这也从另一方面说明,文化交流是双向的,各民族的文化、科技在这种交流中日益丰富发达起来。

迄今,朝鲜、日本雕版刻印的汉文书籍存世较多,越南刻本较罕见,北京图书馆所藏的这三部越南刻本,可谓是吉光片羽。虽然只有三部,但仍可借此对中国雕版印刷术在东南亚的传播、影响做一地区性的分析。

文 献 揭 示

刘祁佚文《重修中镇庙碑记》*

刘祁,字京叔。山西浑源人,生活于金末元初。弱冠时举进士不第,曾随父亲在河南游宦数年。金亡前不久,天兴元年(1232)返回浑源。蒙古太宗窝阔台九年时,诏试儒士,《元史·太宗本纪》:"九年秋八月,命术虎乃、刘中试诸路儒士,中选者除本贯议事官,得四千三十人。"刘祁应试并为西京选士之首。任山西东路考试官,中书粘合珪招他为幕僚。七年后去世,年四十八岁(又乾隆《安阳县志》记其年四十七卒)。刘祁的诗文相当出色。在汴京时,他和许多文人过往密切,如刘秉文、麻革等人,在《归潜志》中颇多记载。他的作品流传下来的不多。

王国维合辑并校勘的《古行记》中的一部,是刘祁的《北使记》。金兴定四年(1220)礼部侍郎乌古孙仲端、翰林待制安庭珍出使蒙古,第二年十二月返回,乌古孙仲端向刘祁详细讲述北行见闻,刘祁为之记。这是刘祁北归前的作品。

---

* 本文原刊《文献》1993 年第 2 期。

　　刘祁北归后,在家乡撰写《归潜志》。此书系金末重要史料,元代已有定评,其史料价值可与元好问《壬辰杂编》并肩,修《金史》时多处采用。如今《壬辰杂编》已不存,《归潜志》的史料价值更加突出。四库馆臣在提要中用《归潜志》与《金史》《元史》对照,订误数处。《归潜志》卷首有刘祁乙未年(1235)所写的自序,说明该书成于北归后第四年,即金亡后第二年。

　　刘祁原有《神川遁士文集》二十卷,该书已佚。清初顾嗣立编《元诗选》,收入该文集中数首诗。顾嗣立并为刘祁撰写小传。除这部文集外,还有《处言》四十三篇,今俱不存。

　　刘祁再次仕于元,四库馆臣在《归潜志》的提要中,对此略有微词,曰:"然晚再出,西山之节不终。"他此次任官后的活动,历来鲜为人知。笔者在查阅方志之时,于顺治年修的《赵城县志》中,发现了刘祁在壬寅年(1242)时撰写的《重修中镇庙碑记》一文,今移录于下:

重修中镇庙碑记

　　九州皆有山,必以魁杰者为镇,谓其能出六雨蔽疆围,慰民望安地德也。故神必庙,庙必爵。有天下者,时举礼典,遣使荐享,《周礼·职方氏》载九州之镇山:在扬,会稽;在荆,衡;在雍,华;在豫,嵩;在兖,岱;在青,沂;在并,恒;在幽,医无闾;在冀,霍。名于后不可易,冀据北方,地最广,邈河东,尤称山水之雄。而独以霍为镇,意其巍大隆峻深厚广博,子诸峰而孙群垤乎!余尝见晋人谈其山跨赵城、络洪洞,瞰平阳而萃秀于霍东北,横压汾流,根与太行接,远而望之,如屏如垒,葱挺萃崒,撑九霄,纳三光,岌岌凛凛,掩历山而吞姑射矣。神之庙侈于唐贞观间,历代增修,爵则先公后王,公曰应圣,王曰灵应。起唐开元,迄宋政和益著,庙享以时,祭不少缺。邑人奔走奉事，仪物烂然，其灵应随感而有，盖不可殚记。金贞祐之乱，河东河朔名山大川神祠无不灰烬，而是庙巍然独存，可谓异特。然年深岁久，摧颓罅漏，日就湮废。里翁邑士跂盼赍咨，是则崇饬泛扫之力其待人欤！中书省左司郎中李侯贞谓府官张仲良暨僚吏曹经曰："兹吾乡准望，四海所知，而坐视荒寂可乎?"遂发财募工，相与经始。由是达官贵人及浮图道士之有识者，同声趋应，风动云委，辇水于山，陶甓于地，市丹碧于四方，喘汗供给，莫之敢慢。始壬寅之四月，仲秋功毕。于是椽之腐折完，瓦之缺碎易，壁之倾圮坊，栈之杂驳一。华榱文柱焕若一新，而神像仪卫整整生气，若欲起立者。邦人过客瞻拜莫酹如肃，而山之云烟草木亦皆改容动色，蔚乎为一郡之光，亦可壮也。时余在安阳，闻之未得一偈，而李侯书曰："庙事告成，乡人父老皆欲刻文于碑，诚得吾子笔为幸。系官戎行不获走，请吾子图之。"余谓举旷典，修废事，莫神祇，崇祭祀，非常所能。侯少年骞跃台省，出而赞谋帅幕，以才气闻一时。今为此举甚伟，府帅僚吏皆知为政佐长之道，合心叶力以盛其事，皆可嘉。乃直书其始末，且为之诗。诗曰：

奕奕霍山，冀州之镇，南临泽潞，西界汾晋。崔嵬磅礴，雄峭岣嵝，草木蕃滋，云雷奋振。倬彼神庙，有国所修，睊牲馨醪，以荐以羞。乃兴祠祷，乃事观游，泠风甘澍，一方荫休。时危世季，祀典莫举，木老瓦腐，不可观顾。乡人兴嗟，无力完具，惟神鉴兹，亦不以处。卓哉李侯，倡率经营，扶倾补颓，半载告成。麾幢鲜丽，图绘精明，万民瞻挹，鬼神亦惊。里闾父老，再拜告泣，自今以往，神来血食，吾儿得耕，吾女得织，岁稔家安，皆神之力。奉承祭荐，无怠无嬉，何以示后，刻文于碑。兹山之久,大地与齐,兹神之庙,与山无移。李侯之名,亦庙随之,千秋万世,神之听之。

法源寺圣旨碑及其他 *

　　位于北京牛街附近的法源寺，是北京最古老的名刹之一。它创建于唐贞观十九年（645）。唐太宗东征，为悼念阵亡将士，在幽州城之东南，建悯忠寺于此。"靖康之耻"时，宋钦宗赵桓被金兵掳至燕京，曾囚于此。明正统二年（1437）重修时改名为崇福寺。清雍正十一年（1735）改建后名法源寺。该寺石刻碑记和藏经甚多，院内古木参天，故不仅以历史悠久称著，其文物丰富也令人刮目相看。

　　在该寺前院，翠竹掩映之中，有两块不是本寺原藏的碑刻，颇耐人寻味，似未引起人们太多注意。其中之一是元代圣旨碑（见图一）。碑高约三米，碑额刻"圣旨"二字，雕有双龙戏珠。碑座长方，浮雕双龙。兹将碑文移录并标点如下：

　　　　长生天气力里

＊ 本文原刊《文献》1995 年第 2 期。

图一

大福荫护助里

皇帝圣旨里：军官每根底、军人每根底、管城子达鲁花赤官人每根底、往来的使臣每根底，宣谕的

圣旨：

成吉思皇帝

月古台皇帝

薛禅皇帝

完者笃皇帝

曲律皇帝圣旨里："和尚、也里可温、先生，

每不拣甚么差发，休当告。

天祝寿"么道有来。如今依着先的

圣旨体例里，不拣甚么差发，休当告。

天祝寿者么道。大都里有的识列门，盖来的福寿兴元观

里，住持提点复明善应通微大师阎道文根底，执把

着行的

圣旨与了也。这的每观里房舍里，使臣休安下者，铺马

祗应休要者，税粮休与者。但属观里的田产、人口、头匹、园

林、水磨、店舍、铺席、解典库、浴堂，不拣甚么，他每的不拣是

谁，休夺要者，休使气力者。这阎道文更

圣旨上头道着。有没体例句当休做者，做呵，他不怕那

甚么，

圣旨俺的。

　　　　　蛇儿年二月十三日大都有时分写来

　　　　　　　金玉局张子玉镌

元代圣旨碑在全国各地均曾有发现。顾炎武《山东考古录》、刘侗《帝京景物略》、陈垣《元也里可温教考》[1]、冯承钧《元代白话碑》、蔡美彪《元代白话碑集录》[2]诸书中均著录多例，但尚未提及

[1]陈垣《元也里可温教考》，载《陈垣学术论文集》，中华书局，1980年，第1—58页。
[2]蔡美彪《元代白话碑集录》，科学出版社，1955年。

此碑。以上述列举多种文献与此碑对比、分析,特别是蔡美彪先生的专著,对理解这块白话碑深有裨益。因碑文由蒙语译成当时白话汉语,内中有些词难以理解,现再试译如下:

　　天助福祐　皇帝圣旨

　　　列位军官、军人、管城的达鲁花赤官员、往来的使臣听旨。奉太祖成吉思汗、太宗窝阔台、世祖忽必烈、成宗铁木耳、武宗海山圣旨:"对和尚、也里可温、道士,无论何种课税徭役,都勿要征发。祷告上天我朝万寿"云云。如今依先帝之旨,无论何种课税徭役,均勿要征发,向上天祷告祝寿。大都的识列门兴建福寿兴元观,其住持提点复明善应通微大师阎道文,持护赐与的圣旨执行。此处观宇房舍,使臣不可住宿,不可向之索派驿马,不可征收税银。凡属观内田产、人口、头匹、园林、水磨、店舍、铺席、解典库、浴堂,无论何物,任何人不可逼索,不可倚势欺之。阎道文持圣旨在此。凡有违反圣旨体例勾当,不可做。违旨者须惧国法。

　　　钦此。

　　　　　蛇儿年二月十三日大都有时分写来
　　　　　　　金玉局张子玉镌

　　现存文献资料表明,保护寺院道观财产,免收僧道税役的圣旨碑,从元太祖时已有,直到元代末年屡见。从元宪宗蒙哥、世祖忽必烈以降,圣旨碑的内容大致相同,文字与今存法源寺者基本雷同,唯寺院、观宇名称及住持姓名各有所别。这为理解碑文中的汉文蒙语提供了很多便利。

　　陶宗仪《南村辍耕录》卷一记世祖忽必烈蒙语译薛禅,成宗铁木耳蒙语曰完者笃,武宗海山蒙语称曲律①。《元史·世祖纪》:"庙号世祖。国语尊称曰薛禅皇帝。"②《成宗纪》:"庙号成宗。国语曰完泽笃皇帝。"③《武宗纪》:"庙号武宗④。国语曰曲律皇帝。"月古台皇帝即太宗窝阔台,在元白话碑中,窝阔台一名还有月阔台、月古歹、月哥台等译名。

　　碑文中的蒙语甚多:如:里,语助词,犹哩、呢;每,指一个人,各个人;根底,表示所属关系;不拣,无论;者,语助词,犹着、焉。也里可温:蒙古语从阿拉伯语转译来对基督教徒的称呼,可以参见《元典章》和陈垣《元也里可温教考》⑤。先生:元代对道士的称呼。达鲁花赤:镇守州县的官职,蒙语音译。识列门:蒙语人名。元代有汉人以蒙古名为名者。铺马:驿站用马。《元史·兵志四》:"元制站赤者,驿传之译名也。盖以通达边情,布宣号令,古人所谓置邮而传命,未有重于此者焉。……其给驿传玺书,谓之铺马圣旨。"⑥圣旨碑的语言颇具特色,它是白话的汉文蒙语的混合体。除使用上面列举的蒙语,还有一些近似口语的白话,如"休使气力者",即"勿要倚势伤人(逼索)"。"没体例句当",即"不合旨意的行为"。"做呵",这句有虚拟语气,即"如果做〔不合旨意的行为〕的话"。"他不怕那甚么",这句话曾被译为典雅的汉语:"国有常宪,宁不知惧。""圣旨俺的",这句话更是亲切通俗,冯承钧先生按汉语译

①陶宗仪《南村辍耕录》卷一,中华书局,1959年,第9—10页。
②《元史》卷一七《世祖纪十四》,中华书局,1976年,第377页。
③《元史》卷二一《成宗纪四》,第472页。
④《元史》卷二三《武宗纪二》,第531页。
⑤陈垣《元也里可温教考》。
⑥《元史》卷一〇一《兵志四》,第2583页。

成"钦此",颇为传神①。

　　该碑落款于蛇儿年。纪年用地支生肖,是元代圣旨碑纪年的一大特点。蒙古部族早期文书中一般用生肖纪年,自世祖忽必烈中统年(1260)以后,即从汉制,多用年号纪年。唯圣旨碑,依旧用生肖纪年,直到元末。偶尔有圣旨碑将年号和生肖重叠使用,蔡美彪先生的专著和陈垣先生的专文都著录了这类碑文。法源寺此碑的蛇儿年究竟何年,尚须和第二块元碑结合起来判断。

　　在圣旨碑的西边,矗立着另一块元碑(见图二)。此碑写就于至顺二年(1331)。碑额为"大元福寿兴元观记"。形制较小,碑体约高两米左右,字体也较圣旨碑小。该碑曾断为三截,经修复,今所见粘接处字迹已缺,但大致可读通。其大意是:曾有保定的秋涧道士在徐志清处学老子之道。徐道士曾创建会真宫。徐道士守中抱一,造诣甚深,曾为皇帝扈从。元贞元年(1295)仙逝。秋涧道士礼葬之,并于大德三年(1299)向朝廷请追赠道号。秋涧道士声誉渐著,延祐三年(1316)梁国冯氏徽政院使识列门因向往老子之道,在都城西北隅创建福寿兴元观,于是请秋涧道士住持此观。延祐四年(1317)仁宗特降圣旨,泰定二年(1325)再赐玺书加护于此。可知该观兴建于冯氏,秋涧道士为第一代住持,名阎道文。圣旨授复明善应通微大师。

　　这篇题记说明福寿兴元观创立于1316年,1317年受圣旨保护,这年即丁巳蛇年,恰好与圣旨碑纪年相合。且圣旨碑中序称诸帝自太祖以降到武宗,当是仁宗时的宣谕,以称诸位先帝,故可确定圣旨碑写就于1317年。

　　圣旨碑的镌刻者所在的金玉局,是元代精细金玉饰品制作机

────────

① 参阅蔡美彪《元代白话碑集录》,第22页。

图二

关。《元史·百官志四》将作院条下写道:"诸路金玉人匠总管府,秩正三品。掌造宝贝金玉冠帽、系腰束带、金银器皿,并总诸司局

事。中统二年（1261），初立金玉局，秩正五品。"①题记碑中的徽
政院使，是一个屡经变动的官职，本系詹事院，《元史·百官志五》
至元"三十一年，太子裕宗既薨，乃以院之钱粮选法工役，悉归太
后位下，改为徽政院以掌之。大德九年，复立詹事院，寻罢。十一
年，更置詹事院，秩从一品，设官十二员。至大四年罢。延祐四年
复立，七年罢。泰定元年，罢徽政院，改立詹事如前。"②徽政院使
六员，正二品。《元史·英宗纪一》"徽政院使失列门，以太后命请
更朝官。"又延祐七年（1320）五月，"以贺伯颜、失列门、阿散家
赀、田宅赐铁木迭儿等"③。虽然这两条记载并不能说明修建福寿
兴元观的识列门就是英宗即位之初因议论废立而触罪的失列门，
但可确知这是一个蒙文人名，而且题记中的记载与《元史》中对此
官职的沿革基本吻合。

　　此二碑相邻而立，同为福寿兴元观事。一碑用白话的汉文及
汉文蒙语的混合体写就，另一碑用标准汉文写就；一碑用生肖纪
年，另一碑用年号纪年，而其年代相去无几。粗看去甚为矛盾，细
想之下，又很有意思。圣旨碑用地支生肖纪年，保持着蒙古族早
期的传统特色。而第二块碑为该观题记，非统治者圣谕，故用标
准汉语写成，随之使用年号纪年。由此可以想见当时书写语言之
丰富，一方面是严谨的传统汉语，士大夫的书面语言，另一方面是
白话语体与汉字表达的蒙古语及其他少数民族语言的混合体。
后一种语言一定是被最广大的人民使用着，因其通俗，又是朝廷
发文所用的语体。故此影响到戏剧、诗词诸方面，今存的元杂剧、

①《元史》卷八八《百官志四》，第 2225 页。
②《元史》卷八九《百官志五》，第 2243 页。
③《元史》卷二七《英宗纪一》，第 599—603 页。

散曲中常见到前面列举的"每""根底"等①。这两块碑石的并立，不仅提供了宗教史的实例资料，也表明了一种文化现象，是元代多民族融合，通俗文化发展的特定时代的产物。

　　元代统治者对宗教采取宽松兼容的做法。从已著录的圣旨碑中，可知受保护的不仅释教、基督教、道教，还有伊斯兰教。圣旨碑中所说"不拣甚么差发休当告"云云，即免除观宫的赋税差役。《元史·食货志》"科差之名有二：曰丝料，曰包银。其法各验其户之上下而科焉。……凡儒士及军、站、僧、道等户皆不与"②，这是免去僧道科差的佐证。圣旨碑中还提到免征观宫寺院的税粮、驿马等。这样宽松的政策促进了宗教的发展，藏经的抄写、印刷、翻译都大规模地进行。修建的寺院道观颇多，例如北京的白云观，就是由元初著名的道教长春真人丘处机仙逝后藏蜕之所发展起来的。当时还有外国僧人前来。宗教势力渗透到国家的政治、经济各方面。《元史·释老传》中对佛、道二教各流派的重要传人予以简介，同时也记载了大量事实，说明元代统治者对宗教的宽容近似纵容，使不少寺观的僧人道士肆无忌惮，胡作非为，大闹公堂③。这种现象，大概也可算是圣旨碑的另一种作用吧。

---

①参见张相《诗词曲语词汇释》，中华书局，1979年。
②《元史》卷九三《食货志一》，第2361—2362页。
③《元史》卷二〇二《释老传》，第4520—4530页。

国家图书馆藏密云古北口杨令公祠碑刻拓片考略 *

一 祠庙概况

现存杨业祠庙,以密云古北口者修建最早,见于北宋记载。据密云县介绍,冯玉祥将军驻扎古北口时,曾经修葺此庙。邓拓《燕山夜话》中为文记叙古北口杨业庙,系当地道士管理,中华人民共和国成立后曾修缮一新,反映该庙"文革"之前的状态。至今,道士用过的硬木桌子依然保存在庙中。北京市文物专家赵其昌有专文《古北口的杨业祠》,言及北宋使臣途经此地诗作以及此地建祠怀念杨业的原因。但这两篇文章都没有提到祠庙中的碑刻资料。根据宋人文集及国家图书馆所藏拓片,知密云古北口杨业祠庙历史沿革有序。

密云县,位于北京之东北,《隋书》记载后魏时已经有密云郡

---

* 本文原刊《中国历史文物》2008 年第 6 期。

建制,隋开皇十年(590)置檀州①。《旧唐书·地理志二》记唐天宝元年(742)置密云郡,乾元元年(758)又改密云郡为檀州,领密云、燕乐二县②。辽代此地为檀州武威军,领密云、行唐二县③。元代密云仍名檀州,属大都路④。明代密云县属顺天府所辖昌平州,《明史·地理志一》记载密云县"北有古北口。洪武十二年九月置守御千户所于此。三十年改为密云后卫"⑤。古北口,兵家重地,在密云县西北八十里,魏晋时期已是重要关隘,唐代称之虎北口,辽金元明历代均为军事重镇。宋太宗意欲收复北方燕云十六州,宋琪为之谋划,琪本燕人,其策略首先意在幽州(今北京)。然而,宋人只有在出使辽国时才得步入幽州,杨业殉国后,宋代使节途经古北口时,除吟咏山川,又增加对英烈的缅怀。如今,古北口地处北京、河北省交界,出古北口,即为河北承德。

北宋时先后有刘敞、苏颂、苏辙、彭汝砺等人出使辽国时,在这里留下了颂扬杨业的诗句。宋仁宗至和二年(1055)刘敞(1019—1068)奉使契丹,过古北口,既咏古北口,又谒杨业祠,有诗《杨无敌庙》,小序曰:"在古北口,其下水西流。"诗曰:"西流不返日滔滔,陇上犹歌七尺刀。恸哭应知贾谊意,世人生死两鸿毛。"⑥刘敞用贾谊自以为没有尽到太傅之责过分伤心,比喻杨业在陈家谷失利后的感慨,认为和杨业相比,一般人的生死不过是

---

①《隋书》卷三〇《地理志中》:"后魏置密云郡,领白檀、要阳、密云三县。"中华书局,1982年,第859页。

②刘宋萧常《续后汉书·音义》卷四"白檀,渔阳县"。渔阳,即今密云。县南有白檀山。

③参见《辽史》卷四〇《地理志四》,中华书局,1987年,第497页。

④参见《元史》卷五八《地理志一》,中华书局,1976年,第1349页。

⑤《明史》卷四〇《地理志一》,中华书局,1974年,第887页。

⑥《公是集》卷二八,引自《全宋诗》卷四八八,北京大学出版社,1992年。以下引宋诗均出自《全宋诗》,不另。

轻如鸿毛。此时距离雍熙三年(986)杨业殉国尚不到七十年。刘
敞有《公是集》。《宋史》卷三一九有传。宋神宗熙宁元年(1068)
十一月,苏颂(1020—1101)路过这里,作诗一首《和仲巽过古北口
杨无敌庙》,诗曰:"汉家飞将领熊罴,死战燕山护我师。威信仇方
名不灭,至今奚虏奉遗祠。"苏颂此番出使,其诗辑为《前使辽诗》,
共三十首,多首与张宗益(字仲巽)唱和。可惜张宗益瞻仰杨无敌
庙所作之诗没有流传下来。苏颂和诗中将杨业比作汉代飞将军
李广,后两句说明杨业在辽人心目中有着崇高的地位,至今仍在
祭奠这位英雄。熙宁十年苏颂再度被派遣出使辽,历时四月有
馀,所赋诗辑为《后使辽诗》,共二十九首,再次过古北口,又赋诗,
题为《某向忝使辽于今十稔再过古北口感事言怀奉呈姚同事阁
使》。苏颂是宋代科学家和名相,《宋史》卷三三九有传。宋哲宗
元祐四年(1089)十一月,苏辙(1039—1112)出使辽国,今存《奉使
契丹二十八首》,其中《古北口道中呈同事二首》,有"明朝对饮思
乡岭,夷汉封疆自此分"之句。苏辙出使辽国之前,与杨业从曾孙
杨畋有交往,到此想来更是深有感触,为杨业作诗一首《过杨无敌
庙》,诗曰:"行祠寂寞寄关门,野草犹知避血痕。一败可怜非战
罪,太刚嗟独畏人言。驰驱本为中原用,尝享能令异域尊。我欲
比君周子隐,诛彤聊足慰忠魂。"[1]诗中将杨业比作晋朝的大将周
处(字子隐),将潘美比作领兵主帅司马彤。当年,是司马彤逼周
处带兵五千与强敌作战,却不给援兵,导致周处阵亡。这说明杨
业死后一百多年,人们对于陈家谷战役中潘美未能接应杨业,导
致兵败且杨业壮烈殉国,仍然耿耿于怀。同时也是对一直未能收
复燕云十六州,耿耿于怀,这种心情,在出使辽国时,一定分外强

---

① 苏辙《栾城集》卷一六,《四部丛刊》本。

烈。另外，苏辙出使辽国时，惊讶地得知哥哥苏轼在此地名声显赫，当他住进驿馆后，许多人知道宋使为苏东坡之弟，便纷纷向他打听苏东坡的事情。苏辙在惊异之馀，写了《神水馆寄子瞻兄四绝》，第三首曰："谁将家集到燕都，逢见胡人问大苏。莫把声名动蛮貊，恐妨谈笑卧江湖。"苏辙忧国忧民，一生坎坷，乃治国良相，《宋史》卷三三九有传。元祐六年（1091），彭汝砺（1042—1095）为贺辽生辰使，过古北口时作诗一首《古北口杨太尉庙》，诗曰："将军百战死钦岑，祠庙岩岩古到今。万里胡人犹破胆，百年壮士独伤心。遗灵半夜雨如雹，馀恨长时日为阴。驿舍怆怀心欲碎，不须更听鼓鼙音。"彭汝砺，字器资，以为人正直著称。《宋史》卷三四六有传。

二　国家图书馆所藏相关拓片

今见密云县简介中说杨令公庙建于辽太平五年（1025），距杨业牺牲的雍熙三年（986），将近四十年。《钦定日下旧闻考》卷一五三记载曰："城北门外有杨业祠。业以雍熙中为云州观察使，辽陷寰州，遇于雁门北陈家谷，力战不支，被擒，不食三日死，忠矣。然雁门之北口，非古北口也，祠于斯者，误也。"①其实古北口之建杨业祠，大约不是误以为殉国于此，而实在因崇敬祀之，故苏颂有"威信仇方名不灭，至今奚虏奉遗祠"之句。国家图书馆所存该祠四件碑刻拓片，其一为明嘉靖四十五年（1566）《重建灵威杨无敌庙记》，其二为清康熙年重刻明成化十八年（1482）《重建灵威庙记》，其三为清道光元年（1821）《谒杨太尉祠诗》二章，其四为福

---

① 于敏中等撰，北京古籍出版社，2000 年，2455 页。

建金浦蔡元题"宋建灵威无敌太尉杨令公庙"匾额。其一、其二碑石现已不存，内容较早，为本文重点。其三、其四石刻今尚存于庙中，且年代稍近，本文略之。

　　该祠庙名称诸记载颇不一，有灵威庙、灵威杨无敌庙、杨令公祠、杨业祠、杨太尉祠、杨令公庙、杨家庙种种。无敌，是杨业在世时与辽作战果敢，屡立战功，所向克捷，人称之"无敌"；太尉，是殉国后追赠，《宋史》记载"可赠太尉、大同军节度使"①；令公，杨业身后累赠为太师中书令②，后世小说戏曲称杨业为"杨令公"，或者源出于此。这些名称似以"杨令公祠"（见于光绪《顺天府志》）和"杨令公庙"最通俗且敬重，故本文作为标题。

　　光绪《顺天府志·地理志六·祠祀》③记古北口杨令公祠之沿革曰："杨令公祠，在古北口，祀宋杨业，辽时已有之。明洪武八年，徐达重建，成化十七年，镇守监丞许常、都指挥王荣④重修，敕赐名威灵庙。"以下录碑文一通，称题名为"周洪范杨令公庙碑"，撰文时间与立碑相关人等均不详，而今古北口杨令公祠，无论成化碑还是康熙年重刻碑，均已无存，仅存碑额及碑座。幸而国家图书馆尚存清康熙重刻明成化年重建灵威庙记之拓片（图一），可以与《顺天府志》记载校勘。《顺天府志》碑文录文差错尚少，但与此祠此碑相关之人物记载疏漏较多，比如，撰文者周洪谟，系北京国子监祭酒，蜀人，而《顺天府志》仅称"周洪范杨令公庙碑"；拓片之碑额为"重建灵威庙记"，而《顺天府志》称之为"敕赐名威灵

---

① 以上引文出自《宋史》卷二七二《杨业传》，中华书局，1977年，第9305页。
② 《欧阳文忠公全集》卷二九《共备库副使杨君墓志铭》中言及。《四部丛刊》本。
③ 北京古籍出版社，2000年，第758页。
④ 王荣，颍上（今属安徽）人。天顺年间任密云总兵，成化十年镇守密云。参阅光绪《顺天府志·官师志九·前代武职表八》，北京古籍出版社，1987年，第3310页。

图一

庙",差之甚远。以下是国家图书馆藏清康熙重刻明成化年"重建灵威庙记"之拓片录文：

赐进士及第、资善大夫、礼部尚书、经筵讲官、前翰林侍读学士、北京国子监祭酒蜀人周洪谟撰文，

赐进士及第、兵科给事中仰升篆额，

赐进士及第、户部员外郎白玢书丹，

钦差蓟州等处整饬边备兼巡抚顺天等府地方都察院右副御史李田、钦差巡按直隶监察御史李经、钦差镇守密云古北口等处御马监左监丞许常、右监丞吴雄、钦差镇守密云古北口等处都指挥同知王荣立石。

灵威庙在密云县古北口城北一里，祀宋赠太尉、大同军节度使杨公者也，苏辙诗"行祠寂寞寄关门"者是已。国朝洪武八年，太傅徐公达重建之，今百年，日就凋圮。成化辛丑，镇守左监丞许公常、都指挥王公荣图与重葺，且请于朝，敕赐今额，令每岁从宜设祭。既而遣人来，求笔其事于石。按《宋史》本传，公讳业，并州太原人。幼倜傥任侠，喜骑射，所向克捷，国人号为"无敌"。太宗征太原，公劝其主继元降，帝遣中使召见，大喜，宠以连帅，授之兵□（柄）。（会契丹）入雁门，

公领数千骑,自西京出,至雁门北口,南向□□□(背击之),□□□□(契丹大败),以功迁云州观察使,自是□□(契丹)望见公旌旗,即引去。雍熙三年,大兵北征,以忠武军节度使潘美为云应路行营都部署,命公副之,连拔云、应、寰、朔四州,诏迁其民于内地。时□□(契丹)复陷寰州,公谓美曰:朝廷令取诸州之民,但领兵出大石路,先遣人密告云、朔州守将,俟大军离代州日,令云州之众先出,我师次应州,□□(契丹)必来拒,即令朔州民出城直入石碣谷,遣强弩千人列于谷,日以骑士援于中路,则三州之众保万全矣。护军王侁沮其议,欲趋雁门北山中,鼓行而往。公曰:不可,此必败之势。侁曰:君侯素称无敌,今逗挠不战,得非有他志乎?公曰:业非避死,盖时有不利,徒令杀伤士卒,而功不立。今君责业以不死,当为诸公先。将行,泣谓美曰:此行必不利。因指陈家谷口曰:诸君于此张步兵强弩,为左右翼以援,俟业转战至此,即以步兵夹击救之,不然无遗类矣。美与侁阵于谷口,后违约失援。公与□(辽)兵力战,自午至暮,果至谷口,望见无人,即抚膺大恸,再率帐下士力战,身被数十创,犹手刃数十百人焉,重伤不能进,遂为□□(契丹)所擒。其子延玉亦殁。公太息曰:上遇我厚,期讨□(贼)捍边以报,而反为奸臣所迫以败绩。乃不食,三日死。帝闻之,痛悼甚□,下诏赠官,赐其家布帛千疋,粟千石,录其子延朗为崇仪副使,延浦、延训为供奉官,延环、延贵、延彬为殿直。潘美削职三等,王侁除名,隶金州。呜呼!公忠烈武勇,有智谋,练习攻战,与士卒同甘苦,故士卒乐为之用。谷口之败,先已灼见其机,而为群小所坏,良可悲矣!然而忠义之气,凛然犹存。此今日庙貌之所以新也。余故详摭史氏之说,以告欲知公遗迹者。岂大明成化十八年壬寅冬十月初三日立。

令公系宋死节名臣,祠建于宋,石立于明,盖欲相传不朽。讵意迄今百年,字迹磨灭,恐后之慕公无所考也,因择吉捐俸重刊。

大清康熙五十五年岁次丙申二月谷旦,署理直隶古北口镇标中军印务、右营左都督、管游击事、仍记余功二次加一级宛平马璘题。

本馆之拓片,系清康熙五十五年(1716)马璘重刻成化十八年(1482)碑。拓片上凡是"契丹""辽"诸字均被毁不可辨认,依光绪《顺天府志·祠祀》录文方补充可读。由于其他字迹尚清晰,所以"契丹""辽"诸字被毁当是有意为之,或与清代重刻有关。京北长城,的确与徐达有关,据《明史·太祖本纪二》记载,洪武元年八月,"徐达入元都,封府库图籍,守宫门,禁士卒侵暴,遣将巡古北口诸隘"[1]。徐达(1332—1385),字天德,濠州钟离(今属安徽凤阳)人。明代开国第一功臣。从洪武六年(1373)出征西北师还,徐达镇守北平三年,十四年再次镇守北平。洪武十八年病卒[2]。根据碑文记载,可以推知,徐达在镇守北平时,曾修建京北长城,古北口长城当是修建的第一批关隘之一,同时重新修葺杨令公祠,也说明祠庙元代尚存。该祠南宋至元,是否修葺,已难知晓。而杨令公祠之有碑,则始于成化年,该祠名曾经敕赐。周洪谟(1420—1491)字尧弼,号箐斋、南皋子,四川长宁人。正统十年(1445)进士,授编修。与修《寰宇通志》。成化年间先后担任南北

---

[1]《明史》卷二《太祖本纪二》,第21—36页。
[2] 详参《明史》卷一二五《徐达传》,第3723页。

国子监祭酒。官至礼部尚书。《明史》有传。有《篝斋读书录》《疑耕录》等著述传世。成化十八年之碑文,内容以《宋史·杨业传》为主。

国家图书馆尚存碑阴拓片,其上乃明代捐俸者姓名,有密云后卫都指挥佥事、指挥使、密云县知县、古北口仓大使等人。

嘉靖四十三年(1564),古北口副将郭琥、兵备佥事张守中再次修葺杨令公祠,并立碑纪念。光绪《顺天府志·地理志六·祠祀》记此次修葺,而未及此碑,此碑至今亦仅存拓片在国家图书馆,碑额为"重建灵威庙记"(图二),现录文如下:

重建宋灵威杨无敌庙记

　　嘉靖四十二年十月□□□□予叨兵备,偕郭公经略边事。过古北西门,公曰:"此杨无敌庙也。"止存一残碑,一杏树,见存庙貌尽无。观此荒芜之状,遂思将军在当□随兵所向无敌,八子为将,又皆并雄于时,而六郎延环之功,至今赫赫。故父子忠良,为宋朝首称,而今何在欤?呜呼,将军庙虽荒芜,而忠良之心数千百年犹存于人心。读残碑之所载,知公到此危亡之地而心犹不忍背君恩,浩浩然激昂之气,可以与天地并存焉。夫千百载之下见公之事者,尚爱慕如是,何潘美、王侁致公于死耶?果今古之人心有不同欤?夫君子同之而小人不同也,何哉?人,一也,有天理之心,有人欲之心。君子所存者天理,见忠良而爱敬之;小人所存者人欲,见忠良而妒忌之。当时既有潘美、王侁同行,此公所以必危也。若太宗以曹彬为云、应、朔等州都部署,以公副之,而斜轸虽强,彬必从公计,先避其锋,或不得已而约援于陈家峪口,彬必不肯失约而离去。公如何以危哉?公之危非公之不善于战也,乃不幸而遇王侁之小人。观其使人登逻台不见业报,即疑□

图二

□□□欲争其□乃□兵离峪口,此其心之所存,趋利误国,忌功害正,人欲横流,故所为如是也。潘美既知王侁有去志,而肯坚制之,挽其不行,候业战至此而并力张威以夹击,则业之成功或未可知耳,何至于大败耶?潘美不肯坚制王侁之去,亦皆妒忌之心,人欲为之也。公将危之际,大息曰:"上遇我厚,期讨□捍边以报。"而及为奸臣所迫,又不曰致己之死,而曰致王师败绩,此其心之所存,临难不违君,虽死不忘国。天理昭昭,故所为如是。当此之时,麾下之士尚百馀人,感激公义,于□□背战无一生还者,非公之忠义之操素率于平时,焉能临难而感人如是乎?守中于郭将军嘉公之义,仍旧址复立公庙,筑地基丈馀高,周围砌以石墙,高丈五尺,砖为门。于前内立正殿三间,塑公之象,后为堂三间,厢房六间,门楼一座,守庙军房三间,俱为坚致重新。春秋二祀,以表公父子忠良之节。□起于四十三年五月初一日,至十月则竣焉。郭公名琥,陕西人,亦公存心者乎,时为古北副将军也。

　　钦差整饬密云等处兵备、山东提刑按察司佥事闻喜张守中撰。嘉靖四十五年岁次丙寅五月甲午吉旦。

　　嘉靖四十五年之碑文,内容丰富。碑文非仅复述《宋史》相关章节,而是从人性角度进行分析,批判王侁、潘美"其心之所存,趋利误国,忌功害正,人欲横流,故所为如是也",是他们人性缺失导致战役失败,又导致北宋损失重要的军事将领,可谓后果惨重。同时,作者还进行历史假设,假设曹彬为主帅,陈家谷一役将会彻底改观。事实上,曹彬对整个雍熙北伐的失利负有重要责任,即使他不会对杨业有失信行为,但他对东路军战机把握错误,使潘美、杨业西路军前期取得的辉煌战绩付之东流,直接导致雍熙北伐的失败。所以这一假设用意或善,但非理性。碑文对杨业后代介绍,与史实颇有出入,据《宋史》记载,杨业诸子中最以战功显赫者为杨延昭,乃次子,陈家谷战役中同时殉国者名杨延玉,其馀五子多荫封低级官员,而非武将①。亦因此可以看出戏曲小说对人们思想影响之巨大。张守中,字大石,闻喜县人,嘉靖年举人。官授保定府通判,后升任通州知州。他在通州任职期间,政绩优等,任满晋升为密云兵备道道台,专管要地防守战备事宜。杨令公祠之修葺,当在此时。

碑文对祠庙建筑作了详细描述,别有意义,嘉靖四十二年张守中上任时,祠庙"止存一残碑,一杏树,见存庙貌尽无"。其残碑想是成化十八年"重建灵威庙记"碑。经过一番修葺,嘉靖四十五年时已颇具规模,"筑地基丈馀高,周围砌以石墙,高丈五尺,砖为门。于前内立正殿三间,塑公之象,后为堂三间,厢房六间,门楼一座,守庙军房三间,俱为坚致重新。春秋二祀,以表公父子忠良之节"。如今古北口杨令公祠的建筑规模大致同此,前后两进,第一进为正殿三间,崇祀杨业,东西两面厢房,各三间;后院为第二进,有堂三间,崇祀杨门女将。地基高过周围房屋,可以远眺白河两岸风光,院内花木葱茏。山门两旁的粉墙上,书写四个一米见方大字"威震边关",仿佛杨家将的威武一直佑护着古北口。

碑阴为捐俸者题名,录有郭琥官职全称:钦差镇守延庆等处地方总兵官、前军都督府镇西将军、署都金事郭琥。捐俸者人数不及成化年,且都在军中任职,亦与成化年间不同。

国家图书馆尚存清道光元年徐锟《谒宋杨太尉祠》和林从炯《杨太尉祠诗》二首诗之石刻拓片,该石刻为一长条整石,嵌于墙

---

① 关于杨业后代,可参见何冠环《北宋武将研究》(香港中华书局有限公司,2003年)中专章研究。

上，今存庙中。徐锟，嘉庆年间驻守于此，诗序曰："锟驻守于此逾八年，每过祠下，必瞻拜公像，觉凛凛然忠义之气旷百世而相感者，嗟乎。"徐锟在诗末注释中特别提到徐达对杨令公祠的贡献，诗曰："我来重泐中山石，俛仰宗功不可攀。"注文曰："祠重葺于锟祖，明追封中山王武宁公，今碑刻拽□于榛芜间无可稽者。"徐达，卒后追封中山王，谥武宁。徐锟自署襄平（今属辽宁）人氏，与徐达籍贯安徽凤阳相距甚远，或迁徙或因同姓而称祖。林从炯，温州人，曾经与修道光《热河承德府志》，知此时正在古北口一带任职。今存其集《玉甑山馆诗抄》八卷、《文抄》一卷。

国家图书馆尚存匾额"杨令公庙"拓片，首题"宋建灵威无敌太尉"，尾题"闽金浦蔡元重建"。蔡元，清福建漳浦人，生平待考。该石刻今立于祠门前。

综上种种，古北口杨令公祠建于辽，至明代与修建长城同时，历次修葺并立碑。至今可知，有明初徐达、成化年间许常、嘉靖年间张守中、清康熙年间马璘、道光年间徐锟等，均参与其中。

三　杨家将与长城

古北口一带长城以险峻雄踞于北京之北，杨令公祠数百年来与长城共存。

明隆庆二年（1568），在新任蓟、辽、保定总督谭纶竭力推荐下，戚继光总理蓟州、昌平、辽东、保定军务。戚继光一上任，就和谭纶一起上疏朝廷，建议重修长城。朝廷采纳了戚继光的建议。隆庆三年，戚继光调配士卒，开始了艰巨的筑台、修墙工程。此次所修长城，至今依旧巍峨耸立在京北，司马台长城上经常可以见到镌刻"万历五年石塘路造"墙砖，是为明证。戚继光镇守京北十六年,"边备整饬,燕门晏然",继任者亦循戚继光治军戍边思想行事,数十年边关安靖①。随着关隘兵营的完备,古北口一带渐次居民稠密,农业生产欣欣向荣。

关于杨家将的古迹,在居庸关、八达岭一带流传甚广。居庸关长城附近有杨六郎拴马桩,传说他在打败辽兵之后,把马拴在这里。现在一进南口,关沟东部山头上,有一个如石柱的山峰,突出于山岭之上,犹如一个石桩,就是传说中的拴马桩。这样大的山峰,用来拴马,表现了人们对英雄人物的景慕。还有,在八达岭下数里关沟中的一块崖石上,刻有杨五郎像,已经剥蚀得很模糊。关沟石滩上,有一块方形大石,表面平坦,传说是穆桂英点将台,又叫"仙枕石"。"仙枕"二字旁有一段纪事刻字曰:"嘉靖乙卯三月十二日虏犯古北口,奉命率三镇兵二万馀众,由居庸入援,廿二日虏败遁,廿三日班师,取道怀来即归阳和。总督军务兵部尚书灵宝许论题。"许论,字廷议,曾著《九边图论》,《明史》有传。这段文字是将原来元代藏文摩崖磨去后所刻,藏文摩崖现尚残存一字及卷草纹。可以感受到明代军队战胜俺答入侵后的兴奋。

清初学者顾炎武曾考证古北口杨令公祠,《京东考古录》②一书中有《辨一统志杨令公祠之误》一文,引《辽史》《宋史》说明杨业与契丹转战于山西雁门关内外,当时幽、燕早已入辽,杨令公从未能到过这一带。至于杨延昭(杨六郎),在杨令公战败身死之后,北宋更南退雁门关内,不可能来到辽的南京附近的居庸关了。穆桂英本是戏曲小说中人物,所谓遗址,当为附会。何以如此?

---

① 《明史》卷二一二《戚继光传》,第5616页。
② 清光绪十一年(1885)上海扫叶山房本。

这可能是由于明朝俺答屡犯京北,长城为防鞑靼之用,杨家将抗辽英雄事迹,数百年之后依旧符合时代需求。继古北口杨令公祠,长城附近附会杨家将遗址,应有激励戍边卫国情怀之作用。

《虞山毛氏汲古阁图》及其题跋*

　　自 1909 年京师图书馆筹建之日起,很多珍贵的文献源源不断地入藏到国立京师图书馆(今国家图书馆)中来。这其中不仅有政府调拨,还有个人无私的捐赠,以及图书馆数十年间孜孜地寻访采购,形成了如今国家图书馆宏富的馆藏。有些精品,它们的文献价值、文物价值以及流传递藏的经过,令人叹为观止,难以释怀。比如,在周恩来总理的关怀下,曾用国家的力量于 1955 年和 1965 年从香港抢救回多种珍贵的古籍善本,保存在北京图书馆(今国家图书馆),使这批祖国传统文化的珍宝没有流失海外①。这批古籍中,有《永乐大典》四册②、宋刻本《荀子》、元刻本《梦溪笔谈》、清初毛氏汲古阁影宋抄本《鲍参军集》等,还有著名的"宋拓孤本"《神策军碑》等碑帖善拓。同时,还有一件与汲古阁有关

---

* 本文原刊台湾《书目季刊》第三十五卷第一期。
① 李致忠、徐自强《在周总理关怀下北京图书馆入藏的一批善本书》,《文献》1979
　　年第 1 期。
② 陈杏珍《北图藏明内府写本〈永乐大典〉述略》,《北京图书馆馆刊》1998 年第 4 期。

的稀世珍宝,这就是《虞山毛氏汲古阁图》(图二)。这幅图的珍贵,既在于它的由来始末,还在于其上的名家题跋。

一

汲古阁是我国明代末年著名的藏书刻书之地,它以藏书多精善之本,刻书多精校、仿宋本闻名天下。汲古阁阁主毛晋(1597—1659),常熟人。初名凤苞,后更名晋,字子晋,别号潜在。毛晋酷爱藏书,不惜以重金购买宋本,经过多年搜求,藏书达八万四千册,特建"汲古阁目耕楼以庋之"。其中分十二架藏"四库书及释道两藏,皆南北宋内府所遗,纸理缜滑墨光腾剡。又有金元人本,多好事家所未见"①。毛晋因藏书而刻书,刻书规模相当大,据记载,"汲古阁后有楼九间,多藏书板,楼下两廊及前后,俱为刻书匠所居"②。毛晋刻书讲究质量,多用宋刻本作底本,许多宋版书因翻刻而保存下来。毛晋还很注重校勘,不仅自己校勘,而且延请海内著名学者到汲古阁校书。汲古阁所精刻精印之书,向为版本学家、藏书家所津津乐道,被各图书馆目为善本。毛晋不仅耽于藏书与刻书,亦关注天下政治风云变幻。崇祯末年,明清交替,毛晋刻印了《宋遗民忠义二录》《西台恸哭记》《河汾谷音》等诗集,表明他对清政府的不合作态度。汲古阁的遗址今已不存,在常熟文物管理处尚存钱谦益为毛晋所写的墓志铭,是常熟悠久文化史的珍贵资料③。

①陈瑚《为昆湖毛隐居六十乞言小传》,《以介编》,民国《虞山丛刻》刻本。
②《履园丛话》卷二二"汲古阁"。
③徐振华、陈建《汲古阁寻迹记》,《光明日报》1983年10月6日。

　　毛晋个人著述传世者见诸各目录的不必赘言,国家图书馆还
藏有两件与毛晋有密切关系的文献,一是毛晋之友陈瑚选编,其
子毛褒、毛表、毛扆校订的《隐湖倡和集》①,另一件就是本文将要
述及的《虞山毛氏汲古阁图》。毛晋有《虞乡杂记》,其中引《越绝
书》,"昆湖周七十六里顷,去县二里许,一名隐湖","虞山者,巫咸
所出也,虞故神出奇怪。去县百五里"②。又引范成大《吴郡志》
曰:"虞山今为海巫山。"毛晋隐居于昆湖,汲古阁在焉。该图原件
存于善本部,普通古籍部存有一份民国年间的影印件,影印件的
大概,国家图书馆《文献》杂志于 1992 年曾有文章披露。原件与
影印件之间的区别,下文将要述及。

　　该图绘于明崇祯十五年(1642),是画家王咸受毛晋之托,特
绘于汲古阁。王咸在画上题曰(图一):"子晋社主结藏书阁于隐
湖之滨,颜曰汲古。次以甲乙,分以四库,非宋元绣梓不在列焉。
牙签玉题,风至则琅琅有声也。予寓读湖斋遂盈一纪,所得于翻
阅者迨半。壬戌秋,子晋出鹅湖素绢,命予作图,因绘此以赠,并
系一诗,聊补点染之未备云尔。"诗曰:"杰阁閟深树,不许凡庸跻。
藏书比石室,一一函绡绨。甲乙列四库,古香溢标题。居恒每共
登,鱼亥相雠稽。推窗眄绿野,瓜畴接粳畦。百城真自雄,丙夜吹
青藜。为君写其照,东壁光应齐。"王咸(1591—?),字与公,号拙
庵。长洲(今苏州市)人。与毛晋同时,擅长山水,有沈石田(周)
画意。康熙十三年(1674)作"寒原古木册",年八十四。毛晋与王
咸本为朋友,《隐湖倡和集》中有诗为证。《隐湖倡和集》中的诗作
大约依时间顺序,上卷多崇祯年以前者,内中有王咸和诗十五首。

---

①详见三浦理一郎《国家图书馆所藏〈隐湖倡和集〉》,《文献》2001 年第 2 期。
②见民国年间《虞山丛刻》刻本。

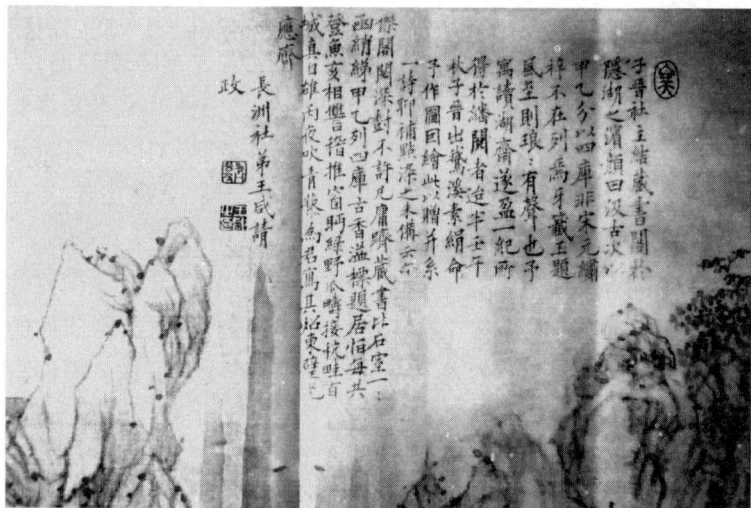

图一

例如崇祯十四年（1641）毛、王二人游京口（今镇江）时，王咸共作
诗四首。但未见此题画诗。下卷中有一题《与与公分别十年矣舟
过荻溪忽相遇于退山斋中开尊话旧啼笑间杂继以长句》之诗，毛
晋诗曰："十载离愁倾十斛，嗒然空谷音寥寥。家山乱后青仍在，
客鬓尊前白不饶。万树梅花思崦岭，半轮残月度溪桥。明朝挂席
阳城水，柳眼凄迷一望遥。"此诗当写于顺治十年（1653）左右。由
此可推知，二人的交往终毛晋一生。

　　王咸的诗作，从主题内容到用韵，对后来的题诗起了很明显
的影响。由于瞿中溶依原诗韵而题，往后诸人的题诗多用原韵。
王咸所画图幅不算大，大约 30×40 厘米。画的内容乃嵯峨山石之
中一楼阁，室中插架颇盈，背景当系隐湖。王咸画后一百五十馀
年，清嘉庆四年（1799）嘉定瞿中溶购得此画。瞿中溶（1769—
1842），字镜涛，一字安槎，号木夫，又号苌生，晚号木居士。嘉庆

十九年进士。曾官湖南布政史。擅绘花卉，并精金石，著有《湖南金石志》。瞿中溶乃钱大昕之婿。他得此画后，欣喜异常，重新装裱，并遍请当时的文化名人为之题跋。首先就有钱大昕题"虞山毛氏汲古阁图"，落款为"嘉庆庚申中伏竹汀居士/钱大昕题于紫阳西斋"，旁有"钱印大昕""辛楣"诸印。瞿中溶在图旁的题记中依画中王咸诗原韵做五言古诗，诗曰："虞山有书阁，可望不可跻。鹅溪尺幅绢，珍逾郐中绨。装潢重什袭，拟乞群贤题。更惜画师名，志乘无从稽。琳琅散已久，巍基没荒畦。唯余与公画，犹照太乙藜。斯阁传斯图，寿于天一齐。"据瞿中溶的题记，该画原来的装裱已未可知，经过三十馀人的题跋，今天所见画幅高约七尺，宽约二尺有馀。在钱大昕题名之下，有十四个人的题诗，其下是王咸原画。画之两侧共有三人题诗。画之下方是二十人的题诗。

　　瞿中溶之后，此画曾入徐渭仁的家藏。在钱大昕的签名旁边，钤有徐渭仁的上海徐氏寒木春华馆的藏印。道光二年（1822）徐渭仁得到此画后，亦请文友题诗，故在众人题跋的最下端，不仅有徐渭仁的题诗，还有韩崇、杨文荪的题诗。此数人的题诗字最小。徐渭仁（？—1853），字文台，号紫珊、玉林堂、万竹山房等，晚号随轩。上海人。工山水花卉，善汉隶，家中富藏书画。曾获隋开皇"董美人志"，因此号之。韩崇和杨文荪的诗末，均有"紫珊先生正"之语，与其他题跋不同。韩崇诗中有"尺幅传好事，老木亲手题。咏歌集群彦，故实同忝稽。中央及四角，密比寒菜畦。徐君获心好，照读频然藜。宝绘欣得所，寿与名山齐"。杨文荪的题诗中也有相同的意思，诗曰："惜哉藏书阁，榱桷埋桑畦。画图几流转，虹月辉青藜。寒木春华馆，先后名应齐。"两首诗都提到该画卷几经流传，才到了徐渭仁手中。此时，卷幅上已有许多学者先行题过诗了，所以他们只在边角处写下自己的题诗。这也说明,我们今天所见到的卷幅,就是当初瞿中溶所装帧的原状。可以另附一笔的,是这著名的开皇"董美人志"拓片今亦保存在北京的国家图书馆,上面有清道光年间张廷济记徐渭仁曾藏此拓片之由来的题跋。

徐渭仁之后,这幅画卷曾为近代著名藏书家李盛铎所收藏。在钱大昕的"辛楣"印旁,有李盛铎的"木犀轩珍藏印",在徐渭仁的题诗旁边,有李盛铎的题诗。李盛铎的题诗虽然没有说明他得到此画卷的缘由,但在落款处记下了时间,是"乙亥秋日",此诗由李盛铎之子少微录文。根据李盛铎的生活时代及诗中"风流三百载,迄今无与齐"之句,时间是 1935 年。李盛铎(1859—1934)①,字椒微,号木斋,江西德化人。1889 年殿试一甲第二名(榜眼)。青年时就喜欢藏书。曾任国史馆协修。1895 年后任京师大学堂总办。出使日本时,得国内久佚的古版书。1921 年与罗振玉等主持敦煌经籍辑存会。有《木犀轩书目》《木犀轩宋本书目》《木犀轩收藏旧本书目》等。他的藏书,现在大部分在北京大学图书馆。

李盛铎之后,此画卷曾转入银行家许汉卿手中,不仅画幅边上有许汉卿的钤印,卷轴上也有钤印"许氏汉卿珍藏",手记"戊寅冬呼工人重装于寓中"字样。戊寅,1938 年。

在钱大昕"虞山毛氏汲古阁图"的题名之旁,还有一枚印"祁阳陈澄中藏书记"。这是此画幅入藏北京国家图书馆之前的最后一站。陈澄中(1894—1978),名清华,字澄中。湖南祁阳人。因曾获有宋版《荀子》而命室名荀斋。毕业于美国加州大学,获商学士。回国后在银行供职。公馀喜藏书,尤嗜好宋元善本,与宝礼

---

① 李盛铎卒年,详参本集《藏书家李盛铎卒年辨正》一文。如此,该诗录于李盛铎身后,影印也在李盛铎身后。

堂交往密切。解放时,陈氏家人离开上海赴香港,携珍籍数十种。1955年及1965年因为生计出售,在周总理的关怀下,这批珍籍由国家购得,入藏北京图书馆,"虞山毛氏汲古阁图"乃其中之一。

二

名家题跋构成了这幅画卷的另一个主要内容和珍贵价值所在。其中首先映入眼帘的就是清代著名史学家钱大昕的汉隶"虞山毛氏汲古阁图"数个大字,题于紫阳西斋,嘉庆庚申年(1800),即瞿中溶购得此图的第二年。以下的题跋除上述已见到的瞿中溶、徐渭仁、韩崇、杨文荪、李盛铎,还有段玉裁、黄丕烈、何元锡、钮树玉、顾广圻、钱大昭、钱绎、钱侗、李锐等共三十七人所题之诗。这些题跋非一时完成,从嘉庆四至五年直至1935年,陆续完成。钱大昭系钱大昕之弟,于史学和经学深有造诣。钱绎与钱侗系钱大昭之子。段玉裁是著名的古文字学家,对《说文解字》有专深的研究。黄丕烈和顾广圻是著名的版本学家,经他们校勘和鉴定过的古籍至今仍有重要的参考价值。何元锡、钮树玉等人在收藏书画、鉴定版本方面均为一时之俊。

此图当时已属难得,众人纷纷题咏。题咏的内容大体一致,都是抒发对汲古阁的神往之情。

段玉裁题诗曰:"高阁今何在,高风庶可跻。我久客姑苏,时见当年绨。云霞装潢色,珍重主人题。今晨复读画,故实犹堪稽。人生事经籍,有如畲耕畦。何为役名利,坐令陇生藜。飞散虽无定,价非珠玉齐。"

黄丕烈的题诗云:"积书大小西,杳渺无由跻。汲古富藏弃,囊盛多绿绨。高阁嗟已废,云烟仰榱题。幸有此图画,门径犹可

图二

稽。宾主互赏析,讲习如分畦。遗卷偶逸获,照读思然藜。至今藏书者,谁能与之齐?"

众人所题之诗内容大致如此。题跋文字在《文献》1992年第4期中有较详细的过录①,此处不再重复。端正而风格各异的字体遍布在画的四周,多数为小楷,钱绎题诗用隶、楷两种字体,汤文俊的题诗用篆字写就。二三百年前的先贤们的笔迹,如此清晰近切地展现在眼前,仿佛突然之间时间的距离也缩短了许多许多。

三

国家图书馆所藏民国年间的影印件,尺寸基本如原大,只是由于原件太大,影印件分为两张。比真迹所缺的,就是许汉卿与陈清华的藏书印。这说明,该图的影印,大约是在李盛铎收藏期间。影印件墨色均匀,朱印灿烂,惟王咸之画为黑灰白色,不如原画之彩色。

还要附带说到的是毛晋的生年。一般认为,毛晋生年1599,卒年1659②,享年六十一岁。但民国年间丁祖荫刻《虞山丛刻》中,有众人为毛晋祝寿的诗文集《以介编》,其中陈瑚为毛晋所写六十小传曰:"予与子晋交阅数年矣,久而敬之如一日也。明年丁酉改岁之五日,为其六十初度之辰。"③如此说来,1657年为毛晋的花甲之年,那么,生年当为戊戌(1598),如果卒年准确,享年六十二岁。

---

①郑炳纯《汲古阁图及诸家题跋》,《文献》1992年第4期。
②钱谦益《有学集》卷三一,《四部丛刊》本。
③陈瑚《为昆湖毛隐居六十乞言小传》,《以介编》,民国年间《虞山丛刻》刻本。

　　汲古阁刻书与藏书在中华文化史上产生过重要的作用,其遗迹存留也凝聚着历史的精华,这幅由毛晋亲嘱绘就的《汲古阁图》,在流传中受到历代学者和藏书家以至如今国家图书馆的特别珍视,大约亦源于此。

明清册封使别集中琉球史料举隅[*]

一　前言

　　琉球,即今冲绳岛及其附近岛屿,处于九州岛与台湾岛之间,与中国的交往,可以上溯到公元 7 世纪①。自明朝以来,交往更加密切,每逢琉球新国王即位,都有请封进贡使,到中国请求派遣册封使,前往祭奠、册封。据统计,明朝曾有十七次②、清代曾有八次向琉球派遣册封使。永乐年间尚无册封副使记载,自宣德二年(1427)以降,均以正使、副使共同出行。自嘉靖十三年(1534)陈侃返回后撰写《使琉球录》,以后每次册封使回国后,都要将出使经过和琉球国

　＊本文原刊台湾大学《台湾东亚文明研究学刊》第 3 卷第 2 期。
　①《隋书》卷八一《流求国传》,记彼时琉球国概况及隋大业年间(605—617)隋与流求之间战事。中华书局,1982 年。
　②有一种说法,认为明永乐年杨载以招抚使前往,不为正式册封活动,参见上里贤一《琉球对儒学的受容》,台湾大学《台湾东亚文明研究学刊》第 3 卷第 1 期。

情写成专门报告,存留至今的有《使琉球录》《琉球记》《中山传信录》等等。以北京国家图书馆藏品为主的各种关于琉球的文献,近年分两次结集影印出版,名为《国家图书馆藏琉球资料汇编》及《续编》①。这些专门报告,既有向上汇报的意义,也有留作以后出使参考资料的功效。至今,研究琉球历史,研究琉球与中国的交往,这些专门报告,依旧是最可靠的第一手资料。

出使琉球的册封使多为进士出身,总计明清正使副使至今得其名姓者四十五人,尚有别集存世者十一部。这些别集中,常常保存出使时所作诗文,生动细致地记录了琉球地方风物民俗,比专门报告更加具体,是专门报告的补充,是研究琉球历史的重要参考资料。以往对册封使研究,较多关注其人传记②及其归国后专门报告③,尚鲜对其别集资料进行全面揭示。笔者尽力查找各图书馆所存册封使别集,以便获得琉球研究新资料。现在已经得知尚存一部明人文集,十部清人文集。其中明代郭汝霖文集原本存浙江省图书馆,今采用《四库全书存目丛书》影印本;八部清人文集存国家图书馆(其中数种北京大学图书馆、复旦大学图书馆、上海图书馆、科学院图书馆亦有收藏),另二部一部存上海图书馆,一部存首都图书馆。由于笔者见识有限,倘海内尚有存者,愿闻赐教。

---

① 北京图书馆出版社,2000 年、2002 年。
② 比如曾焕棋著《清代使琉球册封使的研究》,宜野湾榕树书林,2005 年。
③ 原田禹雄《琉球と中国忘れられた册封使》(吉川弘文馆出版,2003 年)记录明清两朝册封使简历、所撰出使实录、使馆住所、特别对从客有较多关注。

二 明清册封使别集简叙

1. 明郭汝霖及其《石泉山房文集》。

郭汝霖字时望,号一崖。江西永丰(今江西吉安)人。嘉靖三十二年(1553)进士。《明史》记载①,嘉靖三十七年(1558)派吏科左给事中郭汝霖为正使、行人司行人李际春为副使,为册封事出使琉球。在福建准备舟船、给养时,遇风向不顺,未能及时出发。三十九年(1560)时琉球国王曾遣使至福建,要求遥封,不允。四十年(1561)郭汝霖等人乘船至琉球,册封琉球国王尚元,回国后著《重修使琉球录》。《四库全书》以此书入史部杂史类存目②。

郭汝霖有《石泉山房文集》十三卷,浙江图书馆存明万历二十五年(1597)郭氏家刻本,《四库全书存目丛书》③据之影印。每卷卷首落款:"吉郡永丰郭汝霖著/后学长洲金士衡校"。金士衡,字秉中,长洲(今江苏苏州)人。万历二十年(1592)进士,授永丰知县,事迹具《明史》本传。该文集前五卷为诗集,后八卷为文集,即各体杂文,如书简、奏疏、序、记、碑文、跋、传、墓表、行状等等。诗集部分多首诗与琉球有关,如受命离开京城时的感想之作《奉使琉球出都门》,其中曰:"垂绅青琐闼,祇役闽海东。崇朝出都门,行佩何匆匆。皇心布美泽,四夷悦来同。玉带横我腰,麟袍华我躬。亲知饯我酒,舆台控我骢。"特别是有寓琉球时所作诗,如《书扇别中山王》诗,还有《封王十咏》等,几乎记录了他任册封使以后

①《明史》卷三二三《琉球传》,中华书局,1974年。
②见《四库全书总目》卷五四。关于馆臣将此书作者著录之错误,以及《重修使琉球录》的版本问题,详考本书《〈重修使琉球录〉的刻本及其作者》一文。
③齐鲁书社,1997年。

大部分历事。文集部分亦有《辞琉球王宴》《辞琉球王赆金》书,卷八之首,即《刻使琉球录序》,该文与今存抄本之首的《使琉球录序》文字几乎完全相同,仅是标题中"刻"字的区别。卷九还有一篇《使事小纪》,记最初朝中欲遣吴某为使,吴氏畏惧不肯前往,才又派郭汝霖为使;诸亲友忧虑重重,郭汝霖以国事为重,不以危难为虑;至福建,倭寇来侵,情势紧急,遂整修船只给养,至嘉靖四十年(1561)始成行。此文可补《明史》记载之简略。文集中还有一些相关奏疏及为李际春《星槎录》所作序等。今未见李际春《星槎录》,因郭汝霖之序尚存片羽。

2. 清代汪楫、徐葆光、赵文楷、李鼎元等册封使别集。

汪楫《观海集》

汪楫(1636—1699)①,字舟次,号悔斋。安徽休宁人,后寄籍江苏江都(今属江苏扬州)。康熙十八年(1679)应博学鸿词,召示列一等,授翰林院检讨,纂修《明史》。康熙二十二年(1683)为册封正使出使琉球,曾出知河南府,官至福建布政使。在琉球时设法购得《世缵图》②,归来后撰《中山沿革志》《使琉球杂录》《册封疏钞》等③,为研究琉球史重要资料。另有《悔斋诗》六卷。事迹具《清史列传》,内中为出使琉球所作诗④。

汪楫著《观海集》一卷,内中为出使琉球所作诗⑤。雍正年间刻本,每半叶八行行十九字。卷首有徐用锡雍正十一年(1733)序,从序文中知《观海集》之刊刻并不顺利。汪楫自琉球归国后十

①卒年依据柯愈春《清人诗文集总目提要》,北京古籍出版社,2002年。
②可参见王士禛《池北偶谈·琉球世缵图》篇,中华书局,1997年。
③此三种见于黄润华、薛英编《国家图书馆藏琉球资料汇编》。
④王锺翰点校,中华书局,1987年。
⑤国家图书馆存此雍正刻本。

几年辞世,《观海集》当时并未刊刻。序曰:"康熙己亥,家编修葆光奉命副册封琉球使,归而著《中山传信录》六卷……去年秋,先生之孙埙袚江械先生《观海集》见示,以先生旧刻《悔斋集》《山闻正续集》皆未通籍时作,通籍后仅刻《京华诗》,而此独后者,以中有微文讽切之人,恐引尤詾其先尊,因命姑缓之。今无所嫌而急于开雕者,以当日为其第四从父金华君手付属刻,春间不幸下世,卒以成其志也。"由于不愿意引起人事误解,汪楫生前不急于刊刻《观海集》,至汪埙时,家中长辈渐次凋零,《观海集》之刊刻颇有紧迫之感。且汪楫出使琉球,系清朝立国以来第二次出使,并促成琉球继明代重新开始向北京太学派遣留学生事①,在当地影响深远,所以徐用锡之序文又曰:"《传信》所载,先生自琉球归近四十年,其国于先生改订之礼义不敢愆忘,先生所许可之诗,僧宗实年几七十尚颂,先生之篇章不去口,其朝端之金紫大夫阮君维新,犹溯源于先生奏许留驻读书,故送别朝使之诗,惓惓自白,其为中朝之太学生也……袚江与余交最久,虽细事必有始终。好古嗜学,东南之名流多与之游,其于先世之泽勤笃如此,则念修可知,皆余所嘉尚者,盖先生之诒谋远矣。雍正癸丑长至下相后学徐用锡书。"袚江,汪楫孙,名埙。徐用锡(1657—1737),字坛长,一字画堂,号鲁南。康熙四十八年(1709)进士。有《圭美堂集》②,此人乃徐葆光亲属。由序言可见,汪楫等人册封活动,无论是朝廷礼仪,还是交往诗文,琉球当地朝野均念念不忘。《观海集》仅一卷,包括从接受敕令,向福建进发,及在琉球停留期间所作,内中登陆琉球以后诗词不足二十首,似甚缺略,恰好与汪栋为徐葆光《海舶

①可参见王士禛《池北偶谈·琉球入学》篇。
②参见柯遇春《清人诗文集总目提要》。

三集》所作跋文曰"栋闻方伯公（按：指汪楫）在琉球有球阳竹枝词百首，述其土风海物甚备至，诗歌亦篇帙繁富。惜未经刊刻，抄本流传，四五十年之间，片词馀韵，仅在人口"之语相合，说明汪楫是作多有散佚。

<h3 style="text-align:center">徐葆光《海舶三集》三卷及附录</h3>

徐葆光（1671—1740）[①]，字亮直，号澄斋，江苏长洲（今江苏苏州）人。康熙五十一年（1712）进士，官翰林院编修，史称"葆光才品为馆阁冠"[②]。康熙五十七年（1718）作为册封副使与正使海宝渡海至琉球，翌年返回。归国著《中山传信录》，今存康熙六十年（1721）刻本及后来道光、光绪年重印本，现影印本多据之。另有《二友斋文集》十卷、《诗集》二十卷、《海舶集》三卷。今国家图书馆存康熙年二友斋刊刻诗集仅为《中山传信录》后附赠诗一卷。

虽然文集、诗集难觅全豹，但《海舶集》三卷尚存天壤，即上海图书馆所藏雍正刻本《奉使琉球诗》三卷附词九首序纪三篇，该书目录及版心均作"奉使琉球诗"，而扉页题"海舶三集"，钤"二友斋"印记。三卷为《舶前集》《舶中集》和《舶后集》。《舶前集》记自受命以后赴热河请训及赴福建途中见闻，一百三十四首；《舶中集》记航海及琉球国事，一百九十八首；《舶后集》记返国复命诸事，七十三首。其中《舶中集》最当重视[③]。该书扉页之后有署名柳弃疾[④]民国年间题识二则，说明此书曾经柳亚子先生收藏。正

①卒年据柯遇春《清人诗文集总目提要》。
②见《清史列传》卷七一。
③今国家图书馆尚存《舶中集》一卷，系康熙年二友斋刻本。
④即柳亚子（1886—1958）原名慰高，字安如，别号亚子，江苏吴江人。清末发起南社，倡导革命，年二十即以诗文驰名海内。

文首有同年杜诏、五峰樵人李果两序,后有汪楫亲属汪栋雍正十一年(1733)跋文,对该诗集刊刻始末叙述甚详。杜诏雍正九年序曰:"先是汪检讨楫使琉球,归作《中山沿革志》,仅购得琉球世缵一图。今君至中山,既册封礼成,乃能按其图籍,考其山川疆域,咨访其大夫士民。凡朝庙燕飨之礼,衣服饮食之制,与凡土俗民风,搜罗荟萃,著为《中山传信录》,较之舟次所编,倍加详核,为不失古使臣广人君耳目之意。而是诗所纪,又复与之互相发明。予是以知君才实足以光我邦家,无忝君命也。"以序中提到徐葆光"命予为序"之语,当是徐葆光此时仍在世,《清史列传》或误①。汪栋跋文以汪楫琉球诗词未能及时刊刻而不得完整流传为前鉴,极力促成《海舶三集》付梓,其曰:"栋闻方伯公(按:指汪楫)在琉球有球阳竹枝词百首,述其土风海物甚备至,诗歌亦篇帙繁富。惜未经刊刻,抄本流传,四五十年之间,片词馀韵,仅在人口。使后来者无所据依,考同异,证讹信,以订疑增阙。究其所归,非徒一人之片翰零落已也。今先生有《中山传信录》及诸名公赠行诗文,皆成帙行世,而诗集久未示人。昨年秋,栋从辇下行箧中请而读之,使事始末、海程迟速、行人典礼、属国风俗,皆历历如绘。倘剞劂不时,复如吾家方伯公之海东吟稿,仅留家箧,而外间搜采或致有缺也。因力为耸涌,携归开雕,与其刻录者并行,使后观风殊域者皆得揽窥焉。至于使职之重,诗笔之工,有云川、客山两先生序在,不复赘。"杜诏号云川。李果号客山。从此二序及跋文,可以推测,《海舶三集》当于雍正年间方完成编纂,得汪栋促成始刊刻行世。

　　《海舶三集》内容丰富,尤其是《舶中集》,徐葆光在琉球期间

---

①《清史列传》卷七一记,徐葆光卒于雍正元年(1723),享年五十三岁。

与当地士大夫交流频仍，促进儒学传播，记述当地风物人情，皆可做史料观。详见下文。

《舶中集》之康熙刻本，曾为《中山传信录》之附录，仍存于世。《中山传信录》附录多为中山国王及士大夫赠册封使之诗，可见彼时琉球汉文化浸润已深。其中所称"舶中集"者，仅《帆海》一首百韵，记自福建启航至琉球，一路行程所见。此即雍正刻本《奉使琉球诗》中《舶中集》之《舶行七日至琉球从客瓯宁翁长祚作帆海千字诗因用其韵载述成篇》，两相校勘，诗题不同，诗中注文亦多不同。想是原作与雍正年间重新整理结集之区别。

赵文楷《石柏山房诗存》九卷

赵文楷（1761—1808），字逸书，号介山，安徽太湖人。幼时家境贫寒，苦读不懈，嘉庆元年（1796）状元，授编修。嘉庆五年（1800）充册封正使出使琉球。后官山西雁平道，卒于任上。今存别集《石柏山房诗存》九卷。

《石柏山房诗存》九卷，咸丰七年（1857）其子赵畇刻于惠潮嘉道署。今存国家图书馆等地。其中各卷以游历诸地为别，如"于京集""楚游草""闽游草"等，卷五《槎上存稿》为使琉球时所作，曾亲自删定，在世时已经流传。因卷五之末有汤金钊跋文，内中对《槎上存稿》之流传颇有叙说，曰："先生气体素壮，自海外归，心往往而悸，言笑异于他日，盖风波危险，夺人神髓，调养猝难平复也。公子孟然过苏，出《槎上存稿》一册见示，金钊受而读之，清雄旷迈，力摹大家，一种俊伟伉爽之概，恍然侍几席而听言谭也。先生一大有为之才。遭际圣朝，未竟其用，区区以吟咏传于后，良可慨已。一鳞一爪，又忍听其散佚乎？爰亟付之梓而志其梗概于此。嘉庆二十四年（1819）岁在己卯秋九月既望，受业汤金钊拜手谨识于江苏学使署之崇素堂。"可见《槎上存稿》的单行本首次刊行是在赵文楷去世后十二年,今未见此嘉庆年单行本。而现存别集《石柏山房诗存》九卷本,前有帅承瀛道光九年(1829)之序,序文对赵文楷英年弃世深为悼惜,大约彼时已经将各卷编辑整理妥当,但尚未付梓。据赵文楷之遗腹子赵畇卷末跋文,知书稿侥幸躲过咸丰六年(1856)兵祸,于是咸丰七年(1857)赵畇在任所刊刻传世,跋文曰:"咸丰丙辰,粤匪蹂躏江乡,故居被毁,家藏数千卷悉付劫灰。是编独以前数日携出,得以无恙,岂非冥漠中有神物护持者哉? 今年夏,儿子继元奉太恭人就养岭东官署,赍以来,爰略加校正,亟付之梓……咸丰七年丁巳嘉平月下澣男畇谨识于惠潮嘉道官府之燕喜楼。"今国家图书馆所存之咸丰年刊本,保存了嘉庆二十四年(1819)《槎上存稿》单行本的跋文,又钩稽数首与琉球有关诗文置于补遗篇中。综上所述,自嘉庆年首次刊刻《槎上存稿》,至《石柏山房诗存》九卷本面世,共历近四十年,距赵文楷辞世,忽忽焉五十年。

根据著录,赵文楷还有《海槎集》一卷,清抄本,今不知所终。

李鼎元《师竹斋集》十四卷

李鼎元(1750—1805),字味堂,一字和叔,号墨庄,四川绵州人。乾隆四十三年(1778)进士,改庶吉士,授翰林院检讨。与其兄李调元、弟李骥元称绵州三李。嘉庆五年(1800)以内阁中书充册封副使,与赵文楷同行。官至兵部主事。据嘉庆《四川通志》卷一八七载,李鼎元著有《使琉球记》六卷①和《再游记》四卷,史料翔实;另有《师竹斋诗集》四十二卷《文集》十六卷,未知是否尚存

---

① 现存嘉庆年间师竹斋刻本。后世有多次重印,恕不一一。

天壤间。自琉球归国后自定所做诗文,按年编为《师竹斋集》十四卷①,并有语言学著作《球雅》。《使琉球记》类出使日记,《师竹斋集》适可与之对读。

《师竹斋集》十四卷,按年编纂,其中卷十一至十四为使琉球事。正文之前有王昶、法式善、冯培三序。卷十一记己未年(嘉庆四年,1799)事,此年"八月十有九日闻命充册封使琉球副使",因赋诗二首,诗中提到与乾隆二十一年(1756)册封副使周煌同乡("宠命何欣得继周"),又提到此行正使赵文楷状元("同行况值星为福"),心情非常兴奋。卷十二记庚申年(1800)事,是年五月初一日登舟,并作《航海词》。卷十三、十四仍是庚申年事,均为琉球纪事,李鼎元写作多首组诗,比如《中山杂诗二十首》《琉球草木诗二十四首》《中山土物诗五首》等等,皆耳目所见,可作史料观。卷十四之有《舟中详订球雅因题》之章,以诗章阐述编撰《球雅》主旨及方法,"因兹访通人,日与究音义。毛颖代吾舌,楮墨亦来伺。唇齿分微茫,毫厘辨同异……尔雅词不繁,方言师其义。小邦文献征,用广琉球志"。《球雅》今遍查未得,此遗篇可使后人稍窥其门墙。此四卷诗章记使节活动、琉球佛事、物产风俗,娓娓道来,颇资考证,下文另有引述,此处不赘。

齐鲲《东瀛百咏》一卷

齐鲲,字澄瀛,号北瀛。福建侯官(今福建福州)人。嘉庆六年(1801)进士,十二年(1807)充册封琉球国王正使。归来与副使

---

① 今藏国家图书馆、科学院图书馆、上海图书馆等地,有嘉庆七年(1802)刻本。北京大学图书馆存道光二十五年(1845)刻本。

费锡章合撰《续琉球国志略》，今存嘉庆年间武英殿木活字本①。此《东瀛百咏》皆使琉球所作诗章，前有阿林保、张师诚、景敏、王绍兰、陈观等人序，后有梁章钜跋，为嘉庆十三年知友堂刻本，今藏首都图书馆。

《东瀛百咏》有二点最值得注意，一是有关册封使资料，二是关于琉球音乐歌舞资料。《长风阁五咏》之章中，分别题咏此前清代册封正使：张学礼、汪楫、海宝、全魁、赵文楷诸人。以咏全魁为例，诗曰："云海留题处，经今五十春。曾携探花客，同作泛槎人。（自注：阁东楹题扁曰云海空青，系从客王梦楼前辈代书。）桃李承新化，簪缨溯旧因。识途逢老马，不惮问津频。（自注：先生侄佛住现任祭酒，督教琉球入学官生，尝为余言，家有老仆，丙子岁曾随渡海。）"王梦楼即王文治，曾为全魁出使从客，其文集今存，详后。从此诗可知全魁亲属及家人与出使琉球曾保持深远关系。诗集中《中秋夜宴归口占七绝六首》之作，有齐鲲对琉球士民歌舞表演之评价，亦是彼时当地民间艺术之记载。

费锡章《一品集》二卷

费锡章（1752—?），字焕槎，号西塘，又号来庵，浙江归安（今浙江湖州）人。乾隆四十九年（1784）举人。五十五年（1790）充军机章京。六十年（1795）调户部主事，嘉庆三年（1798）升户部员外郎。嘉庆十二年（1807）充任册封副使偕正使齐鲲前往琉球。翌年回任。官至顺天府尹。与正使齐鲲合撰《续琉球国志略》。另有《使黔草》一卷，在琉球日手编诗集《一品集》上下二卷②。

---

①已收入殷梦霞、贾贵荣、王冠编《国家图书馆藏琉球资料续编》。
②今藏国家图书馆，嘉庆十三年（1808）初刻本，手写上版。

《一品集》，今存嘉庆十三年（1808）恩诒堂刊本，前有冯培、张师诚、王绍兰、庆格、振漫作序，又有阿林保、游光绎、陈观、叶绍本、阮元等人题诗，与为齐鲲《东瀛百咏》作序者多同，大约当时二诗集同时刊行，一时佳话。下卷末费氏跋曰："球阳长夏，重加删削，并道闽渡海诸什汇为一编，以时省览。盖是行奉扬圣德，式播怀柔，汉官威仪，匪是弗称，故仍汪旧云。时嘉庆十有三年岁次戊辰，七月既望，西塘费锡章自识于琉球使馆之停云楼。"可见《一品集》在琉球日已经基本编定，刊刻于归国后。从诸人序言中，知费锡章出使后还曾写作《治平要略》二十卷并绘《航海诸图》，张师诚序曰："君又纂《治平要略》二十卷并绘航海诸图，定有足补中山传信之录与海外使程之记者，博识之士又将争先睹以为快，又不第兹集之传已也。"王绍兰序言中亦提到《治平要略》并航海诸图"未付剞劂，盖读书既富，更事益多，政典边防，实有心得，可见施行。二书流布，吾知鸡林贾人争先快睹，都中之纸贵有日矣"。当时人对二书颇有期待，然未知是否曾经刊行。

　　3. 琉球史料较少的册封使别集。

林麟焻《玉岩诗集》

　　林麟焻，字石来，福建莆田人。康熙九年（1670）进士。康熙二十二年（1683），奉敕为册封副使，与汪楫正使一同前往琉球。使还，历户部主事，四川乡试副考官，礼部郎中，贵州提学佥事。有《玉岩诗集》《莆田县志》等。事迹具《清史列传》。

　　《玉岩诗集》，《四库全书总目》将之著录存目书，提要著录该书为七卷，且曰："初官中书舍人。时尝偕检讨汪楫奉使琉球，途中唱酬甚夥。是编凡前集二卷皆初年所作；又《星槎草》一卷，《中山竹枝词》五十首为一卷，皆出使时所作；《郊居集》一卷，则官提学后家居时作也。自《中山竹枝词》以前，皆载士祯评点，《竹枝词》后，又以当时同人赠别之作附焉。"今国家图书馆藏本仅二卷，康熙年刊本，内中为康熙十四年至十七年（1675—1678）诗作，无琉球诗咏，与《总目》介绍不同。今《玉岩诗集》卷首有王士禛、陈维崧、尧英诸序和林麟焻康熙二十三年（1684）自序，王士禛、陈维崧之序均作于林麟焻出使琉球之前，故言不及琉球，似彼时林麟焻已经计划编辑诗文集。但其自序或专为《中山竹枝词》所作，自序开篇首言"琉球，东南一岛夷也，地孤悬涨海中，无城郭关市之美，桑麻物产之饶……独其延颈举踵，喁喁向风，悦诗书，乐文雅，无所谓骁健击斗攻刺之俗，盖自渐被我皇上声教后亦骎骎乎盛矣。康熙癸亥（二十二年，1683）夏六月予奉命渡海，三昼夜即至其国……"序文所叙全为琉球事，"一时花园苔龛，流连歌咏，或酒酣耳热，落笔如风雨，为球人好事者从旁掣去，盖不可胜计矣……计在琉球日述琉球事，得七言绝句五十首，略仿古竹枝之遗，外有作者别为一集"。可见当日所作，远超过五十首竹枝词。虽然现存《玉岩诗集》中无此五十首竹枝词，但仍能寻找林麟焻《中山竹枝词》残存，即幸赖王士禛《池北偶谈》[1]"林舍人使琉球诗"之章，存十六首。又，清郑方坤《全闽诗话》亦录《池北偶谈》此章，仅文字稍有出入。

　　周煌《海东集》二卷《续集》一卷、《海山存稿》二十卷
　　周煌（1714—1785），字景垣，号海山，一作海珊。四川涪州（今属重庆涪陵）人。乾隆二年（1737）进士，先后充山东乡试副考官、会试同考官、云南乡试正考官。二十一年（1756）任册封副使随正使全魁出使琉球，撰《琉球国志略》十六卷[2]，撰成呈览，得以

---

①今存康熙刻本。
②今存乾隆二十四年（1759）漱润堂刻本，收入《国家图书馆藏琉球资料汇编》。

在武英殿排印刊行①，后世重印翻刻甚多。四十四年（1779）任
《四库全书》总纂官②，并擢工部尚书。卒谥文恭。事迹具《清史
列传》卷二四。

　　周煌另有《海东集》二卷《续集》一卷，为出使琉球专辑；《海
山存稿》二十卷，其中卷十一为"奉使琉球纪"，共一百二十九首，
记出使琉球见闻。《海东集》二卷《续集》一卷，系周煌手自编定，
《续集》有乾隆三十四年（1769）钱塘陈兆仑序，漱润堂自刻刊行，
卷末有门人金坛冯秉忠书写字样，似为冯氏手写上版。《海山存
稿》二十卷系晚年自编诗文集，其子兴岱葆素堂刊刻。《海山存
稿》首有陈兆仑序，标题为"陈星斋先生旧题使琉球诗序"，其中文
字与《续集》乾隆三十四年陈兆仑之序完全相同，仅标题有别③，亦
说明《海山存稿》之刊刻的确晚出。关于出使琉球之内容，二者有
一定重复，但又不相同。大致言之，《海东集》卷上为"中山赋"，卷
下为在琉球时诗篇；《续集》中一部分为接受敕命后从京城到福建
路途闻见，比如在西湖全魁抽签占卜事，另一部分为在琉球见闻；
《海山存稿》卷十一是《海东集》卷下和《海东续集》之综合，彼此
虽有重合，但详略不同，注释文字亦有小别。

林鸿年《松风仙馆诗草》一卷

　　林鸿年（1805—1886），字勿村，侯官（今福建福州）人。道光十
六年（1836）恩科状元。授修撰，出任山东乡试副主考官。历充国史
馆协修、文渊阁校理、方略馆纂修、云南按察使、布政使、云南巡抚等

①为《武英殿聚珍版丛书》之一种，今存。
②按《四库全书总目》卷首"办理四库全书在事诸臣职名"，周煌系总阅官。
③《海东续集》此序仅以"序"为标题。

职。道光十八年（1838）任册封琉球国之正使，与副使高人鉴合著《福建往琉球针路》，载于赵新《续琉球国志略》。著有《松风仙馆诗草》。《松风仙馆诗草》今国家图书馆存光绪刊本，内中诗文为滇黔见闻，不及琉球。

赵新《还砚斋全集》九种

赵新字又铭，号古彝，侯官（今福建福州）人。咸丰二年（1852）进士。历任陕西督粮道，同治元年（1862）充广西乡试副考官。同治五年（1866）任册封正使出使琉球。著有《续琉球国志略》①，卒后其子辑其遗作为《还砚斋全集》九种，今存光绪年间刻本，国家图书馆有收藏。

《还砚斋全集》九种，前有谭钧培、卫荣光、沈秉成、许振祎序，其中许振祎序作于光绪十三年（1887），知其刊行当于此年。和以前诸使臣相比，赵新所作有关琉球诗歌甚少。

综观册封使别集，可以感受到，奉节出使琉球，是册封使本人及其亲友中一重大事件，诸别集序言都格外强调别集作者出使琉球之诗文在别集中特殊意义。既因为当时与国外交流并不普遍，也因为前往琉球的确存在生命危险，《石柏山房诗存》卷五有《游击将军陈瑞芳卒于琉球以诗挽之》之章，从诗句看，游击将军陈瑞芳与赵文楷同船前来，如今独自葬身异邦，岂不是分外凄凉；该卷末有嘉庆二十四年（1819）付梓跋文，言赵文楷出使归来健康大受损伤。出使琉球及返国后种种著述，使这些使节先后声气相通，甚至彼此亲属亦因此结成友谊，比如汪栋为徐葆光文集作跋。他

---

① 今存光绪八年（1882）刻本，已收入《国家图书馆藏琉球资料汇编》。

们出使琉球,不仅仅简单奉敕命怀柔远夷,也有个人豪迈情愫拓
展见闻之意愿,所以他们在经历与狂风巨浪搏斗,在异域风情中
采风勘察后,或多或少,还创作既热情又纪实诗文多篇,为今天多
角度研究琉球留下可贵资料。

三　册封使别集中所见中国文化对琉球之影响举隅

1. 儒学。

中土文化对琉球影响巨大,琉球颇有向儒之风,曾经选派子
弟到国子监学习,现存有王士祯《琉球入太学始末》、潘相《琉球入
学见闻录》二书,还有琉球学生在国子监学习期间所作古今体诗
《琉球诗录》①。王士祯《琉球入太学始末》特别追记了明代洪武、
永乐、宣德、嘉靖年间琉球王子及陪臣子弟历次赴京入国子监读
书之事。汪楫离开琉球前夕,国王尚贞表示要世守忠诚,为此请
求派人到太学读书,汪楫回京转奏尚贞的请求,得到康熙帝的批
准,二十七年(1688)琉球三名官生到北京,进入国子监读书,清朝
配备专门教师,琉球学生得到优厚的待遇。从此成为惯例,使节
回国,多应琉球国王请求,代为奏请派遣留学生,因而不时有琉球
学生到来。太学里教员精心指导,学生用心钻研,相处甚为和洽。
乾隆中教席潘相在《送郑绍衣、蔡汝显归国》七律中云:"客程此日
辞天北,吾道从今渡海南。"他期盼从此儒学思想在琉球传播。使
臣之所以致力招徕留学生,亦为达到声教远被之实效。这些学生

①《琉球入学见闻录》见于《国家图书馆藏琉球资料汇编》,《琉球入太学始末》和《琉球
　诗录》见于《续编》。

回到琉球，自然而然成为儒学思想的传播者。

《玉岩诗集》虽然未存《中山竹枝词》，因《池北偶谈》可得十六首，尚见其中描绘琉球向学之情景栩栩如生，其曰："庙门斜映虹桥路，海岛高巢古柏枝。自是岛夷知向学，三间瓦屋祀宣尼。"又曰："译章曾经莋都夷，槃木白狼归汉时。何似岛王怀盛德，工歌三拜鹿鸣诗。"诗章说明琉球崇尚儒学经典，是琉球接受儒学之见证。

徐葆光《海舶三集》内容丰富。在琉球期间，他与曾经在北京国子监留学，归国后成为当地重要官员的学者，有密切往来，诗集中可以见到多处相关记载。比如《舶中集》有诗《赠梁秀才》，诗题下小字注曰："名鼎，字廷器。曾渡海至闽游学。"又有《赠阮大夫维新》，诗题下小字注曰："字大受，康熙二十三年（1684）入国读书。"诗中曰："归来应著东华录，贵后仍称太学生。"可见对曾在国子监学习过的琉球官员有深远期望。与徐葆光相熟的琉球官员还有蔡温①、程顺则。程顺则曾为贡使赴京，工诗，有《燕台集》。徐葆光与之在朝中已有交往，所以赠诗曰："海外初逢有故情，当年职贡日边行。"有数首诗赠蔡温，其中一首提到与蔡温讨论《山海经》《水经注》："山经周八表，水注见中原。好作枕头秘，中郎共讨论。"诗末小字注："以《水经注》《山海经》赠之，中郎为蔡大夫温。"②以"中郎"称呼蔡温，充分表达徐葆光对其敬重。

特别能够说明儒学在当地传播，还有徐葆光撰文二篇，一为《书手摹石台孝经后赠中山王》，一为《琉球学碑铭》。《书手摹石

①蔡温曾著有《中山世谱》，乃中山国一部重要国史，汉文写就，并附舆图，其抄本影印于《国家图书馆藏琉球资料续编》中。北京大学图书馆今存蔡温《要务汇编》一书，康熙刻本。

②《舶中集·访向凤彩仪保村》。

台孝经后赠中山王》中曰:"古人出使,赋诗赠言以相亲厚礼也,同使之臣即斐乎其有作矣。余忝介列,词又无文。伏思我皇孝治此邦,共守百家奥说,义总在经。箧中适有石台八分墨拓,遂摹一通为屏幛,以奉王左右,朝夕观览,以守至治,此使臣之志也。"石台《孝经》系唐明皇集诸家注释,手书八分建碑石台,碑至清代尚存。

琉球立学,与往年到国子监留学官员有密切关系,上述之诗已经表明,这些留学生回国后成为中山国重臣及当地知名学者,而且他们借助册封使到来,促进教育,积极传播儒学思想。据徐葆光《琉球学碑铭》,知琉球设学在顺治末年康熙之初,汪楫、林麟焻曾有《中山孔庙记》,可见彼时已经兴儒学。到琉球,徐葆光见到程顺则之碑记,知其建庙实成于康熙三十三年(1694),至徐葆光出使,明伦堂已初具规模。徐葆光记其祭祀典礼之盛况曰:"八月上丁释典之辰,公卿人士咸执帛爵,举国欣欣以就典礼。斋宿为三,鼎俎有实,品列上下,有度有文。远人环观者,皆翕然称之。大夫又以启圣祠、明伦堂、儒学三大牓来乞书,余矍然知中山之能尊我孔子也。"今琉球岛上尚存徐葆光手泽。李鼎元登陆那霸翌日,首先拜谒位于久米村的先师孔子庙,《使琉球记》中记此孔庙创始于康熙十二年(1673),庙中有汪楫、林麟焻二人所撰碑记[1]。儒学之建立、发展,系琉球留学明清国子监后归国的官员创始,又有历任册封使积极扶持,曾在此学习的程顺则、蔡温,后来对中山国政治改革、文化趋向起到重大作用,近年多有著述专门研究[2],可以参阅。

2. 佛教。

中山国本来大约崇敬海神,有妈祖庙,过海要敬奉海神,即使

---

①关于久米村建立儒学事,还可参见上里贤一《琉球对儒学的受容》一文。
②例如日本丰见山和行、高良仓吉《琉球·冲绳と海上の道》,吉川弘文馆,2005年。

是册封使亦同样，现有诗文为证。如郭汝霖往返航程均遇风浪，疾呼海神"天妃"求救。平安归国后，专门上疏请赐祭以报神功，奏疏今存《石泉山房文集》卷七。崇拜海神，属自然崇拜。而佛教信仰，与亚洲地域影响分不开。中山国佛教传播似更富中原色彩，不仅有来自中原的僧侣，亦随之带来中原文化，且册封使多与僧侣有密切往来，诗歌唱和。

汪楫《观海集》有《过善兴禅院》一首："曲径丛阴合，寻常屦满门。（国俗皆脱屦入户。）架帘分树影，凿水护云根。棋局当庭设，茶铛近客喧。兰阇僧不解，相对总忘言。"前引徐用锡刊书跋语称"先生所许可之诗，僧宗实年几七十尚颂，先生之篇章不去口"，说明汪楫与僧人交往情谊颇深。

汪楫之后三十馀年出使琉球的徐葆光，亦见到僧宗实，有诗《赠际外和尚》，该诗小序曰："旧名宗实，前使汪检讨记录中山三诗僧：瘦梅、不羁、宗实，今惟宗实存，年六十九，改今名。"诗中写道："海外三僧海内传，瘦梅化去不羁仙。山中禅老惟师在，数腊春来七十年。"若此年宗实已经六十九，那么前述徐用锡雍正十一年（1733）作跋时宗实当已八十高龄。

赵文楷《石柏山房诗存》卷五有《长沙僧寄尘以诗投赠和韵四首》，其二曰："妙画通灵溢顾厨，新诗戛戛探骊珠。（原注：寄尘善画能诗。）烟云胸已忘湘曲，金石声犹彻海隅。太白旧传开士句，杜陵原是赞公徒。（原注：寄尘为墨庄同行者。）从今领取沧溟阔，不数君山万顷湖。"君山，在湖南洞庭湖中。寄尘来自湖南，诗中数次提及。赵文楷诗中还有《奥山龙渡寺》《波上寺观海用前使周海山先生韵》《游东禅寺》《东禅寺见王梦楼前辈壁间题句有怀其人（丙子册封正使全穆斋前辈请先生为从客）》等等。可见琉球岛上不止一座佛寺，佛教传播大约已普遍。王梦楼，即王文治，清代诗人、书法家,今存《梦楼诗集》。

李鼎元《师竹斋集》中亦有与僧寄尘的和诗《和寄尘竹枝词十首并序附元唱》,由于"附元唱",今天仍可一睹这位原籍湖南的游僧在琉球留下的文字。特别是这位寄尘僧人突然逝去,令李鼎元很难过,《师竹斋集》卷十四有《哭寄尘》之章,系李鼎元刚刚返国将到浙江时闻此噩耗所作,诗中曰:"能吟五七言,颇怪禅语浅。泼墨以指头,百纸一时藏。"从此亦可看到僧人寄尘在琉球曾肆意诗画,展示中华文化魅力。

3. 纸与刻书。

琉球有各种海产,《师竹斋集》等别集中有生动描述,人民生活简单自然,手工业并不发达,服饰似不复杂,诗文中常见有球刀、纸扇之属。然当地纸制品质量堪忧,且有印刷业。

徐葆光《奉使琉球诗》卷二有《球纸》一首,曰:"流求茧纸扶桑蚕,十华捣就藏龙龛。一缣一纸购不得,岛客求书致满函。冷金入手白于练,侧理海涛凝一片。昆刀裁截径尺方,叠雪千层无幕面。我毫弱似痴冻蝇,寒光耀腕愁凌冰。卷叠空箱加什袭,携归到剡夸溪籐。十载京师了书债,廨墙寺壁都遭疥。高丽茧纸称最精,年年贡自朝鲜界。方幅虽宽质此同,两邦职贡皆海东。卭竹蒟酱一水通,望洋浩浩歌皇风。"

赵文楷《石柏山房诗存》卷五题"槎上存稿",中有《中山王赠东洋纸》一首,曰:"春蚓秋蛇若屈盘,云笺惠我胜流纨。兴来自作襄阳体,染得烟云在笔端。"

李鼎元《师竹斋集》卷十四有《中山土物诗五首》,其咏纸之章曰:"东洋地少竹,半以茧为纸。小或四寸馀,大惟二尺止。捶法来朝鲜,花样出倭布。镇密玉版如,细腻雪肤似。土人知重书,满案白云委。衬墨光闪眄,柔笔润生指。澄心莫为俦,绢素实堪比。

矜持作楷字,腕断未忍起。藩王致珍重,持赠等罗绮。月印侵高楼,霜华积包匜。十万金已辞,归装曷载此。爱此洁净姿,写我心如水。"

以上列举三首诗,说明当时册封使所见到琉球当地使用纸张,工艺传自朝鲜或日本,原料中大约多含蚕茧,质量甚高,可以之为礼物赠送友人。

册封使别集中记琉球以纸制扇、纸鸢之诗章甚多,兹不一一。费锡章《一品集》卷下还提到以纸制帐,卷下有《蚊》之章,曰:"蝨飞扰昼夜,纸帐制浑成。(自注:球人多以纸制帐避蚊,有遮一室者。)"以纸制帐,一来说明当地棉织品稀缺,数人诗文中都提到当地百姓以蕉布为衣;二来说明纸质优良。

琉球何时能够刻书?工艺若何? 著名印刷史专家张秀民、钱存训先生根据潘相《琉球入学见闻录》[1]和《琉球国志略》《续琉球国志略》诸书,认为明代正德年间琉球国王已经命人印刷四书五经以及训诂、理学等中国典籍,为便诵习,若干种书在汉字之旁印有读音标示[2],奉使琉球的使臣曾携带刻版匠人前往。这种状况在徐葆光《奉使琉球诗》中得到印证,其《赠中山向公子凤彩》三首之二,意在说明作诗方法,诗中提到元僧实存《白云集》在琉球的刊刻:"兹土既少书,天教屏淫哇。元僧白云集,清园妙无加。锓版注国字,乃莫置齿牙。只此一编足,专业可成家。不见刀圭饵,脱骨凌云霞。"末句后加注曰:"国有板刻元僧实存《白云集》,旁注本国钩挑读法。清圆二字是其诗诀。"今见和刻汉籍,即有汉字旁

---

① 《琉球入学见闻录》见于《国家图书馆藏琉球资料汇编》。
② 参见钱存训《中国纸和印刷文化史》第九章《纸与印刷术的东渐和南传》,广西师范大学出版社,2004年。

以假名注音者,与此琉球刻本相近。不知此本《白云集》如今是否尚存?赵新《还砚斋诗略》中也提到数位琉球官员学者文集刊刻传世情形,见其"周曾程蔡并铮铮,风雅于今有继声"一句之注文,文长恕不覆录。何以造纸与印刷技术在琉球应用较为广泛?大抵说明儒学在当地渐次兴盛,使造纸刊书工艺随之由中国大陆及周边国家传播过来。

四　结语

本文所举琉球国儒学、佛教、纸与印刷三事,与中华文化关系最为密切,亦与书籍交流最为密切。这一交流的前提,是对文化的认同,对文化传播的积极促进。这两方面,中山王国和明清册封使臣,都有甚高积极性,中山王国对于请求册封之重视,充分表达了对儒学礼仪的尊崇,而册封使臣在琉球当地停留期间,对当地文明与文化发展的推动作用显而易见。当然,异域地理民俗开拓了册封使臣对世界的认识,他们汲汲于考察、调查,归国后不仅有《中山传信录》(徐葆光)、《续琉球国志略》(齐鲲、费锡章)等史地著作,还有《琉球译》《球雅》等语言学著作,大大丰富了汉文典籍内容。如今,冲绳岛上仍存徐葆光、赵文楷、王文治等人的手迹,见证数百年的文化交流。

以上通过介绍部分册封使尚存别集,以及别集中有关琉球记载,希望从另一个角度揭示汉文化在琉球之浸润,也有开拓琉球研究资料之意。由于时间关系,有些以往研究者已经关注过的资料,此次未全部予以征引。本来应该与册封使所有归国报告进行综合考察,才能使研究更具完整性,然匆忽之间难以全查,故以"举隅"称之。尚望读者谅解。

"样式雷"笔下的五台山行宫*

五台山是我国最著名的佛教圣地之一，其悠久的建寺历史及宏大的建筑规模居我国四大佛教名山之首。清代从康熙二十年（1681）至嘉庆十六年（1811）间，康熙、乾隆、嘉庆皇帝先后十馀次巡行五台山。为筹备皇帝巡幸，地方及中央多次拨巨款维修扩建行宫、座落及尖营。至今，历经多次战争、水火之灾，行宫主体建筑大约早已无存，然国家图书馆尚保存大体完好的"样式雷"手绘《五台山行宫各处座落寺院图》。

"样式雷"，是指清代二百多年间主持皇家建筑设计的雷姓世家。雷家七代人服务于清廷，设计出了大量精美绝伦的作品，中国被列入"世界文化遗产"的古代建筑，其中有五分之一是"样式雷"的心血。9月9日，是国家图书馆日，在国家图书馆展览厅，刚刚成功申报世界记忆遗产的"样式雷"图档将进行为期两周的展出。

《寺院图》共有十三幅，均为地盘图，比例不等，画面细致，标

---

* 本文原刊《人民日报（海外版）》2007年9月10日第5版。

识清晰详细。按照图名可分为三类:座落地盘图、尖营地盘图、行宫地盘图。其中以座落地盘图最多,共八幅,尖营地盘图两幅,行宫地盘图三幅。涉及五台山各处寺院村镇:菩萨顶、塔院寺、台麓寺、殊像寺、普乐院、大螺顶、寿宁寺、白云寺、镇海寺、涌泉寺、玉花池、台怀、甘河村。从图样看,座落多依托一座寺院,在寺院的某一侧、某一角有一独立院落,有座落、有值房、有净房。座落或为三间,亦有四间。普乐院座落规模较大,其东侧为座落楼房七间,并有万字楼梯和西洋门。寿宁寺座落也比较特殊,该寺东北角有座落三间,山门照壁外还有座落三间,由于图中没有文字记载,难以确切知道此处座落何以分成两所。

　　清康熙时,曾于台怀镇建立行宫一座。行宫位于今塔院寺前,规模宏伟壮丽,占地约三百亩,当地人俗称皇城,现在尚保留有行宫宫门的遗址。当年行宫究竟有哪些建筑,又是如何装饰的呢?现存中国第一历史档案馆的乾隆十年(1745)"山西巡抚阿里衮为五台山行宫工程告竣事奏折"称有清凉寺、台麓寺、罗睺寺、白云寺四所行宫,然《五台山行宫各处座落寺院图》中的行宫地盘图仅涉及台麓寺、台怀和白云寺。从图样看,行宫建筑格式比较一致,即以正殿寝宫建筑为主,辅之以园林、书房、戏台等等。最大规模者当推台怀行宫,中路为一五进院子,依次为正殿、寝宫、后宫、值房;右路为阿哥所、书房、值房及水池山石亭园;左路建筑依次为书房、看戏房、戏台、戏房。左右侧各有膳房一座,各有执事房二十一间,大门前尚有狮子两个。戏台及园林中的曲尺河舫一座,为此图所独有,颇见奢华。行宫装修也非同一般,以白云寺为例,其地盘图中标识正殿寝宫的窗户就有:哑巴支窗、玻璃支窗、玻璃六角支窗、古儿坎窗;室内隔断花样繁多,有:天然罩、飞罩、栏杆罩、牙罩、西洋罩、落地罩、炕罩诸种。从中国第一历史档案馆所存奏折及上谕,知乾隆十四年军机处在议修五台山庙宇事时,已经指出"踵事增华,致多靡费",嘉庆二年(1797)、嘉庆九年各有一道上谕,专指五台山工程不准靡费。看来,这些不准靡费的声音大概没能挡得住扩大工程规模的行动,所存档案中更多的是修建成果上报。

　　1936年藏园老人傅增湘曾游五台山,台麓寺、台怀、白云寺三处一一走遍,仅言及台麓寺行宫,"自罢幸后修缮久停,荒圮殆尽"。反观《五台山行宫各处座落寺院图》,众多行宫建筑恍在眼前,不由得令人感慨沧海桑田。

一通珍贵的邓廷桢手札*

近由许恪儒先生披示数通珍贵清人手札。内有邓廷桢手札一通（图一）。现录于下：

镜塘表弟大人阁下：

洪启林回皖，泐寄一函，计可达览。春风扇和，伏惟台候曼福。请觐已发摺未？大抵未必邀准也。懋斋何日履任？檀荪闻有乞养之意，洗马陈情，人子至性，似当成其志也。浙臬出缺，玉坡不知下落，岂其堂上有事耶？抑别有故耶？周炳煐之案作何完结？阜阳朱令已奉谕旨议处，渠经此一番小惩大诫，受益不少也。闻宿州张牧亦有事，而不知其详，目下如何办理？便中乞缕及之。桢受事五旬，稍有端绪。盖他省所有之病，固无所不有，其他省所绝无者，此独有之。吾辈方刿心鉥目而彼处之泰然，恬不为怪，诛之不可胜诛。然兄决计且战且走，虽矫枉过正，亦所不恤。如巡船所以弭盗而巡

---

* 本文原刊《文献》1993年第4期。

检得其陋规，问以出于何典，则自在洋勒索抢劫而来，岂复可恕？一处如此，他处可知；文官如此，武营可知。潮属乡风之坏者，谓之蛮乡，械斗所不待言，竟有抢人蒸食者，婴儿妇女尤佳，此与《西游记》之妖精何以异！上年竹轩奋怒，饬属带兵围剿，新春亲往审办，正法者二十七人，戮尸者数人，即须呈奏矣。月馀以来，目见耳闻，大率如此。眦裂髭戟，辄为拊膺，毋怪干臣之掉头不住也。郡守无人，求如光河、苏桥、宋守固不可得，即慎庵之刻舟求剑，亦难其人。试问如何措手耶？贼累起身尚无确期，久寓皖江，殊不放心，且恐荒废学徒也。此间又有星使，乃前年升赛所办之卢郎中，蓄意翻指，言者叠见，致有此举。槎使自西而东，恐须首夏方到也。光河久无信，渠非懒于搦管者，盖邮筒之难如此。

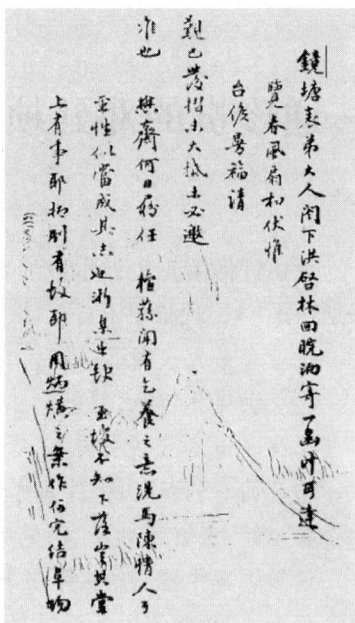

图一

今稍暇，缕缕奉布，以助尘谭。足下怜我耶？抑为我惧耶？抑为岭州长太息耶？谨泐，祗候台安，诸惟为道葆卫不宣。

年愚表兄邓廷桢顿首，二月十七日。

邓廷桢，字维周，号嶰筠，江苏江宁人。生于乾隆四十年

（1775），卒于道光二十六年（1846）。嘉庆六年（1801）中进士，殿试二甲，改庶吉士。道光元年（1821）迁升为湖北按察使，又擢拔为江西布政使。道光六年任安徽巡抚。从此在安徽任职十年。这期间，他交结时贤，善政甚多，幕府中有桐城方东树，上元梅伯言、汪钧等人，任职期间对安徽盐、漕两政，多所裨益；又兴修水利；并奏请杀人要犯的家属从轻发落。道光十五年（1835）九月①擢为两广总督，是年十二月二十六日到任，所以信中说"受事五旬"，即从上年十二月二十六日到翌年二月十七日恰好五旬，故此信系道光十六年二月所写。邓廷桢是清廷重臣，他到两广后着手整饬地方风教，加强吏治。特别值得指出的，他原本是支持许乃济为代表的弛烟建议，自林则徐以钦差大臣到广州严禁鸦片以后，他积极配合林则徐禁运鸦片，加强防务。道光二十一年（1841）遭贬谪遣戍伊犁。道光二十三年返归。道光二十六年去世。享年七十二岁。邓廷桢除勤于政事外，对音韵、文学颇多见地。传世有《许氏说文解字双声叠韵谱》《双砚斋笔记》《双砚斋诗抄》《双砚斋词话》等著述。

　　该札以流利端秀之小楷写就，信笺为凸凹印花的精制笺纸，读来颇为悦目。札的前半叙同僚之近况，以及官场人事变动，皖省的公务；后半是到两广以来的感受。两广吏治松懈，社会秩序混乱，邓廷桢认为"刿心鉥目""与《西游记》之妖精何以异"，又无得力的属部，所以他虽然想努力于地方治理，但也担心非易为之事，如此"决计且战且走，虽矫枉过正，亦所不恤"。

　　该信中涉及到的当时官场人物及事件，现推敲如下：

　　檀荪：即周天爵，字敬修，号檀荪。山东东阿人。嘉庆十六年

---

① 《清史列传》记为八月。此据邓邦康《邓尚书年谱》。

（1811）进士。在安徽任职十一年，先为怀远知县，阜阳知县，宿州知州。至湖广总督。其爱民如子，嫉恶如仇。谥文忠。

玉坡：即吴大桂，字仲宣，号玉坡，黄安人，晚号海岳游人。对父母极尽孝道，淹通文史又好为文辞，有《读书记》《啖蔗编》《闻见录》等。

竹轩：即祁㙫，字竹轩，一字寄庵，山西高平人。嘉庆元年（1801）进士。先在刑部任官。道光四年（1824）起，历官河南、浙江、贵州、广西各地，处事干练明察。道光十三年调任广东巡抚，在任上筹措款项，兴修水利。道光十五年因潮州有鸟枪手，对地方治安滋扰甚多，祁㙫责令督抚严厉惩治。信中所说"上年竹轩奋怒……"之事即此。不久兼署两广总督。道光十八年擢为刑部尚书。祁㙫与邓廷桢同样赞成许乃济对鸦片的弛禁之说。但对虎门的防守、屯田团练之事颇多建树。

慎庵：即钱德承，字慎庵，浙江归安人。道光五年（1825）起历任汉川、麻城巡检，因治安得力，升为县丞。累官至江苏道员。有《求治庸言》《慎庵诗集》。

许恪儒先生所珍藏的这批清人手札共六通，三通是许乃普致镜塘，一通是邓廷桢致镜塘，馀二通系许乃普等人致憩棠。这些珍贵信件的收集人系许乃普先生的后人、许恪儒先生的先父许宝蘅老先生。许乃普，字季鸿，号滇生，浙江钱塘人。嘉庆二十五年（1820）以一甲二名（榜眼）授翰林院编修。道光五年任贵州学政。道光十一年任山东乡试正考官，次年以京察一等履带引见，以道府用。道光十三年升侍读学士，又提督江西学政。以后官至兵部尚书、工部尚书，多次任殿试读卷官及乡试考官，入直南书房。咸丰年间加太子太保衔。卒谥文恪。许乃普与朝中达官贵人颇多往来，仅是他与镜塘的信中，就提到祁㙫、卓秉恬、桂衡、朱壬林等人。有《堪喜斋集》。许宝蘅,字季湘,号巢云、夬庐、耋斋。生于1875年,历清末期、北洋政府、国民政府时期,直至新中国。1927年曾在故宫博物院任职,一度主编《掌故丛编》。1956年被聘入中央文史馆。

镜塘是何许人?据许宝蘅先生的笔记,他认为镜塘即憩棠。憩棠,即程楙采,字曜初,号憩棠,原名程赞采①,江西新建县人。嘉庆十九年(1814)进士,授翰林院庶吉士。道光五年(1825)任甘肃凉州知州,道光七年任陕西凤翔府知府,道光十四年迁为山东按察使。十六年升安徽布政使,曾为安徽的水利而竭尽全力。道光年间,许乃普的三兄许乃济(字叔舟,号青士)与程楙采的从兄程矞采结为姻亲,故信中落款时,许乃普自称"姻年侍愚弟"。许宝蘅先生的日记中曾提到憩棠与邓廷桢是表兄弟。这似乎是许宝蘅先生能将这些手札收集在一起的重要条件。但许乃普在致镜塘的几封信中均提到镜塘先生曾任职贵州事。第一封信大约写于道光十三年,因其中提到祁墳调往岭南,即任广东巡抚,许乃普已京察一等事,其中曰:"阁下在皖江,属吏莫不悦服,诚能感人,非虚语也,惟闻清风两袖,一如在黔时。"说明此时镜塘先生已调到安徽。第二封信中又说:"惟有举黔阳三载所闻于阁下者为诸生陈说,且以自勉也。"而笔者在《清史列传》和清同治《新建县志》中,均未见到程楙采在贵州任职的记载。程楙采之兄程矞采,字晴峰,亦系清廷重要的地方官员,道光二十七年(1847)任云贵总督,亦于时间不合。与邓廷桢前后同时、称镜塘者,有浙江著名学者姚学塽,其为浙江归安人,字晋堂,又字镜塘。嘉庆元年(1796)进士。嘉庆十三年任黔州试官,多年在兵部任职,为人严

①清同治《新建县志·选举志》。

谨端方。虽然《清史列传》和光绪《归安县志》中所记履历与所记卒年（道光六年）有牴牾，但他在贵州任职时，许乃普尚未中进士，相去太远。且姚学壦没有在安徽任职的履历。邓廷桢在信开首称"镜塘表弟大人阁下"，但姚学壦生于乾隆三十年（1765），而邓廷桢生于乾隆四十年，姚学壦尚长其十岁，故不合。

　　在考辨许乃普、邓廷桢、程楙采的生平时，笔者发现与邓廷桢同时在安徽任职的佟景文，倒很有可能是这位镜塘先生。佟景文，字镜汀、敬堂，又字艾生。辽东汉镶黄旗人。嘉庆六年（1807）进士，以翰林历任滇、黔道府。在边疆少数民族聚居处雅尚教化，政声甚著。在滇黔任职三年，大约与许乃普任贵州学政同时，故二人友谊深长，信札中屡及之。道光八年（1828）以前曾任两淮运使，道光八年迁广西按察使，道光十一年九月调安徽布政使，翌年六月到任。佟景文从道光十二年至十六年任安徽布政使。许乃普在道光十三、十四年间曾有三封信寄往安徽。之一，是许乃普在北京，请镜塘代向两个门生（许乃普任考官时所取）设法筹款，以便资助许乃普在京购一住所。之二，是许乃普道光十三年任江西学政以后所写，先曰："建牙开府，指顾真除，此皖江官民同声祷祝者，固不仅弟之以私祝也。"又曰："此间为朱陆说经讲学之地，鹅湖鹿洞，景仰遗徽。"之三，信中仍提到"鹅湖鹿洞"，可见仍在江西任上。三封信中多议论官场之事，为政与人事变动，很少涉及家事，而许乃普与程楙采的信，则多为家事。此亦可看作程楙采不是镜塘的缘由之一。同时邓廷桢致镜塘先生的信中亦多次提到皖省公事，如周炳熿案、阜阳县令、宿州刺史等，显然镜塘先生与邓廷桢系皖省同僚。佟景文与邓廷桢共事近五年，时间颇相合。佟景文于道光十六年（1836）卒，确凿月日未详，享年六十一。上溯其生年，与邓廷桢相同。其称兄称弟，大约以月份差异所然。

程椿采于道光十六年任安徽布政使,这大约是许宝蘅先生认为程椿采即镜塘先生的原因之一。但信中多与安徽公事有关,而程椿采前此未在安徽任职,况根据《清代职官年表》程椿采于道光十六年六月方到安徽就任,此信写于其就任之前,信中所曰"懋斋何日履任",大约就是指程椿采调任安徽事。当然,佟景文字镜汀、敬堂,与"镜塘"字音相同,致使笔者贸然揣测。尚待就教于方家。

　　近年来对鸦片战争和清史研究有许多新的开拓,邓廷桢手札的披露,有助于研究的深入。

袁同礼存札中清末女学资料浅析[*]

2009年金秋,正值国家图书馆庆祝建馆百年大典,袁同礼馆长哲嗣袁清先生受邀从美国专程前来,携来一大厚册袁氏存札。这一厚册中数百通手札,内容可以大致分为两类,一为家族事务,一为袁同礼先生在清华任职图书馆时同学与师友往来。两部分均有著名近代人物,如前一部分可见梁漱溟、傅增湘、吕碧城等人信札,后一部分可见胡适、傅斯年、李大钊等人信札,颇有鲜明时代特色。台湾曾经编辑《袁同礼传记资料》①,诸多关于袁先生任职图书馆以来各方面作为见于该书,而袁氏家世涉及甚少,其家世予以袁同礼之影响,此册存札恰可以从某一侧面稍有补充。

首先见到多数信札均寄给书舫女士,称谓多种,呼"姊"、呼"妹"、呼"姑"、呼"祖姑母"等等,显然出自家族中不同辈分者,且

* 本文原刊《袁同礼纪念文集》,国家图书馆出版社,2012年。
① 台北天一出版社,1979年。

多为娘家人。书舫之娘家系何人？经辨析，致信较频者诒孙，即清末民初北京报界著名之彭翼仲。彭诒孙，字翼仲，苏州彭氏后人，与梁漱溟之父为结拜兄弟。曾在北京宣南创办《京话日报》，影响甚广。此人满腔热血为社会进步呼吁，后被谪新疆，其事迹及著述汇编辑成《维新志士爱国报人彭翼仲》①。苏州彭氏系当地望族，可以溯源至明代，至清达到极盛，进士连绵，簪缨不绝②。清末，由于战火，时局变动，已不复往昔。信札中多通"姊桂孙"③致"五妹书舫"，顺便问候"翼仲弟谋生之道"，并愿得见彭翼仲所办报纸。显然，这些信札时间当在1900年之后。

　　据彭昭贤《追念袁守和先生》一文④，彭书舫系袁同礼祖母，其夫君袁廷彦⑤，字季云，也作寄耘、季筠。博通经史，擅长书法⑥。曾协办西陵修理工程⑦。彭书舫本出身名门，曾参与天津女学，又曾任职奉天（今沈阳）女子师范监督，与吕氏姊妹同事，是女眷中佼佼者，彭家人多承其照拂。该事在这批信札中多次提到，吕碧城⑧姊妹、傅增湘手书亦因此而作，以下分别述之。

---

①姜纬堂等编，大连出版社，1996年。

②近年研究江南世家大族者常论及苏州彭氏，可参阅。

③据诸手札中透露信息，此彭诒孙排行第二，当时住在太仓，应为近代诗人钱绥盘之母。

④见《袁同礼传记资料》，该文称之为"彭太老夫人"。

⑤《袁同礼传记资料》一书中还有李宗侗"敬悼袁同礼学长"之文，不仅记彭太夫人在奉天教书事，对袁廷彦事迹亦有钩沉。

⑥民国《徐水县志》有传。

⑦存札中有一"姊桂孙"致"书舫五妹"提及："妹丈恭随王大臣襄办西陵修理工程，定邀异常奖褒。"

⑧清末民初女词人，天津女学倡办者之一，当时著名人物，今存其专著，并有刘纳、李保民研究专著，可参阅，不赘述。

一

女子教育最早是外国传教士因布道需求而开办,1844年英国传教士爱尔德赛女士在宁波创办第一所女学——宁波女塾。至19世纪70年代,基督教在华开设各式女学百馀所。鸦片战争之后,逐渐出现一批以实用技能为主要教育内容的新式学堂,近代科学技术开始进入国人视野。1880年,北洋大臣李鸿章在天津设立北洋电报学堂。1900年以后,新式学堂如雨后春笋。与此同时,西方教育观念渐渐为国人接受,女子应该受教育呼声日增。1902年直隶地区第一所女学成立,即严修创办私立严氏女塾,在天津开风气之先①。

1904年北洋女子公学成立,成立之前种种筹措,尚可见诸方豪编《英敛之先生日记遗稿》②光绪三十年部分,经过傅增湘等人努力,得到官方拨款,吕碧城创设女学之意图终于实现。傅增湘亦是津京两地女学创办者之一,《藏园居士六十自述》回忆创办天津、北京女子学堂事曰:"项城③以女学事驰书数四,敦迫北返。先是,旅津遇旌德吕碧城女士,喜其才赡学博,高轶时辈,因约英敛之④、卢

---

①此说引自薛文彦硕士论文《清末直隶地区新式女子学校教育的演变1898—1911》,内蒙古大学,2003年。

②台北文海出版社,1974年。

③即袁世凯。

④英华,字敛之,满洲正红旗人。《大公报》创办者,又是辅仁大学创办者之一。近代著名天主教人士。

木斋①、姚石泉②等倡设女学。先室凌夫人力赞之。偕碧城上谒杨文敬③、唐少川④诸公,醵金筑会,定名女子公学,令碧城主教席,而推余夫妇总其成。余南行数月,异论滋纷,周君缉之⑤又别设高等女学,总持者未得其人。项城急电余归,俾兼管两校。因约张君蔚西⑥北来,以高等女校委之。"1905 年,袁世凯又欲筹建女子师范,并委任傅增湘主持。不久,张之洞奉旨在京师建女校,亦委任傅增湘主持。至是年十月,傅增湘忽然被任命直隶提学使,面觐慈禧太后。从此足迹踏遍河北省,筹建初等师范,为小学教育广储教师⑦。在此期间,他曾撰写《改良私塾浅说》⑧。1906 年春闰四月二十二日,北洋女师范学堂成立,由总理天津女学事务傅增湘开办。最初招生四十馀人,名简易科⑨。从此,这一天定为该校校庆纪念日。是校为今河北师范大学前身。

————————

①即卢靖,字勉之,号木斋,湖北沔阳人。庚子事变时因保境安民有功,受到袁世凯重用,派往日本考察教育。曾任奉天提学使。

②姚锡光,字石泉,又作石荃,曾考察日本,对东瀛军事、教育有初步了解。归国撰《东瀛学校举概》等著述。

③杨士骧,字萍石,原籍安徽泗州。清末任直隶总督,北洋大臣。卒谥文敬。

④唐绍仪,字少川,广东中山县(今属珠海)人。清末民初著名政治活动家、外交家。

⑤即周学熙(1866—1947),字缉之,别号止庵。安徽东至人。周馥第四子。北洋政府财政总长、实业家。晚年以读经、赋诗自遣。

⑥张相文,字蔚西,江苏桃源(今泗阳)人。长于地舆之学。1907 年秋,应傅增湘之邀北上天津,出任天津最早的官立女子学校——北洋女子师范学堂(位于今河北区天纬路,天津美术学院前身)之教务长,一年后升任校长。此外他还在北洋师范学堂和北洋法政学堂等处兼课。鉴于当时地理教员稀缺,1908 年他将同乡陶懋立和好友白雅雨请到北洋女师和法政学堂任教。

⑦见国家图书馆藏《藏园居士六十自述》,石印本。

⑧清光绪年间铅印本。

⑨参见河北省立女子师范学院特刊委员会编《河北省立女子师范学院四十二周年校庆特刊》,1948 年。

这一段曲折过程,在袁氏存札中也有描述①:

一信系甥婿杨同棫致际云②内母舅:"昨晚缪雯生太守忽奉宫保③札,高等女学堂监督另委傅增湘编修,缪公已不问事,另候差委。傅公原系公立女学堂(吕碧城学堂)监督,前者屡次要将吕碧城女史姊妹荐入北洋高等女学堂。宫保亦向署天津道周缉之观察说,周观察因吕君于伦化上不甚讲究,未经允请,傅君因此与周观察有反对意。现宫保忽改派傅公为监督,将来必有更张,只好俟届时再说。新法教徒另有式样,可向郑太太询问便知。宫保重新不喜旧,虑此紧要宗旨也。"

又一信系傅增湘致彭书舫:"学堂风潮事已渐平,前因留吕教习以致要求退学及抗考等情,宫保所闻,派周运司来查办。鄙人现力求和平了结。但眉生既不能留,而学生反担此不美之名,殊堪惋惜耳。尊事如得暇,望早日来津,学生旷课不可太久也。先生在奉久,学生表示钦服,望早来镇服之。恐远已传闻异词,转滋疑虑,特达大概。"

以上二信均似与《藏园居士六十自述》所云相关。

二

家中亲属对彭书舫任职女学极为重视,兹稍引书札如下:

比如姊桂孙曾致书舫五妹说:"其学堂章程亦均阅悉,吾妹国

文功夫较之寻常女流,本已优异。"又一次致信书舫曰:"启帐津门,尽心训迪,历史修身之外,复添释义,并演成白话,与各女徒随时讲解。此最足发人智慧,收效尤捷。北洋风气蚤开,行见阃学昌明,足为东南表率,厥功非浅。"此信说明彭书舫任教历史课,且其姊彭桂孙字迹清秀工整,洋洋洒洒,虽是家事,亦叙述风雅,足见彭书舫定然学力匪浅。

当彭诒孙流放新疆时①,从迪化市(今乌鲁木齐)写信给书舫,特别将女儿托付给她,其信曰:"两女有吾姊就近招呼,尤释远怀。惟学费艰难,不忍独累老兄,今由津号汇交碧城先生百金,扣存一年学费,所馀交女生存用,吾姊便中询之,戒□万勿浪费,所馀如多,并宜补助两弟。"

此二女当指彭清慧和彭清细②。清慧系彭庚孙之女,清细系彭诒孙之女,二人乃1909年北洋女子公学第一届毕业生,这届共毕业九人③。二人一直受到彭书舫关照,彭诒孙曾致信书舫姊曰:"两女在津,时蒙照拂,感之。京城创立济良所④,先请星嫂经理,如不愿意再来津。两女学识极浅而受病甚深,豫教女学堂专会谄媚学生,颐儿曾列第一,未免自负,真所谓井底之蛙,不知天地为何物也,碧城愿留伊二人否,尚在两可。望吾姊戒饬之。"希望彭书舫对女儿严加教育。此二人亦有联名信致姑母(彭书舫):"到校后即持命交之,函呈阅吕师⑤矣。"其小楷秀丽,想来家学与公学教育俱佳。

---

①流放新疆始末见于《维新志士爱国报人彭翼仲》。
②此二位女学毕业后曾任小学教员。
③参见前揭李保民《吕碧城诗文笺注》和《维新志士爱国报人彭翼仲》一书。
④救助立志改业妓女机构,彭翼仲为倡办者之一。
⑤大约指吕氏姊妹之一。

三

近年学界对吕碧城关注较多,其实吕氏姊妹皆才女,且贡献教育,除碧城、美荪,还有一姊吕湘任南京女子师范学校校长,一妹吕坤秀①在厦门女子师范学校任教。但在津京地区,碧城、美荪十分耀眼,袁氏存札中,向此二人求文、求题字、赠诗者不绝如缕。彭诒孙(翼仲)同母兄庚孙多通致书舫信中,屡次问候眉生先生(此时大约彭书舫与吕美荪同在天津,详见下文)。吕碧城到北京时,庚孙亦致书舫曰:"碧城先生昨来京,少顷往访之。"至今,尚可见到彭毂孙②奉和吕碧城苏宁旅行诗,并云"信芳稿本传抄遍"③,说明他曾见到吕碧城《信芳集》之稿本。

吕碧城二姊吕美荪字眉生,又字清扬。工诗词,尤精古体诗。亦有诗集传世,美荪有《瀛洲访诗纪》《阳春白雪词》《葂丽园诗》正续集、《葂丽园随笔》等。《瀛洲访诗纪》对女学事有记载,曰:"年二十后,别母走津,任北洋女子公学教习,兼北洋高等女学堂总教习。逾年,出榆关,应东三省将军赵公尔巽之召④,任奉天师范学堂教务长,兼中日合办女子美术学校教员、名誉校长。"⑤奉天

---

①吕美荪《葂丽园随笔》(青岛华昌大印刷,1941)中有《母妹阴灵》一文,记坤秀事迹较详。

②彭毂孙字子嘉,乃诒孙五伯父彭祖彝之子,曾出售房产支持彭诒孙办报。见《维新志士爱国报人彭翼仲》一书。

③参见李保民《吕碧城诗文笺注》。

④赵尔巽,字公让,号次珊,隶汉军正蓝旗。光绪三十一年(1905)任盛京将军,三十三年奉调四川,宣统三年(1911)再任东三省总督,旋离职。后主事《清史稿》。1927年去世。

⑤转引自《吕碧城诗文笺注》附录一"传记题跋"之陆丹林《记吕碧城姊妹》一文。

女子师范成立时间大约在 1905—1906 年之间①，上述傅增湘信说"眉生既不能留"之语②，与美荪自述天津女学之后赴奉天相合。而彭书舫在奉天执教，则早于美荪，因同一信中，傅增湘已经指出："先生在奉久，学生表示钦服，望早来镇服之。"光绪三十一年（1905）赵尔巽任盛京将军，因此，吕美荪赴奉天任教，当在此之后。关于她在奉天女子师范工作细节，这批存札亦有所披露。美荪继天津、奉天女学之后，又历闽、沪、苏、皖女学事。1935 年东游日本，旋居南京多年，晚年寄寓青岛。

　　吕美荪有三信致彭书舫，其一曰："书舫仁姊左右：濒行承赐多珍，复蒙走送，厚谊殷拳，铭篆何极。握别后于十九日抵奉。憩息三日，始行授书。此间薪俸月一百五十金。学使极为优待，监督亦礼敬有加，扬殊觉无以为报，深恐误诸生进步为惭悚也。所委之事，已言之监督，大概可成，惟尚未面陈学使，容稍缓当即以报命也……此间教务长除扬一人外，尚有副教习三人，汉文实不如先生也。"

　　其二曰："书舫仁姊大人阁下：昨晚十钟由津归来，拜读尊函，祗悉一是。扬前致张学使③介绍书，迄今两月，未见覆答。兼之一

①参见李皓《赵尔巽与奉天新式教育的崛起》，《历史档案》2009 年第 2 期。文中提到吕美荪在奉天女学获得好评。

②《蓺丽园随笔》中有《美荪自记三生因果》一文，述曾在天津车祸，腕与手"几微连矣……是时项城袁公慰庭方督直，严斥巡警总办段芝贵，并命公子克文日走视。至医药巨费，则赖北洋女学总理傅沅叔太史之为请公帑，而京津女学尤因余断腕停课，联呈官宪，请与电车公司交涉，俱可感也"。伤愈后不久美荪赴奉天，可知傅增湘对没能挽留住她，"殊堪惋惜"，话出有因。

③即张鹤龄，字诵莱，江苏阳湖（今常州）人。清光绪十八年（1892）进士。光绪三十二年任奉天提学使。《蓺丽园随笔》中有《赵次山将军》一节，记任奉天女子师范学堂教务长时，赴宴于军署，赵尔巽（次山）对张提学曰："吕某吾招之来匪易，其薪颇厚，吾去后勿克减，勿更动，俾养其母也。"

己教务,常形日无暇晷,职是久疏笺候,歉甚罪甚。承询之事,敝学堂教员已满,恐不能再聘。其他女校容缓说项。不才向承吾姊雅爱之深,情款和洽,非泛泛之交谊可比,果有机遇,无不竭力以图,切愿文宜早能临奉,斯不独此间女学界之福,尤为扬之深幸者也。"

其三曰:"承嘱之事昨已细探张学使,据言刻下各校教员已无虚席,且以经济困难,未便再添聘,如遇可图,定为留意云云。盖以此间女学,除公立学堂一处外,馀皆直辖学务处,聘请教习,一视学使之意也。窃以说项无才,不克报命,思之不觉颜汗,辱在知己,想不责其为谋不忠,曷胜祷幸。高等一席,仍俛就否?"

吕美荪与彭书舫的确是可以推心置腹,且于书舫托付之事甚为惦念,因为另有一信,系傅增湘致彭书舫,即因美荪嘱托而作,书札曰:"书舫先生清鉴:前日入都匆遽,不及走访为歉。现订于本月廿二日开学,请大驾早日莅津,不胜盼切,内子来都,想得见。前日吕眉生来言一节,现苦无从位置,容稍缓图之。"从年代日期推算,此信或指1906年闰四月二十二日,北洋女师范学堂成立时事,似吕美荪代书舫谋奉天女子师范事不成,故转致傅增湘。以吕碧城与美荪不洽和①,而美荪与同事学生之亲切,可以推知姊妹之间性情差异。

四

无论如何,彭书舫确于光绪年间在奉天女师任教,且应早于吕美荪,彭毂孙曾致信书舫:"我姊任奉天女师范监督,可喜之至。关塞严寒,诸惟珍卫。弟在奉四年,所办学界商界之事为多,日俄

---

①见陆丹林之文。

战争后小学女学甫有萌芽,今则学务振兴,不遗馀力,可称进步之速。"以袁同礼生于1895年,且为第三子①,书舫赴奉天时,或者已五十岁开外,而光绪末年又希望再次前往任教,与吕美荪同事,其壮心作为,对于家族后代,一定颇有激励作用。

当时京城亦有女学,这批信札中特别见到江亢虎所办女学传习所。江亢虎(1883—1954),名绍铨,清末政界活跃人物,投身教育事业,鼓吹妇女解放②,曾自筹经费,在京师先后创办四所"女学传习所",为方便女子就学,其传习所免收学费,甚至酌减膳费。彭书舫应邀义务任教,江亢虎有一信致袁廷彦曰:"伯母大人允尽义务,尤深钦感。兹谨奉上关约一件,即求转致莞存。所谓至多五小时者,非每日皆五小时也,诚以课繁人众,恐排列未必逐一停匀,但以此为最高限耳。事关公益,忝附世交,务恳赞成,曷任敬祷。"(写在"外城女学传习所用笺"上。)

彭家在京师亦开办有私立女塾,惟规模较小,见彭灵孙致书舫五姊信:"和、颐二女已在制备衣履行李,大约不久即来天津。此间已有女学生赴津者,为陈学生汝铎也。京中近日女学日见进步,寓中启蒙女塾报名者亦有二十几人,但限于地方,竟莫展一筹,甚可惜也。吾姊老当益壮,好学之心不减曩昔,诚非后人所可及,吕碧城学识已臻女界超点,论应话亦世好也,能常讨论,裨益良多。"

以上所转录袁氏存札中关于清末女学资料,为首次披露,不仅可以见到傅增湘、吕美荪等人汲汲于女子普及教育事迹细节,

---

①承袁清教授据家谱见告,李宗侗文章亦有说。
②详参汪佩伟《江亢虎研究》,武汉出版社,1998年。

有助于进一步研究清末教育,亦可感受袁氏家族的家学传承①。这批信札史料价值丰厚,此仅缤纷之一,馀者如近代诗人钱绥盘之信,彭望恕留学日本学习农业诸信,袁廷彦参加铨试过程,俱为清末民初第一手史料。另一部分多为袁同礼师友信札,胡适之信,体现他对学生白话运动之关心,李大钊之信,既有关学术著述,亦有关图书馆工作,是以往研究李大钊较少方面。馀者难以一一。

　　这数百通信札黏贴在一册十六开本油印英文讲义上,内容大致截止于袁同礼1920年留学之前,据此推测,这批信札之收集在他1924年从美国回国之后。有感于袁同礼馆长主持馆务期间,大力开拓图书馆事业,许多举措颇具卓识远见,比如购买西夏文献、征求西南民族文献、成立抗日战争史料征集会、开展国际交往、拍摄欧洲所藏敦煌遗书等等,给今天的图书馆事业留下丰厚遗产。同样,当年,王重民、向达先生从欧美写信致袁馆长汇报工作,抗战时期钱存训先生从上海致信袁馆长汇报上海办事处工作,这些信札至今完好保存在馆档案室,亦缘于袁馆长当年悉心留存,对后人研究馆史、学术史有极大裨益。这批信札固然本是私信,然今天看来,实为难得一觏之珍贵史料。袁馆长旧宅在南横街,距彭翼仲居住之粉房琉璃街不远,幼年时应当见过彭氏亲属。袁同礼馆长当年保存这些信札,就一定意识到其非凡意义,时至今日,我们有责任对之认真研究整理,以便学界使用。

---

①李晓泽撰《袁同礼亲属及其赠书研究》一文(《保定师范专科学校学报》2007年第3期),还钩沉袁同礼母亲及夫人家族事迹,亦为贵胄。

藏园校书研究

感受“于青灯黄卷中”*①

——藏园群书校勘跋识之文献意义刍议

民国年间著名学者傅增湘(1872—1949),字润沅,号沅叔,四川省江安县人。清光绪二十四年(1898)中二甲第六名进士,选翰林院庶吉士,二十九年(1903)以散馆考试一等一名授职编修。其一生以文化教育事业为己任。傅增湘大规模收集古书始于1911年,此时又值盛昱、端方、徐坊、聊城海源阁等旧日藏家之书陆续散出,于是遍访书肆,极力搜求,渐成巨擘,其藏书楼名“双鉴楼”,藏书二十馀万卷,多宋、元、明精刻及名抄本。傅增湘五十岁时即退隐,买宅北京西四石老娘胡同,以宅旁之园为读书之所,他取苏东坡“万人如海一身藏”诗意,定园名为“藏园”。

---

* 本文原刊《版本目录学研究》第二辑,国家图书馆出版社,2011年。

①原文为“雪霁月出,清冷之趣,只宜于青灯黄卷中领取之”,系傅增湘校勘《圣宋名贤五百家播芳大全文粹》识语。

一　"富藏更富校"

藏园校书,世所周知。傅增湘先生曾撰有"西涯校书记",记1913年曾于京师图书馆借居什刹海旁广化寺时读书校书事略①。伦明《辛亥以来藏书纪事诗》曾曰:"手校宋元八千卷,书魂永不散藏园。"②是其概况。《藏园群书题记》(以下简称《题记》)余嘉锡序曰:"暇时辄取新旧刻本躬自校雠,丹黄不去手,矻矻穷日夜不休。凡所校都一万数千馀卷。"③此《题记》中,时时可以见到藏园校书情形。傅熹年在《题记》"整理说明"中曰:"先祖父藏园先生研究目录、版本、校勘之学近五十年。生平藏书二十万卷,其中经过用善本手自校勘的约一万六千卷。每校勘一书,都在卷尾缀写小记,说明此书的学术渊源、版刻源流和校勘的所得。"章钰《傅沅叔属题双鉴楼图图为顾鹤逸隐君作》诗曰:"岂况富藏更富校,当年研削曾同调。"④此语颇有出典。傅增湘藏书自1911年南北和议上海购书为起点,与沈曾植⑤、杨守敬、莫棠⑥、徐乃昌⑦、张元济⑧等人交往密切,鉴定版本眼力日长。回京后,因形势大变,一些藏书散出,他继续购书,就是此

---

① 《藏园老人遗稿》,国家图书馆藏。
② 北京燕山出版社,1999年,第55页。
③ 上海古籍出版社,1989年。
④ 章钰《四当斋集》卷一三,《近代中国史料丛刊》三编,第十八辑,台北文海出版社,1986年。
⑤ 沈曾植(1850—1922),字子培,号乙庵,清浙江嘉兴人。
⑥ 莫棠,字楚生,又字楚孙,贵州独山人,莫友芝从子。有藏书室名铜井文房。其藏书于1930年前后散出。
⑦ 徐乃昌(1869—1943),字积馀,号随庵,安徽南陵人。富藏书,有《积学斋藏书志》。
⑧ 张元济(1866—1959),字筱斋,号菊生,浙江海盐人。

时购得端方藏百衲本《资治通鉴》。校勘几乎同时开始,先向李盛铎学习,以后与邓邦述①、章钰、吴昌绶②、吴慈培③、张允亮④、徐森玉⑤、袁克文⑥等人互相切磋研讨,终于成为每日功课⑦,积累数十年,《藏园居士六十自述》称"综计手校群书,为帙盈千,积卷近万"⑧。

　　傅增湘校勘成就至少可以归纳为:精、勤、博。所谓精,就是不仅设法寻找该书多种刊本,还设法寻找相关书籍进行他校,比如,他曾经多方寻找北宋本校勘《通典》,1929 年日本访书时,又见宫内省图书寮所藏北宋本,归来另著《通典校勘记》,现存国家图书馆。再如宋岳珂撰《鄂国金佗稡编》,《藏园群书经眼录》记曰:"余历年校此二书,取残宋本、元西湖书院本、旧钞本、宋刊《忠文王纪事实录》、抄本《四将传》诸书合参,补缺文十二叶,改订数千字,然尚有十馀缺叶未能补也。"《题记》卷三有《校金佗稡编续编跋》和《宋本忠文王纪事实录书后》二篇,考证精审。此本综合多书校勘所得,洵当重视。

---

①邓邦述(1868—1939),字孝先,号正闇,江苏江宁人。与傅增湘同年进士。有群碧楼藏书。
②吴昌绶,字印臣,又作印丞,吴焯之后。生活于清末民初。藏书甚富,曾刻《松邻丛书》。
③吴慈培,字佩伯,别字偶能,云南保山县人。民初与章钰、傅增湘、邓邦述往来密切,好学问,富收藏,精校勘。去世时将所校勘之书赠藏园,现存国家图书馆。
④张允亮,字庚楼,河北丰润人。富藏书,曾任职故宫图书馆。与徐森玉、沈兆奎为"藏园三友"。
⑤徐森玉,字鸿宝,吴兴人。著名文物学家、版本目录学家。曾任国立北平图书馆主任,1949 年以后任上海市文物管理委员会主任。"藏园三友"之一,见《藏园群书题记》卷七"方百川先生经义跋"。
⑥袁克文,袁世凯之子,嗜宋元版书。有《寒云手写所藏宋本提要二十九种》。
⑦馆藏明刊本《文苑英华》上钤有"藏园日课"小朱文印。
⑧1931 年石印本。

　　就勤而言,他每天校书不辍,自称为"日课",如《法书要录》校勘跋语写道:"宿清泉吟社已六夜矣,秋雨生凉,蒉烛校右军书语,夜午甫毕。此王麟洲手钞本,假之史吉甫,倏已两阅月。城居宾客过从,恒妨日课,故五十日中廑勘得五卷。兹携来旸台,竭四日之力遂尔终篇,始知山中景光不殊仙家日月也。校竣,喜而志之,至卷中佳胜,当别题识焉。"即使出行,亦随身携书,或在途中见到善本,立即校勘、抄录或假归北京,校勘后寄还。如1933年江浙之行,曾借铁琴铜剑楼藏宋文彦博《文潞公文集》旧抄本校勘,其校勘记曰:"此钞校本自瞿氏假得,携之往金华、兰溪,沿桐庐而下,迄无暇晷可以着笔,明日将旋燕,而主人索还甚急,因屏除百事,匿迹一秋寓庐,竭尽日之力,居然终卷。老而好学,公殆可以自诩矣。癸酉四月二十六日,傅增湘记于上海古柏公寓。"一般来说,每日可校三四卷,校勘《资治通鉴》《太平寰宇记》时,有时一天可校勘七卷之多。至30年代初,将近六十岁时,校书已过万卷,曾刻一小印"二十年中万卷书"。

　　其校勘之博,不仅曾经校勘《文苑英华》《册府元龟》等巨帙,且遍及经史子集四部,又因过录多种名人校跋,记录多部稀见本,从而保存众多珍善版本。这些珍稀校本,来源多处,有自藏者;有出访各地所见者,如去日本或南方游历时所见;有向各方借阅者,如向友人相借者;也有向书店借者,书估有好书,或索值太高,只能借来校勘。京师图书馆、北京大学图书馆和江南图书馆庋藏善本亦常常借阅校勘。晚年清理生平所校书,其哲嗣傅忠谟先生编为《藏园校书录》。1947年,傅增湘将手校群书赠北平图书馆。

　　傅增湘对所校之书,多有心得,每校勘一书,都在卷尾缀写小记,说明此书学术渊源、版刻源流和校勘所得。较为重要者则拓写长篇题跋,积累数百篇,最初刊诸天津《国闻周报》,1938年及

1942 年分别名以《藏园群书题记》初集、续集结集出版。1944 年傅增湘因患风痹书写艰难,遂对历年撰写题记、瞥录反复披阅、增删,进行全面订正。1981 年,上海古籍出版社出版《藏园群书题记》,即据当年删定稿本排印①。

藏园先生一生到底校勘多少部书,以往研究者一直没有确切数字,根据《藏园校书录》统计,共为:经 30(334)+史 125(3823)+子 256(3708)+集 380(8297)= 791 部(16162 卷)②。但是其中情况并不简单,比如有些书校勘过多遍,如《三朝北盟会编》,《藏园群书题记》之两跋文称"平生所见写本不下十许",自 1921 年至 1933 年曾以不同抄本四次校勘;有些书因宋刊本为残卷,所以仅校勘部分,比如《史记集解》。笔者根据本馆书目,稍有补充,又见其他图书馆尚存藏园手书题跋,可能这个数字还会有更改。大约在 2002 年,笔者与傅熹年先生商定,由笔者从事此项整理。傅先生将《藏园校书录》赠我,并标明书号及是否有跋文,作为索书目录。自 2006 年至今,主体已经完成,目前正在进行结尾工作。

整理过程,乃学习过程,笔者从中不断汲取文化素养,增广见闻。现将校勘跋识部分内容分类介绍,与同好共享。

二 校勘记中版本信息丰富

校勘记所记某些校本详于《藏园群书经眼录》(以下简称《经眼录》)和《题记》。比如:《素履子》一书,傅增湘 1916 年据天一阁藏明抄本校勘。目录之前有一跋曰:

---

① 参见傅熹年为《藏园群书题记》所写"整理说明"。
② 据笔者整理校勘记所见,校勘部帙当不止于此。

明钞本，蓝格棉纸，与《天隐子》合为一册，半叶十行，行二十五至三十字不等，得之苏州博古斋，乃天一阁流出者。取校此本，每卷题衔不同，且多序一篇，不知范氏刻本曾有之否，兹录之左方，其馀字句亦偶有改正，盖其钞手当在嘉靖以前，自较范氏刻为胜也。丙辰三月十四日江安傅增湘记。

《经眼录》记载较为简略，不及此书跋文详细。且此天一阁藏明抄本不见于善本导航系统，不知是否尚存，其状况因此校勘而有所保存。再如，《文房四谱》，傅增湘1933年临黄丕烈校本。其卷一末叶识曰："癸酉七月二十九日，依黄荛翁手校本传录。藏园老人记。"《经眼录》未著录黄氏手校本。当然，多数校本已经记载在《经眼录》中。

藏园校勘所用之书，有古版书，比如宋刊本，甚至敦煌卷子①，还有希见古抄本，比如用过吴宽藏抄本、钱毂抄本等，并大量过录名家手校本，特别重视黄丕烈、何焯、鲍廷博、卢文弨等人手校，近代李盛铎手校也有过录，还很重视日本藏书，一是重视日本藏古抄本、重要刻本，尤其是杨守敬观海堂藏书，在校勘中屡屡提及，也很怀念杨守敬其人，二是重视和刻本，比如董康带回的五山版《冷斋夜话》。这些曾经作为校本的古籍，有些至今尚存，有些已不知所归，比如五山版《冷斋夜话》，还有一些何焯手校本，笔者在善本导航系统中没有找到。也就是说，通过傅校，保存大量稀见本。

再有一些较长跋文系《经眼录》《题记》均未载者，内中不仅关乎版本，亦涉及该书流传过程，颇资考证。例如宋高似孙《纬略》，1916年藏园先生据杨守敬旧藏影宋本及文友堂钞本校勘，全书末叶跋曰：

---

① 详参本书《藏园校书所用敦煌遗书、吐鲁番文书》一文。

《纬略》,余曾得郁冈斋钞本,校于守山阁上。原本十一行二十字,每卷皆目录接连本文。十二卷多"笔橐""金条"及"甘露鼎"后数行,以为世间最善本。嗣见杨惺老《日本访书志》载影宋本,不独"笔橐"等条不阙,又多"竹宫"等四条,为目所不载。其后惺老以参政①来都,屡从之为一瓻之请,独此未及也。甲寅②惺老殁于京,余告于项城公,以五万三千金收其书。检书之暇,因取此书归,置案头已半载,苦无底本可录。嗣检得文友所存钞本,又祇得六卷,因命馆僮石升书钞补成帙,乃得着手校勘。又月馀而始毕,其佳胜之处不可胜计。倘得有力者刊而行之,不独俾还似孙之旧,庶不负邻苏搜访之勤及余校雠之力也。丙辰六月初六日盛暑挥汗记,增湘。

郁冈斋钞本见于《经眼录》著录。此跋不仅再次说明傅增湘对日藏汉籍的重视,也确凿记载当时政府出资购买观海堂藏书细节。由于部分重要长篇跋文不见于《题记》,笔者专就此事写一小文《藏园校勘子书丛录》,内中提及子部三种书:《册府元龟》《事物纪原集类》《冷斋夜话》,其跋均为内容丰富而未曾披露,所记藏书渊源、版本比较、校勘订正,堪资考证。

有些跋文与《题记》相关,如《册府元龟》,国内各家藏宋本《册府元龟》存卷见诸《经眼录》,《题记》亦有二则跋文,一则是晚年(1944)所写,一则是收到朱文钧贺礼后(1931)所写,而手校之书所存尚未刊布者,写于1918年,跋文中提到袁克文旧藏、朱文钧旧藏、铁琴铜剑楼旧藏(现存国家图书馆),刘启瑞旧藏(今存台湾),藏园先生彼时已校勘包括原国立北平图书馆藏(今存台湾)

①杨守敬于1914年被袁世凯聘为参政。
②此时以农历计,仍为甲寅年,但公历为1915年1月9日。

宋刊《册府元龟》各卷，亟当重视，该跋早于《题记》两则跋文。1931 年朱文钧将《册府元龟》卷四百八十三和元刊《续通鉴》作为六十寿礼赠送藏园主人，傅增湘因再作题记，而此前八年(1924)已经借读该册，并且校勘。1944 年跋文记载藏园所藏六册《册府元龟》，追述铁琴铜剑楼之藏、皕宋楼之藏、内阁大库之藏，还特别提到涵芬楼当年曾有汇集宋本影印之议。张元济先生曾经影印静嘉堂藏皕宋楼之宋刊本《册府元龟》四百四十四卷[1]，拟与国内所存百馀卷汇印，于 1936 年末至 1937 年初数次尺牍往来与傅增湘讨论此事，详见《张元济傅增湘论书尺牍》[2]。这三篇校书跋文当同观，反映藏园校勘此书廿馀年历程。

再如最近看到藏园手校之吕本中诗集，无论是底本、校本都颇具价值，底本系吕留良家抄本，校本系宋刊本，傅增湘所写"钞本《紫薇集》跋"，并不见于《题记》，而《题记》中关于吕本中诗集宋刊本之长跋，仅稍及此吕留良家抄本。再如《后山先生集》，《题记》刊出三则跋文，而藏园手校之明刊本上仍有二跋未曾刊布，且与《题记》内容不同。此类长篇跋文数量不在少数，将来一定会引起研究者关注。

以多种版本多部著作校勘一书，为藏园校勘一大特点，朱蓝绿诸色笔批改灿然，《东坡集》即为一例，其《后集》卷十首叶书眉识曰：

> 此卷校宋黄州刻本，用朱笔至第二十页十四行止，其卷末"拟进士对御试策"，系据宋刻《东坡奏议》单行本，亦用朱

---

[1]静嘉堂所藏《册府元龟》详情可参严绍璗《日本藏汉籍珍本追踪纪实》，上海古籍出版社，2005 年。
[2]商务印书馆，1983 年。

笔,校宋本《国朝文鉴》用蓝笔,校宋刊十二行本用墨笔。庚申六月十五日,沅叔记。

其《东坡奏议》亦是一校再校,卷末附纸书曰:

《东坡奏议》凡校五本:

朱——宋刻大字本,图书馆藏,残本。

朱——宋黄州刻本,缪、袁分藏。

朱——明钞本,题上加朱圈。

蓝——明翻宋本《奏议》十五卷。

朱注明——宋本《诸臣奏议》。

校勘大家实由日复一日之坚韧砥砺而成,且由此得见传统校勘规范。

综上所述,校勘记为《经眼录》和《题记》重要补充,增加诸多版本信息。可以从中感受或者推知《题记》之形成曾经过反复斟酌,同时也要借助《经眼录》和《题记》,才能完整理解校勘记。

三　校勘记中所见藏书家活动

校勘记内容大致同《题记》之"整理前言"所说:"每校勘一书,都在卷尾缀写小记,说明此书的学术渊源、版刻源流和校勘的所得。"既有比较详细丰富记载,如以上举例,亦有相当简略者,如校勘"双鉴"之一《资治通鉴》时,卷末为"十一月二十九日校毕,改四字增六字乙四字"之类,虽然文字寥寥,恰是校勘日课切实记录。

校勘离不开版本,自然时常语及藏书递传,因之多见藏书家信息,最为可贵。比如山东徐坊藏书,徐坊(1864—1916),字士言,又字梧生,号矩庵,山东临清人。其藏书楼名"归朴堂"。其藏书盛时,曾与海源阁齐名,傅增湘在《双鉴楼善本书目序》中,予以很高评价①。由于其父因中法战争论罪贬谪，徐坊长久抑郁，辞世较早。身后家人不能护持藏书，逐渐散出。徐坊藏书原本秘不示人，也少钤盖藏印，又未编写目录，故流散之后难寻踪迹。徐坊系京师图书馆第一任副馆长，北京师范大学刘乃和教授外祖父，刘先生曾无限惋惜地称其藏书"风流云散"②。《经眼录》和《题记》中可见数则徐坊藏书散佚坊间及流转于藏书家手中记载，笔者曾见徐坊旧藏南宋刊本《忠文王纪事实录》，藏园先生为之撰写长跋，并据之校勘《鄂国金佗稡编》。手校书跋文中亦有数则，例如，《法书要录》目录末叶有一则题识曰：

　　王敬美手钞《法书要录》，为徐梧生旧藏，嗣归其婿史吉甫太史。予假得，取此刻对勘，增订殆及千言。自三月开卷，迄七月乃得终篇。昔年曾临何义门及心友校本，所据亦一钞本，但其改定尚不若兹本之多，似此胜于彼也。又别收嘉靖刻本，其文字视《津逮》略异，然与敬美所录，其同者不过什一，知此书古来竟无善本，展转传钞，遂滋歧舛，阅者择善而从可也。原有葛正笏、杨继振二跋，不具录。藏园记。

此则题识指出徐坊藏书曾经其婿史吉甫之手，史吉甫，名宝安（1875—1939），字吉甫，徐坊长婿。清光绪二十九年（1903）进士，为翰林院编修。有《枣花阁图书题跋记》。傅增湘为光绪二十四年进士，翰林院编修，与之有交往。与徐坊藏书相关题识，如果逐条析出，可为徐坊藏书去向稍作勾勒，略慰刘乃和先生之憾。

---

①该文见于《题记》附录。
②刘乃和曾撰文《藏书最好的归宿——陈垣书的捐献与徐坊书的散失》，刊登在《北京图书馆馆刊》1997年第3期。文章痛心于徐坊藏书散失，欣慰于陈垣先生藏书完好保存于国家图书馆，以说明公藏的作用和力量。

　　藏园与周叔弢乃为四世通好,曾撰文"题周叔弢勘书图"[1],今见校勘记中多次语及傅周二人藏书互通有无,时常互借善本以利校勘,笔者专为文"周叔弢傅增湘藏书校书合璧举隅",拈出数则校勘题跋说明傅、周藏书校书旨意、情趣,以飨读者。

　　张元济与傅增湘之兄傅增淯为同榜进士[2],商务印书馆编辑《四部丛刊》过程中,得到傅增湘鼎力支持,有《傅增湘张元济论书尺牍》为证。校勘记中多次见到二人藏书往来,有时颇似传奇故事,比如宋刊本《披沙集》递藏过程,馆藏一部《唐人百家诗》康熙刊本系藏园先生校勘底本,其中《披沙集》之卷首分别于 1912 和 1913 年题跋曰:

　　　　壬子十一月,购得杨惺吾所藏南宋书棚本《李推官披沙集》,初印精善,其直银币式百圆,旋以绌于资,遂让归张菊生,置之涵芬楼中。北还时,厂贾适以景宋本相寄,即从惺吾本出者,因以贱直留之。取席刻对勘,可以校正讹谬甚多,且有出惺吾所校外,以此知宋本之可贵,而余之失彼得此,差足自慰也。十二月初七日,沅叔记。

　　　　是集既藏之涵芬楼矣,嗣与同年邓孝先谈及,孝先坚欲得之,余为之作缘,商之菊生,竟以归之。孝先初得书棚本《群玉》《碧云》两集,遂名藏书之所曰群碧楼,及得此集,复刻一印,曰"三李盦"。历世数百,一旦合并,亦艺林佳话也。余频年搜采,获此秘册,乃以辗转让人,亦殊自失。然箧中藏有四宝,欲持以与三李相抗,未知孝先其许我否耶? 癸丑十月,

①《藏园群书题记》附录二。
②张元济与傅增淯同为光绪十八年进士。

菊生自海上寄《披沙集》来,取此本再校,并记颠末。沅叔。①

现存台北"中央图书馆"之明穴研斋抄本《老学庵笔记》即钤有"三李盦"印记,并有邓邦述、傅增湘跋文。

校勘需要善本,这些珍稀校本,来源多处,有自家的;有出访各地所见,比如东渡日本,游历南方时所见;又向各方借读,多次向朋友借读,因之成为与学者往来重要内容,校勘记中常及张元济、章钰、邓邦述、周叔弢②、蒋汝藻③、朱文钧④、莫棠、李盛铎、吴慈培诸人,保存彼时藏书家活动珍贵资料。

四　校勘记中有关书估记载

藏书家与书估关系密切,本馆藏一批文友堂与藏园信札⑤,内容涉及版本鉴定、代售、代收,甚至代为装订、抄写,最说明彼此相互依靠。藏园校勘记中亦有一些记载,对研究旧书肆当具参考意义。

校勘记中有上海、杭州几位书估资料,如杭州杨耀松,曾出售多部劳氏藏书⑥,藏园先生曾得到劳权抄本《蜀梼杌》,字体精绝。

---

①《题记》有杨守敬影写宋《披沙集》跋文,亦记此事,可对读。又,《题记》跋文尚叙观海堂藏书及群碧楼藏书大概去向。

②周暹(1891—1984),字叔弢,安徽建德人,著名藏书家,与傅增湘为世交。其重要善本捐赠国家图书馆,可参阅冀淑英《自庄严堪善本书目》,天津古籍出版社,1985年。

③蒋汝藻(1876—1954),字孟萍,号乐庵,浙江南浔人。近代藏书家,密韵楼,即蒋汝藻藏书楼,有《传书堂善本书目》。

④朱文钧,字幼屏,号翼庵,浙江萧山人。其藏画甚富,且精于鉴定。朱家溍《故宫退食录》(北京出版社,1999年)中《我家的藏书》一文言及朱文钧与傅增湘交往。

⑤李小文、孙俊《文友堂楼傅增湘手札》,《文献》2007年第4期。

⑥王松泉、王巨安《杭州百年书肆记》一文记杨氏文元堂出售劳氏批校本及手写本事较详,见《湖上拾遗》,杭州出版社,2007年。

《经眼录》著录此本,极为珍视,另加铃印"二十年中万卷书""双鉴楼""双鉴楼藏书记""沅叔心赏""江安傅沅叔收藏善本"诸印。

此书有傅增湘写于戊寅年(1938)长跋一则,见诸《题记》,虽然有个别字句出入,但文意大体相同。惟此本跋文最后有购书小记,不见于《题记》中,故录于此,文曰:

> 此书余于光绪乙巳得于杭州文元堂书坊杨耀松手,同时并获巽卿手钞书十数册,皆杨估于塘栖劳氏后人得之。校勘既竣,附记卷端,俾后来有所考焉。戊寅岁二月初八日,藏园老人志。

杨耀松还曾从杭州寄来明钞蓝格《浣花集》十卷,藏园校勘该书时别有小记。

与上海书估交往,其中最著者为《云台编》之收藏,该书卷下末叶记曰:

> 明蓝格钞本《云台编》三卷,何义门手批校,金冬心题签。壬子(1912)三月杪得之上海书贾陈韫山,是日余已买舟将发,韫山自宁来,强余至旅舍观书,因检得此种,抱书疾行回埠,而舟已发矣,后四日乃得成行。甲寅(1914)十月校竟,聊记于此,以见余嗜书之癖,殆有不自解者矣。沅叔。[1]

另一著名上海书估陈琰,1922年将缪荃孙藏旧写本《平定罗刹方略》转至藏园,校勘记曰:

> 江阴缪炎之前辈藏《平定罗刹方略》旧写本[2],流入沪市,昨陈君立炎携以北来[3],因据以对诵,并改定如干字。增湘记

---

[1]《题记》中亦记此事,系二十年之后的1934年,颇多沧桑感慨,可以参见。

[2] 缪炎之即缪荃孙。

[3] 陈琰,字立炎,以字行。浙江海宁人。上海古书流通处店主,曾收购抱经楼藏书,该店一度为江南最大古旧书店。

于藏园。时壬戌十月初七小雪之第三日也。

1924 年藏园先生之上海，更是在陈琰书肆流连、借书校勘，兹不一一。

宋版书《入注附音司马温公资治通鉴》残本即 1914 年得之于上海，该书题跋曰：

> 杭州吴氏藏书①，辛亥后久悬万元出售之说，余见其目屡矣，菊生亦曾往观，最后书友李宝泉②为介于上海王培生，以七千元得之③。此书为吴目中上乘，舍此更无宋版，不知何以漏出。甲寅夏，余至上海，杭估郑长发④持此来，以重值收得。卷中藏印只有温葆淳印，盖沉霾于世久矣。丁巳九月二十六日，傅增湘识于太平湖醇王故邸。

当然和北京琉璃厂书肆交往更为频繁，多次从书肆借珍本书以作校勘，比如《经典释文》之校勘，就是生动一例，该书封面内副叶有长跋一则，曰：

> 《经典释文》宋刊本，世不得见，余有顾抱冲校本，亦只据朱文游家影宋本耳。别有《礼记释文》四卷，疑为抚本《礼记》所附刊，非本书也。昨于厂市文德堂见宋刊两卷，言是内府付出装订者，亟往一观。行款与通志堂本同，而每行字数时参差，则自别

---

① 吴氏，当是吴煦（1809—1873），字晓帆，清钱塘（今杭州）人。家富藏书。1914 年傅增湘先生赴上海，所阅书还有校宋本《太平广记》，亦出自杭州吴氏。
② 李宝泉，杭州书估，书坊名述古堂，常为傅增湘收集善本。
③ 王培生或为王培孙之误，《题记》之《校宋本太平广记跋》即称上海利川书屋王培孙。王植善字培孙，后以字行。上海南翔人。曾留学日本。民国初年创办利川书局，该书局以杭州丁氏八千卷楼所藏地方志及吴煦所藏明清史籍为基础。《经眼录》记此书得之于利川书局。可参见沈津之《王培孙和南洋中学藏书》一文（《书城风弦录》，广西师范大学出版社，2006 年）。
④ 郑长发在杭州经营书肆古欢堂，详参前举王松泉、王巨安之文。

为一本矣。卷首尾御玺数方,有"天禄琳琅""天禄继鉴""文渊阁印"……字体方整,犹是南渡初风范。因爱不忍去手,商允假归一读。取此刻对勘,改正殆数百字,即宋板显然误者,亦毕录不遗。原本蚀损及刓敝不可辨者,加朱点于本字旁。屏除百事,尚力为之,一日夜而毕。闻全书今存涛贝勒邸中①,异日当求窥全豹,俾此书得竟全功。或许印行世间,流布万本,亦艺林之一快也。壬戌十一月初一日,傅增湘记于藏园长春室。

此宋刊本今存国家图书馆,藏园先生校勘亦存本馆,两相对读,方见读书藏书一番心血。

文友堂开设历六十年,乃北平经营古籍规模最著书肆之一,与傅增湘、李盛铎、周叔弢等大藏书家交往多年,尤与傅增湘往来最密,交情最深,其匾额亦由傅氏所题。1941年初被火,适逢藏园先生将宋刊孤本《乐府诗集》送交修补装帧,翌日听说此焚如之祸,坐立不宁,强作达观,下午至琉璃厂,在松筠阁慰问文友堂老板魏笙甫(即魏文传),方知修裱工携书回家,因事迁延,该书由此逃脱此劫。《题记》中有专章记载,可见藏书家与书估交谊深厚。本馆藏该宋刊本,卷首即藏园老人此跋文,文末尚多感慨未刊诸《题记》。

五 校勘记中富于历史场景

傅增湘生活年代,正值中国近代社会跌宕起伏,其壮年时逢民国建立之初政局纷扰,年迈时又逢抗日战争动荡,故校勘记中颇具生活情节,可作历史片断观。

---

①涛贝勒即醇贤亲王奕譞第七子载涛,其府邸在什刹海旁柳荫街,今为北京市第十三中学。关于此内府宋刊本,可参见《经眼录》第105页。

　　1917 年傅增湘经冯国璋、王士珍推荐，就任北洋政府教育总长。此期间，正是中国政局风云变幻之时，"总统一易，总理三易"①，而傅增湘连任如故②。1919 年五四运动爆发，北洋政府欲解散北京大学，傅增湘坚决反对，蔡元培愤而辞职，同年 5 月 15 日，傅增湘也因反对镇压学生和拒签罢免蔡元培北京大学校长的命令而辞职。

　　1919 年辞职时，曾先避地扬州，其时开始着手校勘《太平寰宇记》，小半年时间中游历江苏、浙江，回到北京，方告藏事，其跋文称：

　　　　自己未五月初四日在扬州开手校起③，至九月二十六日在京师校完，计六阅月又二十三日。奔驰南北，涉历夏秋，廑而毕事，可谓艰矣。此书名称既美，而丹黄辍手，又适会五星联珠之象，或天下扰扰将从兹太平乎。书此以竢之。姜莘傅增湘记于藏园食字斋。

若不解其背景，对此跋语难有深切领悟。

　　1922 年直奉第一次大战，京郊乃主战场，此时城内人心惶惶，街面萧条，藏园手校豫章丛书本《清江三孔集》卷首有长跋一则，文末曰：

　　　　壬戌三月晦日校毕自记，时近畿数百里间，三帅陈兵，殆逾十万，祸变岌岌，旦晚可虑。而吾辈蛰居危城，为此虫鱼之学，宁非绝痴。

此书系据吕氏讲习堂写本及徐坊藏明代朱氏旧钞本校勘，《题记》之跋文与此有关，当对读。

————————

①指总统黎元洪、徐世昌之更迭，总理历届为王士珍、段祺瑞、钱能训。
②见《藏园居士六十自述》。
③是年五月，傅增湘因反对镇压学生和拒签罢免蔡元培北京大学校长命令，而辞去教育总长一职，避地江浙，于此期间校勘本书，故有慨叹。

藏园手校清乾隆刊本《归田类稿》卷首其长篇题跋,语及时事者如下:

> 今年(即1922年)四月中旬,述古堂自山东故家辇书至京,时近畿方构兵,九门昼闭,廛肆寂寥,无人过门。余抽暇往阅,中适有《归田类稿》明写本一帙,乃曹栋亭旧藏。因携回对勘一过,订讹补脱,不可胜计,又增文九首诗十首,为之愉快累日,然终以不得再见元椠为憾。

1931年"九一八"事变之后,日军不断进扰华北,1933年(癸酉)冯玉祥在张家口正式组建抗日同盟军,并出任总司令。这段历史在藏园校勘记中也有记载,其手校清光绪江苏书局刊本《周易要义》卷一有跋文二则,其一曰:

> 余从涵芬楼假此残宋刻载以北归。时日军迫近郊,飞机翔空,潞河隐隐闻炮声,兵甲环城殆二十万,居民惶骇,携家四出窜避,留者一日数惊。余兀坐危城,心情恶劣,殆不能堪。今日弭战之说似闻有成,意绪差宁,乃重理笔砚,日未移晷,遂竟此卷。聊记之卷尾,俾后人览之,知老人嗜书如命,虽仓皇戎马之中,尚铅丹不辍于手中也。癸酉夏历五月朔,藏园老人镫下记。

其二曰:

> 五月初六日宿香山甘露寺,坐听法松间校毕。时惠文女儿养疴山中已将匝月,余自南游婺江归燕,局处围城,颇用驰系,秖以敌骑迫城下,居人一日数惊,不敢远出。近者弭战之议已开,四郊解严。昨夕大雨达旦,炎歊顿解,远望西山,鲜丽如洗,遂乘兴驰车入山,偷得片刻清闲,为此冷淡生活,斯亦入夏以来第一愉快之日也。藏园老人记。

1916年及30年代前期,傅增湘曾两度校勘《文苑英华》,先是仅以宋刊残本为校本,继之以宋刊残本及明抄本为校本。1937年卢沟桥事变,抗日战争打响。傅增湘此期间蛰居北平,埋首校书,完成鸿篇《文苑英华》千卷全面校勘,此次校勘,后来形成《文苑英华校记》,国家图书馆存其誊清本,全书以竖排表格逐卷指出异文及其所在叶、行,此誊清本钤有"双鉴楼珍藏印""沅叔校定""忠谟继鉴"印,末有己卯七月傅氏跋语,"此书自丙子九月杪开校,中间作辍不常……叶石君校本一部,皆余家旧藏也。己卯七月,傅增湘识"①。北京图书馆出版社2006年影印此《校记》。此三次校勘,均采用明隆庆元年胡维新、戚继光刊本,抗战期间校勘之卷五百末叶跋曰:

> 昨岁自卢沟变作,情绪凄惶,中怀郁结,不可终日。因思校勘古来巨编,藉可遣日。以夙嗜文词,故选定此书。箧中旧有明钞一部,周君叔弢闻之,又以所藏照宋写本相贻。自残腊为始,期以今岁务完其功,乃俗冗纷扰,作辍不常,讫于今,兹始竟五百卷,然耗时已八阅月矣。此后将以全力纂定《绥远通志》,不复能专意于此书,然有隙即校,纵不克如愿以偿,亦聊可计日以待。譬行千里之程,今已至半途,苟锲而不舍,自可日近一日矣。特记此以自厉。沅叔。

藏园先生对国家不宁甚是担忧,读《题记》中《明钞本大金国志跋》和1944年为景山公园书《明思宗殉国三百纪念碑》一文便知。

任职史馆编修,与后来任职教育总长,对于傅增湘,均以振兴文化为使命,然则时势不容作为,其心迹尚存诸文字,比如《乾隆二十二年缙绅全本》一书,《题记》中有该书跋文,和手校之书中藏园手跋相比,《题记》缺少以下斜体部分:

> 此官版缙绅残帙,前缺失序文及官制半叶。京秩自宗

---

① 此跋文亦见于该书校勘之末。

人府以下……册内人物著名者如卢文弨、梁同书、翁方
纲、王鸣盛、谢墉、钱载尚书，编修纪昀、朱筠，钱大昕方选
庶吉士。（岂知数十年后，发扬文治，振兴学术，皆在此数
公者肩其任乎！呜呼，观于此册而叹纯皇帝初政英明，其
作育人才之盛，殊使人低回慨慕于无穷也。岁在庚辰六
月朔，前史官傅增湘记，上距乾隆丁丑一百八十四年矣。）

有关史馆编修之慨叹，尚可见诸揭傒斯文集之校勘。揭傒
斯，字曼硕，元代翰林国史院编修官，与修《经世大典》《宋》《辽》
《金》三史总裁官。傅增湘先生曾于20年代以元刊本、谦牧堂抄
本、鲍廷博校本校勘揭傒斯诗集，《题记》中为该书不同版本撰写
四跋。1943年假周叔弢藏明刊本校勘揭傒斯文集，据《藏园校书
录》记，此为藏园老人手校群书最后一种，其跋文字体依旧秀整端
严。并在此《揭文安公文粹》校勘识语末特钤"戊戌翰林""史馆
编修"印，令人尤增感触。

笔者曾见明代内府写本《翰苑群书》，字体端庄，极精严，曾为汲
古阁插架之物，后转入盛昱之手，书之概况著录于《经眼录》。卷首多
位前清翰林题跋并题诗，依次为：傅增湘题跋并题诗、陈宝琛①题诗、
夏孙桐②题诗、邵章③题诗两首、陈云诰④题诗两首、郭则澐⑤题诗、俞

①陈宝琛(1848—1935)，字伯潜，号弢庵，闽县(今福州市区)人。清同治七年进士，翰林。
②夏孙桐(1857—1941)，字闰枝，号悔生，江苏江阴人。清光绪十八年进士，与傅增湘
　同年，亦选翰林院庶吉士。
③邵章(1872—1953)，字伯炯，号倬庵，邵懿辰长孙，浙江仁和人。清光绪二十九年进
　士，选翰林院庶吉士。工诗文，擅书法。著名学者。
④陈云诰(1877—1965)，字紫纶，号蛰庐，易水(今属河北省)人。清光绪二十九年进
　士，翰林。与傅增湘往来密切。
⑤郭则澐(1884—1940)，字啸麓，号养云、蛰云，侯官(今福州)人。清光绪二十九年进
　士，翰林。藏园朋友。

陛云①题诗。《题记》并录夏孙桐长诗。傅增湘跋文见于《题记》,其题诗如下:

> 回首春明记梦馀,玉河西畔忍停车。漫愁避世无金马,幸有遗编守石渠。觞咏经秋人易感,文章报国愿终虚。瀛洲道古关吾辈,待访陈骙续旧书。　藏园漫题。

曾为翰林,史馆编修,又是藏书家,其思想生活必然与之关联,藏园每年腊月十九日苏东坡生日都要举行祭书会,与会者携藏书珍本,众人观摩把玩,盛会多次在题跋中留下馀响。

傅增湘寄情山水,校读之馀经常有登临雅兴,大河山川多曾游历,其游记合编为《藏园游记》②。每次出游之前,他多先检阅该地方志,游览之时又颇注意古碣碑石,其游记中此类内容至今仍堪参考借鉴。北京郊区园林寺庙风景至佳,藏园先生足迹几乎踏遍。旸台山与大觉寺在北安河附近,系辽金两朝重要遗址,大觉寺即辽金时期八大水院之一清水院,傅增湘先生常盘桓于此,随带书砚,校书于山林之间,其校书跋语中常见随笔,描写风景别致清雅。以下乃清孔广陶岳雪楼影钞本《圣宋名贤五百家播芳大全文粹》卷二末叶藏园校勘记中对香山雪景描述,作为本文结束:

> 早起偕涂厚庵③游香山,历见心斋、芙蓉屏、玉华山庄、双清别墅诸胜,松枝缀雪,柏叶镂冰。升腾绝顶,朗朗如玉山上行,群峰皓耀,极银海浩渺之观。题名于阆风亭,以志鸿爪。

---

①俞陛云(1867—1950),字阶青,号斐庵、乐静,浙江德清人。清光绪二十四年探花。与修《清史稿》。

②现合订一册,印刷工业出版社1995年出版。

③涂凤书(1887—1940)字子厚,号厚庵,双江镇(今属四川)人。曾任黑龙江省提学使,辛亥革命后任黑龙江省教育司司长,北洋政府期间任国务院参议、国史统筹处处长。后归隐专心著述,有《石城山人文集》。

时十一月望日,正冬至也。归来日尚未夕,偶尔弄笔,遂毕此卷,仍以明钞本对勘。藏园手记。

【编者按】:本文最初系作者为国家图书馆《文献》杂志创刊三十周年之纪念会撰写。会议 2009 年 11 月 13 日至 16 日在北京香山宾馆召开,时冬雪初降,适与文末所引相契合。

藏园校书所用敦煌遗书、吐鲁番文书*

藏园校书,世所周知。傅增湘先生曾撰有《西涯校书记》,记1913年曾于京师图书馆借居什刹海旁广化寺时读书校书事略①。伦明《辛亥以来藏书纪事诗》曾曰:"手校宋元八千卷,书魂永不散藏园。"②是其概况。《藏园群书题记》余嘉锡序曰:"暇时辄取新旧刻本躬自校雠,丹黄不去手,矻矻穷日夜不休。凡所校都一万数千馀卷。"③此《题记》中,时时可以见到藏园校书情形。傅熹年在《题记》"整理说明"中曰:"先祖父藏园先生研究目录、版本、校勘之学近五十年。生平藏书二十万卷,其中经过用善本手自校勘的约一万六千卷。每校勘一书,都在卷尾缀写小记,说明此书的学术渊源、版刻源流和校勘的所得。"根据国

---

* 本文原刊《中国典籍与文化》2008年第4期。
① 《藏园老人遗稿》,国家图书馆藏,书号31055、31066。
② 北京燕山出版社,1999年,第55页。
③ 上海古籍出版社,1989年。

家图书馆藏藏园校书,以下仅就其中利用敦煌遗书、吐鲁番文书校勘传世文献三种书之跋识,昭示藏园主人校书之孜孜不倦,精益求精。

一　《三国志·韦曜华覈传》

《三国志注》六十五卷,清同治年金陵书局刊本。《藏园校书录》①记辛巳年(1941)十一月据宋刊残本校《蜀书》,但此书校书题识分别于庚申(1920)、壬戌(1922)、丙寅(1926)、辛巳诸年,其中《蜀书》的确校勘于辛巳年,《魏书》曾于庚申、壬戌年校勘一过。1926年藏园得见吐峪沟出土《三国志·吴书》高昌写本残卷,予以校勘。这一校勘情形不见诸《藏园群书题记》和《藏园群书经眼录》记载。

藏园先生雅好山水,足迹几乎踏遍北京郊区园林寺庙,并随带笔砚,校书于山林之间,其跋语除考证版本源流、记校勘所得,亦有纪事随笔,笔触别致隽永,赘录二则,以飨读者。《魏书》卷二十二末叶识曰:"庚申三月初七日辰刻,在秀峰寺小楼校得半卷,即逾旸台,登妙峰,访仰山寺,由三家店回都。翌日申刻乃得勘毕。"《魏书》卷二十三末叶识曰:"庚申三月初十日,游上方山,宿兜律寺。翌日诸公往探云水洞,余独留寺中,校得此卷。时山雨霏微,岚翠落笔砚间,怡然自适,视诸公搜奇选胜之乐,未易较短长也。沅叔。"秀峰寺在北京西山鹫峰山下。仰山寺全名为仰山栖隐寺,辽代建筑,在北京西山妙峰山乡,现为门头沟区文物保护单位。兜律寺又作兜率寺,又称上方寺,在北京房山上方山。

---

①傅忠汉编,傅熹年整理,尚未刊布。

　　利用吐峪沟出土文献校勘《三国志》卷六十五，即《吴书二十》第十二叶，书眉识曰："右北凉高昌王麴嘉时写本吴志一段，通二十四行。顷白坚甫得之于新民梁素文，因假归校读。凡得异字三十有六，皆精确可信，真旷古之奇宝也。丙寅十一月十日，沅叔记。"据北凉写本校勘大约一整叶。

　　白坚，字坚甫，早年留学日本，嗜金石学，20世纪20年代数次经手将珍稀文献转售至日本。梁素文，清末西北地区官员，他所收藏敦煌遗书及吐峪沟出土高昌时期写本残卷现存日本书道博物馆。今日本书道博物馆存《三国志·吴书》北凉写本，影印于《中村不折旧藏禹域墨书集成》(亚洲善本丛刊第二集)，卷中第346页第140号、141号均为《三国志·吴书》，140号为第十二卷，141号为第二十卷，写本文字系韦曜传之末段和华覈传之起首部分。141号卷末有王树枏1910年题识一则："左系《三国志》吴志韦曜华覈二传，首尾残断不完，宣统元年鄯善农人掘地得之土峪沟。案：元魏之时高昌王麴嘉好儒术，画鲁哀公问政孔子像于室，有《毛诗》《论语》《孝经》、历代子史集，置学官，子弟以相教授。正光元年又遣使奉表求借五经、诸史，拜请国子助教刘燮以为博士。此卷当时传抄教授之本。卷中又有《论语》'君子易事而难说'一节，亦同时所抄，的为麴嘉时真迹也。庚戌九月十六日新城王树枏识。"钤"陶庐手泽""王印树枏""晋卿"印①。王树枏，字晋卿。清光绪三十二年(1906)任新疆布政使，修纂《新疆图志》。梁素文当时任职迪化，系王树枏之下属。该写本若即傅增湘所见，则未提及王树枏跋文。据高田时雄《李

―――――――――

① 王树枏此跋，又见于《新疆访古录》，民国年间铅印本。个别文字稍有出入，文意同。

滂与白坚》①一文考叙，梁素文、王树枏旧藏六朝及唐写本，曾分数次售出，而此《三国志·吴志二十》究竟何时进入中村不折收藏，尚难确切，但据藏园先生跋识，至少可以断定在1926年之后。

二 《南华真经注》

《南华真经注》十卷，明世德堂刊本。壬子年(1912)，藏园主人以涵芬楼藏北宋本配南宋本《南华真经》校勘，甲寅年(1914)获杨守敬藏古钞本《南华真经》中"庚桑""外物""寓言"三篇，校勘一过，乙卯年(1915)获敦煌卷子"知北游"篇以校勘，壬戌年(1922)又以敦煌卷子"知北游"之篇校过，丁丑年(1937)以日本高山寺所藏唐卷子本"庚桑楚""外物""寓言""说剑"四篇摄影本校勘一过，壬午年(1942)据宋蜀刻安仁赵谏议本通校一过。总计，卅年间，通校两遍，部分篇章校勘四遍。关于宋蜀刻赵谏议本，《藏园群书题记》有长跋，可参阅。

有关古写本校勘跋识共四则，移录于此：

1. 杨惺吾藏古钞本《庄子》三卷，存"庚桑""外物""寓言"三篇，假校一过，其文字异处颇有出北宋本外者，句尾虚字增益尤多，可谓秘本矣。甲寅十二月二十一日沅叔记，时距惺老之殁将匝月矣，掷笔为之怆然。

2. 古钞卷子题"南华真经知北游品第廿四"，计二百十五行。审其字迹，当是隋唐间人所书，今藏乡人顾巨六家。乙卯十月假勘一过，其异字各注于行间。他日有暇，当一证

①《敦煌写本研究年报》创刊号，2007年，第1—26页。国家图书馆善本部史睿博士提供，特此致谢。

其得失也。沅叔记。

3. 顾巨六家藏唐人写《南华真经·知北游》一篇,计十纸,白坚父持以相视,因就校于此本上,其异同竢他日更考订之。壬戌十月十七日,沅叔记。

4. 顷见日本高山寺藏唐卷子本"庚桑楚""外物""寓言""说剑"四篇摄影一册,因属门人孙子书为校于此本上,其中颇有佳胜之字。其"庚桑楚"篇余昔年曾以残卷校过,文至"镆鋣为下",其校笔先后可以辨识也。时子书以避乱方挈眷住余家,晨夕倾谈,差不寂寞。丁丑七月十三日,藏园老人记。

《南华真经注》"知北游"篇敦煌卷子现存日本书道博物馆,影印于《中村不折旧藏禹域墨书集成》(亚洲善本丛刊第二集),卷中第 136 号①。该卷子纸背钤"敦煌县志"印,说明原为公藏之物,又钤"井研龚氏古美堂珍藏"印,并有龚煦春跋文,称"此卷乃光绪三十二年间彰明苏子培任敦煌典史时所得,以寄其弟季培者……余素不识季培,绵竹冯春翘以余留心古迹,乃为余介绍以归余……辛亥十月成都乱起,余携此卷归井研,藏之古美堂。明年壬子正月六日,独坐山窗,反复展玩,因记此卷发现原始及购得之缘于此,俾后有考焉"。大约就在此后不久,这一珍贵写本转移到同是四川人的顾鳌手中。顾鳌,字巨六,四川广安人。1905 年赴日本留学。曾积极参与袁世凯称帝,1916 年袁去世,顾以帝制祸首受通缉,1918 年被特赦。此后退出政界,经营古董为生。至此,隐约可以推断敦煌遗书"知北游"篇自辛亥革命以后东渡日本之过程。1926 年,傅增湘亦因白坚父见到吐峪沟出土《三国志》残片,遂为

①日本寺冈龙含将世界各地所藏敦煌遗书中《南华真经注》裒辑并校勘,著《敦煌本郭象注庄子南华真经校勘记》及《辑影》,1961 年福井汉文学会出版。

之校勘。参见上文。

　　傅增湘特别重视杨守敬藏书,尤其是其中从日本钞回、带回的古本,数次校勘中均曾借用为底本,此甲寅年前后年还曾据杨守敬藏影钞日本枫山官库藏古钞卷子本校《春秋经传集解》三十卷。杨守敬所藏古钞残本《南华真经注》亦可见诸《日本访书录》卷七①。京都高山寺所藏《南华真经注》古钞本残卷共七卷,日本东方文化学院曾于昭和七年(1932)影印②,而此前流传仅杨守敬先生所见之三卷。1931年日本狩野直喜曾为此七卷写本进行校勘,并有校勘记,其曰:"考钞本年代疑在镰仓初期矣。"又曰:"小岛学古逐录本唯有'庚桑'、'外物'、'寓言'三卷……杨守敬《日本访书志》记之较详,然所见亦唯小岛本,未见馀卷。"③狩野直喜此言缕析杨守敬所抄之来源,并言抄本年代疑为镰仓初期,相当于中国南宋中期。

　　孙楷第,字子书,河北沧州人,专注于小说戏曲目录版本研究。

三　《刘子新论》

　　《刘子》二卷,清光绪元年(1875)崇文书局刊本④。钤"沅叔手校"印。据《藏园校书录》及《藏园群书经眼录》,可知,傅增湘于甲寅年(1914)据何峘威藏敦煌唐卷子本校勘,辛未年(1931)据

---

① 《新世纪万有文库》本,辽宁教育出版社,2003年,第106页。
② 现今比较容易见到严灵峰编辑《无求备斋老列庄三子集成补编》本,台北成文出版社,1982年;以及高山寺典籍文书综合调查团编《高山寺古训点资料·第二·庄子七卷》,日本东京大学出版会,1984年。
③ 严灵峰编辑《无求备斋老列庄三子集成补编》。
④ 《刘子》概况,可参阅傅亚庶《刘子校释》,中华书局,1998年。

董康手抄法藏敦煌遗书校勘,己卯年(1939)据刘希亮藏唐写本之影写件校勘,辛巳年(1941)又据北平图书馆藏王重民拍摄英、法藏唐卷子本影片校勘[1],卅年之中,尽得存世唐写本予以校勘。《藏园群书题记》于此书有长跋,历年所见唐写本之始末甚详,并对刘幼云藏品与英、法藏敦煌写本《刘子新论》重合篇章字词之异同,予以辨析,请参阅。以下是四则校书识跋。

书名叶藏园老人跋曰:"何穆忞藏唐卷子本《刘子》二百八行,盖敦煌石室之秘籍也。存者只得全书十之一,然异字佚文乃至不可胜计。闻刘幼云前辈尚有九篇以下数百行,若一旦为延津之合,岂非天地间奇宝乎! 昔人动侈千元百宋,视此又何足云云耶! 沅叔校毕记。时甲寅大春节也。"

廿六年后又识曰:"刘世兄希亮以影写唐卷子《刘子》见视,凡二百四十行,自'爱民'起,至'荐贤'止,凡八篇,移校于此本上,合之何氏及法人伯希和所藏,通得二十一篇,已得全书三分之一矣。记此以矜眼福。己卯四月初九日,藏园老人识。"

卷上"荐贤篇"书眉藏园老人识曰:"唐卷子本止此,凡二百四十行。己卯四月,沅叔手校。"

卷下"风俗篇"书眉藏园老人识曰:"唐写本残卷自此篇起,原本藏法国伯希和许,同年董授经手钞以归。"

何彦昇,号秋辇。曾任甘肃布政使,1909 年奉清学部之命,押运敦煌遗书至京师。抵达京师后,与李盛铎等人先私自攫取,然后将长卷截断以充数,再运至京师图书馆[2]。何震彝,字鬯威,一

---

①可以参阅李德范编《王重民向达所摄敦煌西域文献照片合集》,北京图书馆出版社,
　2008 年。
②参见陈红彦、林世田《敦煌遗书近现代鉴藏印章辑述》,《文献》2007 年第 2 期。

字穆忞,何彦昇子,李盛铎之婿。何藏敦煌遗书《刘子新论》残卷,从"去情第三"后半至"思顺第九"前半,现今不仅可以看到傅校,还可以看到罗振玉之校勘,林其锬、陈凤金《敦煌遗书刘子残卷集录》①中已经影印校勘本。

刘廷琛,字幼云,清末历任翰林院编修、陕西提学使、京师大学堂监督、学部副大臣。其子刘希亮。刘幼云藏品今存国家图书馆,黄绫包裹,其上题签曰"唐人写刘子新论卷中九篇　长十三尺,高八寸　016"。九篇篇名为:贵农、爱民、崇化②、法术、赏罚、审名、鄙名、知人、荐贤。"民"字缺笔。首起残,故藏园从"爱民"篇开始校勘③。

董康,字授经,又作绶金,自署诵芬室主人,江苏武进人。傅增湘曾撰"书舶庸谭序"④叙其藏书。今《法国国家图书馆藏敦煌西域文献》中存《刘子新论》四件:P2546,P3562,P3636,P3704。其中 P3704 中完整之篇为:风俗、利害、祸福、贪爱、类感、正赏。并计何藏、刘藏,确为二十一篇,亦可因此知董康抄录者为 P3704。

藏园校勘《刘子》,已经引起当代古籍整理者关注,其校语及跋语在上述几部专著中有所征引,惜不全面⑤,故考详于此。

校书跋语系校勘即时所作,真实记录善本来源、校书起讫时

---

①上海书店,1988 年。
②P3562 作"从化",《法国国家图书馆藏敦煌西域文献》,上海古籍出版社,2005 年。
③据《藏园群书题记》卷七及校勘跋语,知刘希亮以影写本相示,其长短、篇数与原件稍有出入。
④《藏园群书题记》附录二,第 1072 页。
⑤如《敦煌遗书刘子残卷集录》一书只注意到傅增湘校勘何、刘所藏敦煌写本部分,校勘英、法藏敦煌写本部分则未及。

间、作者心迹等诸种情形。以上三书之校勘，所利用敦煌遗书、吐
鲁番文书，在中国学界，当属先行。其跋语，不仅增进文本校勘理
解，也对出土文献流通走向提供信息，亟当重视。

藏园校勘子书丛录*

藏园先生校书概况，曾有前辈学者多次谈及①，其校勘成果，不时被当代古籍整理研究所采纳。然而，笔者在国家图书馆藏书中见到藏园校勘题跋，颇有内容丰富而未见诸新出版古籍者，其中所记藏书渊源、版本比较、校勘订正，堪资考证。现举隅子部三书，盼以裨益学界。

一 《册府元龟》

国家图书馆藏曾经傅增湘校勘明黄国琦刊本，半叶十行行二十字，小字双行同，白口，左右单边。藏园先生于戊午年(1918)和甲子年(1924)以诸家藏宋刊本校勘。

卷二百九十末叶有长跋，文曰："戊午十月二十六日校。北宋刊

＊本文原刊《中国典籍与文化》2010 年第 1 期。
①参见本书《藏园校书所用敦煌遗书、吐鲁番文书》一文。

本《册府元龟》，自二百八十六至二百九十五卷，凡十卷，为寒云公子所藏，余假校一过，视明刻本异处极多，其甚者若二百八十七卷刘向传，昌邑下脱不终之异也至昌邑二十五字，二百八十八卷后魏任城王云传，首脱后魏任城王至王公卿士二十四字，二百八十九卷齐武王演传，破釜甑下脱鼓行而前十五字又注十六字，二百九十卷武昌王提下脱临淮王佗至大将军十六字，二百九十二卷脱安成王嵩一条三十字。尤可异者，二百九十卷首，刻本宗室立功之前错入谴让类序传六十二行，不知此文固在二百九十七卷中。今以北宋本勘之，正得宗室立功类序传五十行，正与顺阳淮侯嘉适相衔接。余近得天一阁钞本，其错简正如此，若非得宋本，竟无从补正矣。宋初类书，《册府》与《御览》并称巨帙，后人往往重《御览》而轻《册府》，故《御览》自明以来凡数刻，而《册府》只一刻，学人致力者亦殊少，然其关于史籍者最多，今寥寥十卷，其异同已如此，若将全部对校一过，实为不朽之业。考北宋本，䣝宋楼有四百八十三卷，已归海外，今存于吾国者，瞿氏有五卷，京师图书馆有七十五卷，皆与此同种。瞿氏又有新刊监本八卷，集而校之，可得十之一。再以余所藏天一阁钞本、京馆明钞汇萃本补足之，搜奇抉异，尽发前人之覆，亦丹铅之一乐也。戊午十月二十八日，傅增湘记。"

卷四百八十三末叶识曰："甲子十一月初八日，晨起赴都，适车梗不得行，折回法界，寄寓校毕兹帙。北望京华，忧心如捣，姑借丹铅以遣日耳。凡校定二百十五字。藏园主人志。此卷为朱幼平所藏。"

卷六百十五末叶跋曰："右《册府元龟》宋刊本五卷，藏宝应刘翰臣家。翰臣以贻浚仪赵声伯。余顷从声伯假阅，并校读一过，增改殆数百字。综计内阁流出之本搜阅殆遍，前后约五六十卷矣。甲子十一月十六日，沅叔记。"

跋识中提到袁克文旧藏、铁琴铜剑楼旧藏现存国家图书馆，朱文钧曾藏卷四百八十三，于辛未年（1931）作为寿礼赠送藏园主人，该卷今亦存国家图书馆。刘启瑞旧藏今存台湾，藏园先生校勘包括今存台湾原国立北平图书馆藏宋刊《册府元龟》各卷，亦当重视。赵世骏，字声伯，擅长书画，陈宝琛弟子，曾为袁世凯幕僚。袁克文旧藏卷末副叶上有李盛铎跋文二则，现移录一则，以飨读者："《册府》《御览》并为宋初撰类书，前人每重视《御览》而轻《册府》，以《御览》所采多逸书，《册府》只收习见之经史也。实则《册府》所收皆据北宋以前本，较景祐、绍兴诸刊实有过之。偶检卷二百八十六忠谏门，校《晋书·齐王攸传》'使去奢节俭'，此书节做即；《范阳王虓传》'足匡王室'，此书匡作辅，'全获功名'，此书名作臣。寥寥数篇，异同已如此，且颇有胜今本处。后之读史者未可忽视此书也。盛铎又记。"

国内各家藏宋《册府元龟》存卷见诸《藏园群书经眼录》，《藏园群书题记》中有本书两则跋文，一则写于辛未年（1931），一则写于甲申年（1944），当与此篇校书跋文同观。1931 年朱文钧将《册府元龟》卷四百八十三和元刊《续通鉴》作为六十寿礼赠送藏园主人，傅增湘因此题记，而此前八年（1924）已经借读该册，并且校勘。1944 年题记中记载藏园所藏六册《册府元龟》，记铁琴铜剑楼之藏、皕宋楼之藏、内阁大库之藏，还特别提到涵芬楼当年曾有汇集宋本影印之议。张元济先生曾经影印静嘉堂藏皕宋楼之宋刊本《册府元龟》四百四十四卷[1]，拟与国内所存百馀卷汇印，于 1936 年末至 1937 年初数次尺牍往来与傅增湘讨论此事，详见《张

[1] 静嘉堂所藏《册府元龟》详情可参严绍璗《日本藏汉籍珍本追踪纪实》，上海古籍出版社，2005 年。

元济傅增湘论书尺牍》（商务印书馆，1983 年）。

袁克文旧藏钤"晋府书画之印""寒云如意""与身俱存亡""完颜景贤精鉴"等印记。铁琴铜剑楼旧藏钤"缉熙殿宝""文渊阁印""毛晋私印""毛褒字华伯号质庵""汲古阁藏书记""瞿印秉清""瞿印秉渊""铁琴铜剑楼""绍基秘笈"等印记。卷四百八十三钤"翼庵珍祕"等印记。藏园旧藏钤"藏园秘籍孤本""沅叔审定宋本"等印记，其中卷四百四十五之册，尚钤元代国子监官书印。

二　《事物纪原集类》

该书又作《事物纪原》，国家图书馆存傅增湘曾经校勘之明正统十二年阎敬刻本（卷七—八配明成化八年李果刻本）。半叶十二行行二十四字，版心上下黑口，四周双栏。钤"近阳居士""鹏南""校书亦已勤""沅叔手校""藏园""沅叔校勘"印。乙亥年（1935）藏园先生据毛褒校宋本校勘。

护叶内附纸藏园手书长跋，文曰："蟫隐主人罗君子经自沪寄校本《事物纪原》至，其原本乃李果重刻，云是毛华伯据宋本校定。然前后无跋语，惟钤有毛褒华伯及叔郑后人印章耳。因至文友书肆访得明时阎敬刻本一部，以备迻录。适清明节近，将入山扫墓，遂携之行箧，宿清水院者六日。连朝风暄日暖，旸台杏花盛开，余适新筑北梅、倚云二亭于岭上杏林中。于是士女寻芳，车骑杂沓，咸集于清水院中。友人庋止，多以探杏消息见访，酬接频烦，无暇握管。夜中客去，乃得燃烛写录一二卷。逮及仲春且尽，花事渐阑，游客稀至，而余此书亦粗藏功矣。李本视阎本微有增改，然阎本固与宋本多合，颇省校笔之劳。惟卷十模棱一条，阎、李、胡三本皆有之，而宋本不载。卷十末狡、毕方、鹿蜀、猣猣、儵蝓、犰貐、鹗七条,宋本及阁、胡二本均无之,而李本独有,未知所据以增入者为何本也。检李果原序,谓正统甲子得此书于京闽,为南平赵弼所删定,后得阁氏校正本,乃正其讹误,补其阙文,刻木以传。是李氏所梓,视阁本已多不同,则各卷之条贯、字句略有参差,固其宜矣。抑余又有不可解者,余旧藏胡文焕本一帙,亦经旧人以宋本校勘,然取以证新校之本,则华伯校字遗漏尚多,岂所见为别一宋本耶?考《皕宋楼书志》,藏有宋刊,异时倘得再渡扶桑,入静嘉文库,逐类而详核之,异同得夫灿然具陈,宋本之为一为二,庶几开豁而无所疑滞,不其幸欤!岁在乙亥清明节后四日,藏园老人傅增湘识。"钤"增湘""藏园""双鉴楼"印。所用纸张,版心中印"云合楼写书",下印"仿东武镏氏嘉荫簃写书格式"字样。

卷十末叶识曰:"蟫隐罗君寄来《事物纪原》,为毛华伯依宋本手校。携入山中,每夕无事,偶移录一二卷,凡六日而毕。惟原书乃李果重校刻,此为阁敬原刻,其中文字亦偶有差异耳。乙亥二月二十九日,傅增湘记于大觉寺清泉吟社。"钤"傅""沅叔""二十年中万卷书"印。

《藏园群书题记》有本书长跋,与此校勘相关,但不相同。《事物纪原》宋刊本今国家图书馆存一残卷,日本静嘉堂存陆心源旧藏,行款与国家图书馆所藏不同。《藏园群书经眼录》记明刊本三种,一为正统十二年阁敬刊本,一为成化八年李果重刊阁敬刊本,并增入评点,一为胡文焕《格致丛书》本。1929年傅增湘东渡访书,曾经在静嘉堂见到此书宋刊本,故跋文有"异时倘得再渡扶桑,入静嘉文库"之说。关于毛褒校宋本,《经眼录》和《题记》都有描述,不赘。罗振常,字子经,罗振玉之从弟。在上海设蟫隐庐书肆,亦富藏书,有《善本书所见录》四卷。

旸台山与大觉寺位于北京西郊北安河附近,为辽金两朝重要遗址,大觉寺是辽金时期八大水院之一的清水院。春天山上杏花盛开,至今仍是踏春好去处。傅氏在此有墓地,所以藏园先生常盘桓于此,随带书砚,校书于山林之间。其校书跋语中常见随笔数语,描写此地风景及感怀,文辞清雅,此本卷一末叶即记曰:"今年自城中入山寺中,玉兰盛开,环山杏林亦怒放。薄暮省兄墓,冒雨而归,仿佛江南杏花时节。回忆往年清明上冢,尝与六弟联骑,寻芳西峰、管岭,往还二十里间,行歌相答。今芳讯依然,而弟已寄棺萧寺,咏杜陵'感时花溅泪'之句,不禁凄怆欲绝矣。藏园老人记于清泉吟社。"钤"傅""沅叔手校"印。"傅增淯为藏园先生之兄,字雨农,光绪十八年(1892)进士。曾任翰林院编修,贵州学政,1925年去世。傅增淞,字越凡,为藏园先生六弟,1935年去世。藏园校勘跋识中常见哀悼兄弟早逝之语,手足情深。

金圆、许沛藻点校《事物纪原》(中华书局,1989年)吸收傅校成果,然未录上述跋文。

三　《冷斋夜话》

国家图书馆存两部傅增湘校《冷斋夜话》,甲寅年(1914)藏园先生曾在明万历商濬刻《稗海》零本临何焯手批本,并用董康藏五山本校勘一过,并有跋,见于《藏园群书题记》。1926年又遍校明商濬刻清康熙振鹭堂重修本《稗海》丛书,其中即有《冷斋夜话》。1926年依旧以董康藏日本五山本为校本,校勘两遍,并有长跋,特揭于此。

《冷斋夜话》卷一末叶识曰:"丙寅九月二十八日校于凤窠丙舍,正订八十二字。"同年又识曰:"十月初五日再校,补勘得二十六字。"

卷十末叶识曰："此卷改订三十四字。""再校得十六字。丙寅十月初四校毕,时群峰云迷,阴寒酿雪,明日将束装出山矣。"

附纸长跋,文曰:"《冷斋夜话》十卷,宋僧惠洪著。日本五山刻本,半叶九行行十八字。卷一至五,日本人旧钞补足,题元龟三年记。考元龟三年为中国隆庆五年辛未,距今三百六十年矣。钤有瑞林寺一览亭诸墨记,盖亦彼国流传之古籍也。《经籍访古志》载求古楼藏旧刻本,疑与此为同种。余数年前得之于董绥金大理,取校《稗海》刻本,凡卷首总目每则标目,《稗海》本皆无之,计增订改易之字,凡六百三十有奇,卷三脱'诗一字未易工'一则,凡五十六字,卷九脱'开井法禁蛇方'一则,凡三百五字,综核全书,改订之字一千有馀。考《皕宋楼藏书志》,有元至正癸未三衢叶氏刻本,言旧本讹谬,兵火之后几不传于今,本堂家藏善本与旧本编次大有不同云云,疑倭人传摹或出于此,故视世行本差异乃悬绝也。洪本筠州儒家子,为彭乘之侄,工诗词,交游名胜,所记多遗闻逸典,旁及友朋嘲噱,笔致明隽,亦文莹《湘山野录》《玉壶清话》之亚,提要摘其标目谬误,为后人妄加,然夸诩之词,殆亦不免。晁公武诋其多诞妄伪托,殆非苛论也。丙寅九月,入西山营葬,负土之隙,因遍游金仙庵、水塔园、香峪、鳌鱼沟、管家岭、清水院及秀峰、莲花、西峰诸寺。午饁而出,下舂而归,归则秉烛研朱,从事斠勘,凡得二十馀卷,此书亦丙舍篝灯所点定也。聊记于此,以示后人。藏园居士沅叔记。"

日本镰仓时期,佛教禅宗及宋代理学自中国传入,促进印刷术应用。13—16世纪,京都和镰仓两地五山寺院印行书籍,被后世称之"五山版",多复制中国书籍①。由于使用底本颇有宋元旧籍,所以"五山版"受到格外重视。此五山版《冷斋夜话》与国家图书馆藏元刊残帙相比较,行款同,为半叶九行行十八字,国家图书馆之元刊本版心双鱼尾,又目录叶之末刊语,署"癸未春孟新刊三衢石林叶敦印",五山版为单鱼尾,刊语为"癸未春孟新刊",不是"至正癸未春……"云云,似乎与静嘉堂之元刊本又有差别②。

董康,字授经,又作绶金,自署诵芬室主人,江苏武进人。与傅增湘同年进士,多次前往日本访书,傅氏曾撰《书舶庸谭序》叙其藏书。其藏《冷斋夜话》,虽《增订四库简明目录标注》邵章续录曾著录"董授经藏日本五山本,至佳",然今不知所归③。不过,"五山版"此书日本庋藏不止一部,张伯伟据现藏日本东洋文库中岩崎文库之藏本进行校勘整理,2002年江苏古籍出版社出版④。据整理者前言知岩崎藏本为全本,而傅增湘所见前五卷为抄补,抄补之年相当于明代隆庆五年(1571)。固然残帙不如全本,然由于董康所得之本未见诸《书舶庸谭》,则因藏园记载略知其详。

比较《藏园群书题记》之跋与此丛书本中跋文,后者对抄补部分叙述较详,且对照《皕宋楼藏书志》题解做分析,又旁及惠洪身世,内容显然丰富许多。

---

①请参阅钱存训著、郑如斯编订《中国纸和印刷文化史》第九章,广西师范大学出版社,2004年。
②参见张伯伟校《稀见本宋人诗话四种》之前言,文中对五山版与静嘉堂藏元刊本进行细致对比。该书收录的诗学文献有日本五山版《冷斋夜话》、明钞本《西清诗话》、朝鲜版《唐宋分门名贤诗话》、明钞本《北山诗话》。
③曾检阅王宝平主编《中国馆藏和刻本汉籍书目》,未见。
④张伯伟编校《稀见本宋人诗话四种》。

　　藏园先生校勘某书,常常不止一遍,他广搜善本,反复诵读,其跋文或简短题识记载珍贵的版本信息,藏书源流,也记载在"青灯黄卷"①之中的艰辛与情怀。

---

①傅增湘校勘《圣宋名贤五百家播芳大全文粹》识语,原文为"雪霁月出,清冷之趣,只宜于青灯黄卷中领取之"。

傅增湘与顾鹤逸交往事略举隅 *

　　傅增湘与过云楼顾鹤逸为南北著名藏书家①，彼此交往颇多，今略举数端，以见其追求与情谊。

　　诸事之中，首推洪武《苏州府志》之收藏。

　　1911年秋天，傅增湘作为南北和议随员，跟随唐绍仪到上海。和议谈判不顺利，滞留上海数月。此期间，傅增湘偶然购买到宋刻本《新刊诸儒批点古文集成》②，乃汪启淑进呈四库本，从此开始

---

* 本文原刊《新世纪图书馆》2013年第5期。

① 傅增湘(1872—1949)，字润沅，号沅叔，四川省江安县人。清光绪二十四年(1898)中二甲第六名进士，选翰林院庶吉士。二十九年(1903)以散馆考试一等一名授职编修。其一生以文化教育事业为己任。其藏书之所，取苏东坡"万人如海一身藏"诗意，定园名为"藏园"。顾麟士(1865—1930)，字谔一，号鹤逸，晚署西津，江苏元和人。继承祖父顾文彬过云楼书画藏书，《顾鹤逸所藏旧椠书目》纪其实。

② 《藏园群书题记》(上海古籍出版社，2008年)卷八有长跋，载书之流传、购书过程、诸公题跋。

聚书,又遍交沈曾植①、杨守敬②、莫棠③、徐乃昌④、张元济诸公⑤,相与讨论,鉴定版本眼力日长。至翌年三月,傅增湘裒集千馀册旧籍,满载北归⑥。

北归之前曾至苏州,书贾杨馥堂携一箱书来,其中有洪武《苏州府志》一部,傅先生检视一番,初不以方志为重,经杨馥堂劝说,因其为苏州古志,又经汲古阁钞补缺叶⑦,宋宾王填补损字⑧,石韫玉凌波阁⑨、郁泰峰收藏⑩,遂以四十金购得。数日后拜访过云楼主人,顾先生已知藏园刚刚斩获一部洪武《苏州府志》,因是乡邦文献,遂相商转让。傅先生难以割舍,应允异时若有所见,必为致力。顾先生以为是画饼充饥之说而已。

岂料1912年春回到京城之后,藏园先生就在北京琉璃厂翰文斋又见到一部洪武《苏州府志》,驰书往告,并以百金得之。是年秋,再到苏州,将此本郑重交付⑪。不过,顾君雅爱乡先贤手泽,欲以新获之本交换,而傅先生亦因先得之本递藏有绪,曾经名人

①沈曾植(1850—1922),字子培,号乙庵,清浙江嘉兴人。清晚期文坛名人。
②杨守敬(1839—1915),字鹏云,号惺吾,别署邻苏,湖北宜都人。著名学者。其观海堂藏书,先已有部分流失,1915年殁于京,傅增湘长教育部,希望其书归于国家,袁世凯以五万三千金收购之。
③莫棠,字楚生,又字楚孙,贵州独山人,莫友芝从子。有藏书室名铜井文房。
④徐乃昌(1866—1943),字积馀,号随庵,安徽南陵人。甚富藏书,有《积学斋藏书目》。
⑤张元济(1866—1959),字筱斋,号菊生,浙江海盐人。与傅增湘之兄傅增淯同为光绪十八年进士。于近代出版业最有贡献。
⑥见《藏园居士六十自述》,民国年间石印本。
⑦明末清初常熟著名藏书家毛晋藏书之所。
⑧宋宾王,字蔚如,江苏娄县人,生活在清康熙至乾隆年间。虽为贾人,笃好诗书,得暇便吟咏抄录不辍。
⑨石韫玉(1756—1837),字执如,号琢堂,苏州人。有《凌波阁藏书目录》,今存其自序。
⑩郁松年(1800—1866),字万枝,号泰峰,上海人。家富藏书,有《宜稼堂书目》传世。
⑪据南京图书馆徐忆农先生告知,此本洪武《苏州府志》现在南京图书馆。

校补,终难割爱。

1930 年,顾鹤逸托章钰返京时①,带回洪武《苏州府志》,请藏园先生就凌波阁藏本作对刊补正,忽忽经年,尚未着手,而顾鹤逸遽归道山。惆怅之情,萦绕于傅先生心间,于是为文《跋顾鹤逸藏洪武苏州府志》②,文末曰:"把卷回思,愧负良友。兹缘汪君孟舒还乡之便③,仍以原书奉诸嗣君。延陵挂剑,殊有愧于前贤,相如返璧,幸能完夫故物。爰述源流,附之简末,俾知吾两人生死之谊,与二十年往复之情,咸藉此书传诸后祀。"南京图书馆藏本上亦有藏园手跋叙其事,文字与《题记》多有异,然主旨相同,惟稍简略。

洪武《苏州府志》作者卢熊,曾从学于元代著名学者杨维桢,为吴县学官时毅然担当修志重任。该书字体厚重,刊工古朴,有元代风范。《四库全书》未收。明初刻本极为罕见:皕宋楼所藏,曾为士礼居插架之物,今在日本静嘉堂;铁琴铜剑楼所藏,20 世纪 30 年代进入北平图书馆;藏园 1912 年收得一部,翌年又为过云楼收得一部,举世四部而已。

其次为《许丁卯集》自日本回流。

清末,日本岛田翰于 1905—1906 年间④,到江南访书,曾经到苏州,拜访俞樾⑤、顾鹤逸,又至皕宋楼观阅藏书,对该处藏书售至

---

①章钰(1864—1934),字式之,江苏长洲(今苏州)人。近代藏书家、校勘学家。光绪二十九年(1903)进士,官至外务部主事。辛亥革命后,久寓天津,以收藏、校书、著述为业。家有藏书室名"四当斋"。其金石藏品多移藏国家图书馆。与顾鹤逸为至交。有《章氏四当斋藏书目》。
②详参《藏园群书题记》卷四。
③汪孟舒,清末民初琴家、书法家、画家、收藏家。
④岛田翰(1879—1915),日本汉学家,著有《古文旧书考》。详参钱婉约《岛田翰生平学术述论》,《中国文化研究》2009 年第 3 期。
⑤俞樾(1821—1907),字荫甫,号曲园居士,浙江德清人。晚清著名学者。

日本,起到促成作用。在过云楼,曾借走多部珍籍,有元刻本《古
今杂剧》、明本杂剧《十段锦》、残宋本《圣宋文选》等①,从此追索
不回,加之后来岛田翰因偷足利学校善本而自杀,更是无处寻踪。
不过,在藏园先生校勘《丁卯集》题跋中,可见其中零本下落。
1914 年傅增湘以李盛铎所藏元刊本校勘②,继而又以原藏过云楼
之汲古阁毛氏写本再校,卷下目录末叶蓝笔跋曰③:"景宋本十行
十八字,原出棚本,上卷诗一百九十三首,下卷诗一百十首,较木
斋师所藏宋本,首数既少,次第亦异,其篇中异字与席刻所称宋本
作某者,只六七合,不知席所见宋本究为何本也。此书旧藏苏州
顾鹤逸家,日本人岛田载以东渡,董授经同年收之④,假得对勘一
过,与前校宋元两本字句同者,圈识其旁,以清眉目,两本所无则
径改之。甲寅七月二十六日,沅叔识。"⑤顾鹤逸藏本著录于《藏园
群书经眼录》,旧为钱曾藏书,傅增湘 1912 年所见。想来是董康
收归后,重入过云楼庋藏。董康《书舶庸谭》所述为其 20 年代之

---

① 张元济信中曰:"岛田翰来,至顾鹤逸家购去士礼居藏元刊《古今杂剧》、明本杂剧
　《十段锦》、残宋本《圣宋文选》,出资皆不少,令人为之悚惧耳。"见顾廷龙校阅《艺风
　堂友朋书札》下册(上海古籍出版社,1981 年)。据顾鹤逸之孙顾笃璜先生讲,这些
　书为借出,并无出售。参见沈慧瑛《守云楼旧闻新韵——访顾文彬玄孙顾笃璜》,《档
　案与建设》2007 年第 8 期。
② 李盛铎(1858—1934),字椒微,号木斋,江西德化人。著名藏书家,其藏书后大部归
　北京大学图书馆。可参见张玉范整理《木犀轩藏书题记及书录》。《藏园居士六十自
　述》称"余自辛亥解官始事校雠,初请益于椒微先生"。
③ 此跋文在国家图书馆善本部藏清康熙席氏琴川书屋刊本《唐人百家诗》上,书号
　317。
④ 董康,字授经,又作绶金,自署诵芬室主人,江苏武进人。清光绪十六年进士。有《书
　舶庸谭》,傅增湘为之序。董康与岛田翰甚有交往,曾为其谋职中国向缪荃孙说项,
　见《艺风堂友朋书札》,上海古籍出版社,1980 年。
⑤ 此跋文之末,藏园先生又录该本藏印。

后在日本所见，故不见此书。

　　再次为宋刊本《龙川略志》《别志》之影写与影印。

　　蜀人李鸿裔任江苏按察使时①，因耳疾请开缺，于是徙家居苏州。他曾收藏有宋刊本《龙川略志》《别志》，身后是书转入过云楼②。藏园先生曾登过云楼获观其书。1926 年，顾先生影写一部寄至京城，藏园据此校勘稗海本《龙川别志》，并且题识曰："丁卯六月十七日，晨起校影宋本四卷毕，原本藏吴门顾鹤逸，其详别记之。藏园居士。"③同时也撰写长跋《校影宋本龙川别志跋》，收录在《藏园群书题记》中，其中曰："辛亥以还，余数数往来吴中，因识鹤逸于怡园，获观是书，昨岁更影写一本相寄。"此影写本今存国家图书馆善本部，曾经校勘，书眉有小字，指出脱字、误字④。稗海本《龙川别志》有四条误析为二，故为五十一条，与宋本四十七条不同，单词只字依宋本纠正共六百五十五字。后来傅增湘依这部宋刊本《龙川略志》《别志》加以影印，收入他所编辑《蜀贤遗书》十二种之中，国家图书馆今存此影刊本之朱印本和蓝印本。

　　最后简述《顾鹤逸所藏旧椠书目》事。

　　过云楼藏书目录因经傅增湘保存得以传播。现国家图书馆文津街古籍馆存《顾鹤逸所藏旧椠书目》抄本一册，卷末书曰："江安傅氏旧藏，国立北平图书馆重抄。"⑤1928 年 7 月，国民政府大学院通知国立京师图书馆改名为北平图书馆。故此，该本传抄时间不会早于 1928 年夏天。该目录刊于《国立北平图书馆馆刊》第五卷第

①李鸿裔（1831—1885），字眉生，号香岩，又号苏邻，四川中江人。精书法。
②据徐忆农先生告知，此宋本《龙川略志》《别志》今在南京图书馆。
③此稗海本《龙川别志》今存国家图书馆善本部，书号 203。
④国家图书馆善本部藏，书号 11347。
⑤国家图书馆古籍馆藏，书号目 400/802。

六期,时为 1931 年 11—12 月,此时顾鹤逸辞世已一年又半。

此目录是否藏园所撰?有此一说①。但是,就《国立北平图书馆馆刊》第五卷第六期所刊者而言,在《丁卯集》之上括号内写"已去"二字,然《藏园群书经眼录》"丁卯集"一书记载曰:"明末汲古阁毛氏写本。钤有'述古堂'、'西畇草堂'各印。(顾鹤逸藏书,壬子二月观。)"说明这些括号内的文字,不是藏园所批,且早于1912 年,因为上文已经说过,《丁卯集》系 1905—1906 年间被岛田翰带回日本,而后由董康又购回。各条书目之记则更早于括号内文字,其非藏园所编,就不言而喻了。至于说该目录所编,其体例甚不合于傅氏一贯文风,可以参见陈先行先生《有关过云楼旧藏古籍的几点认识》一文②,本文不拟再作评说。

行文至此,不由得产生些许遗憾。过云楼藏书大部分于 1992年已进入南京图书馆③,至今二十年尚无目录面世,供学界使用。2012 年拍卖结果,过云楼另一部分藏书亦归于南京,为进一步编一部完整目录提供机会,在藏园曾鉴之钞本书目基础上再进行编目,当有可为。希望南京图书馆早有计划。

在此特录章钰诗为小文作结。诗题为"傅沅叔属题双鉴楼图图为顾鹤逸隐君作",诗曰:"万叶元椠百衲宋,藏园藏书此星凤,年年香火长恩供。陆沈故园今重游,百城言言君其侯,赏奇同忆双照楼。岂况富藏更富校,当年研削曾同调,君兮江海我行潦。嫏嬛福地今何托,画中山水差不恶,出尘我羡西津鹤。"④

---

①刘蔷《苏州顾鹤逸藏书考》,《中国典籍与文化》1998 年第 1 期。
②见《"过云楼"藏书研讨会论文集》,北京匡时国际拍卖有限公司,2012 年,内部发行。
③刘蔷《苏州顾鹤逸藏书考》,《中国典籍与文化》1998 年第 1 期。
④见章钰《四当斋集》卷一三(台湾,文海出版社,1986 年)。顾鹤逸晚署西津。

周叔弢傅增湘藏书校书合璧举隅*

一　傅周世交渊源

周叔弢,安徽建德(今东至)人,其祖父周馥、父亲周学海均为近现代史著名人物①。傅增湘祖父傅诚,即与周馥有交往,故傅、周二家为世交。

据吴汝纶《江安傅君墓表》②之记载,傅诚,字励生,官终北河通判。富藏书,与吴汝纶因书结友。傅诚曾从莫友芝处获元代兴文署刊《资治通鉴》,事见莫友芝《宋元旧本书经眼录》卷二《资治通鉴元兴文署本》题识③。该书后来由傅增湘继承。傅诚后经其

* 本文原刊《文献》2009年第3期。
① 周馥,曾在李鸿章幕府三十馀年,清末官至两江总督,其传记资料近年刊出颇多,兹不一一。
② 上海师范大学图书馆编《清代碑传全集》,上海古籍出版社,1987年,第1764页。
③ 张剑整理,中华书局,2008年。

友王祉蕃推荐,进入曾国藩幕府,远涉关陇,以后又历经左宗棠、李鸿章幕府。数十年间,虽职位不高,读书不辍,孙辈中有三人相继中进士①。周馥《秋浦周尚书全集》②中有《感怀平生师友三十五律》,其《傅励生别驾》之章小序曰:"名诚,四川江安人。左文襄招致甘肃军营,以无恩遇而归,余留于直隶,襄理饷事。以通判需次,未补缺而殁。"诗中既有"四方游遍就微官"之慨,亦有"悟得尧夫击壤意,穷通都作等闲观"之赞语。从诗序可知,周馥与傅诚似早已相识,至李鸿章幕府时更为密切。

傅增湘父亲傅世榕,字申甫。遍览群籍,而不屑举业。早年与莫友芝、李鸿裔(字眉生,号香岩)③、廖纶(字养泉)等交往,彼此砥砺。光绪六年(1880)至天津,得周馥推荐,在天津海关任职。以后在河北诸县任职,廉洁干练。至光绪三十四年傅增湘任直隶提学使,遂引退,居天津。雅好山水书画,曾与周馥同游浙西,又多经眼宋元书画真迹,画学渐精④。

傅增湘之兄傅增淯为光绪十八年进士,同榜有张元济、蔡元培,还有周馥之子周学海、周学铭⑤。藏园校书跋识中时见傅增湘与周馥四子周学熙一起郊游的记载,可见两家交往甚密。

傅增湘本人亦受到周馥的重视。周馥《秋浦周尚书全集》有《题傅润沅提学游吴越诗草》诗章,其小序曰:"傅随尚书唐绍仪赴

---

① 傅增湘之兄傅增淯为光绪十八年进士,傅增湘为光绪二十四年进士,其仲兄傅增浚为光绪三十年恩科进士。
② 《近代中国史料丛刊》第九辑,台北文海出版社,1967年。
③ 参阅曾枣庄"论李香岩手批纪评苏诗",《中国典籍与文化》2008年第1期,第83—90页。
④ 参见王式通《清故资政大夫直隶怀安县知县江安傅公墓志铭》,钱仲联《广清碑传集》,苏州大学出版社,1999年,第1036页。
⑤ 见周馥《秋浦周尚书全集》第二册中《亡室吴夫人传》,《近代中国史料丛刊》第九辑,台北文海出版社,1967年。

沪与革命军议抚,未终事,旋告退,游吴越。"诗曰:"昔君示我庐山吟,泉声山色清我心。今游吴越诗满轴,尤觉风光溢我目……"1911年傅增湘以参议身份随唐绍仪赴上海进行南北议和,谈判不顺利,滞留上海数月。此期间,偶然购买到宋刊本《新刊诸儒批点古文集成》①,乃汪启淑进呈四库本,从此开始聚书,又遍交沈曾植、杨守敬、莫棠、徐乃昌、张元济诸公,相与讨论。至翌年三月,傅增湘裒集千馀册旧籍,满载北归②。

　　周叔弢本人受到家庭影响,自16岁起开始买书,以后逐渐对收藏善本书有兴趣,积数十年成为近代藏书大家,在北方,与李盛铎、傅增湘齐名。傅增湘不仅继承家藏,又值盛昱、端方、徐坊、聊城海源阁等旧日藏家之书陆续散出,于是遍访书肆,极力搜求,渐成巨擘,其藏书楼名"双鉴楼",藏书二十馀万卷,多宋、元、明精刻及名抄本。富藏书进而富校书③,在此过程中,藏书家们因书得友,亦为书史佳话。冀淑英先生整理《自庄严堪善本书目》④中,录出周叔弢赠国家图书馆善本书上部分题识,其中涉及与藏园主人往来情形。笔者在整理傅增湘校书跋识过程中⑤,颇见周、傅二人关于藏书、校书而往来书信及跋文,为其识见、情趣所感,特爬梳为文。

---

①《藏园群书题记》卷八有长跋,载书之流传、购书过程、诸公题跋。

②见《藏园居士六十自述》,民国年间石印本。

③章钰《四当斋集》(《近代中国史料丛刊》三编,第十八辑,台北文海出版社,1986年)中《傅沅叔属题双鉴楼图为顾鹤逸隐君作》一诗曰:"岂况富藏更富校,当年研削曾同调。"

④天津古籍出版社,1985年。

⑤关于藏园勘古籍概况,可参阅本书《藏园校书所用敦煌遗书、吐鲁番文书》一文。

二 周藏傅跋

周易程朱传义音训十卷 易图一卷 宋程颐、朱熹撰，吕祖谦音训。元至正六年虞氏务本堂刻本。每半叶十二行行二十一字小字二十五字，黑口，四周双边。钤"平阳汪氏藏书印""汪士钟读书""鹤侪""寒云秘笈珍藏之印""曾在周叔弢处"等印记。《藏园群书经眼录》及《藏园群书题记》均未及此书。

藏园先生丁巳年（1917）于封面内副叶跋曰："元本《周易程朱传义》及《诗经朱子集传》，旧为沈经笙相国家藏书，壬子夏余见之孙伯恒许。余今年与叔弢兄游厂市，重见此书，叔弢出善价得之。初印精美，至可宝爱。近世收书者喜子集小帙而薄群经，至宋人说经之书尤无人过问。此帙流转厂市已五六年，而叔弢独能锐意收之，所谓读书者之藏书与流俗耳食者异矣。假读经月，郑重归之，因题数语，以志钦佩。丁巳闰月二十六日江安傅增湘识。

《周易传义》有'至正丙戌良月虞氏务本堂刊'木记。考虞氏务本堂刊书存于今日者，瞿目有宋本《老子道德经》，目后有'建安虞氏刊于家塾'一条；《楹书隅录》元本《王状元注东坡先生诗》有'虞平斋务本书堂刊'木记；《皕宋廛目》元本《赵子昂诗集》目后有'至元辛巳春和建安虞氏务本堂编刊'一行；瞿目《周易经传集解》为洪武戊辰务本堂刊本。以一姓刊书之役，子孙世守，绵历三朝，流风馀韵，与其人名字俱馨，亦云幸矣。增湘又记。"

沈经笙，即沈桂芬（1818—1880）字经笙，苏州同里镇人，寄籍顺天宛平（今北京丰台区）。道光二十七年（1847）进士。曾任军机大臣兼总理各国事务衙门大臣。孙伯恒（？—1943），名壮，号雪园。大兴人，原籍浙江馀姚。曾任商务印书馆北京分馆经理。

瞿目,即《铁琴铜剑楼书目》。《楹书隅录》,即海源阁藏书目。《皕宋廔目》,即陆心源之《皕宋楼藏书志》。藏园先生跋文不仅说明该书是周叔弢和自己一起逛书肆时所购,且条缕福建建安务本堂刊书历史,以及务本堂刊书在各部目录书中著录,颇可参鉴。冀淑英《自庄严堪善本书目》记此书而未录傅氏跋文。

《前汉纪》三十卷《后汉纪》三十卷　汉荀悦、晋袁宏撰。明嘉靖年黄姬水刊本。每半叶十一行行二十字。冯舒朱笔校、黄丕烈墨笔校《前汉纪》。冯、黄二人校跋已收录于《藏园群书经眼录》,不赘。此书为周叔弢收藏,正文首叶钤“周暹”白文小印。目录叶钤“校书亦已勤”“兴志读书不求闻达”印。傅增湘另有长跋,在《藏园群书题记》中。

前护叶有周书弢跋文一则,曰:“余所得善本书,每钤‘曾在周叔弢处’六字朱文印,盖收书只以遮眼,本无世藏之心,非好为旷达之语以欺人也。今此印刓弊,不堪复用,遂改钤‘周暹’二字白文小印。自此书始,后皆从之。丙寅夏,弢翁。”钤“周暹”印。

书末附傅增湘致周叔弢手札二通。一信写于 1926 年初,一信大约写于 1929 年。

其一曰:“叔弢三兄阁下:前日手书,回京与攸方商办《简斋诗》,竟非四百五十元不可(因书已售出,非徐氏所有,他人转售者须此价)。《史通》、两《汉纪》(《后汉纪》略有校语有跋)、《宏秀集》三书已贵至伍百元。《汉纪》总合三百以外。然实为秘笈,爱不能释。竢晤面时再商可也。《困学纪闻》屡索不见,据云德宝经手,似已售出矣。专此,敬候年安。弟增湘拜启,乙丑除日。”

其二:“《东维子诗集》奉呈,较各本多诗四十馀首,改董刻十□,集字句不可枚举。上车时又送来《汉纪》黄冯校本,索五百元,视各本补脱漏极多,罕秘之至。若二百馀元可得,拟自留之,再多则或舍去。然公能留亦大妙,可从容临校也。馀俟面罄。此上叔弢三兄。增湘叩首。

三点时或在北安利一叙何如? 我有约十二点半至一点半起士林早餐,如来此亦可。"

此前后《汉纪》因有冯、黄手迹,格外珍贵。冯舒字己苍,别署屠守居士,明末常熟藏书家,与其弟冯班人称"二冯",《藏书纪事诗》有专章。关于宋陈与义《简斋诗集》,《藏园群书经眼录》记载有"因迫欲乘车赴津,遂携末册来津,子刻手书五跋如右。原书因火急催还,不能久留,又索价至四百五十元,岁暮无力举之。书此志慨。乙丑十二月廿四日记,沅叔"语,与此信相合。所议之《简斋诗集》为元刊本,黄丕烈跋语数则,今藏国家图书馆。德宝斋,琉璃厂书铺。杨维桢《东维子文集》三十卷校记一卷,傅增湘校勘,校本今存国家图书馆,是正、补录甚多,1929 年商务印书馆收入重印《四部丛刊·初编》出版,藏园主人故以此书赠周叔弢。北安利,天津餐馆。起士林,天津西餐馆。藏园老人此两通手札,均与《汉纪》相关,或因之附书末。

从所录跋文可以得知,这部《汉纪》系傅增湘推荐于周叔弢,《弢翁藏书年谱》①未载此书。

《诸儒鸣道》七十二卷　　清初宋氏荣光楼抄本。该书无撰辑人,是宋代著名理学家语录或名篇之集合。宋筠校,完颜景贤、傅增湘跋。钤"完颜景贤字淳父号朴孙一字任斋别号小如盦印""咸熙堂鉴定""景印长乐""小如庵秘笈""朴孙庚子以后所得""景行维

---

① 李国庆编著,周景良校定,黄山书社,2000 年。

贤""周暹"印。

护叶有完颜景贤题识:"是书各家书目鲜有收者,惟绛云著录宋板者乙部,此外传钞者尚无闻,况兹旧抄影宋者乎?此书系由河南书客处购来,每页均有宋氏荣光楼抄本字样,当是国初时商邱宋氏借牧翁本影录,自绛云一炬后未识宋板尚存天壤否。若以各家书目未载而论,正恐世上不复有二本矣。审矣,是书诚可宝也。小如庵记。"钤"小如庵秘笈""戏墨""烟波画舫"印。完颜景贤(?—1927),号朴孙,远祖为金源宗室。富收藏,精鉴定。殁后藏书散出。

卷七十二末叶藏园先生识曰:"岁在丙寅,从叔弢周兄假读,并搜索群书校勘一通,别撰跋语志其同异。特记于此,用表高谊。傅增湘,坡公生日书。"

《藏园群书经眼录》著录此本,其跋文较详细,详列书中目录,并分析其影写底本,称之"孤本秘笈,良可珍也"。傅增湘还用周叔弢此书校勘过《二程遗书》和《忘筌书》,所补脱文甚多。

《文昌杂录》六卷《补遗》一卷　宋庞元英撰。清乾隆二十一年卢见曾刻《雅雨堂丛书》本。记时闻及典章制度。钤"修敬堂藏""织帘藏书""周暹"印。壬申年(1932)藏园主人临沈钦韩手校。

卷六末叶沈钦韩识曰:"道光壬戌四月十二日校,半日毕。钦韩记。"此后为傅增湘题识:"壬申十月,藏园居士手临一过,竟日而毕。"

书末附加另纸,为一便条,曰:"文起手校书殊少见,此帙校笔虽不多,然改定错简三处乃致佳,似可留之。叔弢三兄座右。增湘拜覆。"

乃知此书原为周叔弢询问傅增湘是否可留。由《藏园群书经眼录》推测,便条写于 1919 年。沈钦韩,字文起,清苏州木渎镇人,嘉庆十二年举人。长于训诂考据之学。

《云麓漫抄》四卷　宋赵彦卫撰。明王氏郁冈斋抄本。内容为宋代杂事及名物。半叶十一行行二十二字。钤"曾在周叔弢处"印。

正文之前藏园跋曰:"地山新得此郁冈斋钞本,道出申江,从之假阅,携至西湖,以校《稗海》本,改定增补四百七十馀字,是书从此粗可读矣。癸丑十二月初十日,沅叔记于小万柳堂。是日与周无角探栖霞洞,访灵峰寺,登韬光庵,坐冷泉亭,红梅欲绽,翠竹生妍,暄暖殆如初春,转惜吾地山之不获同游,领此清胜也。郁冈斋钞本多从宋椠出,久为世重。余曾收得《龙川略志》,行款与此同,旋归之涵芬楼。地山尚有《麈史》三卷,必有佳处,它日当乞一校,知方家决不吾吝也。沅叔再记。"

方地山(1873—1936),名尔谦,字地山,江苏扬州人。以字行。曾为袁世凯家西席。于金石古泉颇有研究,善联语。与周叔弢家颇有往来,《弢翁藏书年谱》记 1921 年自方尔谦处收得此书,是在傅增湘题跋八年之后。

《北窗炙輠录》二卷　宋施德操撰。清抄本。钤"祥符周氏瑞瓜堂藏书""周印星诒""茂苑香生蒋凤藻秦汉十印斋秘箧图书""寿潜室手校""柯印逢时""曾在周叔弢处"印。黄锡蕃、周星诒校,傅增湘跋。

书末叶有黄锡蕃跋,曰:"《北窗炙輠录》二卷,宋施彦执撰,竹垞跋云得之海盐陈少典所藏,其书稍稍流传于世,今刊入《奇晋斋丛书》中。己酉长夏,以刊本校勘,互有异同,如关子开颐一则,虽中多阙文,而刊本删去,殊失本来面目。内载王子思,宋代知海盐县事,考《图经》只有王震、王本、王懋,所谓王子思者,未知何名,所记一事亦未载,后之续《图经》者宜补入焉。椒升记。"

藏园跋曰:"此册为椒升所手校,所据刻本盖即奇晋本也。上卷浓朱笔识为周季贶所重校,所据为读画斋本。读画本出自吴方山,较竹垞本为长,故文字多胜处,如关子开二条,此本断烂不可读,而吴本则完具,亦其一也。癸丑暮春,承地山惠假,详较一过,附记于此。地山试取读画本一勘,当知余言不谬矣。沅叔。"

周叔弢识曰:"癸亥九月,以土礼居刻《周礼》,从大方易得。叔弢。"

黄锡蕃(1761—1851),字晋康,号椒升,清浙江海盐人。有醉经楼藏书。周星诒(1833—1904),字季贶,祖籍绍兴。吴岫字方山。俱详《藏书纪事诗》。大方即方地山,此书亦周叔弢得自方地山。

以上举例六种书,无论周叔弢购书在傅增湘书跋之前还是之后,最后是以周氏藏书入藏国家图书馆,其藏与跋均为藏品增辉。

三　傅增湘往借周藏善本校勘

傅增湘校勘群书,世所周知。他曾撰有《西涯校书记》①,记1913年曾于京师图书馆借居什刹海旁广化寺读书校书事略。他校书所用校本,有古版书,比如宋刊本,甚至敦煌卷子,还有罕见古抄本,比如用过吴宽藏抄本、钱毂抄本等,大量过录名家手校本,特别重视何焯、黄丕烈、卢文弨、鲍廷博等人手校。这些珍稀

①《藏园老人遗稿》,国家图书馆藏。

校本,来源多处,有自家的;有出访各地所见,比如去日本,还有到南方游历时所见;从友人处借来善本,亦是藏园主人校勘群书重要途径,其中就包括与周叔弢先生借书校勘往来。

《澄怀录》二卷　宋周密撰。明芝秀堂抄本。多记唐宋人登临之胜及旷达之语。每半叶十行行二十四至二十六字。无行格。钤"松江读有用书斋金山守山阁两后人韩德均钱润文夫妇之印"印。

正文之前藏园先生有长跋,曰:"叔弢新收松江韩氏钞本一帙,其首一种为《澄怀录》。余适藏有嘉靖百川高氏钞本,因以此帙相付,属为对勘。留几案者数月,未暇着笔。仲春二月,天气始和,阳台杏林正发。余以清明上冢,兼为亡弟越凡履勘茔城,遂载书入山,晨夕无事,偶得展卷。凡留清水院者六日,留万寿山者二日,遂尔藏事,计订正讹失一百五十馀字,补夺文一则。寥寥短卷之中,而所得至多,可云意外之获矣。原书自韩氏外别无印记,惟书名上标芝秀堂钞四字,自属明人所写,字法亦尚工雅,而竟脱误满纸。意其沿袭恶钞陋刻,未加考证耳。余本出古涿高儒家,儒本武弁,而富藏书,有《百川书目》行世,然其写本乃绝少流传。余无意得之厂市,意其以罕见为珍,岂料文字佳胜,乃过流俗万万耶! 校毕爰识数语,愿与叔弢共参之。岁在乙亥三月之望,藏园老人傅增湘书。"钤"增湘"印。

松江韩氏即韩应陛(? —1860),字鸣塘,号绿卿,清松江(今属上海)人。收藏多部黄丕烈散出之书,室名"读有用书斋",有《读有用书斋书目》。其书至咸丰十年之后逐渐散出,1930 年韩氏藏书尽出,张元济、傅增湘数次往返信函商讨"众擎以举之"[1],然而未果。其中善本后来为周叔弢先生所收,此书系 1934 年购松江韩氏书之一,《弢翁藏书年谱》记有当时购韩氏书单。藏园主人认为韩氏所藏抄本虽然字体古雅,然不及百川高氏钞本文字精道,《藏园群书经眼录》亦记百川本,《题记》亦有跋文,文字与此跋不同,可参阅。

　　《平江记事》一卷　　元高德基撰。清刊本。书中多记吴地古迹。钤"增湘""藏园"印。1935 年以周叔弢所藏芝秀堂钞本校勘。

　　四库提要之后空白处藏园老人跋曰:"叔弢世兄新获钞本一帙于松江韩氏。凡《澄怀录》《西台恸哭记》《平江记事》三种,卷首题芝秀堂钞四字,未详为明代何许人也。因取新刻本校此种,订正得六十一字。其纪年干支下注某宗某年,或为后人所加,高氏本文必无是也。惟庞山一则,钞本无之,当是传录时所脱佚。余别藏王宗炎家写本,其异字不及兹本之多,可知传本以古为贵,其沿袭之讹谬亦较稀矣。乙亥正月十一日校毕记之,藏园老人。"

　　芝秀堂抄本今亦存国家图书馆,亦松江韩氏藏书。雅雨堂丛书本《李氏易传》李鼎祚序言末空白处识曰:"叔弢新收松江韩氏书,有批校本《李氏易传》,其下方校语乃韩氏应陛所临诸家勘本,凡孙堂、张惠言、张惠、胡本师、吉按、杲按六家,余因手录于兹本上,其所临红豆斋考订之文,则不尽录也。甲戌二月初五日,藏园老人志。"

　　据此 1934 年题识,知周叔弢所收韩氏书尚有《李氏易传》批校本,不见于《弢翁藏书年谱》所揭书单。

---

[1]见诸《张元济傅增湘论书尺牍》1930 年部分,商务印书馆,1983 年。

《何博士备论》　二卷宋何去非撰。清光绪元年湖北崇文书局刊本。论用兵之道。乙丑年(1925)据周叔弢藏明穴砚斋写本校勘。

卷下末叶藏园跋曰:"叔弢持穴砚斋写本来,留之二日,仓卒校读一过。原书有东坡荐去非两牍,留香室刊本已录之,不更复写。别有尧圃二跋、钱天树跋、黄廷鉴跋,《皕宋楼藏书志》全载。此外程春海、王惕夫、张芙川咸有题记,收藏历何义门、胡云坡、章紫伯、廖见亭诸人,印记累累,流传有绪,洵为有名秘笈,宜乎叔弢以重价收之,喜而不寐也。乙丑正月十日增湘校毕记。僭朱罪甚。

考皕宋楼著录一本亦称穴砚斋写,诸家跋语亦同,此书世间不应有二本,疑陆藏为照此重录也。沉叔又记。"

周叔弢藏诸家题跋之明穴砚斋写本概况见诸《藏园群书经眼录》,今藏国家图书馆。

《兼明书》　唐丘光庭撰。清《真意堂丛书》本。钤"沉叔手校"印。目录叶藏园附纸书跋,曰:"昨以守和约赴津,为检定椒微师遗书事。夜访叔弢,得见明写本《兼明书》五卷,其书棉纸蓝格,自是天一阁之物,钤有翰林院典籍厅印,意乾隆时范氏进呈于四库者也。卷中有钩勒之笔,必馆中写书时纂修诸臣所为,前有朱书一行,云原本讹脱甚多,兹据宋本校正。未审何人所校,亦不言宋本所自。因余家旧藏有真意堂活字本,因假归,竭一日之力点勘卒业。吴本纰缪甚多,且各条空阙之文,弥望皆是,得此悉为补完,为之忻快不已。闻此亦李氏之书,叔弢转质而来者也。丁丑五月,藏园记。"钤"增湘私印"。

袁同礼,字守和,国立北平图书馆馆长。李盛铎,字椒微,著名藏书家。此乃1937年抗战之前事。关于李氏藏书评价,傅增湘 1937 年 5 月有"审阅德化李氏藏书说帖"一文甚详。[1]

《志雅堂杂钞》 宋周密撰。清《学海类编》本。目录之末藏园过录戴光曾跋语,其后跋曰:"此渌饮手校钞本,不分卷,吴兴张渭渔家藏。敝估载之北来,为周叔弢世兄所得,因假归以此刻校改之。曾见余秋室手写付刊本,似与此校本相类,惜其书流传绝少,无从得而勘正也。叔弢同时所得者尚有:钱遵王、何义门校《南部新书》,渌饮校《钱塘遗事》,荛翁校《庶斋老学丛谈》,皆致佳,异日当一一从而迻录之。先志此以为左券。甲子正月初二日,大雪翔舞,寒光满园,拥炉读竟,炙砚记。沅叔。"

戴光曾,字松门,号谷原,清浙江嘉兴人。擅长书画,亦嗜藏书,与鲍廷博、黄丕烈为友,大约因此得鲍廷博手校本。张渭渔,清末民初浙江海宁著名藏书家,殁后,藏书散于琉璃厂书肆,傅增湘、张元济曾经往来函札商议购买张氏书。此条跋文揭示周叔弢先生购书信息甚多,为《弢翁藏书年谱》所未及。周氏此部书今藏国家图书馆。

藏园手校群书之最后一种,仍以周叔弢家藏善本为校本,即元揭傒斯撰《揭文安公文粹》。明天顺五年沈琮广州府学刻本,何焯批校并跋。每半叶十一行行二十字,黑口,四周双边。钤"任邱王文进字晋卿藏""周暹""沅叔借观"印。藏园所校者为清同治十一年安徽藩署敬义斋刊本,卷首附纸印藏园先生七十画像,并长跋一则,字体依旧秀整端严。此跋已刊诸《藏园群书题记》,然首段文字关于自庄严堪藏明刊本之判断,与《题记》颇不同,这段

①《藏园群书题记》附录之一,上海古籍出版社,1989 年。

文字称此明刊本不是天顺刊本，或为成化刊本，《题记》则肯定为天顺刊本，是知现通行本《题记》系后来又经审订，如傅熹年"整理说明"中所言。现将此段文字仍录于此，以便读者分析体会，其曰："壬午（1944）仲冬，余至津沽，叔弢以新收《揭文安文粹》相示，明本，半叶十一行行二十字，黑口，四周双阑，不分卷。凡录文五十七首，卷中朱笔评校审为何义门笔。惟失去前序，未知为何时所刊。惟考同治覆天顺本，前有诗一卷，则是本非天顺刊可知。余以镌工观之，或成化间覆梓乎？"揭傒斯，字曼硕，元代翰林国史院编修官，与修《经世大典》，《宋》《辽》《金》三史总裁官。傅增湘先生曾于20年代以元刊本、谦牧堂抄本、鲍廷博校本校勘揭傒斯诗集，至40年代又以明刊本校勘揭傒斯文集，并在此《揭文安公文粹》校勘识语末特钤"戊戌翰林""史馆编修"印，令人尤增感触。

以上略举数种，说明傅增湘时常假自庄严堪善本进行校勘。其实周叔弢先生亦频借藏园珍籍校雠群籍，《弢翁藏书年谱》中，比比皆是，兹不一一。

四　周校傅藏

《新序》十卷　汉代刘向撰。明万历程荣刊《汉魏丛书》本。半叶九行行二十字，白口，左右双边。根据跋文，推知是周叔弢先生受傅增湘先生委托，庚午年（1930）以家藏宋刊本校勘于此本。钤"燕谷小隐""钟曙长寿""钟曙大利""归钟曙读书记"印。

卷末附纸（纸之栏边刊"孝经一卷人家"字样）周叔弢手书跋文，曰："宋本《新序》，海源阁旧藏，每半叶十一行，每行廿字，白口，左右双边，下记刻工姓名，曰：洪茂、洪新。卷五卷十末叶纸背有'徐昌朝印'四字,楷书墨记,缺笔至'构'字止,盖绍兴时刻本也。庚午二月,沅叔三丈授此书命校,因取宋本对勘一过。凡增改三百许字,其钱牧斋手跋一则、黄荛圃手跋三则、金誉庭手跋一则,具见《楹书隅录》,不复录云。建德周暹谨识。"

经钱谦益、黄丕烈、金锡爵题跋之宋刊本今藏国家图书馆,《藏园群书经眼录》著录。周叔弢跋语尚可见诸《自庄严勘善本书目》。

五　周傅共校

《宝刻丛编》二十卷　宋陈思编撰。清光绪十四年陆氏万卷楼刊本。金石目录之书。钤"未弢手校"印。1937 年傅、周二位先生据各自所藏残宋写本校勘,校勘记集中于此本,亦是学林一佳话。书眉、行间校记颇多。

卷五叶十一空白处藏园老人识曰:"厂市得宋写本三叶,为卷五之九至十一,今夕偶检得此本,就校其上。闻叔弢有数十叶,异时当以此刻寄之,乞其临勘以饷我也。丁丑五月十二日藏园老人记。"卷中书眉书脚处标示宋写本起讫之行。

卷一末叶周叔弢先生以"自庄严堪"稿纸(每半叶十二行)补脱文并跋曰:"《宝刻丛编》世无宋椠,钞本流传,亦多阙佚。余前得宋钞本第一卷,颇矜罕秘。顷沅叔三丈出此书,属为对勘,因校读一过。目录中镇江府上有润州二字,建康府上有昪州二字,已胜四库所据之本。至于酸枣县汉刘熊碑,补《金石录》《复斋碑录》二条,青州补后魏尧庙碑、唐尧山神记二则,齐州补唐薛宝积清德颂、唐刘彦恪清德颂、唐瑞气观天尊像碑、唐中兴圣教序、唐四禅寺七祖堂颂、唐房夫人碑六则,唐房彦谦碑补《复斋碑录》十一字,唐史封公德政碑补《集古录目》一条,沂州补全章九则,潍州补唐开元寺僧残碑一则,汉逢童子碑补《隶释》十三字,汉逢君神道补《诸道石刻录》廿九字、《金石录》十七字,北齐造像碑补《集古录》一条,淄州补魏史胥顺碑、魏衡纂碑二则,唐谥文宣王诏补《集古录目》三十二字、《金石录》一条,淮阳军汉严䜣碑补《金石录》二十二字,尤足快意。宋钞本出自内阁大库,他卷尚有残叶,流落人间,倘能搜集而通校之,所获必多也。丁丑六月六日至德周暹记。”

　　该书宋钞本残卷今藏国家图书馆,卷一阙三叶,共五十四叶,所残不多;卷五仅存六叶(三十八叶至四十三叶),半叶十行行二十字,白口,左右双边,蝴蝶装,版式宽大,字体端严,颇有上版写本意味。卷一首叶末叶钤“周暹”印。卷五大约曾经受潮,漫漶较多,曾予以修复,合订为一册,书号8115。《藏园群书经眼录》著录此书。

六　傅周藏善本合璧于国家图书馆

　　20世纪50年代初期,周叔弢数次捐赠善本图书给北京图书馆,1952年8月,一次向北京图书馆捐献善本七百一十五种,受到政府褒奖,时任文物局局长郑振铎专函致谢。至1956年,傅氏藏园中宋金元明善本和名家钞校本经过陆续数次出让,也已全部汇入北京图书馆。傅忠谟看到藏园善本尽去,有时难免怅然若失,但又想到这批孤本珍籍保存在国家最高级图书馆,且与“双鉴”、手校群书[1]在一起,系遵从先父遗愿,心中亦欣慰。及至十年浩劫,多少私人藏书或化为灰烬,或为康生等人掠夺瓜分,傅忠谟又

---

[1]手校群书于1947年捐赠国立北平图书馆时,藏园老人尚在世。宋百衲本《资治通鉴》与南宋内府写本《洪范政鉴》遵藏园遗愿,于1949年10—11月间捐赠北京图书馆。

庆幸及早将藏园主要珍本入藏北京图书馆,是何等正确,藏园老人多么有远见。

"文革"结束后,在清理退还被抄图书中,傅熹年发现有可补北京图书馆缺卷者数种,于是检出,经与兄弟姐妹公议,捐赠北京图书馆,比如,宋朱绍安、潘四娘刊本《大方广佛华严经》八十卷,其中七十九卷原系周叔弢自庄严堪藏书,已在馆中,所缺之第三十四,恰在退还藏园图书残册中,装帧全同,从此补配为全璧①。这也是藏园与自庄严堪化私藏为公藏愿望之赓续。

本文分六个层次介绍周、傅二位藏书家在几十年藏书活动中形诸文字的点滴事例,借此感受其藏书旨趣,与学界交往,继承清代朴学传统。傅增湘曾有《题周叔弢勘书图》一文,赞许周叔弢先生藏书既精,"频岁所收宋元古椠殆百帙,名钞精校亦称是,声光腾焯,崛起北方";校勘亦勤,"尝观手校群书,皆字画端谨,朱墨鲜妍,颇具义门风范";不以珍籍为私密,"善藏善读者,志同道契",全面介绍自庄严堪藏书。

洪亮吉曾在《北江诗话》卷三对各类藏书家有评,曰:"藏书家有数等,得一书必推求本原,是正缺失,是谓考订家,如钱少詹大昕、戴吉士震诸人是也;次则辨其板片,注其错讹,是谓校雠家,如卢学士文弨、翁阁学方纲诸人是也……"②周氏自庄严堪藏书和藏园双鉴楼藏书进入国家图书馆,不仅以其版本珍贵而享誉至今,亦因二位大家数十年间孜孜于校勘,汲汲向学风气熏陶后学,特志于此。

---

① 参见傅熹年《记先祖藏园老人与北京图书馆的渊源》,《北京图书馆馆刊》1997 年第 3 期,第 49—52 页。
② 《续修四库全书》第 1705 册,上海古籍出版社,2002 年。

重庆图书馆藏傅增湘捐书管窥*

著名学者、版本目录学家、藏书家傅增湘（1872—1949 年，图一）字润沅，号沅叔，别署双鉴楼主人、藏园居士、藏园老人等，四川江安人。他出生在江安县城东正街，自幼随父游宦，后就学保定莲池书院，师从桐城吴汝纶先生。清光

图一

绪二十四年（1898）以二甲第六名高中进士，选入翰林院。二十九年（1903）以散馆考试一等一名授职编修。他积极筹办女学，任直隶提学使，入民国以后，曾任教育总长。鉴于政治风云变幻不定，不到五

＊本文原刊《国家图书馆学刊》2012 年第 2 期。

十岁便退隐，汲汲于藏书、校勘，其一生以文化教育事业为己任。

　　1899—1901 年间傅增湘曾经返乡，此期间，"兄弟四人，聚首乡间，奉母安居，尽享天伦之乐"①。1902 年春回到河北，后应袁世凯之招入其幕。从此再未入川。然而，他未曾忘记过家乡，他曾花费十三年时间，于方志、石刻、碑记、类书中，致力于宋代蜀人文章收集，共得三百八十馀人，录文两千馀篇，编辑刊刻《宋代蜀文辑存》。书成之后，获金毓黻、张元济二位高度评价②。之后又煞费苦心编辑《蜀贤丛书》，为此曾经在 1938 年抗日战争局势紧张之时，将一向宝重的宋刊本和元代熊氏刊本《王状元集百家注分类东坡先生诗》二十五卷，分别移藏挚友四川籍孙仲山和涂子厚处③，一来"比者干戈俶扰，文物摧残，搜访既极其艰辛，护持尤期于永久。况此为乡贤遗集，出于天水良工，流传既越四朝，历年亦逾七百，经前辈之祕藏珍护，留贻至今，聚此三本，付诸一人，则保持勿坠，为责匪轻矣"，二来"余正有编刊文集之役，二君归我书值，亦借助我剞劂，其意良足感也"④。说到苏东坡，每年腊月，这位四川宋代大文豪的生日，藏园都要举办祭书之典，参加聚会的朋友，带着年来搜集的善本珍籍，共同品评、鉴赏。《藏园群书题

①傅增湘《藏园居士六十自述》，民国年石印本。

②参见金毓黻《静晤室日记》（辽海出版社，1993 年）第 6548 页和《张元济诗文》（商务印书馆，1986 年）第 36 页。

③孙仲山，本重庆商人，后为大中银行董事长。孙仲山曾贷助藏园先生购买松江韩氏藏元建阳熊氏刊本《东坡诗集》。涂凤书（1887—1940）字子厚，号厚庵，双江镇（今属四川）人。曾任黑龙江省提学使，辛亥革命后任黑龙江省教育司司长，北洋政府期间任国务院参议、国史统筹处处长。后归隐专心著述，有《石城山人文集》。

④跋文书写在元刊《王状元集百家注分类东坡先生诗》一书卷首，该书今存国家图书馆，书号 5745。

记》①中，就有八篇跋文专为苏轼文集而作。《题记》中还有两篇长跋为四川地理书而作，一篇为《蜀中广记跋》，一篇为《蜀中名胜记跋》，藏园还曾校勘过《全蜀艺文志》，其卷五十八"岁华纪丽谱"末叶题识曰："壬午中秋之夜，自北海泛舟玩月回，检嘉靖小字本校完此卷。今则兵气弥天，恐青羊宫花市亦非旧观矣，思之黯然。"②藏园先生校勘跋文及题识中，凡涉及四川处，多称之"吾蜀"，如在陈师道《后山先生集》明刻本跋语中记述该书蜀刊本时曰："案二十卷绍兴初刻于吾蜀眉州，与内阁大库之《苏文忠》《文定集》版式相同，颜体大字，楮墨皆精，有绍兴二年谢克家序。"③对四川关切情怀，难以一一。

　　傅增湘晚年表达其意愿，要将善本书留在北京图书馆，将外库书捐赠四川。据傅熹年先生在《记先祖藏园老人与北京图书馆的渊源》一文中回忆，"捐赠四川的图书因全省尚未完全解放，委托北京图书馆代收，共 200 箱，3.4 万馀册。这批书按先祖分级未列入善本，但其中有嘉靖、万历刊本、清精刻本和殿本、聚珍本等。赵万里提出这批书中有些版本馆中尚无，欲以稍晚近或重复之本调换。先父概允。大约赵万里抽换过多，最后赠川之书成为真正的普通书，以致四川接收之人颇有意见，先父只好再选一些佳本、善本包括少量宋元习见刊本补赠，才了结此事。"④这些书藏在四川何处？其家乡人撰文说多数在四川大学⑤。然而，近年国家图书馆举办古籍保

---

① 上海古籍出版社，2008 年。
② 校勘所用底本为明万历刊本，今存国家图书馆，书号 2960。校勘之时为 1942 年，故有如此感慨。
③ 此明刻本今存国家图书馆，书号 11173。
④《北京图书馆馆刊》1997 年第 3 期。
⑤ 康世明《著名藏书家傅增湘》，《纵横》2006 年第 3 期。

护展览时,重庆图书馆送来一部元刊残本《资治通鉴》,为藏园旧藏。复旦大学吴格教授总编古籍目录时,见到重庆图书馆送来书目著录有傅增湘跋识。这些信息说明重庆图书馆藏有傅氏赠书。

数年以来,我一直在辑录藏园校勘题跋,因此很想前往重庆,看个究竟。国家图书馆古籍保护中心为我与重庆图书馆古籍保护中心袁佳红主任进行沟通。2011 年 11 月 22 日当我抵达重庆图书馆时,袁佳红主任立刻安排我看书,所谓有傅氏跋识之书,为明末刊本《文献通考》,1925 年夏,藏园先生据元刊初印本仅校勘前七卷,跋识内容较简单。重要的是,她为我找出一册目录清册,封面题签为"傅增湘先生所捐书存西南文教部"。封二记"472 种,4775册"。根据清册批字、钤印情况,应该将此数看作是重庆图书馆所得傅氏捐书实际数字。以下对清册内容尽可能详细介绍。

首先,有必要简单回顾重庆图书馆历史。1945 年抗日战争胜利之后,为纪念美国罗斯福总统为世界反法西斯战争及促进世界和平进步所做出的卓越贡献,当时政府决定筹建罗斯福图书馆。由于馆址等问题,该馆一直处于筹备状态,未能正式成立。这是重庆图书馆的前身。1949 年 11 月 30 日,重庆解放。1950 年 4 月 25 日奉西南军政委员会文教部指示,该馆更名为"国立西南人民图书馆",后经核定,再次确定为"西南图书馆",由中央文化部领导,西南文教部指导。1955 年 5 月,经四川省文化局同意,将当时的"西南图书馆"与"重庆市图书馆""北碚图书馆"合并,成立新的"重庆市图书馆",于 1955 年 6 月 1 日正式开馆①。

该清册以"国立北京图书馆稿纸"抄写,系复写本。每页上下两栏,每栏十四行。每行记书名、版本简录(见图一、图二)。隔一

---

①详参邵康庆主编《重庆图书馆馆史》,北京图书馆出版社,2007 年。

些行有装箱记录:"以上四箱""以上两箱"等等。部分书名下钤"西南图书馆"红印,但是有相当数量书名下没有钤盖此印,显然是没有移拨。藏园藏书到达西南图书馆后曾经仔细核对,清册中夹有若干浮签,比如有三张标题为"傅增湘赠送善本图书查对清册所缺书各例下(清册自48—82页)",所用系横格纸;还有朱栏十行纸记录"傅增湘善本书原抄目录上未打善字者抄例于后"(见图三)。至此,还要有一点说明,清册书眉和地脚,也就是书名之

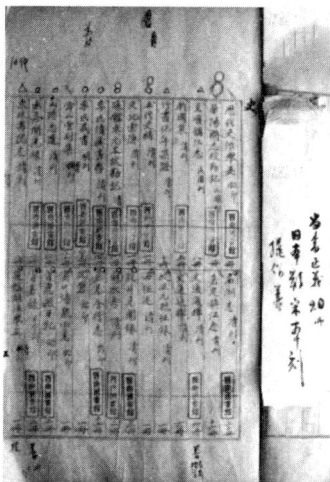

图一

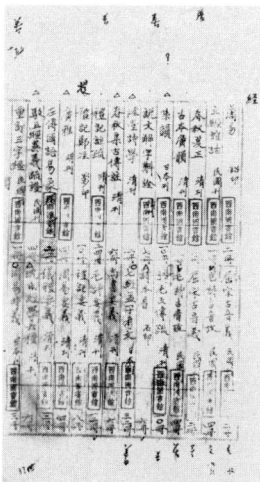

图二

上或下方,批有很多"善"字或"提"字,凡是批曾经有"提"字之书,均未钤"西南图书馆"红章,印证上述傅熹年先生所描述捐赠之书反复的过程。这些钤印也进一步说明赠书在20世纪50年代之初。

这批赠书还包含九十馀册清代殿试卷,系傅增湘收集川籍考生策论,此行未及阅读。

袁佳红主任及其部门工作人员很专业,很敬业,她们计划将

来就这批书作专项研究。所以我希望能早日见到她们的深入探讨。

最后赘笔有关傅增湘家乡江安情况。我乘车经泸州抵达江安县,到城中心东正街,这里是傅增湘出生之处。来回寻找多次,只见店铺林立,新旧住宅楼鳞次栉比,而未见傅宅标示。后来在原县志办主任王天华老师引领下,在可能是傅宅的地方徘徊一番,算是缅怀和凭吊。

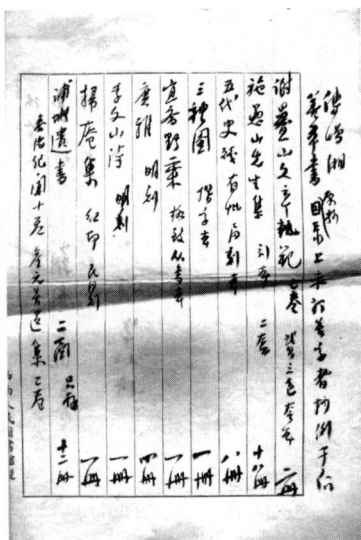

图三

名 家 与 书 籍

往事漫漫待成忆*

　　1997年，为了纪念北京图书馆开馆八十五周年，《北京图书馆馆刊》计划做一档与馆史相关的专栏。想到史学家陈垣先生曾两度执掌我馆，后将藏书捐赠我馆，便想约请陈垣先生高足、北京师范大学古籍研究所所长刘乃和教授撰文纪念。记得刘先生笑眯眯地对笔者说："我的外祖父还是北图第一任副馆长呢。"的确，1909年，清学部派翰林院编修缪荃孙任京师图书馆监督，山东著名藏书家、国子丞祭酒、刘先生外祖父徐坊任副监督，共为我馆第一任正、副馆长。陈垣先生1921年底至次年5月任教育部次长，同时兼任京师图书馆馆长。1928年7月，国民政府大学院通知国立京师图书馆改名为北平图书馆，同时成立"大学院北平图书馆筹备委员会"，此期间由陈垣先生执掌。刘先生1982年曾经撰述《陈垣与北京图书馆》，故此次未能遽然同意为文。经过徐自强老师再三邀约，刘先生后来撰写《藏书最好的归宿——陈垣书的捐

＊本文收入《记忆国图：国家图书馆105周年馆庆纪念》，国家图书馆出版社，2014年。

献与徐坊书的散失》,刊登在《北京图书馆馆刊》1997 年第 3 期。
文章痛心于徐坊藏书之散失,欣慰于陈垣先生藏书完好保存我
馆,以说明公藏之作用和力量。

徐坊(1864—1916),字士言,又字梧生,号嵩庵,山东临清人。
辛亥革命后弃官,以清朝遗老自居,不久被召为毓清宫行走,任逊
帝溥仪师傅。由于其父徐延旭于中法战争之初指挥不得法,光绪
十一年(1885)遭到贬谪,派到新疆军台效力,未及起行死于狱中。
徐坊因而长久抑郁,辞世较早。其藏书楼名"归朴堂"。其藏书盛
时,曾与海源阁齐名,傅增湘在《双鉴楼善本书目·序》中,予以很
高评价:"历观近代胜流,若盛意园、端匋斋、徐梧生诸公,当其盛
时,家富万签,名声炬赫,骎骎与南瞿北杨齐驱方驾。"身后,家人
难以长久护持,藏书逐渐散出。徐坊原本对藏书秘不示人,也不
钤盖藏印,又未编写目录,故流散之后难寻踪迹,刘乃和先生无限
惋惜地称之"风流云散"。

同一栏目中,不仅刊登刘先生文章,还有傅熹年先生大作《记
先祖藏园老人与北京图书馆的渊源》,和白化文先生大作《王重民
先生的敦煌遗书研究工作》等。傅先生文中回顾北京图书馆与藏
园先生数十年交往,以及藏书数次转让北图过程。专栏刊出后几
个月,某日善本部打来电话,说阅览室有人找笔者,到阅览室一
看,竟然是刘乃和、傅熹年、来新夏等诸位先生。二位先生事先并
不知道文章将在同一期刊出,而文章精神颇同,勾勒史事竟不约
而同有所呼应。他们说,编辑部赠给作者的样刊早已被人要去,
希望再送几册,而且对彼此文章内容呼应颇为高兴。笔者迅速取
来刊物送给先生们,感谢各位先生支持刊物,对我馆情谊深长。

说到徐坊藏书,笔者略见过几部,经藏园收藏进入我馆。如:
著名宋监本《周易正义》,此书遭际亦颇有起伏,傅氏《藏园群书经

眼录》和《藏园群书题记》(以下简称《经眼录》《题记》)专文记载，《经眼录》云："此书近归临清徐氏，悬价高奇，殊骇物听，余以其孤本秘籍，决意为之传播，遂举债收之，邮致东瀛，妙选良工，影印百帙，使之流播无穷。然债台高筑，辗转无策，遂亦不得终有。虽然，流播之愿获偿，亦云幸矣。"全书用纸、印刷、装帧、品相均臻上乘。藏园先生意欲出售影印本，以补偿购书欠款，然而进展并不顺利。终于原书被银行家又是藏书家的陈清华买去。笔者看到馆藏 1935 年傅氏影印本《周易正义》，题作"宋监本周易正义十四卷　乙亥嘉平月朔藏园傅氏印行"，卷末亦加白纸，为藏园老人长跋，内容同《题记》，惟其落款之后比宋监本之跋多"奉赠北平图书馆鉴藏第十部丙子二月沅叔记于读易楼"数字，系手书，郑重钤盖"沅叔持赠""藏园秘笈"诸印记。数年前，笔者有机会看到宋刊明印孤本《忠文王纪事实录》，此书记载岳飞事迹，可补《鄂国金佗稡编》颇多。该书流传有绪，明代曾经锡山安国珍藏，不知何时流入内府，至清高宗乾隆五十四年赐《四库全书》总纂纪昀。光绪年间纪昀藏书稍有散出，为山东临清徐坊所得，徐氏藏书又散佚，遂入藏园，《经眼录》《题记》均专章写跋，终于随着藏园宋板书入藏国家图书馆。再如，宋刊元修本《魏书》，藏园先生在《经眼录》中指出："原版字仿欧体，补版渐趋疏俊，元刻益圆活。"小字曰："临清徐梧生遗书，庚午岁以二千金收得。"还有旧写本《边州闻见录》，《经眼录》小字记曰："徐梧生遗书。"该书乃康熙年间抄本，多记张献忠、李定国事，应该对南明史研究多有裨益，同时，书中描绘西南边地风土人情。此书或者为徐延旭收藏，他曾在广西多地为官，后右迁布政使，以善治盗著称，也可能是徐坊为纪念父亲而庋藏。

笔者近年研究藏园先生题跋，见到数则与徐坊藏书有关：

《法书要录》："王敬美手钞《法书要录》，为徐梧生旧藏，嗣归其婿史吉甫太史。予假得，取此刻对勘，增订殆及千言。自三月开卷，迄七月乃得终篇。昔年曾临何义门及心友校本，所据亦一钞本，但其改定尚不若兹本之多，似此胜于彼也。又别收嘉靖刻本，其文字视《津逮》略异，然与敬美所录，其同者不过什一，知此书古来竟无善本，展转传钞，遂滋歧舛，阅者择善而从可也。原有葛正笏、杨继振二跋，不具录。藏园记。"

笔者按：史宝安（1875—1939），字吉甫，徐坊长婿。清光绪二十九年进士，为翰林院编修。有《枣花阁图书题跋记》。

《甲乙集》："徐司业梧生藏明写本《唐诗》二十册，都二十馀家。余从其婿史吉甫太史假得《樊川》《唐风》《唐英》《甲乙》四集，均以通行本勘过。此《甲乙集》适有汲古八唐人集，因对校一通，改订处殊少，别取瞿氏宋棚本校之，其字句亦率相合，盖毛氏汇刻时似亦曾见宋本，故异字绝少也。连日都市戒严，向夕即路断行人，夜间无客见访，而余转得借此闲寂，从事丹铅。此本假之吉甫，倏已经年，今日乃能以全帙走还之，此亦严城寒夜之一快也。十月初八日，藏园居士记。辛未十月初八日校完。"

《清江三孔》：《朝散集》卷十二末叶跋曰："壬戌春，曾得石门吕氏写本《三孔集》，只存三十卷，《毅父集》十二卷以后即缺佚。顷史吉甫携来徐梧生遗书，适有《三孔集》，然核之，实只《毅父》一集也，后十卷均完全，因得补校后四卷，其馀六卷则别写附之。沉叔记。

用华亭朱氏明钞本校勘，补佚文二篇。订正三十九字。书潜附记，时戊辰仲冬。

昔年胡肃堂侍御刊《三孔集》，缺平仲文六卷，遍访南北藏书家及四库本，均不可得。顷来徐司业遗书散出，中有明华亭朱氏旧钞本，廑存《平仲集》二十二卷，凡《杂说》二卷，《文集》二十卷，其三十五卷以下,此通计三孔为卷第,胡氏所谓访求不获者赫然具存。因留斋头五日,取前时石门吕氏本所缺之四卷自三十一至三十四校勘一过,改订数百字,补佚文二首,夺文十行,其三十五至四十各卷,则属赵生连夜录得副本,附于豫章新本之后,俾后来重刊者有所取资焉。第书贾索还殊急,不及雠校,未免有亥豕之讹耳。 戊辰立春三日,沅叔手记。"

"《孔毅父集》历来抄本多缺第三十五至四十,凡六卷。昔年见吕无党讲习堂写本,亦佚此六卷。近时《豫章丛书》刻《三孔集》,胡氏访求海内藏书家,此六卷讫不可得,故锓梓时遂阙焉莫补。余前岁得明华亭朱氏抄本,此六卷独完,颇自秘惜。今睹此帙,此六卷乃完然具存,真秘籍也,得者幸勿轻视之。藏园记。卷末王□跋,各抄本均缺,此本独完,尤可贵也,明抄只得半篇。"

笔者按:最末之跋,书在北京大学图书馆。

1998年刘先生仙逝,至今怀念。想来刘乃和教授若有知,看到其外祖父藏书逐渐发现二三,会有些许慰藉吧。

藏书家李盛铎卒年辨正*

在傅增湘校勘之《滋溪文稿》(民国间东海徐氏刻本,校本乃用李盛铎所藏明抄本)卷四末叶有这样一条题识:"(癸酉)十一月二十有七日,为德化李氏题主。犯严寒来津,仍寓昔年旧楼。夜静客散,遂研朱勘完此卷,凡改订三十字。清泉逸叟记。"题主,是指在逝者出丧之日,亲友中善书而有名望者点书牌位"某某神土""主"字上那一点划。由此可见,李盛铎卒年必在癸酉年。时为癸酉年冬月,已经进入公元1934年,1934年元旦为癸酉年十一月十六日。

那么,今人著作中关于李盛铎卒年记载有几种呢?苏精《近代藏书三十家》(台北传记文学出版社,1983年)记载为"民国二十六年(1937)二月四日卒于天津秋山街寓所",该书增订本(中华书局,2009年)亦作此;郑伟章《文献家通考》(中华书局,1999年)同此。李小文、孙俊合撰《李盛铎致袁克文论书尺牍》(《文

---

* 本文原刊《文献》2010年第4期。

献》2008 年第 4 期)记其卒年为 1935 年,不知缘何而说。其实,张玉范《木樨轩藏书题记及书录》(北京大学出版社,1985 年)附录有张老师一篇文章《李盛铎及其藏书》,是明确卒年为 1934 年。李氏家乡江西有两篇文章,也都指出卒年为 1934 年,一篇为熊学明、高平合撰《我国近代著名藏书家李盛铎》(《江西图书馆学刊》1990 年第 2 期),另一篇为黄细嘉撰《李盛铎与保国会关系考辨》(《南昌大学学报》1990 年第 3 期)。

李盛铎去世后,其藏书引起各方面关注,国立北平图书馆馆长袁同礼亦曾与傅增湘前往。傅增湘校勘清嘉庆十六年潢川吴氏活字印本《兼明书》时题跋曰:"昨以守和约赴津,为检定椒微师遗书事。"时在丁丑年五月中旬,即 1937 年 6 月,归来后撰《审阅德化李氏藏书说帖》,如今刊诸《藏园群书题记》(上海古籍出版社,1989 年),这或许是以上卒年为 1937 年说之由来。

藏书家张允亮学术生涯述略*

张允亮曾经任职故宫博物院图书馆和国立北平图书馆(今国家图书馆前身),于目录、版本之学颇有造诣,校勘、藏书、刊印出版各有建树,然其事迹稍嫌隐晦,笔者就目力所及,一一钩沉如左。

张允亮(1889—1952)①字庾楼,河北丰润人。张人骏第五子。张人骏官至清代最后一任两江总督,张佩纶堂侄。张允亮之妻,乃袁世凯长女袁若桓②。清代最后一次科举考试是光绪三十年(1904)恩科,张人骏在1905年末一信中说:"允亮中文已成,惜科举已停,不能一试。"③由此可知,他不曾参加科举考试,没有举人

---

* 本文原刊《文献》2011年第4期。
① 参见张守中《张人骏家书选录》,《清史研究》1991年第1期。
② 参见张象耆《张人骏轶事》,《丰润文史资料》第五辑,1990年。
③ 张守中《张人骏家书选录》。该信写于1905年12月,彼时张允亮十七岁。

或进士出身①。

一 编制目录

张允亮任职故宫博物院图书馆,至晚在 1927 年。许宝蘅之女许恪儒追忆其父编纂《掌故丛编》情景,写有《短暂而有意义的工作》一文②。1927 年 11 月,傅增湘时任故宫博物院图书馆馆长,邀许宝蘅担任副馆长,主管掌故部,许宝蘅 11 月 29 日走马上任,12 月 1 日收到故宫分配职务单。在这张分配单上,颇多熟知人士,如:袁同礼任副馆长,徐鸿宝任流传课主任,谭祖任任编录课主任,江庸任事务课主任,张允亮任图书馆建设课主任。傅增湘和许宝蘅至北洋政府下台而离任,此期间,许宝蘅共出版三期《掌故丛编》③。

傅增湘 1925 年出任故宫图书馆馆长,上任不久,即聘请陶湘编订殿本书库目录④,1933 年《故宫殿本书库现存目》三卷《附录》一卷甫成。故宫藏书之目录,与其他公藏相比,自有其特点,陶湘在其书之凡例中指出:“本库以殿本为名,书则不论刻本、印本、写本,均以内府有关为主,与普通古籍稍异。”关于分类,陶湘认为:“今依宫史书籍门编类,源流较为明晰,爰录宫史书籍门所分类目

①据百度百科,1911 年张允亮曾经以优异成绩毕业于北京京师译字馆,奖举人出身,以主事职分度支部补用。北洋政府时在财政部任佥事。但未知此说由来。

②《历史档案》,2006 年第 2 期。

③故宫图书馆此时工作之开展,尚可参见朱家溍《故宫退食录》(北京出版社,1999 年)中《回忆陈垣、沈兼士两位先生》一文。

④《藏园群书题记》(上海古籍出版社,1989 年)附录《故宫殿本书库目录题辞》一文有“余于乙丑岁领故宫图书馆事……余以君雅善鉴藏,因修函延君,任以编订之事”(第1080 页)云云。

如下：实录、圣训、御制、方略、典则、经学、史学、仪象、志乘、字学、类纂、总集、目录、类书、校刊、石刻，综十六类。续宫史所分类目如下：实录、圣训、圣制、御制、御题、鉴藏、钦定、方略、典则、经学、史学、志乘、字学、类纂、校刊、石刻、图象、图刻、图绘，综十九类。内有增省者，因时酌定也。"①经陶湘斟酌损益，此类目更加突出内府藏书与民间之不同。由张允亮主持《故宫善本书目》之编纂亦应肇始于此期间，其卷首有张允亮所作序及凡例，同样，此凡例亦突出故宫藏书特点，尤其强调此目录是故宫经历种种变故之后，继《钦定天禄琳琅书目》及《天禄琳琅书目续编》而来，故此，该目共分三部分，一为天禄琳琅现存书目，一为天禄琳琅录外书目，一为《宛委别藏》书目。然而，该目录成书过程中，已经受到时局动荡的影响，故宫古物南迁启动，许多书籍并未经过目验。在序言中，张允亮不仅回顾以往皇家编修书目的历史，还特别提到时局，他指出，养心殿所藏《宛委别藏》，其中"朱阑玉楮，景摹精钞，名贵不在旧版之下"，但由于"扃闭逾年，连车南徙，非俟书还，莫由重勘。兹编姑就历来簿录，参考各家藏目，排比成之。致力虽勤，程功实尠。区区编目，初非甚艰之事，而在故宫今日，其繁赜乃倍于恒情。允亮自知固蔽，舛谬不免，要以此为权舆，而待他日理董云耳"。此书目之末，张允亮勘比《宛委别藏》存书与历来著录之参差，写有跋文。《宛委别藏》、文渊阁《四库全书》和故宫南徙古物一起，今存台湾，1981年台湾商务印书馆将《宛委别藏》影印出版②。

---

① 煮雨山房辑《故宫藏书目录汇编》（影印版），线装书局，2004年。
② 关于《宛委别藏》，可参阅陈东辉《〈宛委别藏〉述略》，《故宫博物院院刊》1998年第2期。

与《故宫善本书目》相配套，还有一部《故宫善本书影初编》，乃傅增湘、张允亮合作完成。《藏园群书题记》附录《嘉业堂善本书影序》一文中曰："余领馆事时，检昭仁殿劫馀之物，益以景阳、毓庆、懋勤诸宫殿所储，为《故宫书影初编》。"该《书影》卷首为各部书之提要，提要当是张允亮所撰，因为提要之末有作者署名"沔阳张允亮"之跋，曰："初编既成，同人举目录见属，自维谫陋，于流略之学，粗涉其藩，何足以语撰述。姑就各书，考其版本大略，著之于篇，用助观览。"其实，提要内容还记录该书钤章及原在某殿，甚便读者①。此二书之问世，均在傅增湘离任之后，《故宫善本书影初编》出版于 1929 年，《故宫善本书目》出版于 1934 年。

另据说，张允亮曾经编制《国立北京大学图书馆方志目》②，此书卷首记录编制于民国二十二年，版心刊有"北京大学出版组"字样③。笔者没有见到关于张允亮编制《国立北京大学图书馆方志目》细节记载④，但是由于其时间与《故宫善本书目》重合，详情有待进一步考证。

二　任职北平图书馆

1931 年"九一八事变"后，日本侵华步伐日益逼近，华北形势骤然紧张。1933 年初，北平图书馆就计划将部分珍贵古籍南运，

---

① 煮雨山房辑《故宫藏书目录汇编》（影印版），线装书局，2004 年。
② 巴兆祥《民国方志目录学之成就与影响》，《江苏图书馆学报》1997 年第 1 期。
③ 据国家图书馆藏该目印本。
④ 陈玉堂《中国近现代人物名号大辞典》（浙江古籍出版社，2005 年）记载张允亮 1935 年任北京大学图书馆中文编目股长，时次已晚于《国立北京大学图书馆方志目》之出版。

通过与教育部多次磋商，选择存书地点，至 1935 年，南运十四批书及梁启超遗物若干。1937 年夏天，馆长袁同礼也即将南下，北平馆何去何从？从国家图书馆现存档案资料，可以清晰感受到当时局势严峻，馆内会议、与教育部电函不断。1937 年 8 月，张允亮开始担任国立北平图书馆善本部主任兼编目部主任，此前，徐鸿宝任善本部主任兼金石部主任。12 月，袁同礼致函孙洪芬，提出由王访渔、张允亮、顾子刚临时管理馆务之建议。1938 年 1 月 18 日中华文化基金会（简称中基会）会议决议，北平图书馆继续维持，司徒雷登为中基会驻平代表，在副馆长袁同礼离平期间，由总务主任王访渔、善本部主任张允亮、编纂顾子刚三人组成行政委员会，管理留平馆务。从此可见到档案中多通袁馆长与上下级对于北平馆、上海办事处、存港图书、昆明办事处等各处往来信函，其中致北平馆者，抬头多并称庚楼、子访（王访渔）、子刚，以及三人共同署名致袁馆长复信。在 2 月 8 日信中，袁同礼馆长格外叮嘱张允亮说："工作应积极进行，集中力量完成书本目录，已请庚楼兄总其成。"不仅业务工作不得松懈，经费亦十分紧张，当时图书馆经费由中基会拨款，所以需要及时向中基会汇报用度；经费紧张，袁馆长一方面指示裁员，一方面指示压缩各种开支。在如此重压之下，张允亮身体不支，患病辞职。12 月 29 日馆务会议记录第一项："张庚楼先生提议，本人近患神经衰弱，须遵医嘱休养，不能再任行政事务。务请辞去馆务行政委员及善本兼编目部主任本兼各职。议决：张庚楼先生年来维持馆务，颇费苦心，积劳致疾，殊深惋惜，应勉徇所请，然准辞去本兼各职，俾资休养，并望张先生有暇时来馆，为学术上之赞助。致送三个月薪水。"①从此张

①上述纪事及引文参见《北京图书馆馆史资料汇编》，书目文献出版社，1992 年。

允亮离开北平图书馆。1948 年,古物陈列所并入故宫博物院,张允亮时任该所主任①。

三　藏书举隅

张允亮有困学斋藏书②,规模不详,从现存零散记载,知其所藏多稀见珍本。1923 年夏,傅增湘校勘元代马祖常《石田文集》时,曾借张藏元至元五年(1345)扬州路儒学刊本为校本③,在底本④卷首跋曰:

> 《石田先生文集》,各收藏家所称为元本者,实皆明弘治刻本也。浭阳张氏藏元刊本,大板心,半叶十行行十八字,为汪阆源家物。大字精美,在元刊中为上驷。余从庚楼同年假得,留案头数月,取此新印校诵一过,改正不可胜计。其中增《瘦马图诗》一首,《石田山房记》一首,《通济渠龙祠碑铭》一首,皆别录之。惜元本缺第二、三、十四、十五共四卷,无从补钞,为可叹耳。癸亥九月十六日,傅增湘记。

1926 年藏园先生校勘《杜工部草堂诗笺》时⑤,曾假庚楼藏宋

---

①姜舜源《院所合并前后》,《紫禁城》1989 年第 1 期。
②张允亮据明嘉靖十年冯刻本校勘《霁山先生诗文集》,有跋文落款曰"庚楼记于困学斋",并钤"困学斋"印记。
③《藏园群书经眼录》著录,今藏国家图书馆。藏书印除《经眼录》著录外,又有"周暹""弢翁珍藏"印记。
④傅校所用底本为 1922 年上海古书流通处影印《元四家集》本,今藏国家图书馆。
⑤傅校所用底本系清光绪年遵义黎氏日本东京使署影刊《古逸丛书》本,今藏国家图书馆。

刊残本①为校,卷三十二末叶有跋识曰:

> 此卷补《小园》诗一首,改订一百一字,然《暝》及《伤秋》二诗,其注乃脱漏至数行,何耶?丙寅八月晦,沅叔假溧阳张氏本校讫。

同书《补遗》卷五末叶亦识曰:

> 丙寅八月二十三日,假溧阳张氏藏宋刻残本校。补阙叶一篇,改定六十四字。

据记载,困学楼藏书尚有宋本《李太白集》、元本《杨仲宏集》、金刊残本《尚书注疏》②、宋刊残叶《元丰类稿》③、明边贡刻本初印《岑嘉州集》等,多为宋元本④。当然,还有清刻本《方百川先生经义》,傅增湘专为之撰跋。1949 年以后,庚楼藏书捐赠故宫博物院图书馆⑤,数量及内容未详。

四 校勘举隅

张允亮亦勤于校勘。笔者所见现存国家图书馆庚楼校书五种,一是据缪刻本校勘《荀子》,二是据明嘉靖十年冯彬刻本校勘宋林景熙《霁山先生诗文集》,三是据黄丕烈校本校勘宋林逋《宋林和靖先生诗集》,四是据日本影写宋本校勘宋秦观《淮海集长短

---

①关于《杜工部草堂诗笺》宋刊本今存状况,可参阅王燕均《汲古阁原藏宋五十卷本〈杜工部草堂诗笺〉离散考》,《版本目录学研究》第一辑,国家图书馆出版社,2009 年。
②庚楼将此书赠藏园先生,见《藏园群书经眼录》。
③《藏园群书经眼录》著录。
④伦明等撰,杨琥点校《辛亥以来藏书纪事诗(外二种)》,北京燕山出版社,1999 年。郑伟章《文献家通考》,中华书局,1999 年。
⑤杨玉良《管窥故宫藏书》,《故宫博物院院刊》1986 年第 2 期。

句》,五是校唐王维《王右丞集》。

1914年校勘《荀子》之底本系清抄本,庚楼校而无跋识,周叔弢跋语三则①,其中第二则与庚楼有关,移录于此:

> 书中夹签,精楷校字,初不知出谁氏手。今日庚楼十二丈来访,谈及此书,出以示之,乃知为其乙卯年以缪刻所参校者。此书为王文敏公②旧物,王文敏公收藏印皆挽去,其孙为庚丈之甥,曾以此书置庚丈处经年,今日始知此书之归余也。甲子正月初三日记,弢。

1926年校勘《霁山先生诗文集》,使用底本为清康熙三十二年沈士尊、汪士铉等刊本,卷首元郑僖序言之末有张允亮跋文一则,曰:

> 《霁山集》文十卷,曰《白石稿》,已散佚。诗六卷,曰《白石樵唱》,元章祖程为之注。明天顺间吕洪重编,并诗为三卷,复捃摭遗文为二卷,总题曰《霁山先生文集》,锓梓行世。嘉靖间辽藩光泽王重刊,于章注删改殆尽。同时冯彬刻本则分体重编,诗析六卷,文析四卷。诗虽失旧次,而章注独全,文叙次无异,惟分卷多寡不同耳。汪氏此本即出辽刻。藏园属以冯本勘之,是正颇伙。冯本间有误字,亦为照录,以著异同。其注既非章氏之旧,无从校补矣。丙寅冬至,庚楼记于困学斋。(钤"困学斋"印)

1935年校勘《宋林和靖先生诗集》,所用底本系上海涵芬楼《四部丛刊》景印双鉴楼景明钞本。该书先是傅增湘1930年据冯知十校宋本校勘,翌年再据铁琴铜剑楼藏残宋本校勘。藏园于卷

---

①此书中周叔弢跋语全文见冀淑英编:《自庄严堪善本书目》,天津古籍出版社,1985年。
②清末古文字学家王懿荣,1900年八国联军攻入北京时以身殉国,谥文敏。

首跋曰：

> 此石印本就余所藏正德刊本影写者，余得此本于申江，为朱修伯故物，后归张幼樵副宪①。辛亥革命，张后人仲钊寄居秣陵，其宅为新军所据，遗书尽散，贾人捆载来沪，无虑数万卷。余时适留滞南中，颇得寓目，此书亦其一也。箧藏十馀年，苦无善本可以校补夺讹，日前同学邢君之襄新收到刘燕庭家藏书，适有是集，且为冯知十据宋本手校，因假归细勘，并详记原委，得夫数百言，题之卷尾。此帙不更复录，聊书数语，垂示忠儿，俾知善本之难得，庶后人世守勿失，以无负老人搜访之苦心耳。庚午八月初二日，自清华园授课归，记此，藏园居士。

于涵芬楼刊记空白处再识曰：

> 辛未清明后七日，据海虞瞿氏宋刊残本校定，距传录冯氏校宋本时已半载矣。隙驹易逝，而载籍无穷，炳烛馀明，能勿自勉乎哉！藏园六十翁记。

庾楼跋语在卷末，曰：

> 乙亥正月廿七日，假北平图书馆藏黄复翁校宋本再勘一过。瞿氏残宋本先藏顾抱冲小读书堆，复翁据校，洞簧景写，皆是帙也。庾楼附识。

张允亮此跋，将瞿氏铁琴铜剑楼藏宋刊残本②与顾之逵、黄丕烈和顾广圻之关联，勾勒得甚为清晰。

　　1936年校勘《淮海集长短句》，使用底本为明戏鸿馆刊本，此明

---

①张佩纶（1848—1903），字幼樵，号绳斋，丰润人。同治十年进士，官至侍讲学士。曾娶结一庐朱学勤次女为妻，得结一庐藏书甚多。此段文字，适为结一庐藏书散逸补说。
②参见《藏园订补郘亭知见传本书目》著录。

刊本曾经钱曾、何煌手校,鲍廷博、唐百川、周叔弢递藏。卷末张允亮跋曰:

> 叔弢属校此集,爰从友人赵斐云假得日本写真宋椠完本,合故宫及吴县潘氏所藏①两残帙补校一过,以其同是高邮军刻也。钱、何原校为朱墨二笔,兹用蓝笔以别之。丙子中秋,庚楼。(钤"庚楼手校"印记)

《王右丞集》校本不详,底本为明弘治十七年吕𩅶刊本。赵元方藏书②,入藏赵氏之前,该书曾经傅增湘③、张允亮校勘,书末叶赵钫 1954 年识曰:

> 甲午元日,开笔试朱。时和岁丰,云日清煦,水仙红梅,拆荂吐萼。坐无悔斋中写此,时方校杜集至第十八卷。此本前有校笔,大字是傅藏园,小字则张庚楼也。元方记。

另据傅增湘校勘《越绝书》跋语,知徐鸿宝、张允亮曾经校勘此书。藏园先生所用底本为明吴琯刻本《古今逸史》④,校本为明刊十行本。《古今逸史·越绝书》卷十五末叶跋曰:

> 此明刊本,春间得之苏州来青阁,前后失去序跋,不知何人所刻,然要是正、嘉时与《吴越春秋》合刻本也。森玉、庚楼假去校订,颇称其佳。余乃就此本对勘改定焉。原本后有跋十一行,又丁黻跋七行,他本多有之,不具录。庚申九月十一日,自妙峰看红叶回都记此,沅叔。

---

① 潘氏藏本,《滂喜斋藏书记》(上海古籍出版社,2007 年)卷三著录。
② 赵钫(1905—1980?),字元方,本姓鄂卓尔氏,蒙古正黄旗人,光绪年间军机大臣荣庆之孙。收藏甚富,多明刻本、明活字本、名人钞校本。
③《藏园群书经眼录》著录此书于丙辰年(1915),未及藏印及赵钫题识。据《北京图书馆大事记》,赵钫 1956 年捐赠善本图书二百八十五种,此书当在其中。
④ 此本今藏国家图书馆。

五　刊刻出版

1930 年初冬,藏园举办真赏社聚会,其盛况记载在明成化二十二年张习刻殷镗重修本《姑苏杂咏》卷首袁励准题款中①,袁励准题曰:

> 岁庚午十月九日,真赏社第二集,无锡杨寿枢、武进赵椿年、番禺陈庆龢、南海谭祖任、宛平袁励准、新会陈垣、吴江沈兆奎、丰润张惸、丹徒尹文、丰润张允亮、长白溥忻,会于藏园,主人则江安傅增湘也。主人藏书冠海内,琳琅满目,如入宛委山中,又出所蓄杨廉夫真境庵募疏卷,沈无梦亦以宋拓本十七帖来。因记于此。励准书。

艺苑真赏社民国时期影印碑帖,堪称精良,然并未见张允亮曾参与其策划印制活动。1933 年,教育部倡议影印《四库全书》未刊珍本,为此,中央图书馆和商务印书馆曾签订协议。教育部聘请委员有:陈垣、傅增湘、李盛铎、袁同礼、徐鸿宝、赵万里、张允亮、张元济、董康、刘承幹、徐乃明、傅斯年、顾颉刚、柳诒徵、张宗祥、叶恭绰、马衡共十七人②,多为知名学者,庚楼先生曾是编订《四库全书》未刊珍本目录委员会委员之一。这套大型丛书磋商多日,最后并未实施,如今尚有油印本《景印四库全书未刊本草目签注》,作为当年倡议之见证。不过,张允亮确曾刊印古籍,傅增

---

①袁励准(1875—1935),字珏生,号中舟,常州人。傅增湘同年进士,授翰林院编修,后任京师大学堂监督。入民国后曾任清史馆编纂、辅仁大学教授。工书擅诗,藏墨颇著。有《中舟藏墨录》《纂修清史管见书》等著作。
②中国第二历史档案馆编《中华民国史档案资料汇编》第五辑第一编教育二,江苏古籍出版社,1994 年。

湘以明刊本《古今逸史》为底本校勘崔豹《古今注》时,在卷末跋语中指出张允亮曾刊印此书,跋曰:

　　明芝秀堂刻本《古今注》十行十五字,为袁寒云旧藏,友人张庚楼影印行世①,曾见惠一册。偶取此本校读,纠正添加者不可胜计。丁黻跋云四篇以下,增改颇多,固非妄也。卷末有眉山李文简公跋,言本书得自册府,与豹今所著绝异不类,知宋世内府所藏与世行固有两本,匪文简传播之功,不几于泯绝耶? 校毕并李、徐二跋于别纸。壬戌立秋后四日,江安傅增湘记。

张允亮还曾刊刻光绪二十四年进士范钟文集《蜂腰馆诗集》四卷②。范钟,字仲林,江苏南通人。诗集卷末陈衡恪跋文,有"仲林先生没后十年,其友张允亮、弟子徐鸿宝将为刻其遗诗"之语。据跋文可知,张乃范钟朋友,陈宝箴曾延范钟为西席,其孙陈衡恪从之学,陈三立与范钟"相契甚殷"。而张人骏出任两江总督时,聘陈三立入幕府,张、陈二人与曾国藩之湘系关系近切。范钟既是桐城学派传人,与吴汝纶又系姻亲,张、陈、范之间可视为晚清官场关系网之管窥。

六　"藏园三友"

　　每年腊月十九日是苏轼生日,藏园于腊月依例举办祭书聚会,庚楼先生自然是聚会积极参与者。国家图书馆存藏园珍本中,至少有四部书之跋文记载其事。有两部书记载戊午(1918)年

①《藏园订补郘亭知见传本书目》著录云系陶湘影印。
②国家图书馆藏1919年刊本。

祭书,一为明万历三十七年洗墨池刊本《薛涛诗》,卷末沈兆奎题跋曰:"凤孙、书衡、授经、伯宛、孝先、阆声、森玉、庾楼诸君集沉叔先生斋,为戊午除夕祭书之会,遍观善本。书此以志。吴江沈兆奎。"该书尚有樊增祥题识并诗[1],夏孙桐填词、萧方骐题诗,钤印森森,颇可一观。另一部书为宋乾道元年永州零陵郡庠刊本《唐柳先生外集》,此书曾经栋亭曹氏、独山莫氏收藏[2],卷末张允亮题款曰:

> 胶州柯劭忞、汾阳王式通、武进董康、仁和邓邦述、海宁张宗祥、归安徐鸿宝、吴江沈兆奎、丰润张允亮,戊午除日同集沉叔先生太平湖寓斋祭书,获观并记。允亮书。

二跋记同一聚会。

壬戌(1922)年腊月二十三日,藏园约集嘉定徐祯祥、长白彦惪、萧山朱文钧、吴兴徐鸿宝、吴江沈兆奎、丰润张允亮举祭书之典,纪其事于宋刊本《五代史记》中[3]。

丁卯(1927)年腊月祭书事,记载于明正德十三年陈纲刻本《许白云先生文集》上[4],全书末有邓邦述、许宝蘅跋文,许跋关乎藏园,移录于此,文曰:

> 藏园祭书十祺未间。主人自谓今岁所得仅十馀种,逊于往年,然如宋本左氏《百川学海》、司空表圣《一鸣集》、元本《华严经》、明成化本《许白云集》、正德本刘秉忠《藏春集》、日本活字本《史记》,并属稀见,而《左氏丛书》,诸家藏目止见残本,兹之创获,足对多许。主人偶缘道阻,遂辍南游,精力所专,校雠

---

① 樊增祥题诗,见《藏园群书题记》第 602 页。
② 莫绳孙跋文,见《藏园群书题记》第 615 页。
③《藏园群书题记》第 100 页。
④《藏园群书经眼录》著录。

益富,都其卷帙,六百有奇。以宋本校者,则《通典》《论语笔解》《秦淮海集》《张南轩集》,金本则《磻溪集》,元本则《佩韦斋集》《杨仲弘集》,馀书见于自记,不复遍举。与会者:汾阳王志盦、仁和许夬庐、长白彦明允、萧山朱翼厂、吴兴徐森玉、吴江沈无梦、丰润张庚楼、通州张仲郊。期而不至者:柯蓼园、宝沈盦、杨祇庵也。丁卯除夕前一日,许宝蘅记。

研究者对藏园校书,一般引用余嘉锡先生"凡所校都一万数千馀卷,多宋、元秘本,及名钞精椠",或傅熹年先生"经过用善本手自校勘的约一万六千卷"为说,然其中逐年进程并不了然,此跋语"精力所专,校雠益富,都其卷帙,六百有奇",提供至1928年初傅增湘校勘规模参考信息。

张允亮与傅增湘往来密切,引为"藏园三友"①,这段友谊详细记载在《方百川先生经义跋》中。《方百川先生经义》作者方舟,桐城派学者,该书是科场考试范文,傅增湘在保定莲池书院从学于吴汝纶先生时,曾熟读此书。张允亮在戊戌春闱之后四十馀年将此书相赠②,引起傅增湘无限感慨,因此撰写长跋,并追忆藏园聚会之盛。而藏园三友,竟然因时局天各一方,"何意棋枰忽改,踪迹遂暌,森玉以护持古物,转徙滇黔;无梦以出谋稻粱,栖迟海峤;惟余与庚楼留滞旧京,以金马之陆沉,作穷鱼之煦沫。祇自闭门而却扫,未尝阅肆以探寻。承惠兹编,触余旧绪"。③此跋作于1941年,由是可以稍窥张允亮此期间生活状况。

---

① 另二位是徐鸿宝、沈兆奎,参见《藏园群书题记》中《方百川先生经义跋》一文。
② 傅增湘是光绪戊戌年进士,二甲第六名,选翰林院庶吉士。
③《藏园群书题记》第877页。

周作人与俞平伯悠远的师生情谊 *

——写在《周作人俞平伯往来书信影真》出版之际

　　作为一名编辑,能够策划出版一部对历史有贡献的书籍,是一种难以言传的愉快,无论克服多少困难,只要确信在一点点地接近成功,就会不懈地努力下去。数年前,当我得知尚有一批知堂老人(周作人)和古槐书屋主人(俞平伯)的手札完整保存,且未披露于世的时候,便心仪于此。

　　俞平伯是周作人早年的学生,毕业后同在北京大学任教,成为同事。俞平伯在古典文学方面取得了很大的成就,依旧对周作人先生执弟子礼,未尝懈怠。周作人先生对俞平伯先生则是优礼有加,亦师亦友,遂成佳话。

　　知堂老人的信仅存 1924—1932 年期间的一百九十馀封,俞平伯先生当年将之装裱起来,用册页装帧为三大本,木版夹封。每一册五十至七十通信,每裱完一册,都请知堂老人为之一跋,最

* 本文原刊《山西档案》1999 年第 4 期。

后一册,除知堂老人的跋,还有废名和沈起无的跋或题记。俞平伯先生之所以装裱这些信,在他1929年第一次将六十馀封周作人先生的信装裱成册时,曾为之跋曰:"岂明师所赐书翰出没其间殆五年,虽缺脱未免,而犹衰然可以成帙,盖有天幸焉欤? 今春偶尔涉念,知其久而必失也,遂检理而付装池。"陆续地,俞平伯先生将知堂老人的书信装裱成三大册,周作人于1932年第三册裱成之际曾跋曰:"不知何年何月写了这些纸,平伯又要裱成一册帐簿,随手涂抹,殃及装池,其可三乎? 因新制六行书,平伯责令写一张裱入,亦旧债也,无可抵赖。但我想古槐书屋尺牍之整理,盖亦不可缓矣。"当时将周作人先生的书札做如此保存的,大概只有俞平伯先生。同样是周作人弟子的废名(即冯文炳),见到这三大册书信,也不禁慨叹,记曰:"今日大风,来苦雨斋,遇见平伯。我常想到这里来遇着他,仿佛有意去拾得一个意外的快乐似的。今日平伯携了他所裱的苦雨翁书札来看,一共三册,这倒又是一个意外的快乐,苦雨翁我们常见,苦雨翁的信札我亦常有之,但这样摆在一起观之,我真个的仿佛另外有所发现,发现的什么又说不出来也。""苦雨翁"即是周作人先生。这三大册装裱起来的书信真是幸运,经过半个多世纪的风雨坎坷,竟然完整如新地保存下来,是奇迹,也是俞平伯先生当年的苦心所致。想来周作人先生给古槐书屋主人的信还有,但都随着动荡的岁月殆尽了。

俞平伯先生给周作人先生的书信,保存至今者,时间跨度较大,自20世纪20年代至60年代,大约一百六十封,想原来必不仅止这些,今所见者,乃劫后之吉光片羽也。这些信,基本上仍装在原来的信封中,信封上的邮票、邮戳都清晰可辨。信纸折叠处,有些已经破损。但因此保存下来的信封,以其独特的风格、品位,更是弥足珍贵。

周作人先生喜欢集有文字或图案的古砖,他的书房一度名为"凤凰砖斋",就是因为曾藏有一块三国时期的砖,铭有"凤凰三年",此系吴国年号(274)。知堂老人将此砖拓片交印刷所,制成专门的信封。这样的信封还有一种,上面的拓片文字是"永明三年",这是南朝齐国年号(485)。还有的信封上拓有古砖的鱼形图案。这些信封印好后,知堂老人分赠给朋友们,于是,俞平伯先生就用这样的信封给他的"药真师"(俞平伯语)寄信,在淡红或淡蓝的古雅的线条上面,写着"西直门内八道湾十一　周启明先生"。

信封已是如此出人意表,信纸更是赏心悦目。不必说荣宝斋的木刻水印十竹斋彩色信笺,不必说鲜艳的梅花笺上还有回文诗,也不必说以涵芬楼影印本特制为淡黄色的信笺,单是周、俞两家独自印制的信笺,已令人叹为观止了。俞平伯先生用的信纸有一些是曲园老人自制的。俞曲园,即俞樾,清晚期著名学者,是俞平伯先生的曾祖,在苏州筑有曲园,故有是称。这种信纸正中一个圆,圆中有一人做鞠躬状,并有两行文字:"敬问起居　曲园通候笺。"另有一种,是曲园老人所画太湖石,制版印成,有篆字"曲园写草"。信末,俞平伯先生特别注明,此乃"曲园自制笺"。有一张信笺,其上印有几只栗子,信末俞平伯再记曰:"此印本系苕云世泽,以吾高祖剑花公有苕云草堂得名,不想误刻,顷已磨改。此拓本人间只二三矣。"说明这竟是俞曲园的父亲所制信笺了,距今大约百五十年了。知堂老人的信笺亦很考究,我深为欣赏的一张是绵白的纸上挥洒着浅绿色的芭蕉叶,用这样的信笺寄给朋友,那份清凉和悠闲比文字表达更有情致。

二人的书法都好,足资欣赏。知堂老人的字体自成一格,细细品味,总觉得有些魏晋风骨。无论是三言五语,还是长篇大论,那疏朗、流畅、一丝不苟的小楷,经年不变。而俞平伯先生的字体或随意、或工整,有行书,有精致的欧体小楷,尤其是特意录出赠给知堂师的诗词,一派玉树临风之秀逸气。展读这些书札,且不说研究内容,只是这些信笺、书法的儒雅之美,就足以使人心驰神往,美不胜收了。

苦雨斋和当时文化界的著名学者往来密切,在与俞平伯先生往来的尺牍中常常涉及到这些人及事,可使人们从另一个侧面去了解当时的学术界,了解新文化运动,也许还能发现一些以往所不知的史实。例如,周作人在一信中向俞平伯约稿:"近同玄同、绍原、颉刚、伏园诸人出一小周刊,将出三期……并望暇时写小文见助,不胜欣幸。"同信中还提到孙伏园离开《晨报》副刊之事,这正是1924年创办《语丝》的那个秋天。说到《语丝》,仿佛都是新文学运动中的勇猛,其实不一定,周作人得知雷峰塔(五代十国时建)的砖上雕有佛像时,便问俞平伯是否有拓片,可否寄一拓片并一说明,放在《语丝》上登载。国立北平大学成立以后,曾有经费紧张问题,周作人的信中说:"听说已向文化基金(即支那基础)借定廿万,想可维持二三月乎?"又胡适做了北大文学院的院长,周作人信中说:"老博士已荣任敝院长,可为大贺,想于北大前途必大有希望,而且再一转而为极峰,亦意中事耳。"提到胡适之处还有,读者自会有所感受。1960年周作人应曹聚仁之约,在香港《新晚报》上连载《药堂谈往》,1974年结集名为《知堂回想录》在香港三育图书文具公司出版(现由敦煌出版社以《苦茶》为名再版),其中讲到20、30年代北大的旧事,专有一节回忆胡博士,很值得对照着读。

不言而喻,这批书札中最耐人研究的还应包括他们之间的学术讨论。关于杨贵妃之死,很成为前些时间的热门话题,而在数十年前,俞平伯就曾根据《长恨歌》及《长恨歌传》提出杨贵妃没有死在马嵬坡的观点,周作人自日本朋友处知道日本山口县有杨贵妃墓,及有关杨贵妃在日本的一些传说,便写信告知俞平伯先生。俞平伯覆信中曰:"传说虽异证据亦足为鄙说张目,闻之欣然。不知能否由日本友人处复得较详尽之记叙乎?"如此往返讨论的几封信,今天尚可看到,亦是难能可贵了。1924—1925 年俞平伯曾和顾颉刚之间展开一次有关《诗经·召南·野有死麕》的讨论,周作人的信中曾评价道:"读《野有死麕》讨论,觉得你的信最有意思。陶渊明说'读书不求甚解',他本来大约是说不求很懂,我想可以改变一点意义来提倡它,盖欲甚解便多故意穿凿,反失却原来浅显之意了。适之先生的把帨解作门帘,即犯此病。又他说此诗有社会学的意味,引求婚用兽肉作证,其实这是郑《笺》的老话……"知堂老人提倡的是不违常情,不提倡故意穿凿,对于现在的文学创作和评论,仍具备现实意义。俞平伯先生给知堂老人最长的一封信,达七页之多,是讨论文学批评的标准的,"所以我信文学是在社会中的个人底,不是单独的个人底,也不是纯社会底。批评文学,果然不可采用功利主义,但也不能纯用主观上的标准。我以为批评文学——诗自然在内——有三个标准:(1)程度——感染底深浅,(2)范围——感染底广狭,(3)性质——善恶,或人与非人。这三个标准,应该参互地去用,不得有所偏重。"此信对社会与文学的关系的阐述,充满了民主和人文精神,应该说是新文学史上一篇重要的理论著述。20 世纪 50 年代,俞平伯先生对《红楼梦》的研究,在全国范围引起注意,他本人的平静淡泊,也可以从他的书信中读出来。

我很幸运,有机会翻阅这些珍贵的书札原件,两位作者在冲淡平和中,表达着他们的友情和对文化的热情,优雅的文字、信笺流淌在数十年的时光中。在影印过程中,我们尽可能采用彩色印刷,尽可能保留原件的风貌。把如此有意义的文献介绍给读者,也是一件幸事。

学者徐森玉古籍整理事略 *

　　徐鸿宝(1881—1971)，字森玉，后以字行。他是图书馆、博物馆界前辈贤达，曾经在国立北平图书馆工作，据《中国国家图书馆馆史》①，森老于 1922 年 2 月—1922 年 7 月、1924 年 1 月—1925年 10 月、1926 年 10 月—1937 年，以教育部佥事兼任北平图书馆采访部、善本部、金石部主任。其间多次参与大型古籍整理，至今，国家图书馆尚存其手勘古籍。以下略举数例。

一　大型古籍整理

　　明正统《道藏》重印。首倡此议者为著名学者傅增湘，1920年前后"(庚申)时方创议重刻正统《道藏》，时时诣长春故宫，访观主陈毓坤，筹商调取藏经、分期影出之策"。该书历波折，数易

＊本文原刊《上海文博论丛》2011 年第 4 期。
①国家图书馆出版社,2009 年。

寒暑,终于1926年告成①,其中森老尤为辛劳,傅增湘曾感慨说:
"其后宗人治芗继掌邦教,东海老人慨斥巨赀,森玉更为奔驰南
北,群策群力,奋厉辛勤,迄于丙寅,而全藏经典告成。凡印行一
百五十部,流布于四方,传播及于海外诸国。千秋之盛业,竟假余
手而成,以附名于不朽,宁非幸哉!"②

　　调查《赵城金藏》。1930年,在西安发现极为罕见的宋元板
《碛砂藏》,遂开始组织"影印宋版藏经会",筹款影印这部大藏经。
由于这部《碛砂藏》是残本,需要采用其他行款相同的大藏配补。
在调查各地尚存古本藏经残卷过程中,"影印宋版藏经会"偶然得
知山西赵城广胜寺保存一部古本藏经。1933年春,范成法师曾去
广胜寺观览这部古本藏经,"见藏经内多遗佚之著,为《碛砂藏》所
未收者,函告徐森玉鸿宝。森玉研相宗极勤劬,于版本之学,尤所
精究。不惮炎暑,千里再赴,穷一日之力,将古本遗佚者,选出一
百馀种,相约借印"③。此次调查结果,"承徐森玉居士续往检校,
得五千四百馀卷。惟依原编千文核之,应有七千卷之富。嗣求之
近寺民家,有用以糊壁、夹针黹者,出赀收赎,又得三百卷附入,久
嗟散失,终难完整"④。不仅以选出者辑印为《宋藏遗珍》,且从此

①徐世昌支持张元济、梁启超、傅增湘等人重印正统《道藏》倡议,傅先生总其事,由商务
　印书馆影印出版。参见《张元济傅增湘论书尺牍》(商务印书馆,1983年)1923—1926
　年往来书札。
②引自《藏园群书题记》(上海古籍出版社,2008)之《金刊磧溪集跋》。傅岳棻(1878—
　1951),字治芗,湖北武昌人。清末举人。曾任山西大学堂教务长,北平图书馆馆长,
　后在北京大学、北京师范大学任教。东海老人,即徐世昌(1855—1939),字卜五,号
　东海、弢斋,天津人。光绪十二年进士,翰林院编修。民国年间曾任大总统。晚年主
　持编辑《晚晴簃诗汇》。家富藏书。笃信道教。
③无畏居士《广胜寺发见北宋椠经卷纪略》,《艺林月刊》第四十七期,1933年。
④《发行宋藏遗珍缘起》,《影印宋藏遗珍预约样本》,1935年。

使广胜寺藏经成为关注重点①。

影印《宋会要辑稿》。1931年国立北平图书馆自嘉业堂购得徐松辑《宋会要》原稿,1933年初延请陈垣、傅增湘、章钰、余嘉锡、徐鸿宝、赵万里、叶渭清等七人组成编印委员会,推定陈垣先生为委员长。至1935年,各门类条缕分析,大略完备,又得哈佛燕京社资助,委托上海大东书局印刷所影印,1936年秋始得成书②。

此外,森老还参与过《景印四库全书未刊本》等书编辑工作,详请参郑重《徐森玉》和上海博物馆《徐森玉文集》二书③。

二　校勘古籍

至今,国家图书馆尚存数部森老校勘之书,笔者寓目六部,罗列如下:

1.《晋书》一百三十卷。唐房玄龄撰。元刊明正德十年司礼监、嘉靖、万历南京国子监递修本。每半叶十行,行二十字,细黑口,左右双边。徐森玉校。钤"贞""元""仲雅""汉晋斋印""商丘宋荦所藏善本""臣筠""三晋提刑""八千卷楼所藏""善本书室"等印章。参见《藏园群书经眼录》记载。全书正文之末叶有徐森玉过录毛晋题识。(索书号30)

2.《群经音辨》七卷。宋贾昌朝撰。清康熙五十三年泽存堂

①参见李际宁《发现赵城金藏的前前后后》,《藏书家》第十五辑,齐鲁书社,2009年。
②参阅国立北平图书馆《宋会要辑稿》首篇《影印宋会要辑稿缘起》一文,1936年。
③郑重《徐森玉》,文物出版社,2007年。上海博物馆《徐森玉文集》,上海书画出版社,2011年。

本。钤"士礼居""黄印丕烈""荛圃""宋本""平江黄氏图书""叶树廉印""石君"印。据《北京图书馆古籍善本书目》著录，该书有傅增湘跋，然未见傅跋。徐森玉校并录陆贻典题识。书中有校语曰宋本如何，当是毛扆据宋本校过之记，然书中并无跋识①。（索书号 23）

3.《东坡集》四十卷《后集》二十卷《内制集》十卷《乐语》一卷《外制集》三卷《应诏集》十卷《续集》十二卷《年谱》一卷《校记》二卷。清光绪三十四年端方宝华盦刊本。卷十五末附纸傅增湘跋曰："宋刻本《东坡奏议》十五卷，书友送来阅，因与森玉、渭清三人竭日夜之力②，校于新刻本，改正极多，与他宋本合。惜第一册失校，他日有缘，当再补之也。前后用朱笔蓝笔不一，然题上皆加蓝色圈以别之。"（索书号 348）

4.《负暄野录》二卷。宋陈槱撰。清乾隆嘉庆年间鲍廷博《知不足斋丛书》本。卷末徐鸿宝过录明隆庆元年叶恭焕钞本中沈辨之、叶恭焕题识③。钤"沅叔手跋""沅叔手校"印。傅增湘辛巳年（1941）据汲古阁藏精写本校并跋。《藏园群书经眼录》著录二写本，《题记》中亦有此书跋文。藏园先生过录写本上佚名者跋语，并识曰："辛巳冬，偶见汲古精写本，对校一过，殊少异字，惟卷末跋语不著何人，以刻本所无，故录附于后。藏园老人记。"（索书号 210）

---

①据国家图书馆藏明万历国子监刊本《宋书》（书号 31）中夹藏园手书浮签曰："《群经音辨》七卷，徐君森玉代校陆救先临毛扆季宋本校，又借扆季钞本用笔记。"应该就是此书。

②凌念京，字渭清。傅增湘夫人之兄弟。

③沈与文，字辨之，自号姑馀山人，吴县人。明嘉靖年间人，著名的藏书家刻书家。叶恭焕，明代藏书家叶盛玄孙，继承菉竹堂藏书。

5.《墨子》六卷。明万历九年书林童思泉涵春楼刊本，半叶九行行二十字，白口，四周单边。见《藏园群书经眼录》著录。据《北京图书馆古籍善本书目》著录，曾经徐鸿宝校，卷首有过录"重刻墨子序"。（索书号146）

6.《攻媿集》一百十二卷。宋楼钥撰。《四部丛刊》影印清武英殿聚珍版丛本。徐鸿宝等据宋刊本校勘。钤"藏园""双鉴楼""书潜""沅叔""傅印增湘"印。《藏园订补郘亭知见传本书目》著录曰："（《攻媿先生文集》，宋刊本）临清徐坊遗书，出以求售，值昂，无力举之。借得后，约友人徐鸿宝、熊译垣、邓守遐同校后还之①。旋为燕京大学收去。"森老识语不多，补录佚文脱句甚多。由《藏园群书经眼录》著录推测，校勘大约在丙寅（1926）年。（索书号1995）

三　与学者交往

抗日战争之前，徐森老与鲁迅、傅增湘、周肇祥等学者有密切往来，与鲁迅之友谊，已有专文②。周肇祥先生（1880—1945），字嵩灵，号养庵，又号无畏，浙江绍兴人。近代书画家，曾任北平古物陈列所所长。多次与傅增湘出游。又与徐森玉同有访古雅兴，

---

①徐坊旧藏之宋刊本今在北京大学图书馆。熊罗宿，字浩基，号译元，皮锡瑞入室弟子，潜心于目录版本学研究，藏书甚富。邓镕（1872—1934），字守瑕，一字寿瑕，又作守遐，号忍堪，又号拙园，成都人。曾经日本留学。有《荃察余斋诗存》传世，其中数诗记述与藏园先生交往。
②邓啸林《鲁迅与徐森玉》，《图书馆杂志》1985年第4期。

其《琉璃厂杂记》记载较详①。森老又是傅增湘"藏园三友"之
一②,多次参加藏园祭书之典,根据国家图书馆藏书题跋,至少有
如下几次:

1. 戊午(1918)祭书之典记载在明万历三十七年洗墨池刊本
《薛涛诗》上。樊增祥题识并填词③,又有沈兆奎题跋,夏孙桐填
词、萧方骐题诗。钤"顾曾寿""彦冲""袁又恺藏书""袁廷寿读
过""茮青""拳石山房""纸西竹屋""泊然静如""巽斋所藏""海
日楼""傅增湘""双鉴楼""双鉴楼藏书记""藏园""抱蜀庐""增
湘""双鉴楼藏书印""双鉴楼珍藏印""江安傅氏藏园鉴定书籍之
记""江安傅忠谟晋生珍藏""晋生心赏"印。卷首为樊增祥应沈
曾植之请题识并诗,该诗见诸《藏园群书题记》跋文之末。

卷末沈兆奎题跋曰:"凤孙、书衡、授经、伯宛、孝先、阆声、森
玉、庾楼诸君集沅叔先生斋,为戊午除夕祭书之会,遍观善本。书
此以志。吴江沈兆奎。"

夏孙桐填词一首,曰:"春滟锦江,想云研断笺,诗幅对节府。
香莲名侣,唱酬倦续絮铅,送老翠袖冷,终虚金屋。比断肠集剩,
细与然脂编馀。　洗墨池荒,精刊传秘,古蠹犹馥,便增色琅环。
缘锦艳题旧目,蛾眉遭际,到今感触看等闲,红粉告身身盈握。

沅叔先生以明刊《薛涛诗》属题,念其扫眉才调,悭于一命,可
谓生不逢时,率倚蕙兰芳引,用博一笑。庚午冬至,江阴夏孙桐,
年七十有四。"钤"悔生"印。

---

①周肇祥著,赵珩、海波点校《琉璃厂杂记》,北京燕山出版社,1995年。
②另二位是张允亮、沈兆奎,参见《藏园群书题记》中《方百川先生经义跋》一文。张允
　亮曾任职故宫博物院图书馆,抗日战争爆发,森老转徙西南,张允亮接任北平图书馆
　善本部主任和中文编目部主任。详参本书《藏书家张允亮学术生涯述略》一文。
③樊增祥题款及填词见于《藏园群书题记》该书跋文。

萧方骐题诗曰:"筝琶响细亦唐音,落叶衰蝉怨慕深。二十诗人十一镇,唱酬谁识女郎心。茗椀花笺千载香,道州联语自堂堂。(薛涛井在成都江楼下,何道州题联云:"花笺茗椀香千载,云影波光活一楼。"颇为人所称诵。)卅年故国寻春梦,回尽江头九曲肠。钱塘苏小是乡亲,(用随园话。)难怪藏园鉴别真。胝沫一编三叹服,世间那有浪传人。

藏园年丈以明刊《薛涛诗》命题,排在樊、夏之后,真难属词也。乙亥东坡生日,萧方骐紫超呵冻。"(索书号 11378)

此次聚会在另一部书上也留下鸿爪,国家图书馆藏宋乾道元年永州零陵郡庠刊本《唐柳先生外集》,卷末张允亮题款曰:"胶州柯劭忞、汾阳王式通、武进董康、仁和邓邦述、海宁张宗祥、归安徐鸿宝、吴江沈兆奎、丰润张允亮,戊午除日同集沅叔先生太平湖寓斋祭书,获观并记。允亮书。"该书曾为莫友芝旧藏,钤"楝亭曹氏藏书""影山草堂""莫氏秘笈之印""莫绳孙字仲武号省教""莫经农字筱农""莫俊农字德保""藏园秘籍孤本""沅叔审定""忠谟继鉴"印。《藏园群书题记》有长跋,并移录莫氏跋。(索书号 5238)

二跋记同一聚会。

2. 壬戌(1922)年祭书之典,藏园出示宋刊《五代史记》,《藏园群书题记》该书之跋记载其聚会,徐鸿宝亦与其中。

3. 丁卯(1927)年腊月祭书记载于明正德十三年陈纲刻本《许白云先生文集》上[1],全书末有邓邦述、许宝蘅跋文,许跋关乎藏园,移录于此,文曰:

> 藏园祭书十祺未间。主人自谓今岁所得仅十馀种,逊于往年,然如宋本左氏《百川学海》、司空表圣《一鸣集》、元本《华

---

[1]此书见于《藏园群书经眼录》著录。

严经》、明成化本《许白云集》、正德本刘秉忠《藏春集》、日本活字本《史记》,并属稀见,而《左氏丛书》,诸家藏目止见残本,兹之创获,足对多许。主人偶缘道阻,遂辍南游,精力所专,校雠益富,都其卷帙,六百有奇。以宋本校者,则《通典》《论语笔解》《秦淮海集》《张南轩集》,金本则《磻溪集》,元本则《佩韦斋集》《杨仲弘集》,馀书见于自记,不复遍举。与会者:汾阳王志盦、仁和许夬庐、长白彦明允、萧山朱翼厂、吴兴徐森玉、吴江沈无梦、丰润张庾楼、通州张仲郊。期而不至者:柯蓼园、宝沈盦、杨祗庵也。丁卯除夕前一日,许宝蘅记。[①]

研究者对藏园校书,一般引用余嘉锡先生"凡所校都一万数千馀卷,多宋、元秘本,及名钞精椠",或傅熹年先生"经过用善本手自校勘的约一万六千卷"为说,然其中逐年进程并不了然,此跋语"精力所专,校雠益富,都其卷帙,六百有奇",提供至1927年末傅增湘校勘规模参考信息。

傅增湘曾经如此形容"藏园三友",曰:"是三君者,识力精能,见闻广博,频年搜讨,贶我实多。或偶逢罕秘,为目所未经,或创获珍奇,而力不克举,相与流传钞白,校定丹黄,时补佚文,共商旧学。缘斯密契,遂订久要,风谊相期,载历年祀。"抗日战争烽火一起,友朋竟然因时局天各一方,"何意棋枰忽改,踪迹遂暌,森玉以护持古物,转徙滇黔;无梦以出谋稻粱,栖迟海峤;惟余与庾楼留滞旧京,以金马之陆沉,作穷鱼之煦沫。祗自闭门而却扫,未尝阅肆以探寻。承惠兹编,触余旧绪。"[②]一起访古鉴珍,品评学问,志

---

① 据上海博物馆《徐森玉文集》中《吴兴徐森玉先生年表》还记载1930年和1931年赴藏园参加祭书聚会事,可参。

② 引自《藏园群书题记》中《方百川先生经义跋》一文。

同道合,成为友谊基础。

傅增湘雅嗜山水,四十年间足迹遍及五岳及东南、华北、内蒙古、西北各地名山胜地,仅雁荡山就攀登三次。其游记如《南岳游记》《塞上行程录》《北岳游记》《登岱岳记》等等,曾经单行出版,其游记不仅描述风光,抒发情怀,且多有考述古迹,记录废毁始末,史料意义重大,字里行间,不时看见徐森老身影。这些游记单行本现在结集为《藏园游记》[①],粗略检阅,可见到森老有四次偕藏园先生出游。

1925年秋,游京郊百花山。同行者:傅沉叔、徐森玉、周养庵、吴静安。共游七日。

1934年初夏,游南岳衡山。同行者:傅沉叔、徐森玉、邢冕之[②]。自衡山返回长沙,至苏家巷访叶定侯,观叶德辉藏书。

1935年秋,游京郊昌平居庸关。同行者:傅沉叔、徐森玉、周养庵、江翼云、潘禹言、傅定谟、傅通谟。

1937年初夏,游中岳嵩山。同行者:傅沉叔、徐森玉、邢冕之、傅通谟。游记之末录金元石刻十馀种。

由于袁同礼、徐森玉等著名学者在北平图书馆多方努力,奠定了该馆业务基础,积累丰富馆藏资源,也由于他们深厚学养,逐渐扩大图书馆在学术界之影响。今天,我们作为国家图书馆后学,得以利用馆藏文献进行学习、研究,继承前辈贤达学术传统,不禁时时感怀他们,向往其人品、风范、学问。

---

① 印刷工业出版社,1995年。
② 邢端(1883—1959),字冕之,别号蛰人,贵阳人,清代末科(光绪三十年,1904)进士,著名书法家,与藏园往来密切。

剡溪蕴秀异　欲罢不能忘*

——追忆学者张秀民

　　著名印刷史、安南史专家,原国家图书馆研究馆员张秀民先生辞世倏忽间已数年,若论我与之往来则十年开外,虽说缘起工作,然十年尺牍已有数十通,点点滴滴累积于胸。

　　我于1995年从北京图书馆出版社调到《北京图书馆馆刊》(后更名为《国家图书馆学刊》)工作。当时《馆刊》刚刚获得正式刊号,各种工作有待于逐渐走入正轨,我也从一个文史图书编辑转向关注国家图书馆各个方面工作及其历史与未来,以适应新工作需要。

　　国家图书馆历史上曾经是中国学术重镇,多位学术权威从这里走出。20世纪90年代中后期,我们尚可与张秀民、杨殿珣、郑效洵、戚志芬诸位先生联系,我和同事计划与之建立联系,借重他们高见提升《馆刊》学术质量。

* 本文原刊《中华读书报》2010年4月28日。

　　我大概在 1996 年给张先生郑重修书，表达《北京图书馆馆刊》对他学术成就的仰慕之情。很快，我收到回信，语气十分诚恳，表示将要寄来怀念袁同礼馆长的文章。从此，我们开始连绵十年的通信。

　　1997 年第 3 期《北京图书馆馆刊》馆庆专栏刊出张秀民怀念袁同礼之文，标题为《袁同礼先生与国立北平图书馆》，该文不仅追忆作者作为一名即将毕业的厦门大学学生受到国立北平图书馆馆长袁同礼知遇之恩，而且追忆袁馆长对国立北平图书馆业务建设巨大贡献和对整个中国图书馆事业的贡献。文章无一语不言事实，又无一句不饱含深情。

　　以后《北京图书馆馆刊》1998 年第 4 期还刊出张先生追忆天一阁读书记《我与宁波天一阁》，同样声情并茂。文章不仅可以作为读书学习方法指南，也是先生乡居生活一个侧面写照。

　　我后来转任《文献》季刊主编，继续和张先生保持联系。《文献》季刊在我之前，已经刊登张先生多篇文章，在印刷史、文献学领域颇有影响。比如第一辑刊出《明代北京的刻书》，第十辑刊出《宋元的印工和装背工》，第十八辑刊出《石印术道光时即已传入我国说》，等等。嵊县人杰地灵，自古至今，名人辈出。张先生为文《宋张文节公（知白）年谱》，刊登在《文献》季刊 2001 年第 1 期上。张知白本河北沧州人，北宋初年人，官至丞相，《宋史》有传。其后世子孙移居嵊县，故张秀民先生署名"二十八世孙"。虽然张知白尚有文章传世，但行实事迹难以钩沉，张先生多年留心于此，点滴积累，1945 年已经草成，2001 年方成此文刊出。不久，宁波大学图书馆读者来信，不仅欣喜于见到有关张知白专门研究，而且颇为希望就此问题进一步向张秀民请益。

　　安南研究，是张秀民研究的另一个重心，其成果多刊于台湾，

1992年台北文史哲出版社为之结集《中越关系史论文集》。1997年为了纪念北京图书馆开馆八十五周年,出版第三辑《北京图书馆同人文选》,我忝列编委。广泛征稿后不久便收到张秀民的《安南王朝多为华裔创建考》,与一般人仅是送来旧作不同,张先生在旧作上粘贴小条,增加若干多补充材料。文字编辑时,这些小条内容需要安插到正确位置中,着实花费我很多心血。但也因此,使我细致拜读该文,对安南研究略有了解。其文多方钩沉史迹,详细考索,叙述平稳,读者如有兴趣,可以找来《中越关系史论文集》与《同人文选》第二辑对照阅读。

当然,颇为遗憾的是还有些文章没能刊出。比如某次张先生来信说他历年研究安南问题,积蓄颇多中国尚存越南文物资料,逐渐整理出来,是否可以刊登。我回信希望他主要将文字部分整理出来,可以刊载。然而后来杳无音讯,也许一直没有整理出来。其实,这是非常宝贵的资料,我的答复太过拘泥,大约永难弥补了。

有一封信时时令我心酸。有一年年末,张先生来信说提前预祝新年,因手指冻僵,长了冻疮,不能再写信了。当我在暖气充足的办公室里读此信时,实在想象不出,我国现代最出色的印刷史、安南史专家生活条件究竟如何,那种无能为力的无奈和压抑久久挥之不去。

2005年末,我到上海参加华东师范大学古文献学术讨论会,会议结束后组织前往南浔参观嘉业堂藏书楼。我盼望已久赴浙拜访张秀民先生的愿望终于有机会实现了。嘉业堂参观完毕,在典雅清静的南浔古镇午餐。我从这里,告别各位会议代表,独自乘车前往杭州。浙江大学崔富章教授专门安排了一位嵊县籍博士陪同我第二天乘车前往嵊县。

汽车沿途经过萧山、绍兴到达嵊县。进入嵊县境内,很快见到曹娥江,让我浮想联翩。多少诗歌、游记吟咏过的曹娥江,虽然江心有很煞风景的挖砂机械,但是想到这是自六朝以来一直流淌在文人笔下的曹娥江,忍不住感慨,而当地人则司空见惯。

车到崇仁镇,问修路工人廿八都村怎么走? 张秀民是否住在那里? 人人都知道张秀民,热情指路。距离崇仁镇大约有十里,就是张秀民家乡廿八都。嵊县较为富足,沿途常见到农民新盖小楼房,在阳光下熠熠生辉。廿八都亦如此,张先生就住在这样一栋小楼中。不过,小楼是属于同村另外一家人,张先生因为生活不能自理,由这家人关照。女主人朴实和善,给我们端来碧绿茶水。

张先生躺在躺椅上,据女主人说,韩琦前一天已经打过电话,说明我第二天将往。所以当张先生得知我就是通信十年的那个人,激动得连连挥手,嘴里喃喃不停,显得非常高兴,连连嘱咐照相。早在2002年,张先生曾经大病一场,几乎难以逆转,那时韩琦曾经半夜时分给我打电话,转达张先生一定要感谢我的意思,仿佛是临终遗言。我当时心有不甘,通信若干年,尚未谋面,竟然天人永诀,不应该! 我安慰韩琦,也许多年乡居的新鲜空气和平静心情会逆转病情。果然,张先生渐渐好转。所以,2005年末的相见,在我也是意义非凡。

张先生已经不能说很多话,但仍然带我去看他的老宅。村里的年轻人把老人抱上三轮车,不过五六分钟,就到村子旧宅区。这片住宅是江南普通民居,虽然看来破旧,却有多处名人故居,且有明清建筑。张老先生宅院名"成美堂",小天井并三间平房,天井内绿树荫郁,堂屋堆放杂物,旁边一间是张先生书房,他打开写字台抽屉,给我看他尚未完成的稿件。房间很乱,显然是多日没有住人。这种江南民居采光不好,冬天没有取暖设备,非常冷,前述手生冻疮云云,大约是普遍状况。就是这间凌乱、陈旧平房里,《中国印刷史》和《安南史》等研究巨作诞生了。

在大门口，一位老太太知道我是从国家图书馆来看望张先生，羡慕地说："常有你们的人来看望，好福气啊。"

这篇小文其实并不能完全记录十馀年交往。当我切实站在廿八都村中时，想象得出，数十年前，交通通讯远不如现在发达，张先生的乡居生活是多么寂寥，自甘平淡卅馀年，其意志非常人可比。我曾重理信件，为本馆举办"庆贺张秀民先生百岁诞辰——《中国印刷史》(修订版)首发式暨出版研讨会"展览选择展品，将十年往来尺素集中一起，更加深刻感受于此。

在芝加哥大学拜访钱存训教授 *

2003年10月，我得到机会前往美国芝加哥大学拜访著名学者钱存训教授。回忆起与钱教授的交往，已是此前三四年的事了。

很早以前就已经略闻钱存训教授的大名，及至到国家图书馆工作，从馆史中，从书史研究中，渐渐多了一点了解。1999年夏天，到香港参加书展，看到香港中文大学出版社展台上有钱教授的大作《中国书籍纸墨及印刷术论文集》，翻开来看，其中引用考古实物说明书史发展的实例，给人耳目一新的感觉。近年对书史和印刷史的研究正在引起学术界广泛的关注，此书如在国内出版，我想一定会有很多读者，遂去与该出版社商谈版权转让事宜。初步接触非常顺利，双方对版税、转让期限等问题，达成了一致的意见。回到北京，向北京图书馆出版社领导汇报后，便开始正式办理版权的转让手续。不想，香港方面的律师坚持该协议要以香港的法律为基础，我们出版社的法律顾问则坚持要以内地的法律

* 本文原刊《图书馆》2005年第4期。

为基础,双方在看似不太关键的地方僵持住了。我无计可施,事情停滞了下来。

忽然有一天,至少是从香港回来半年多了,我收到本馆外事处转来的一封电子邮件,原来是钱存训教授电询该书版权引进的进展如何。从此,我和钱教授的交往便开始了。我向钱教授说明了原委及其中的问题,坚冰开始缓慢地融化。首先钱教授向香港中文大学出版社收回了该书的出版权,然后与北京图书馆出版社签订协议,授予该书的中文简体字版权,书名改为《中国古代书籍纸墨及印刷术》。关于部分稿件的取舍、插图的安排,通过电子邮件,我时而提出一些问题或建议,钱教授或接受或婉转地表达不同的意见,我们的合作十分平静地进行。

由于我同时还有其他的任务,编辑的工作进行得比较慢。这个慢,给我带来了细细品味文章内容的快乐,和钱教授以冷静客观的态度研究书籍制度和纸与印刷技术发展的各个环节。他对韩国所藏现已知最早的雕版佛经甚为关注,因为这件佛经发现时曾经轰动世界,而彼时国内由于"文革"运动对此却一无所知。他趁 1979 年回国访问的机会,将经文的复印本和各种文字的论文带回,及时告知国外关于雕版印刷术讨论的动态①,并于 80 年代即提出该雕版佛经系唐朝印刷流传至新罗的论证。从钱教授对蔡伦造纸的分析,和对印刷所做的定义,可以感受到他对国内外纸和印刷问题的密切关注。他从考古材料出发,结合传世文献,做尽可能实事求是的论证。他不受情绪影响,盲目渲染历史意义,或者定义过宽,做不恰当的强调。我认为这种研究风格是

①钱存训《中美图书馆代表团首次互访记略(1973—1979)》,《国家图书馆学刊》2003年第 4 期。

国内学术界久违了的,不仅是印刷术或造纸技术对世界文明进程的意义要研究,而且这种广泛占有资料,客观求证史实的研究方法更是应该介绍给国内的学术界。

《中国古代书籍纸墨及印刷术》一书出版后,销量甚佳。比此书稍早,上海出版了钱教授的另一本大作——《书于竹帛》的中文简体字版①。该书论述了印刷发明前的中国书籍制度,恰与这本《中国古代书籍纸墨及印刷术》的内容在书籍发展史上相辅相承。我觉得此二书不仅在书史研究上有意义,而且在研究方法和思想境界上,都值得在国内学术界提倡。于是将做编辑过程中的一些感想进行爬梳,渐渐写成书评(即本书《客观科学地研究纸与印刷对于世界文化的意义——评钱存训〈中国古代书籍纸墨及印刷术〉(修订本)》一文),在《图书馆杂志》上发表出来。

2003年的春天,正当SARS肆虐北京城的时候,我得到消息,哈佛燕京学社图书馆七十五周年的馆庆准备邀请我前往参加。我当时心想,如若成行,即使是自费,我也要到芝加哥大学去拜访钱存训教授。事实上,就当时的情形看,成行的可能性真是很小。首先,SARS肆虐正泅,许多地方视北京人若病毒,谁也说不好半年以后的情况如何;再说,我除了到哈佛燕京图书馆开会,还想去几个东亚图书馆看书,美国大使馆是否予以签证,全是未知数。但是,哈佛燕京图书馆郑炯文馆长给我哈佛大学的邀请信,并提供往返机票和在哈佛期间的住宿,是我最终能够成行的基本保证。在此期间,我因是第一次赴美,不免紧张,在与郑馆长多次信

---

① 《书于竹帛》的英文本是1962年由美国芝加哥大学出版;另有在香港、北京、东京、汉城、台北、上海等地出版的中、日、韩文译本。中文第4次增订本是上海书店出版社于2002年出版;2004年再版收入该社的《世纪文库》。

件往来中,他只强调我应该办理的事项,我逐渐地体会到那种务实且锲而不舍的工作作风。在哈佛期间,与郑馆长几次比较深入的谈话,更是裨益良多。

当然,还令我增强信心的就是钱教授。尽管 SARS 仍然威胁着北京,尽管我还没有到美国使馆签证,钱教授就已经在多方面安排我在芝加哥的日程了。钱教授希望我做一次小型的学术报告,并与东亚系的教授们共进午餐,甚至为我预订了古色古香的教员俱乐部的住房,后来我才知道,这是很高级的待遇。SARS 结束了,我顺利地得到了签证,于国庆节期间成行。

我到新泽西州普林斯顿大学去看葛思德书库的宋元版书,受到了该校东亚图书馆的热情招待,该馆馆长马泰来先生是钱教授早年的学生,在史料考订方面常有新见。到国会图书馆看中国地方文献,接待我们的陈家仁女士诚恳严谨,告知本次访美的日程后,得知她也曾是钱教授的学生。哈佛燕京图书馆的郑炯文馆长,更是钱教授的高足,曾经写《坐拥书城五十年——记钱存训教授》一文发表在《文献》杂志①上,产生了很大的影响。此时我还没有到芝加哥大学拜谒钱教授,所至之处就已经受到他的学生的种种照顾。

哈佛大学的庆典之后,我来到久已盼望的芝加哥。还在北京的时候,钱教授在 E-mail 中一再表示要到机场来接我,九十高龄的图书馆前辈亲自驾车,我惶恐万分,表示无论如何担当不起。待我与芝大东亚图书馆的周原馆长按照预定的时间来到钱教授的宅第时,他已经等候在门前了。进得门来,我看见整洁美丽的钱夫人。实际上,我早已从论文集中见过钱师母的玉照,并心仪

---

① 《文献》1988 年第 4 期。

她的小楷,但见到本人,听她吴语味的普通话,优美典雅,与我们在国内经历数次政治运动"锻炼"的,的确有天壤之别。

是晚,钱教授做东,请我和周原先生在密歇根湖旁的意大利餐馆进餐。第二天我要做一个关于西夏印刷的报告,由于题目不够大众化,钱教授非常关切地为我着想,如果明天报告结束无人提问该如何处理,晚餐期间,他设计了几个问题,请我做好准备,以防冷场(幸好第二天所有的座位都坐满了听众,提问时又颇踊跃,以致超过了预定的时间)。饭后我们在路旁短短地散步片刻,密歇根湖面黑黝黝的,偶尔闪动一点波光。虽然晚餐只有三人,可我如此激动,以至没有太多说话,是我回国后钱教授写来的一封电子邮件,更准确地表达了我们当时的心情:"多年来在电脑中通信的'王菡女士',居然在二周前见面握手,亲自欢迎,感到十分高兴而荣幸。你这次访美,虽然短短一月,但走访了美国东部和中西部的重要城市和主要图书馆,一定收获丰富,为你高兴……你在芝大所做关于西夏文献和宋元印刷的报告,尤为出色,我再代表芝大同仁对你的成功访问,表示感谢。只是时间匆促,未及多谈,觉到遗憾。"在我,有机会拜访钱教授,高山仰止,铭心难忘。

第二天上午我参观了芝大东亚图书馆特藏,有一卷敦煌写经,由于背面是厚硬的机器纸裱糊,卷子已有折损。我注意到末尾处是董作宾的题识,考证了该卷的年代、内容等问题,颇有意义,便请教钱教授,此题识是否发表过。钱教授很快便查核该题跋已经在台湾发表。检索之迅速,显然是日常的习惯。此虽细节,也令我感佩。

下午我的报告之后,东亚图书馆和东亚系的同仁请我到芝城一家中国餐馆共进晚餐。这些老教授对这家餐馆的历史、掌故如数家珍,可见相熟之至。由于第二天我将与在芝城工作的表妹盘桓一天,然后返国,所以这一晚是我与钱教授最后相聚的时光了,在我固然觉得太过匆匆,不及进一步向钱教授请益。而在钱教授,他似是怀着对国家图书馆——他曾经服务过且至今仍深深眷恋的感情与我道别。他曾对我说,希望再刊出他的文章时,不要标出表示国籍的"美"字,他更认为自己是国家图书馆派出的工作人员,因为某些原因没有回国,这个"美"字很是刺痛他的心(大意如此)。他还对我说,希望馆方能够授予一个荣誉馆员之类的称号,使他感到国家图书馆仍然承认他曾经的工作。钱教授甚至对自己当年没有返国而颇感不安,1979年第一次随美国图书馆代表团回国访问,见到当年的同事,颇羡慕他留在美国没有受到历次政治运动的迫害,他仿佛第一次得知留在美国给予朋友们的感受。事实上,"文革"期间我和我的同学以及我们的父母,从物质到心灵受到的伤害、践踏,永远无法抚平。钱教授的亲人凡在大陆的,大约同样经历了这段苦难的历程,所以他不会不知道。但我想他最在意的是自己的职守。想来就是为此,他一再地和我谈起当年经他亲手运送美国的原国立北平图书馆(今国家图书馆)的那批善本①,至今仍寄存在台湾,希望早日原璧归赵,成为他心头永远挥之不去的重责。无论历史有何等变迁,钱教授对六十年前的职守的忠诚,给我以深深的震撼。我想,就是这种持之以恒的精神,使他在美国的图书馆界、汉学研究领域取得了卓尔不群的成就,而他在取得这所有成就的时候,仍念念不忘自己本是国家图书馆的工作人员。回到北京之后,我将访美种种向馆领导做了汇报。很快,馆方做出决定,聘请钱教授为国家图书馆顾问,聘

---

①参见钱存训《北平图书馆善本书籍运美经过》,《中美书缘》,台北文华图书馆管理资讯股份有限公司,1998年。

书已经寄至芝加哥。

对于中国文化的热爱,钱教授曾在《书于竹帛》写作缘起中写道:"由于近代中国所受的外辱和屈辱,使中国人对自己固有的文化传统,丧失自信而盲目自贬。甚至现在还有人认为废除汉字、采用拼音是文字演进的规律和迎合世界潮流,却没有深思汉字的功能和拼音文字的后果。假使没有汉字形体所独具的延续性和凝固性相维护而采用拼音文字,中国早已成为以方言立国而分崩离析的国家了。"①他对祖国深刻的热忱,从此不难体会,而从这个意义去认识印刷技术及笔墨书籍的制造与使用,也会有一番新的感受。

钱教授的另一部著作《纸和印刷》可说是《书于竹帛》的姐妹编,据报道英文第一版在出版前就已预订一空,现已四次重印,《书于竹帛》另有中、日、韩文多种译本②,已在国际间认定为经典之作,英文修订版也于数月前面世了。捧读墨香四溢的新书,仿佛又看到他在芝加哥家中的书房,看到那每天要写作到午夜的灯光。以往各种访谈多讲钱教授的治学方法,讲他在书史研究领域取得的重要成就③,其实,对他不曾一日忘记自己对于祖国的责任,其为人与思想境界的纯粹净化,更是我们在目前过分物质化社会中应该提倡,应该追求的楷模。

---

① 该文收录在《中国古代书籍纸墨及印刷术》(北京图书馆出版社,2002 年)一书中。

② 中文本有:刘祖慰译《纸和印刷》(北京科学出版社、上海古籍出版社,1990 年);刘拓、汪刘次欣译《造纸与印刷》(台北商务印书馆,1995 年);郑如斯编订《中国纸和印刷文化史》(广西师范大学出版社,2004 年)。

③ 张宝三《访钱存训教授谈中国书籍史之研究及治学方法》,《汉学研究通讯》2003 年第 1 期。张志强《抱简勉书、后学楷模——访钱存训先生》,《传记文学》2004 年第 4 期。

周一良先生生命最后阶段为《文献》杂志留下的纪念*

　　2001 年 10 月 24 日下午,我收到周一良先生自蓝旗营寄来的新著《郊叟曝言》,翻过封面,周先生亲切的微笑洋溢在卷首每张照片中。我的思绪里立刻充满了去年 11 月朗润园周宅的明亮阳光。正在翻阅新书中提到《文献》杂志的地方,有人告诉我,周先生就在 10 月 23 日早晨仙逝了。我无法相信这个事实:举起信封,上面的邮戳明白印着"20.10.01";书中扉页上钤有"一良敬赠"长方朱文印。周先生手泽尚温,怎么能说遽去呢? 呜呼! 周先生给予我们的关注永存。

　　2000 年秋天,国家图书馆副馆长张彦博转来周一良先生的文章《大方联语辑存》,说是周先生希望刊登在《文献》杂志上。我们感到文章勾勒出许多民国时期史料,甚有意义,立刻安排在 2001 年第 1 期发表。大方即方尔谦(1872—1936),字地山,一字无隅,

---

* 本文原刊《光明日报》2002 年 12 月 26 日,原题《永远的追念》。

别号大方。安徽人,同治年间举人。1915 年赴天津,为《津报》主撰社论,词意精整。后被袁世凯延为西席,教授袁克文等。不仅文史学养深厚,且工联语,长于诗词。这些联语及其本事包含民国时期史料甚多,读者如阅《文献》该期便知,此不赘言。当我们告知周先生稿件处理意见后,他表示家中还有一些大方先生撰写的对联及扇面,可拍照为文中插页。

　　由于条件所限,拍摄必须使用自然光线。为此,我和周先生约了两次,才等到了好天气。2000 年 11 月 27 日,初冬金色的阳光中,沿着未名湖畔的曲径,循着荷塘的静寂,我怀着崇敬的心情再次来到著名的朗润园。这里住着北京大学享誉中外的学者,季羡林、邓广铭、宿白、周一良……几栋旧旧的,但是看来还很结实的灰色楼房,非常谦虚地矗立在燕园的东北角。周先生早已将准备拍照的扇面拿了出来,对联就在墙上挂着,上午的阳光是那样明亮,我们馆的摄影师很快就拍摄完毕。想到周先生的父亲周叔弢先生将家藏善本捐给了国家图书馆,周一良先生本人学识渊博,又支持《文献》杂志,我们同行三人很想与周先生合影,周先生欣然应允。他因右手不能活动,还特请人将衣服收拾整齐,与我们合影。几天后,我收到周先生一封信,除有关稿件事,还提及我们走后他看到一枚笔帽,问是否我们丢失。捧读来信,字里行间,充溢着长辈的关心。以后,北京图书馆出版社的李美蓉同志几次去送样书,都受到周先生的礼遇。

　　文章在《文献》刊出时,周先生曾在文末加了一个启事:“此文所收大方先生联语远不完备,希望读者就所藏或所知联语加以补充。民国以后北京、天津、上海几大报纸副刊和袁寒云在上海主编之《晶报》三日刊及《半月》杂志中当有不少大方作品。如能勤加搜求,定有所得。即希与我联系(北京大学历史系转),是所至盼!"新出版的《郊叟曝言》前言中谈到,"《大方联语辑存》刊于《文献》季刊2001年1月第1期,集得115副,意在抛砖引玉。半年于兹,共得180馀副,暂名为《大方先生联语集》"。半年来竟得了七十馀副,我为我们的刊物曾小助于周先生而感到些微的慰藉。

　　几年前,曾经读过周先生的《我本是书生》。"文革"期间,我是中学生,父亲挨斗,我们每天忐忑不安,后来去山西插队。其间的种种酸甜苦辣,内心的苦痛挣扎,一向是"欲说还休,却道是天凉好个秋"。由此,深爱读《我本是书生》《师门五年记》这类书,由体味作者而体味自己,体味人生。在与周先生的电话、书信往来中,我曾说过,因急于抓住那天的晴日,没来得及带一册《我本是书生》请先生签字。也许周先生是记得这件事,也许是鼓励《文献》杂志要更好地为学术界服务,也许两重意义都包含在内,在生命的最后几天,周先生还记着将新出版的专著寄给我,我们因此受到的感动,无以名状。

目录学与目录研究

古代目录中史部故事类到政书类的演变*

故事本意系指旧事,司马迁继承其父遗愿时曾表示:"请悉论先人所次旧闻,弗敢阙。"以后又曰:"余所谓述故事,整齐其世传,非所谓作也。"①从对旧事的引录叙述,渐指旧日事例及前朝的典章制度,《汉书·楚元王传附刘向传》:"是时,宣王循武帝故事,招名儒俊材置左右。"又《汉书·苏武传》:"卫将军张安世荐(苏)武明习故事,奉使不辱使命。"故事意指典章制度,史志中一直沿用至明代。从这一点出发,故事亦同典故,南宋陈振孙在《直斋书录解题》史部中,就使用了"典故"一词。

故事类的设置,源于梁阮孝绪的《七录》。这说明此时中国的史学和史料记载意识已经相当成熟。但是及至汉代,刘向刘歆

---

* 本文原刊《文献》2002年第1期。
①《史记·太史公自序》,中华书局,1979年。

《七略》及《汉书·艺文志》尚未以史言部,将后来意义中的史书与春秋诸传合为一略,称为春秋略。这是以书名代替部类名。

事实上,与后来的"旧事"或称"故事"较为接近的是"礼"略。此略著录礼制、官制,与后代的政书相关。班固叙曰:"《易》曰:有夫妇父子君臣上下,礼义有所错。而帝王质文,世有损益。至周,曲为之防,事为之制。故曰:礼经三百,威仪三千。"上古对典章制度流传有序的重视,由此可见一斑。特别是"礼"略中有《议奏》三十八篇,颜师古注曰:"石渠。"又"春秋"略中有《议奏》三十九篇,颜师古注曰:"论石渠。"这二部《议奏》虽然有篇章数目的细微差别,入于不同的略类,其内容,按颜师古所注,何其相近乃尔! 如以所入之略论,列入"礼"的似应是记石渠即皇家藏书处的制度及其职官,而入"春秋"的,应是记皇家藏书阁的诸事本末。

综上所述,上古至秦汉,虽然史官的著述受到高度的重视,但是对史书的著录尚未彰显,所以《汉书·艺文志》中对诸子著述的类分,要比对史书的认识成熟得多,这与当时距战国时期诸子百家纷争给社会深刻影响相去不远有很大关系。

一　旧事类设置的初起阶段

这种情况并没有持续很久。首先是由于西汉强大的中央集权的建立,为皇权制度的完备记载创造了极好的环境,历来的史官传统"左史记言,右史记事",继续得到重视。其次,相对于大量的史料记载,"独尊儒术"的结果,使诸子之说迅速萎缩。至《隋书·经籍志》时,"法家"类从十家减馀三家(另有汉代二家及《管子》十九卷),"名家"中《汉志》之七家仅存《尹文子》。此等变化已有论述,兹不赘举。而史料记录的丰富,使史学著述独立为部。

从南朝梁阮孝绪的《七录》可以看出,彼时,人们对史部著述的理解,已经与宋元明清大体一致了。阮孝绪《七录序》曰:"刘(向)王(俭)并以众史合于春秋,刘氏之世,史书甚寡,附见春秋,诚得其例。今众家记传倍于经典,犹从此志实为繁芜。且《七略》诗赋不从六艺诗部,盖由其书既多,所以别为一略。今依拟斯例,分出众史,序'记传录'为内篇第二。"①《七录》虽曰"七",它是把释、道两家单独列出,并将后来统归入子部的内容按理论流派和实践技能分为两部分。从《七录》始,史部的基本类目大体形成,虽然有些目录另有理解(如《述古堂藏书目录》),或者排序不在经部之次,但是四部分类法的主流位置不可取代,史部诸类的内容也形成了基本格局。

《七录》中的"记传录"有"旧事部",《隋书·经籍志》仍之,为史部旧事篇。《隋书·经籍志》总序自称:"远览马史、班书,近观王、阮《志》《录》,挹其风流体制,削其浮杂鄙俚,离其疏远,合其近密……"可见曾细细研读过《汉志》和《七录》的图书分类思想,及其对学术流派演变的分析。《隋书·经籍志》中,对"旧事篇"有相当准确的定义:"古者朝廷之政,发号施令,百司奉之,藏于官府,各修其职守而弗忘。《春秋传》曰'吾视诸故府',则其事也。《周官》,御史掌治朝之法,太史掌万民之契约与质剂,以逆邦国之治。然则百司庶府,各藏其事,太史之职,又总而掌之。汉时萧何定律令,张苍制章程,叔孙通定仪法,条流派别,制度渐广。晋初,甲令已下,至九百馀卷,晋武帝命车骑将军贾充,博引群儒,删采其要,增律十篇。其馀不足经远者为法令,施行制度者为令,品式章程者为故事,各还其官府。缙绅之士,撰而录之,遂成篇卷,然亦随

---

① 《广弘明集》,《四部丛刊》本。

代遗失。今据其见存,谓之旧事篇。"①在这里,既说明了故事与律令、仪法的关系,又指定了旧事篇收录的范围。治理国家,有刑法,有典章制度,有行为准则。描述了典章制度所自由来,即"旧事篇"要包括的内容。

虽然《隋书·经籍志》小序中对"旧事篇"有如此明确的定义,"品式章程者为故事",但是,从《隋书·经籍志》所著录的书籍看,有些距此定义甚远,如其首列"《汉武帝故事》二卷",以后此书除新、旧《唐志》追随《隋书·经籍志》,大部分目录都将其放在"杂史""传记"甚至"小说"类中。《汉武帝故事》仅书名与"故事"有关,内容并不涉及典章制度。姚振宗《隋书经籍志考证》中引宋晁载之《续谈助》:"右钞世所传班固所撰《汉武故事》,其事与《汉书》时相出入,而文不逮,疑非固所撰也。"②

《旧唐书·经籍志》作"列代故事"。"列代故事"与"起居注"、"列代职官"在一起,可见其收录范围仍以典章制度所自由来为准绳。它不仅著录了十八种《隋书·经籍志》中已著录之书,还另有十三种"故事"或"旧事"。与《隋书·经籍志》不同之处,是《旧唐书·经籍志》"列代故事"中还包括十种诏书近三百卷。从某种意义上说,诏书在"品式章程"方面有重要作用,也是章程形成的原始资料。不过,诏书放在"列代故事"是否妥帖,且看后代的认识。

《新唐书·艺文志》中设"故事类",共录六十一种书。《旧唐书·经籍志》"列代故事"中的诏书,在《新唐书·艺文志》中入"起居注"类。与《旧唐书·经籍志》此类有明显区别的是,该类纳

①《隋书》,中华书局,1982年。
②《二十五史补编》,中华书局,1986年。

入诸多名臣名人事迹,比如《张九龄事迹》一卷、《李渤事迹》一卷、《彭城公故事》一卷等等。这些书的著录,自宋代以降,一般入"传记类"。

二　故事类的充分发展阶段

"故事类"在宋代得到充分的认识。虽然《崇文总目》和《郡斋读书志》中无故事类,凡故事诸书,入职官、仪注之属。《汉武帝故事》入杂史类,《张九龄事迹》入传记之属。这说明此时的著录,更重视内容归属,不拘泥于标题。《中兴馆阁书目》中设"故事类"。应该说,从《中兴馆阁书目》始,故事类的内容框架有了比较明确的界定。虽然《中兴馆阁书目》依旧收《汉武帝故事》入故事类,也还有《名贤遗范录》《王曾言行录》这些一望而知应入传记、杂史类的书,但它包括了国家政治品评(如《贞观政要》)、御史台与翰林院的制度要事、先皇宝训、边防事、国家财政(如《庆历会计录》《治平经费节要》)、地方经济(如《元丰土贡录》《高聿盐池录》)等诸方面内容。

《遂初堂书目》成书年代略晚于《中兴馆阁书目》。它的特点除著录简单外,还特别重视当代史料。如它有"故事类",又有"本朝故事"。相应的,还有"本朝杂史""本朝杂传"。上面提到的《名贤遗范录》,在《遂初堂书目》就置于"本朝杂传"中。其"故事类"似乎与新、旧《唐志》没有本质区别,但在"本朝故事"中,本朝社会政治经济诸多内容甚为丰富,《中兴馆阁书目》或有不及。诸如朝政、军事、货币、出使、财政、坑冶、茶马盐等等,如《淳熙七年财用录》《户部诸道岁收数》,这类财政统计,是制定国策的依据。

《直斋书录解题》中,陈振孙特别启用了"典故"一词,或许意在强调典章制度的重要性。以往的目录中,均用"旧事"或"故事"为类名,强调的是援前例。《直斋书录解题》共录五十八种,从数量上来说,不及《遂初堂书目》多,《遂初堂书目》仅"本朝故事"就有五十八种之多。作为"典故类"最不同于以前诸目之处,是陈振孙将杜佑《通典》、宋白《续通典》、《国朝通典》及唐宋诸朝会要置于本类。而《通典》、会要之类的书,正史艺文志和《遂初堂书目》《郡斋读书志》中均入子部类书类。就这一点而言,陈振孙在目录学上有了与众不同的见解。以往"故事类"中诸书,自《隋志》以后,依各家理解有别,在杂传、职官、仪注、杂史甚至地理类(如《西京杂记》)中出入,要之不出史部。至《直斋书录解题》,将诸目中以为类书者,陈振孙以为是政书,是典故之属。这一点,他与后来清代的四库馆臣不谋而合。或可曰四库馆臣撷陈氏之英矣,下文详说。《直斋书录解题》中,有些类有小序,多数类没有,现在所议及的典故与类书,恰恰没有,似无法直接得知其用心如何。

宋代数次修撰秘阁书目,真宗时草创,仁宗时修《崇文总目》,徽宗时募集民间藏书,补充为《秘书省书目》。经"靖康之耻",南宋重新整饬秘阁藏书,宋高宗时编次成《中兴馆阁书目》。此三目,至修《宋史》时,存亡增损,互有异同,删其重复,尚有九千八百馀部。与陈振孙精瞻思考不同,《宋史·艺文志》"故事类"共著录一百八十九种书。不惟将宋以来多数目录中已置于"杂史"或"杂传"的《汉武帝故事》重入"故事类",而且将司马光《涑水纪闻》、王旦《名贤遗范录》等显然当入"杂史"或"杂传"的书收在"故事类",陈振孙特别纳入"典故"类的《通典》、会要之类的书又未著录其中。除宝训、财政等项内容,于以往目录有所继承,馀者与传记、杂史没有明显的区别。加上《宋史·艺文志》史部取消了通常的诏书奏议类,所以使"故事类"格外庞杂。

《宋史·艺文志》的分类思想最为混乱。

　　黄虞稷，明末人，入清后迁家上元。曾入明史馆，纂列传及艺文志初稿。他的《千顷堂书目》继承了陈振孙的《直斋书录解题》，将之定名为"典故类"，并收入诸种会要，其所补宋辽金元书目中，补入《史志通典治原》十五卷、《文献通考》三百四十八卷、《汉唐会要》和陈栎《六典撮要》等书，认同了陈振孙从故事变为典故的理解。四库馆臣虽然称赞他对谱录类的设置，但也批评他"至于典故以外，又立食货、刑政二门，则赘设矣"。食货之立，是各家目录所不取。邦计之属，自宋代以来著述渐广，关系国用，向入"故事"，四库馆臣所批评的食货类，内中以盐业为主，当为邦计之属。黄虞稷此书，乃修《明史·艺文志》之初稿，史馆再立时，他已遁道山。王鸿绪等人重修明史，删节了初稿原有的宋辽金元书目补遗部分，并将"史于书不甚著及无卷数者俱削之"，"所分门类，多有删并移易之处"①。经过这样的改动，《明史·艺文志》不复有黄虞稷原稿的特色。以史部而言，《千顷堂书目·史部》共十八类：国史、正史、通史、别史、霸史、史学、史抄、地理、职官、典故、时令、食货、仪注、政刑、传记、谱系、簿录。《明史·艺文志·史部》共十类：正史（编年在内）、杂史、史抄、故事、职官、仪注、刑法、传记、地理、谱牒。这一变动，使《明史·艺文志·史部》与《宋史·艺文志·史部》极为相近。前面提到的四库馆臣所批评的食货类的内容，盐业部分入"故事类"，其馀花木墨砚印谱之类，《明志》基本未收。黄虞稷原写有《明史·艺文志》序，序文今存于《千顷堂书目》的附录中，与现在通行的《明史·艺文志》之序不同。黄虞稷在序文中对王俭、阮孝绪的目录学思想颇多阐述然后及隋、唐、宋以

①卢文弨《题明史艺文志稿》，《千顷堂书目》附录，上海古籍出版社，1990年。

降。最后云："故特更其例，去前代之陈编，纪一朝之著述。《元史》既无艺文，《宋史》咸淳以后多缺。今并取二季，以补其后，而附以辽、金之仅存者，萃为一编。"①但再修明史时，对这一思想没有继承，故杭世骏说："横云山人删去宋、辽、金、元四朝，取其中十之六七为史志，史馆重修，仍而不改，失俞邰初志矣。"②

《明史·艺文志·故事类》纳入《千顷堂书目》中食货类中的盐志部分，减省了黄志的赘立之弊，故事类包含的内容与《中兴馆阁书目》以来的诸种目录基本相同，即御制宝鉴、通考典制、宗藩条例、谥法、科举、财政、税赋、漕运、兵志、边务、屯田、盐政、坑冶、茶马、荒政诸项。从宋到明，故事（或称典故）类，所包括的内容，较之隋代，整齐而明晰，特别是《明志》。以往《汉武帝故事》《西京杂记》这种望文生义、无关典制的书，再也不归入故事类了。

三　《四库全书》史部政书类之设立

至《四库全书总目》之修撰，《七录》以来的"旧事"演变为"故事""典故"种种，从此以"政书"称。《总目》首先肯定历代"故事"类的设立："志艺文者有故事一类，其间祖宗创法，奕叶慎守，是为一朝之故事。后鉴前师，与时损益者，是为前代之故事。"从此，笔锋一转，批评以往故事类的内容芜杂，与本义不相当："《隋志》载《汉武故事》，滥及稗官；《唐志》载《魏文贞故事》，横牵家传。循名误列，义例殊乖。"③《汉武帝故事》在新旧唐志中入"故事"，《崇

---

①《千顷堂书目》附录。
②杭世骏《千顷堂书目跋》，《千顷堂书目》附录。
③《四库全书总目》，中华书局，1981年。

文总目》入"杂史"类,宋晁载之《续谈助》已指出:"其事与《汉书》时相出入,而文不逮,疑非固所撰也。"四库馆臣更是尖锐地指出:"所言亦多与《史记》《汉书》相出入,而杂以妖妄之语。"《汉武故事》在《四库全书》中入子部小说家类。另有《西京杂记》,新旧《唐志》既入"故事"中,又见于史部地理类中,《郡斋读书志》目之为"杂史",《宋志》《遂初堂书目》和《直斋书录解题》均著录为传记类,《文献通考》将之入"杂史",《四库全书》将之入"小说家"。总目提要从作者与内容两方面考订,俱与史料所载不合,但由于"其中所述虽多为小说家言,而摭采繁富,取材不竭……词人沿用数百年,久成故实,固有不可遽废者焉"。《隋志》中史部旧事篇诸书,保存在《四库全书》中的,仅上举二书,馀者尚存四五部在清人辑佚书中。

《汉武故事》和《西京杂记》均属四库馆臣所谓"循名误列,义例殊乖",为避免重蹈旧辙,四库馆臣另以"政书"标目。为使内涵清晰,四库馆臣曰:"今总核遗文,惟以国政朝章六官所职者入与斯类,以符《周官》故府之遗。至仪注条格,旧皆别出,然均为成宪,义可同归。惟我皇上制作日新,垂谟册府,业已恭登新笈,未可仍袭旧名。考钱溥《秘阁书目》有政书一类,谨据以标目,见综括古今之意焉。"这段话包含了几层意义:1,此类基本定义延续《隋志》之序(见前引);2,与历代不同处,还包括选举与仪注;3,由于内容中有本朝新典册,所以不能以"故事"为名;4,政书一名来自明代钱溥《秘阁书目》。钱溥,字原溥,江苏华亭人,正统己未年(1439)进士。为侍读大学士。曾出使安南等地。《明史·艺文志》有"朝鲜杂志""使交录"二书。其《秘阁书目》未入明志,《四库全书》以之为存目书。是书乃钱溥致仕归里后所作,记在翰林院任侍读大学士时所见秘阁藏书,"所载书只有册数,而无卷数,大抵与《文渊阁书目》相出入"。从四库馆臣这席话看,钱溥书目的分类并无可特别称道处,尚不如对《千顷堂书目》抉微剖析。明代书目使用"政书"一名者,非仅《秘阁书目》《文渊阁书目》亦同。《文渊阁书目》主要记录了永乐年间南京移送北京之书,这批书至正统年间移入文渊阁东阁,杨士奇"惟略记若干部为一橱,若干橱为一号而已"。"此书以千字文排次,自天字至往字,凡得二十号,五十橱"(《四库全书总目》)。或可认为,四库馆臣只是用了《秘阁书目》中的"政书"一词而已,其内容结构,与宋明著名目录及艺文志仍有鲜明的继承关系。

余嘉锡先生在《目录学发微》一书中,不仅分析了历代官私书目部类分合的概略,而且还指出,由于学术的发展,历史上分类法已有多次变化,今后仍是如此,并引郑樵"有专门之书则有专门之学,学守其书,书守其类"的话,提出"欲论次群书,兼备各门,则宜仿郑樵、孙星衍之例,破四部之藩篱,别为门类,分之愈细乃愈佳,亦樵所谓'类例不患其多也'"①。应该说,四库馆臣,或者说纪昀,的确将类目划分得细致深入不输郑樵《通志》。一般的目录,类目分到三级,《四库全书总目》分到四级,且前有总序、小序,后有案语,使《四库全书总目》包含了富赡的目录学思想。

"政书"类恰是一例。在"政书"类下,明确再下分一级类目,非始创自《四库全书总目》,《文献通考》即如此。所以前面说宋代是目录学充分发展的时期。有宋一代,所修目录种类繁多,有官修,有私撰;有四部分类,亦有《通志》之十二分类;有专题目录如赵明诚《金石录》,也有综合性目录。在这样的背景之下,《文献通考·经籍考》能注意到分类体系、层次,亦不足为奇了。马端临将史部分为三大类:正史、杂史、故事。每大类下又有若干下位类。

---

① 余嘉锡《目录学发微》,中华书局,1985 年。

职官、刑法、地理、时令、谱牒、目录均为故事类的下位类。这再一次说明宋代史学对典章制度、将文献视同史料的重视程度。当然，现在看来，时令、谱牒、目录作为故事类的下位类，并不一定妥当，但是这三大类的归纳，使史部内容纲举目张、条缕分明。四库馆臣在小序中已经指出，此类是继承历代艺文志的故事类而来，所以其四级类第一项"通制"的案语曰："纂述掌故，门目多端，其间以一代之书而兼六职之全者，不可分属。今总而汇之，谓之通制。"前面曾提到，陈振孙将《通典》、会要之属的书著录在"典故"类，四库馆臣实得其衣钵。政书的通制之属中，首列唐杜佑《通典》，其后是唐、五代、宋三朝会要。特别体现与以往"循名误列，义例殊乖"不同的是著录了《建炎以来朝野杂记》一书。该书在《直斋书录解题》中入"杂史"类，陈振孙曰："（是书）上自帝系帝德、朝政国典，下及见闻琐碎，皆录之，盖南渡以后野史之最详者。"①《宋史·艺文志》将之入于故事类。《文献通考》将之入传记类，与《元祐党籍列传谱述》一百卷和《三朝北盟汇编》等书在一起。《千顷堂书目》同《文献通考》。四库馆臣阐述云："心传长于史学，凡朝章国典多所谙悉。是书取南渡以后事迹，分门编类。甲集二十卷，分上德、郊庙、典礼、制作、朝事、时事（故事）、杂事、官制、取士、财赋、兵马、边防十三门。乙集二十卷，少郊庙一门，而末卷别出边事，亦十三门。每门各分子目，虽以杂记为名，其体例实同会要。"②

政书类下首有通制之属，亦近似《文献通考》。《文献通考》有总说，《四库全书总目》政书类有通制。通制之后即"典礼之属"。

①见《中国历代书目丛刊》，现代出版社，1987 年。
②《四库全书总目》，中华书局，1981 年。

此举源于儒家对礼乐的重视,总目提要按语曰:"六官之序,司徒先于宗伯,今以春官所掌,帝制朝章悉在焉,取以托始,尊帝之义也。"这部分内容包括礼仪、谥法、选举、邦交礼仪等项,相当于史志中的仪注、选举部分。

其次是邦计之属。总目提要按语曰:"古者司徒兼教养,后世则惟司钱谷。以度支所掌,条目浩繁,然大抵邦计类也。故今统以邦计为目,不复一一区别。"内中包括币制、荒政、海运、漕运、盐法、坑冶、茶马等内容。这些内容,系宋明两代官修目录中故事类的重要组成部分。

再次是军政之属。总目提要曰:"军伍战陈之事,多备于子部兵家中。此所录者,皆养兵之制,非用兵之制也,故所取不过数家。"内中有兵志,即军队的行政管理之书,还有马政、武举等内容。《四库全书》此项,不及宋明史志,没有边务和屯田之书,失之较略。

第四是法令之属。总目提要曰:"法令与法家,其事相近而实不同。法家者私议其理,法令者官著为令者也。刑为盛世所不能废,而亦盛世所不尚。兹所录者,略存梗概而已,不求备也。"此项内容,系以往史志中的刑法之书。历代史志及公私撰书目中,皆有刑法一类,独陈氏《直斋书录解题》称之为"法令",四库馆臣与之同;而为政书类的下位类,与《文献通考》同。

最后是考工之属。四库馆臣无按语。

要言之,《四库全书》史部政书类,包含了以往史志故事类、仪注类、选举类和刑法类。所用政书一名,继承于钱溥之书目,所收内容,尤其以通制例,与陈振孙合。政书类设诸多下位类,近乎《文献通考》。从《七录》设"旧事"为类,以后公私书目对本类目的界定、类目名的变动、所著录诸书在子史部各类之出入、下位类范围的变化,凡此种种,至《四库全书总目》厘为政书类,便成定局。所用"政书"为目,清晰地涵盖了资政诸方面著述。这是四库馆臣在类目安排上极为成功的例子,令人服膺。

四　近现代书目中政书类的运用

《四库全书总目》一出,"政书"之类目遍行晚近诸书目。如张之洞《书目答问》史部第十一即政书类。由于该书目系向青年人推荐读书做学问的门径,故不以收全为目的,所列子目也比较简单,如史部没有职官一类,政书类亦无选举、邦计之属的内容。尽管与《四库全书总目》有种种的区别,政书类的使用依然继承了下来。《清史稿·艺文志》几乎承袭总目,仅有细微差别。至于政书类,其下位类与总目全同。

近现代书目中,在目录学方面最有发明者当推《中国丛书综录》的子书目录。虽然该目没有总序、小序,但从子书目录,仍可看出编者在目录组织上的匠心。由于丛书内容丰富,该目录类分深入到五级,正合前面所引余嘉锡"欲论次群书,兼备各门,则宜仿郑樵、孙星衍之例,破四部之藩篱,别为门类,分之愈细乃愈佳,亦樵所谓'类例不患其多也'"之原则。就史部政书类而言,《丛书综录》在三级类目的名称上,基本上沿袭了《四库全书总目》,比较有意义的是,它所开列的四、五级类目的名称,俱准确、简明、符合古籍内容的钩稽,又不艰涩,这也是《丛书综录》子书目录的又一特色。

此后的《中国古籍善本书目》中史部政书类不出《四库全书总目》的框架,下位类的设置则不如《丛书综录》细致妥帖。

国家图书馆所藏《四库全书总目》稿本述略 *

关于《四库全书总目》，近年研究成果不断，中华书局还出版了整理本，翁方纲撰写提要之稿本也已出版①，使此项研究逐渐深入。国家图书馆所藏《总目》稿本一种，抄本二种，武英殿刻本五六种，各有特点，其中对《总目》成书过程、对撤毁删改具有重大研究意义者，当推稿本。以下试述之。

一 稿本概况

国家图书馆藏一部四库全书纂修馆稿本（以下简称"稿本"），残，存四十八册六十三卷。其中经部十三册共十八卷，史部十七册共二十四卷，子部五册共七卷，集部十三册共十四卷（《四库全

＊本文原刊《文学遗产》2006 年第 2 期。
①吴格整理《翁方纲纂四库提要稿》，上海科学技术文献出版社，2005 年。

书总目:整理本》附录记载国家图书馆存四库馆纪昀稿本六十三卷,底本与浙本同,修订同殿本,当是指此稿本。然其说不确,稿本文字与浙刻本、武英殿本之异同,详见下文)①。无目录、卷首、凡例诸项,卷一开始即"经部总叙"。半叶九行行二十一字,黄色栏线。版心白口,单鱼尾,鱼尾之上为"钦定四库全书总目",鱼尾之下为部名、类名、页码、卷数等。钤"北京图书馆藏"印记。有红圈断句。封皮纸较薄,白丝线装订,略简易于文溯阁本。某些册内,夹有黄绸题签条,如第 26 册正文首页处夹一方形黄绸条,其上楷书:"史部二十二/载记类/载记类存目/史部二十三/时令类/时令类存目"(如图一),与该册内容一致,当是准备贴在封面之用。此稿本之重要,在于其上有馆臣累累批改,或直接删去原文,在旁边行间写出修改文字(如图二);或将修改文字写在天头或地脚(如图三);又或粘一张纸条,修改文字写在纸条上(如图四)。经过对照,今所见浙刻本及武英殿本系据此稿本修改而成,进一步印证《总目》不断修改之过程。

　　馆臣修改种种,以下试别为几种类型说明。

　　1,文字修饰。

　　修改"也""则"等字,使语句更流畅精练②;并改正部分错字,如改"续"为"绩"之类;还有关于讳字之强调,如改"允"为"胤","胤"字阙末笔;改"宏"为"弘","弘"阙末笔,即避雍正皇帝和乾隆皇帝名讳。

---

①陈垣《四库提要中之周亮工》(《陈垣学术论文集》第二集,中华书局,1982 年)一文中说:"民国十年秋,余得四库馆精缮提要底本六十册,不全,中有纪昀涂改笔迹,所改多与今本同,而凡遇周亮工名,必行涂去,审为乾隆五十二年以后删改之底稿。"

②司马朝军《〈四库全书总目〉殿本与浙本之比较》(《四川图书馆学报》2002 第 6 期),曾经比较殿本与浙刻本这方面的差别。

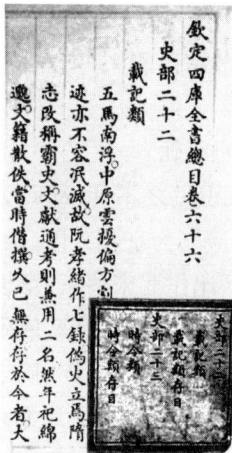

图一：四库纂修馆稿本中浮笺

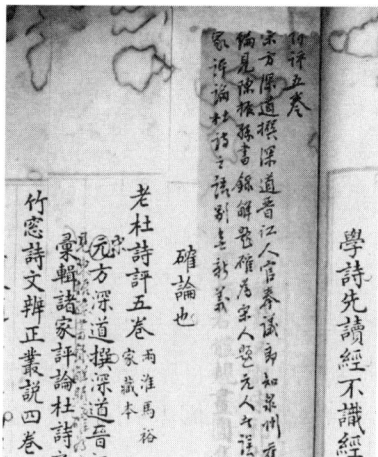

图二：纠正著录失误

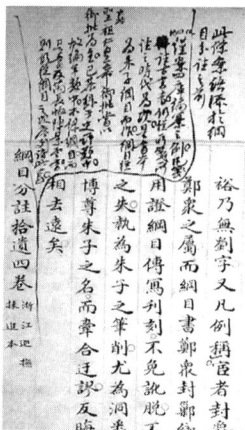

图三：排序问题

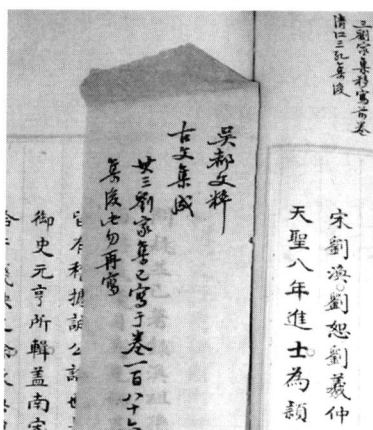

图四：《三刘家集》排序

2，修改语句，使含蓄平稳。

如史部传记类存目三《春秋列传》提要原稿作"简陋尤甚"，馆臣改为"亦颇疏略"；又如史部传记类存目四《浙学宗传》提要原稿作"尤可怪也"，馆臣改作"尤于理未安也"，再如同卷《为臣不易编》提要原稿有"亦皆老生之常谈"数字，被馆臣删去。今所见浙刻本及武英殿本均为删改后文字。

3，抒发胸臆，激昂意气；删节冗言，简明准确。

虽是两种情况，但似乎共同传达馆臣识见之不凡，故归为一类表述。如《夥坏封疆录》提要原稿作"诋应嘉为京、卞、惇、确，不知何人所作也"，指该书跋文将作者魏应嘉比作北宋蔡京、章惇等人，馆臣将此段文字改为"诋应嘉为京、卞、惇、确，然应嘉依附奄党，代为抟噬，观其自序，殆不知世有廉耻事，实京、卞、惇、确之所不为者也"，对明末阉党祸国之恨，溢于言表。浙刻本及武英殿本均为增改后文字。

又如卷五七史部传记类一《绍兴十八年同年小录》提要在原文提及宝祐四年榜"为世所重"语之后，馆臣又增加"如日星河岳，亘古长留，足以楷挂纲常，振兴风教"数字，以表达对宝祐四年文天祥、陆秀夫榜进士由衷崇敬。浙刻本及武英殿本均为增改后文字。

又如卷六一史部传记类存目三《伊洛渊源续录》提要原文作："按澄之学未为极醇，然较受蔡京之荐者则有间矣。"馆臣大约尚觉挥斥不足，又加重言为："夫澄之学虽曰未醇，然较诸老不知止，甘受蔡京之荐，以希一日之荣者，则有间矣。"浙刻本未据改，武英殿本同增加后文字。

再如卷一八七集部总集类二《坡门酬唱集》，其提要原文前段较简略，曰："其诗大抵本集所已有。又如《山谷外集》……"馆臣进一步抒发："其诗大抵本集所已有，然同题共韵之作，比而观之，可以知其才力之强弱与意旨之异同，较之散见诸集，易于互勘，于谈艺者亦深有裨也。至于《山谷外集》……"（见图五）补充文字将酬唱诗总集编纂意义揭示出来。然此书提要后段原稿作"而此集均未编入,亦不能无所挂漏。然次韵之诗,惟东坡变化不穷,称为独绝,而诸家才力颇亦足以相抗。浩更汇而合之,使读者参比互证,得以稍窥用意之所在,于诗学亦不为无补焉"。馆臣删繁就简:"而此集均未编入,小小挂漏,在所不免,亦不必为之苛责矣。"(见图六)此处原说东坡诗未收全,又说参比互证之意义,文义不畅。经增删后,前表酬唱诗集之参比互证,后以"小小挂漏,在所不免"简洁带过,较之原来,顺畅许多。浙刻本基本同删改后文字,武英殿本全同删改后文字。

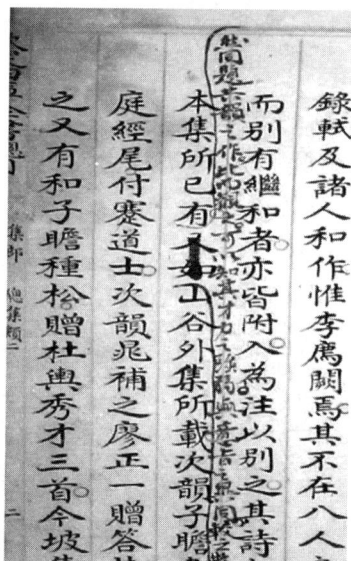

图五:《坡门酬唱》中的修改　　图六:《坡门酬唱》末段处修改

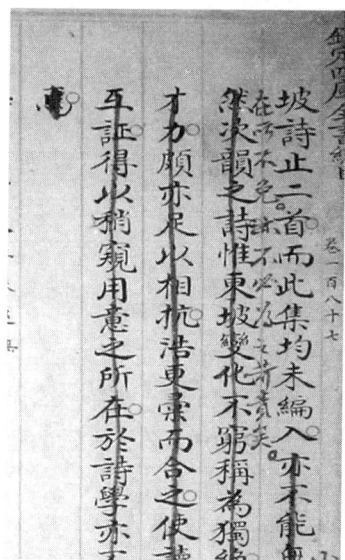

又如卷六二史部传记类存目四《宗圣谱》提要原稿作:"又十不存一,徒耗笔札,何资考证?盖随意抄撮以供里塾占毕之用,虽以宗圣为词,实兔园册也。"馆臣删节后为"又十不存一,盖随意抄撮之本也",明晰简练。浙刻本未依改,武英殿本同删节后文字。

4,更正旧说疏误。

更正疏误,在稿本的修改中占较重要意义。比如卷九经部易类《周易辨》提要原稿作"其说甚别易理,无所不该,悉举而归之,于有位则大,象中活跃君子活跃大人活跃先王,不必区别其词",改后为"夫人事准乎天道,治法固易理之所包。然谓帝王师相之学当求于易则可,谓为易专为帝王师相作,则主持太过矣"。旧文失于泛泛,更改后文字较为明晰。浙刻本及武英殿本均为删改后文字。

再如卷四一《说文解字》按语处粘一手书纸条,其上云:"朱彝尊《经义考》辨之甚明,(以下双行)案:彝尊又谓惟若药不瞑眩一句出古文《说命》,殆/因《孟子》所引而及之。然此句乃徐锴《说文系/传》之语,非许慎之原注。彝尊偶尔误记,/移甲为乙,故今不取其说。"此处书眉有手书"排匀写双行"数字。此需双行排匀的小字注释今存于浙刻本及武英殿本中。

又如卷四五史部正史类《史记》提要原稿作:"三家尚存,明代国子监刊本取三家之注合为一本。"改后文字为:"三家尚存,其初各为部帙,北宋始合为一编。明代国子监刊本……"三家注《史记》,宋代、元代均有合注本,比明代嘉靖年国子监本要早三百年以上,此修正甚有必要。"北宋"之说是否正确,《史记》研究者曾有讨论①。浙刻本及武英殿本均如改后文字。

又如卷一九七集部诗文评类《老杜诗评》处夹一纸条,其文曰:"诗评五卷/宋方深道撰,深道,晋江人。官奉议郎,知泉州。旧本题曰元人。案:是编见陈振孙《书录解题》,确为宋人。题元

---

① 关于《史记》三家注问题,请参见张玉春《〈史记〉版本研究》,商务印书馆,2001年;张玉春《元彭寅翁刊〈史记集解索隐正义〉版本系统考》,《文献》2002年第2期。

人者误也。其书皆汇辑诸家评论杜诗之语,别无新义。"(如图二)浙刻本及武英殿本均如改后文字。

5,严格著录体例。

关于《总目》编纂体例,已经有颇多研究。四库馆臣如何遵循这些体例? 如何前后关照? 遇到特殊问题如何处理? 在此稿本中可见端倪。

关于作者介绍,通常在首次出现时作一小传,以后再出现时仅提示小传所在书名。部帙如此之大,未免有疏漏,馆臣不断进行补充修改。比如卷一八七集部总集类《成都文类》提要原文作:"说友字起岩,建安人。隆兴元年进士。嘉泰中官至同知枢密院参知政事。"改后删减为"说友有《东塘集》,已著录"数字。浙刻本及武英殿本均如改后文字。再如卷一八六集部总集类《松陵集》提要原文仅"题集名者日休也,依韵倡和"数字,改为"题集名者日休也。龟蒙有《耒耜经》,日休有《文薮》,皆已著录。依韵倡和",告知读者皮日休、陆龟蒙已有别集著录。浙刻本及武英殿本均如改后文字。

诸书排序亦有一定之规,在稿本中,可见到馆臣调整顺序之匠心。比如卷一八七集部总集类《三刘家集》处又眉批"三刘家集移写前卷清江三孔后",旁有纸条,曰:"吴都文粹、古文集成,共三刘家集已写于卷一百八十六第四十三页清江三孔集后,此勿再写。"(见图四)卷一八六《二程文集》处有眉批:"此处先写三刘家集,再写二程文集。"浙刻本已将《三刘家集》提至《二程文集》前,武英殿本同。《三刘家集》原在《吴都文粹》附近,使家族类总集与郡邑类总集混淆,调整至《清江三孔集》与《二程文集》之间,则将二者分别清晰。卷一八七《十先生奥论》处夹一纸条"十先生奥论写于诗家鼎脔后,增注唐策/诗家鼎脔/十先生奥论/两宋名贤小集"。以分行书写强调四种书的顺序"增注唐策/诗家鼎脔/十先生奥论/两宋名贤小集",浙刻本没有按照馆臣指示,仍为"增注唐策/十先生奥论/诗家鼎脔/两宋名贤小集"。

最能说明排次重要性是史部编年类一条眉批,卷四七《纲目分注拾遗》处眉批:"此条案语添于纲目分注之前,(低四格)谨案四库编纂之例,凡笺注古书者仍从所笺所注之时代为次。是书本为朱子纲目而作,纲目经/圣祖(出格)仁皇帝御批,当以/御批为主,已恭录于史评类中,故编年类中不录纲目。而是书及芮长恤、陈景云书则仍从纲目之次序列诸此焉。"(见图三)此段眉批在浙刻本和武英殿本中置于芮长恤《纲目分注拾遗》之前,已成按语。因《通鉴纲目》经过御批,置于在史评类,编年类中遂无朱熹《通鉴纲目》一书,仅存数部注书。

6,文字狱问题。

文字狱之起因、规模曾有多篇文章论及①,不赘。从稿本可以看到多篇被完整或部分删除之提要,除已经可见之李清《南唐书合订》②,还有关于钱谦益、周亮工等人著述③。

以下移录被完整删除之《地图综要》一书提要,该书被著录在孙殿起《清代禁书知见录》④中,其提要曰:

> 地图综要　无卷数安徽巡抚采进本。明朱绍本、吴学俨、朱国达、朱国干同撰。四人均始末无考。其书分总卷、内卷、外卷:总卷统论天下形势;内卷分十五省,省各叙其建置疆域;外卷详考江海漕黄水利以及九边要害,而以外藩终焉。

----

①侯美珍《"四库学"相关书目续编》,《书目季刊》1999年第2期。
②见《四库全书总目》附录,中华书局,1981年,第1839页。
③周亮工《闽小纪》原在卷七〇《蜀中广记》之后,被删去。
④台北,成文出版社,1978。

　　每卷各有图说。头绪纷如，体例舛错，于郡县沿革概未之及。
所载一二山川、人物，考据殊疏，适以形其挂漏而已。
《续通志》中尚记载此书"见四库全书存目"，其实《总目》中已无。
国家图书馆今存该书明刻本。

　　有些提要涉及禁毁书，馆臣将违碍文字删去。比如《默记》一
书提要，武英殿本同此稿本之修改，不但将涉及李清《南唐书合
注》文字全删，且将两处提到李后主小周后事全部删净，不见南唐
遗事；而浙刻本仍保留李后主小周后事，只将"南唐书合注"数字
删去，欲盖弥彰。卷六四《礼白岳记》一书提要涉及周亮工书影，
此段文字被馆臣删去，仅馀"明李日华撰。日华有《梅墟先生别
录》，已著录。是书自纪其万历庚戌礼神白岳之事。卷末又题曰
'蓬栊夜话'，殆是书有二名耶？""殆是书有二名耶"之后一百六
十字左右，今仅得见于文澜阁本[①]。类似情况还可见于卷一九七
清吴乔《围炉诗话》一书提要，其中前一段原文曰："偏驳特甚。大
旨初宗钱谦益《列朝诗集》之说，尊长沙而排庆阳，又宗冯班《钝吟
杂录》之说，祖晚唐而挤两宋。二派虽同出虞山，而蹊径颇别，乔
循声并和，其说遂杂。"经馆臣删后仅馀"偏驳特甚"四字（见图
七），浙刻本保留了一小部分钱谦益之说"偏驳特甚，大旨初宗
尊长沙而排庆阳，又祖晚唐而挤两宋"，武英殿本则全同稿本之
修改。之后还有一段文字，原文曰："果尽如是哉！钱谦益所选
《列朝诗集》，本门户之书，故朱彝尊谓其无是非之心，冯班所批
《才调集》特成一家之言。故王士祯亦以赵执信铸金呼佛为过，
乔拾其绪馀，尚未能得其要领，乃鄙夷一世，击排千古，过矣！"

---

①崔富章《文澜阁〈四库全书总目〉残卷之文献价值》，《文献》2005年第1期。该文稍
　及此稿本。

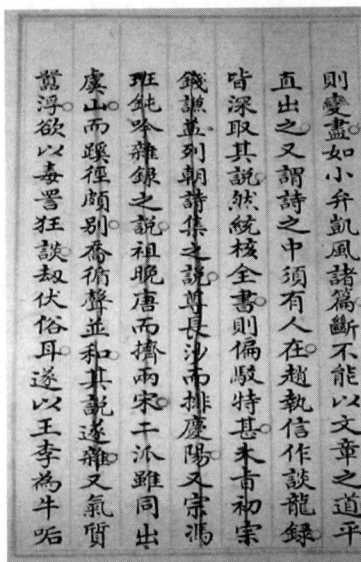

图七:《围炉诗话》中删去有关钱谦益文字

稿本删省为"果尽如是哉",此条浙刻本和武英殿本全同馆臣所改。钱谦益和冯班同为虞山诗派主要人物,俱见于《清史列传》。《清史列传·钱谦益传》曰:"乾隆四十三年六月,谕曰:钱谦益本一有才无行之人……今阅其所著《初学记》《有学集》,荒诞悖谬,其中诋谤本朝之处,不一而足……此等书籍,悖理犯义,岂可听其留传?必当早为销毁。"[1]可见对钱谦益著述早已禁销,只言片语提到亦不可。但经过馆臣删改,原提要中所述虞山诗派特点全无。

---

[1]《清史列传》卷七九。

7,撤书问题。

除了由于禁毁而撤书,还有因为其他原因撤书,例如明朱国桢《开国臣传》及其《逊国臣传》①。朱国桢有《大政记》在史部编年类存目,近年研究朱国桢著述者颇伙,多以《大政记》《涌幢小品》为据,但对《开国臣传》和《逊国臣传》少及之。国家图书馆尚存《开国臣传》明刻本。如宋葛立方《归愚集》一书提要,原文尚可见于稿本卷一五九,被馆臣删掉,其内容大致可见于《两宋名贤小集》。卷六四原有《明道书院纪迹》一书提要,被馆臣勾去。今不见于《总目》,然而《皇朝通志》记载此书,并说明"见四库全书存目"。该书四卷,系浙江巡抚采进本。提要曰:

> 国朝章秉法撰。秉法字程叔,号惺村,会稽人。由诸生以军功开垦官江宁都司。案,明道程子曾为上元主簿,摄邑事。淳熙初,留守刘珙为祠祀之。朱子、真德秀为之记。淳祐己酉,郡守吴渊率诸生读书其中,依仿白鹿洞规。理宗闻而嘉之,改祠为书院,且书"明道书院"四大字赐为额,此书院之所由名也。岁久倾圮,秉法于康熙己卯重加修葺,恭逢圣祖仁皇帝南巡,御书"接统濂溪"四字匾额,秉法因辑是编以纪其始末。载明道本传、配享弟子列传及历代碑记艺文,凡三卷,其末一卷则书院落成后秉法自为赋与同时诸人所题咏也。

---

①沈津《校理〈四库全书总目提要〉残稿的一点新发现》(《中华文史论丛》1982 年第一辑)一文中指出,上海图书馆所藏《总目》残稿中,有六十六种书不见于今《四库全书》,其中就有《开国臣传》和《逊国臣传》。彼时尚未删撤,在此本修改中已被划掉。由于沈津先生已录二书提要,故不赘。

二　浙刻本与此稿本之异同

　　向见王重民先生①与昌彼得先生之文②,都注意到浙刻本与武英殿本之间的差异,昌彼得先生对勘甚多文字,二位前贤均认为浙刻本是浙江士绅在翻刻《总目》时所为,而武英殿本直接由馆臣删增,因而存在异同。近来有论以为武英殿本是在浙刻本基础上删改而成③。以上两说均因未见此稿本,一旦见之,疑惑顿时冰释。以卷四一经部小学类二为例,稿本所载四处改动,浙刻本均循之无异,如《说文解字篆额谱》,原为"故不更复赘耳,前后有其兄铉序二篇",馆臣改之为"故不更复赘耳,据李焘《说文五音韵谱序》,此书篆字皆其兄铉所书,铉集载有此书序二篇"。显然改后文字更准确,信息量更多。

　　浙刻本与武英殿本不同处,多是依原文而未依馆臣之修改。比如史部正史类三种书,一为《史记索隐》,原文为"此书本于《史记》之外别行,至明代监本,合裴骃、张守节及此书,散入句下,恣意修改",馆臣修改为"此书与裴骃、张守节书同,散入《史记》句下者,明代监本恣意修改",此处修改承上述第四项关于三家合注始于宋代之说而来。浙刻本未遵馆臣修改,显然没能体现馆臣后来更加近似正确之认识。二为《新唐书纠谬》,原文为"以讥切修等,大都近于吹毛索瘢",馆臣进一步阐述为"以讥切修等。夫修史者

①王重民《跋新印本〈四库全书总目〉》,《冷庐文薮》,上海古籍出版社,1992年。
②参见昌彼得《武英殿本〈四库全书总目〉》(《增订蟫庵群书题识》,台湾商务印书馆,1997年,第99页)对台北所藏武英殿本的描写。
③司马朝军《〈四库全书总目〉殿本与浙本之比较》。司马朝军《〈四库全书〉研究》,社会科学文献出版社,2004年。

但能编撰耳,至缮录刊刻,责在校雠,缤概归于修等,诚未免有意索瘢"。浙刻本未遵馆臣修改。三为《辽史拾遗》,原文为"莫疏略于辽。又辽时书禁最严,不得传布于境外,故十朝图籍渐灭无征",馆臣删削为"莫疏略于辽",原文议论辽之书禁,或触动清廷禁毁之隐情,遂删之。浙刻本未遵馆臣修改。以上三书提要,武英殿本均据馆臣修改。

浙刻本与武英殿之异同,除上述全未取用馆臣修改,还有仅在个别字句有出入者,如卷一七七集部别集类《金陵揽胜诗》,提要原文为"然诗尚未足以摩写江山也",馆臣改为"然诗才稍弱,尚未足以摩写江山也",浙刻本作"然才力稍弱,尚未足以摩写江山也",其差别有限,或许是抄写过程所致。

浙刻本与武英殿本文字异同之举例,还可见于上述 2—7 项,不赘。

三 稿本、抄本与刻本

以上从数个角度叙述此稿本特点(馆臣之修改,其实还涉及汉宋之争等问题,容另文再述),于是,产生以下问题:此稿本之修改于何时? 与浙刻本关系如何? 与武英殿本关系如何?

乾隆五十三年十月十五日军机大臣等曾奏遵查文源阁应补各书分缮清单呈览片(附清单二):

> 臣等遵旨带同纪昀至文源阁,查看得各书皆系上年八阿哥、刘墉督同详校官各员详加校正,尚无匣页损坏之处,所有空函二百四十九匣,现在各馆分投抄录办理。臣等再行遵旨严催,务令迅速缮写,校对详妥,办竣后按架归函,以期毋误。所有应补各书,分缮清单,恭呈御览。至文渊、文津、文溯三

阁留空各函及应撤换补入各书，臣等亦一并查明，严催各馆上紧赶办归架。谨奏。

　　附一　空匣补写各书单：《御制文集》《御制诗集》《钦定宗室王公功绩表》《钦定蒙古王公功绩表传》《钦定平定两金川方略》《钦定兰州纪略》《钦定皇朝通典》《钦定皇朝通考》《钦定皇朝通志》《钦定续文献通考》《钦定续通考》《钦定盛京通志》《钦定胜朝殉节诸臣录》《大清一统志》《开国方略》《满洲源流考》《蒙古源流考》《翻译五经四书》《历代职官表》《辽金元国语音义》《元史》《明史》。未经留空现在纂办及抄录各书：《万寿盛典》《日讲诗经解义》《诗经乐谱》《石峰堡纪略》《平定台湾纪略》。以上各种，俟办成后，按照顺序，在前后各匣内归并排空添入。

　　附二　撤换各书单：《南北史合注》《南唐书合订》《闽小记》《书画记》《读画录》《书影》《印人传》《列代不知姓名录》《诸史同异录》。

　　以上各函，现因违碍撤去，另换《尚史》《宋稗类抄》二种抵补，仍按照二书次序排入。据纪昀告称，不过略微挪移，匣面改刻无多等语。合并声明。①

对以上引文中各书一一查实，发现附一书单中提到诸书，其提要多为乾隆五十四年写就，而《八旬万寿盛典》一书，成于乾隆五十七年。稿本卷六八已著录《满洲源流考》《钦定盛京通志》二书，虽然因为残本，未见《八旬万寿盛典》，但以上引档案补入诸书俱已在浙刻本之中，说明文澜阁本《总目》抄成于乾隆五十七年之

①见《纂修四库全书档案》，上海古籍出版社，1992 年，第 2137 页。

后。由于浙刻本脱胎于文澜阁本①，故以浙刻本与此稿本对比。稿本中较重大修改近一百九十处，其中浙刻本与之相同者，大约百分之七十七；同未修改前之原文，大约百分之二十三，由此看来，文澜阁本与稿本之时间仿佛。但稿本与浙刻本之区别又的确存在，有两种可能，一、此稿本修改非一次完成，比如卷五八史部传记类二《闽粤巡视纪略》处有眉批："杜臻履历脱去，须查补。此三四页在卷尾，写此处。且此三四页俟查补明白再写。"提要文字行间见加添一行文字："臻字肇馀，秀水人。顺治戊戌进士，官至礼部尚书。"想是查补后所得。二、稿本之后曾再次誊清。关于书之排序有多处眉批及纸条，如前举例，后来刻本照改，想是有再次誊清之抄本。特别是《御制诗集》《御制文集》，以黄纸写就之浮笺夹在稿本中，均为补入内容；卷三八经部乐类《圣谕乐本解说》之眉批曰："此圣谕应出格，不知何以反挖改，宜仍改转。"眉批批评抄写格式，也显见另须誊清。文澜阁本《总目》当成于此过程中，换言之，文澜阁本反映了《总目》至武英殿刊刻前的状态，此后还有部分修改。文澜阁本与武英殿本之差异②，非浙江省士绅所为，乃是《总目》在四库全书纂修馆修改过程某一阶段之体现。

　　此稿本与今见之武英殿本极其相合，其密切关系不言而喻。但是，仍有些许差异，比如卷一五经部诗类《毛诗正义》处粘一纸条："臣等谨案：毛诗正义三十卷，唐孔颖达撰。因汉毛亨传、郑元笺而各为之疏，考《汉书·艺文志》。"（见图八）似是对提要首句"汉毛亨传、郑元笺、唐孔颖达疏"的批评，但没有被采纳。又卷一五八集部别集类十一原有《邓绅伯集》提要，题名行下馆臣批曰：

①参见崔富章《文澜阁〈四库全书总目〉残卷之文献价值》。
②此处仅指文字差异，关于种数、卷数统计尚未及核对。

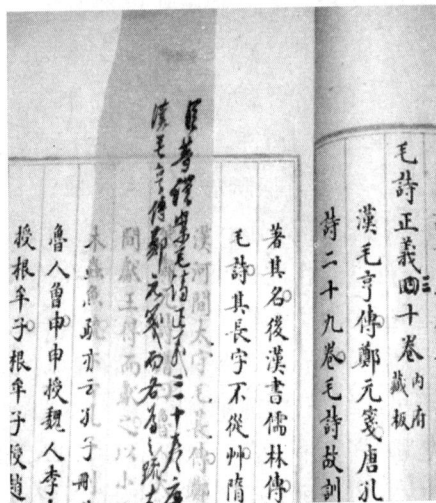

图八:《毛诗正义》浮笺

"此篇不抄,以下篇接上写。"但是浙刻本和武英殿本《总目》中依旧保留《邓绅伯集》提要,且文渊阁《四库全书》中改其书名为《大隐居士诗集》,变动原因参见提要便可知,不赘。不过因此说明此稿本之后仍有细微调整。上海图书馆亦有一部《总目》残稿本①,从沈津先生撰文所附书影,国家图书馆所藏与之有所不同,首先,凡删减文字多以墨笔圈勾,几乎未见用"毁""烧毁""销毁"等字样;其次,彼处注明要删毁之书,已不见于此稿本,说明此稿本更晚。

随之而来的问题,稿本上系何人进行批改?稿本上批改笔迹似非一人所为,故难以遽定。陈援庵先生云民国十年见有纪昀修改之《总目》底本六十册,不知与本馆现在所藏是何关系;沈津先生分析上海图书馆所藏之残稿本,有纪昀手迹。笔者不谙书法,

①见沈津《校理〈四库全书总目提要〉残稿的一点新发现》。

虽然曾与纪昀手书①相比对，也不敢断定此手批与彼手批出自同一人。但是，此稿本某些提法似可说明修改者身份，比如上面提及《毛诗正义》处所粘纸条"臣等谨案"云云，当是总纂官上呈皇帝之语气；卷三八经部乐类《皇言定声录》有眉批："此'皇言'亦应出格，又不知何位分校老先生挖改，亦宜改转。"此语显然出自分校官上级之口。

再言武英殿刻本与浙刻本刊刻时间及款式问题。浙刻本与武英殿本文字差异问题已如上述，二者刊刻各有底本，以现存文澜阁本《总目》为证。但孰先孰后？今国家图书馆存武英殿本《总目》多部，一是配给文津阁《四库全书》之武英殿刻本《总目》二百卷，为一百二十八册，半叶九行行二十一字；二是一百四十四册本，同为二百卷，行款相同，墨色晶莹。各册首叶钤朱文印"北京图书馆藏""经筵讲官礼部尚书／兼文渊阁直阁事印"（见图九）。

三是百册本，行款相同。另外还有百二十册本及两种残本。以上数种，均已避嘉庆皇帝名讳，遇"琰"字缺末笔，遇"颙"字亦缺末笔，甚至有"颙"字末笔未全部剜净处，如卷三六《松阳讲义》"李颙之学盛于西陇"中的"颙"字。现在台湾影印文渊阁本《四库全书》方便使用，所配《总目》即一百四十四册之武英殿刻本②，其讳字情况与国家图书馆百册本全同。而浙刻本"琰"字或缺末笔，或改为"琬"字；遇"颙"字则改为"容"字。这说明武英殿刻本完成于乾隆年间，或许始刊时乾隆帝尚在位，完成时乾隆帝刚刚逊位，"颙"字末笔未全剜净之状不禁使人产生这般联想。而浙刻本避嘉庆皇帝名讳甚严谨，不仅有"琰"字缺末笔，且有"琰"字改

①国家图书馆藏《名贤遗迹》内有纪昀手书便笺，还藏有纪昀校正《玉台新咏》稿本。
②参见昌彼得《武英殿本〈四库全书总目〉》。

图九:武英殿刻本藏印

为"琬"字之例,还有"颙"字改为"容"之例①,或许浙刻本刊刻之始,嘉庆皇帝已经即位。但是武英殿本首先"分贮四阁"②,尚未发放至各省,所以浙江士绅只得以文澜阁本为底本翻刻。由于讳字之存在,王重民先生原来认为武英殿刻本成于乾隆五十八至五十九年间③,显然不确。昌彼得先生疑惑若浙江士绅刊刻《总目》在先,何以选用款式全同武英殿本?其实无论文溯阁本、文澜阁本还是此稿本,行款均为半叶九行行二十一字,所以浙刻本之行款其来有自。

---

①关于二本之间圣谕之区别、各小类统计之不同、提要文字之详简、讳字之不同,昌彼得先生大作中有比较,此不赘。
②《纂修四库全书档案》,曹文埴奏折,第 1374 页。
③王重民《跋新印本〈四库全书总目〉》。

《四库全书总目》稿本集部所见馆臣修改丛录[*]

关于《四库全书总目》,近年研究成果不断①,还出版了整理本②,翁方纲撰写提要之稿本也已经出版③,使此项研究逐渐深入。国家图书馆所藏《总目》稿本一种,抄本二种,武英殿刻本五六种,各有特点,学界对此认识尚不足。其中对《总目》成书过程中撤毁删改种种情况具有重大研究意义者,当推稿本。以往对浙刻本与武英殿本孰早孰晚,孰为底本,颇多争议④,据此稿本,部分疑问可

---

* 本文原刊《中国诗学》第十一辑,人民文学出版社,2006 年。

① 侯美珍《“四库学”相关书目续编》,《书目季刊》1999 年第 2 期。

② 中华书局,1997 年。

③ 吴格整理《翁方纲纂四库提要稿》,上海科学技术文献出版社,2005 年。

④ 王重民《跋新印本〈四库全书总目〉》,《冷庐文薮》,上海古籍出版社,1992 年。昌彼得《武英殿本〈四库全书总目〉》,《增订蟫庵群书题识》,台湾商务印书馆,1977 年。崔富章《文澜阁〈四库全书总目〉残卷之文献价值》,《文献》2005 年第 1 期。司马朝军《〈四库全书总目〉殿本与浙刻本之比较》,司马朝军《〈四库全书〉研究》,社会科学文献出版社,2004 年。

以澄清。以下试述之。

一　稿本概况

国家图书馆藏一部四库全书纂修馆稿本(以下简称"稿本"),残,存四十八册六十三卷。其中经部十三册共十八卷,史部十七册共二十四卷,子部五册共七卷,集部十三册共十四卷(《四库全书总目:整理本》附录记载国家图书馆存四库馆纪昀稿本六十三卷,底本与浙本同,修订同殿本,当是指此稿本。然其说不确,稿本文字与浙刻本、武英殿本之异同,详见以下录文)①。无目录、卷首、凡例诸项,卷一开始即"经部总叙"。半叶九行行二十一字,黄色栏线。版心白口,单鱼尾,鱼尾之上为"钦定四库全书总目",鱼尾之下为部名、类名、页码、卷数等。钤"北京图书馆藏"印记。有红圈断句。封皮纸较薄,白丝线装订,略简易于文溯阁抄本(国家图书馆尚存一册)。某些册内,夹有黄绸题签条,其上楷书该册部属类目,与该册内容一致,当是准备贴在封面之用。此稿本之重要,在于可见馆臣累累批改,或直接删去原文,在旁边行间写出修改文字;或将修改文字写在天头或地脚;又或夹有浮笺,修改文字写在浮笺上。馆臣修改之种种,既体现馆臣文字、识见水平,也有纠正疏误、严格体例之处,还可体会查禁文字之严格②。经过对照,今所见浙刻本及武英殿本当是据此稿本修改而成,进一步印证《总目》不断修改之过程。

---

① 陈垣《四库提要中之周亮工》(《陈垣学术论文集》第二集,中华书局,1982年)一文中说:"民国十年秋,余得四库馆精缮提要底本六十册,不全,中有纪昀涂改笔迹,所改多与今本同,而凡遇周亮工名,必行涂去,审为乾隆五十二年以后删改之底稿。"
② 参见本书《国家图书馆所藏〈四库全书总目〉稿本述略》一文。

二　集部批改丛录

关于《总目》稿本上馆臣之批改,就集部而言,在十三册十四卷中,馆臣批改、加浮笺共有七十条修改(就修改文字较多者而言),现按浙刻本与武英殿本是否与修改文字相同别为两种情况(9+48条),以调整顺序为第三种情况(11条),以整条删除为第四种情况(2条),录集部之种种修改如下,以供读者进一步研究:

(一)卷一五〇集部别集类三《皇甫持正集》提要原文"往往如斯,不足据也",改后为"往往如斯,不足据亦不足辨也",浙刻本作"往往如斯,亦不足辨也",武英殿本同改后文字。

卷一六六集部别集类十九《吴文正集》原著录卷数"一百卷",馆臣改为"一百卷私录一卷",浙刻本未依修改文字,武英殿本同改后文字。

卷一七五集部别集类存目二《存轩集》提要原文"在明初未为作手",馆臣修改为"在明初未能挺出",浙刻本未依修改文字,武英殿本同改后文字。

卷一七七集部别集类存目四《金陵揽胜诗》提要原文"然诗尚未足以摩写江山也",馆臣修改为"然诗才稍弱,尚未足以摩写江山也",浙刻本作"然才力稍弱,尚未足以摩写江山",而武英殿本作"然才稍弱,尚未足以摩写江山也"。

卷一七七集部别集类存目四《松溪集》提要原文"其诗平钝肤浅,盖非所长,奏疏内如赈济……",馆臣修改为"诗非所长,惟奏疏内如赈济……",浙刻本作"诗非所长,奏疏内如赈济……",武英殿本同改后文字。

卷一八七集部总集类二《坡门酬唱集》提要原文"其诗大抵本

集所已有。又如《山谷外集》……”，馆臣修改为“其诗大抵本集所已有，然同题共韵之作，比而观之，可以知其才力之强弱，与意旨之异同，较之散见诸集，易于互勘，于谈艺者亦深有裨也。至于《山谷外集》……”，浙刻本作“其诗大抵同题共韵之作，比而观之，可以知其才力之强弱，与意旨之异同，较之散见诸集，易于互勘，谈艺者亦深有裨也。至于本集所有《山谷外集》……”，武英殿本同改后文字。

卷一八七集部总集类二《文选补逸》提要原文为“亦不之所见未免太隘观其所著”，馆臣修改为“亦为不观其所著”，今浙刻本与武英殿本俱为“亦为不检，观所著”。

卷一九七集部诗文评《围炉诗话》提要原文“偏驳特甚，大旨初宗钱谦益《列朝诗集》之说，尊长沙而排庆阳，又宗冯班《钝吟杂录》之说，祖晚唐而挤两宋。二派虽同出虞山，而蹊径颇别，乔循声并和，其说遂杂”，馆臣修改为“偏驳特甚”，但浙刻本作“偏驳特甚，大旨初宗尊长沙而排庆阳，又祖晚唐而挤两宋”，武英殿本同改后文字。

《围炉诗话》提要末段为“诗之三绝，是何言欤”，馆臣修改为“诗之三绝，过矣”，浙刻本未依修改文字，武英殿本同改后文字。

（二）卷一五〇集部别集类三《昌谷集》提要原文为“水浑鱼掉头，苏轼诗之。清心开胃门冬饮，知是东坡手自煎，使非刊在本集，谁信为一人作哉”，馆臣修改为“水浑鱼掉头，使非刊在本集，谁信为甫作哉”，浙刻本与武英殿本俱同改后文字。

卷一五八集部别集类十一《茶山集》提要前段原文为“出于韩子苍。盖韩驹诗法得自庭坚，而庭坚又刻意以学杜甫，句律渊源，递相祖述，其实一而已矣”，馆臣修改为“出于韩子苍。其说小异，然韩驹虽苏氏之徒，而名列江西诗派中，其格法实近于黄，殊途同归，实亦一而已矣"，浙刻本与武英殿本俱同改后文字。

《茶山集》提要后段原文为"南渡之大宗，殆有出于蓝之誉。然几诗风骨高骞而含蓄深远，介乎豫章、剑南之间，亦岂遽为蜂腰哉"，馆臣修改为"南渡之大宗"，浙刻本与武英殿本俱同改后文字。

《茶山集》提要末段原文为"是当时固有公论也"，馆臣修改为"其句律渊源，固灼然可考也"，浙刻本与武英殿本俱同改后文字。

卷一五八集部别集类十一《雪溪集》提要原文为"铚有《默记》，已著录"，馆臣修改为"铚有《侍儿小名录补遗》，已著录"，浙刻本与武英殿本俱同改后文字。

卷一六五集部别集类十八《苇航漫游稿》提要原文为"庶几独存仲弓一家之体，不失其真焉"，馆臣修改后为"庶几不失其真焉"，浙刻本与武英殿本俱同改后文字。

卷一六五集部别集类十八《嘉禾百咏》提要原文为"在彝尊诗笔之工丽，固已后来居上，而尧同采掇名目"，馆臣修改为"虽彝尊诗情温丽，远胜尧同，而尧同采掇名目"，浙刻本与武英殿本俱同改后文字。

卷一六五集部别集类十八《牟氏陵阳集》处夹一纸条"士祯之论不诬。子才始著籍湖州"，馆臣之语已在浙刻本与武英殿本提要中。

卷一六五集部别集类十八《湖山类稿》处夹一纸条"眷怀故主"，馆臣之语已在浙刻本与武英殿本提要中。

卷一六六集部别集类十九《松雪斋集》原著录卷数"十卷外集一卷续集一卷"，后馆臣改为"十卷外集一卷"，浙刻本与武英殿本俱同改后文字。

卷一七三集部别集类二十六《御制文》提要原文为"御制文初集三十卷，乾隆二十八年奏进，凡五百七十馀篇，分十九类，每类各以年月为次,皆",此处一纸条"御制文初集三十卷,二集四十四卷,谨案:御制文初集三十卷,凡五百七十馀篇,为十有九门;二集四十四卷,凡四百一十馀篇,为二十有三门,各以岁月为次,皆",浙刻本与武英殿本俱同改后文字。

《御制文》提要原文中有"词臣代言者"语,馆臣改为"词臣恭拟代言者",浙刻本与武英殿本俱同改后文字。

《御制文》提要原文中有"亦孰能希圣制之万一哉？宜乎衣被寰区,争先幸睹,尤翘企续集之源源而颁也"之语,后以纸条遮住后半句,仅存"亦孰能希圣制之万一哉",浙刻本与武英殿本俱同改后文字。

卷一七三集部别集类二十六《御制诗集》提要原著录为"二百六十卷",后馆臣添加为"御制诗初集四十八卷,二集一百卷,三集一百十二卷,四集一百十二卷(以下说明各集编次之年,此提要修改文字未在原文上修改,而是另夹纸条整齐抄就,统计到乾隆四十八年"甲辰以后,未剞劂宣布者尚不知其数焉")",浙刻本与武英殿本俱同改后文字。

卷一七三集部别集类二十六《午亭文编》提要原文为"然渊源略别,蹊径虽殊",馆臣修改为"然蹊径虽殊",浙刻本与武英殿本俱同改后文字。

卷一七三集部别集类二十六《读书斋偶存稿》提要原文为"顺治己亥进士第三人及第",馆臣修改为"顺治己亥进士",浙刻本与武英殿本俱同改后文字。

卷一七三集部别集类二十六《湛园集》提名下原为"十卷",后改为"八卷",浙刻本与武英殿本俱同改后文字。

《湛园集》提要原文为"此本黄叔琳所重编,凡古文八卷,又《湛园札记》二卷",后修改为"此本黄叔琳所重编,凡八卷",浙刻本与武英殿本俱同改后文字。

卷一七三集部别集类二十六《鹿洲初集》提要原文为"犹可谓有实际者，固与雕章绘句者殊也"，馆臣修改为"犹可谓有实际者"，浙刻本与武英殿本俱同改后文字。

卷一七五集部别集类存目二《槎翁集》提要原文为"为之刊板，然崧文颇伤流易，未能具体，殊不及诗也"，馆臣修改为"为之刊板，其文颇伤流易，殊不及其诗"，浙刻本与武英殿本俱同改后文字。

卷一七五集部别集类存目二《坦斋文集》提要原文为"钩棘而浅近，不及宋濂等也"，馆臣修改为"钩棘而浅近，未能凌轹一时也"，浙刻本与武英殿本俱同改后文字。

卷一七五集部别集类存目二《一斋集》提要原文为"然其集究不能与宋濂诸人雁行也"，馆臣修改为"然核其品第，究不能与宋濂诸人雁行"，浙刻本与武英殿本俱同改后文字。

卷一七五集部别集类存目二《半隐集》提要原文为"于明初诸人为下乘"，馆臣修改为"与明初诸人未能方轨并骛也"，浙刻本与武英殿本俱同改后文字。

卷一七五集部别集类存目二《石溪文集》提要原文为"盖不学者所排纂也"，馆臣修改为"殊乖体例"，浙刻本与武英殿本俱同改后文字。

卷一七五集部别集类存目二《寻乐文集》提要原文为"经初入翰林，云南献黄鹦鹉，成祖以命题试庶吉士。经作赋独称旨，遂擢授编修"，馆臣修改为"经于成祖时亦以试《黄鹦鹉赋》称旨，擢授编修"，浙刻本与武英殿本俱同改后文字。

卷一七五集部别集类存目二《堇山集》提要原文为"大抵多凭空臆断之语"，馆臣修改为"持论颇多臆断"，浙刻本与武英殿本俱同改后文字。

卷一七六集部别集类存目三《类稿》提要原文为"安于遁世者,今观其集,亦殊见经世之略也",馆臣修改为"安于遁世者云云,今观其集,亦不甚讲经世之学也",浙刻本与武英殿本俱同改后文字。

卷一七六集部别集类存目三《八厓集》提要原文为"自以直见耳,求之此集,钜篇殊罕也",馆臣修改为"自以耿直传,不必以文藻著也",浙刻本与武英殿本俱同改后文字。

卷一七七集部别集类存目四《王凤林文集》提要原文为"盖偶未见也",馆臣修改为"殆偶未见欤",浙刻本与武英殿本俱同改后文字。

卷一七七集部别集类存目四《南北奉使集》提要原文为"顺之有《右编》,已著录",馆臣修改为"顺之有《广右战功录》,已著录",浙刻本与武英殿本俱同改后文字。

卷一七七集部别集类存目四《凤洲笔记》提要原文为"世贞有《凤洲纲鉴》",馆臣修改为"世贞有《弇山堂别集》",浙刻本与武英殿本俱同改后文字。

卷一七七集部别集类存目四《弇洲稿选》提要原文为"是集乃沈一贯所选",馆臣修改为"沈一贯选。一贯有《易学》,已著录",浙刻本与武英殿本俱同改后文字。

卷一八六集部总集类一《高氏三宴诗集》提要原文为"然必系后人所加矣,末又附香山九老会诗一卷",馆臣修改为"又附香山九老会诗一卷",浙刻本与武英殿本俱同改后文字。

卷一八六集部总集类一《松陵集》提要原文为"题集名者日休也。依韵倡和",馆臣修改为"题集名者日休也。龟蒙有《耒耜经》,日休有《文薮》,皆已著录。依韵倡和",浙刻本与武英殿本俱同改后文字。

卷一八六集部总集类一《唐百家诗选》提要原文为"旧本题宋王安石编,去取绝不可解",馆臣修改为"旧本题宋王安石编。安石有《周礼新义》,已著录。是书去取,绝不可解",浙刻本与武英殿本俱同改后文字。

卷一八七集部总集类二《坡门酬唱集》提要原文为"临江谢公自中丞迁尚书,均逸未归,为之作序",馆臣修改为"临江谢公为之作序",浙刻本与武英殿本俱同改后文字。

《坡门酬唱集》提要原文为"而此集均未编入,亦不能无所挂漏。然次韵之诗,惟东坡变化不穷,称为独绝,而诸家才力颇亦足以相抗。浩更汇而合之,使读者参比互证,得以稍窥用意之所在,于诗学亦不为无补焉",馆臣修改为"而此集均未编入,小小挂漏,在所不免,亦不必为之苛责矣",浙刻本与武英殿本俱同改后文字。

卷一八七集部总集类二《古文关键》提要原文为"似此本非其全书,《宋志》或有所据",馆臣修改为"似此本非其全书",浙刻本与武英殿本俱同改后文字。

卷一八七集部总集类二《成都文类》提要原文为"说友字起岩,建安人。隆兴元年进士,嘉泰中官至同知枢密院参知政事",馆臣修改为"说友有《东塘集》,已著录",浙刻本与武英殿本俱同改后文字。

卷一八七集部总集类二《苏门六君子文粹》提要原文为"故以类附之。观淳熙中邵浩编《坡门唱酬集》,亦以六人并列,知其说自南渡已然矣",馆臣修改为"故以类附之",浙刻本与武英殿本俱同改后文字。

卷一八七集部总集类二《增注唐策》提要原文为"非明代坊选

冗滥无序者可比，以其旧本存备采择焉"，馆臣修改为"非明代坊选冗滥无序者可比，存之亦足备采择也"，浙刻本与武英殿本俱同改后文字。

卷一九七集部诗文评《全唐诗话》提要原文为"原本题宋尤袤撰。考袤为绍兴二十一年进士"，馆臣修改为"原本题宋尤袤撰，袤有《梁谿遗稿》，已著录。考袤为绍兴二十一年进士"，浙刻本与武英殿本俱同改后文字。

卷一九七集部诗文评《老杜诗评》此处夹一纸条，曰："诗评五卷，宋方深道撰。深道，晋江人，官奉议郎，知泉州。旧本题曰元人。案，是编见陈振孙《书录解题》，确为宋人，题元人者误也。其书皆汇辑诸家评论杜诗之语，别无新义。"浙刻本仍题"元方深道撰"，但按语已具，武英殿本同改后文字。

卷一九七集部诗文评《夷白斋诗话》提要原文为"……于目前，识陋可知"，馆臣修改为"……于目前，品题殊误"，浙刻本与武英殿本俱同改后文字。

卷一九七集部诗文评《诗话类编》提要原文为"茫无体例，又参以杜撰之说，盖与其祖《续文献通考》《三才图会》诸书同一博而不精之学也"，馆臣修改为"茫无体例，亦博而不精之学也"，浙刻本与武英殿本俱同改后文字。

卷一九七集部诗文评《雅伦》提要原文为"而编次此书，乃颠舛百出"，馆臣修改为"而编次此书，乃未为精密"，浙刻本与武英殿本俱同改后文字。

卷一九七集部诗文评《围炉诗话》提要原文为"果尽如是哉？钱谦益所选《列朝诗集》本门户之书，故朱彝尊谓其无是非之心，冯班所批《才调集》特成一家之言，故王士禛亦以赵执信铸金呼佛为过。乔拾其绪徐，尚未能得其要领，乃鄙夷一世，击排千古，过矣"，馆臣删改为"果尽如是哉"，浙刻本与武英殿本俱同改后文字。

（三）卷一五八集部别集类十一《邓绅伯集》处夹一纸条"北山集写于浮山集之后/邓绅伯集/浮山集/北山集/横浦集/照此次序写"，浙刻本未依此要求，其顺序为"邓绅伯集/北山集/浮山集/横浦集"，武英殿本同馆臣要求顺序。

卷一五九集部别集类十三《梁溪遗稿》处有一纸条"梁溪遗稿写于雪山集之后/晦庵集/文忠集/雪山集/梁溪遗稿/方舟集"，浙刻本未依从此顺序，武英殿本同馆臣要求顺序。

卷一五九集部别集类十三《宫教集》处夹三张纸条，其一"宫教集写于蒙隐集之后/香山集/蒙隐集/宫教集/倪石陵书"；其二"二行起　太宗文皇帝圣训　首行起　世祖章皇帝圣训　十行起/十二行起　世宗宪皇帝圣训　十二行起　上谕内阁/尽言集　王端毅公奏议　马端肃奏议/垂光集　文襄奏疏　宋诸臣奏议"；其三"高皇帝圣训　太宗文皇帝圣训/□□皇帝圣训　世宗宪皇帝圣训/章皇帝圣训　上谕内阁/□□奏议 尽言集/王端毅公奏议　马端肃奏议/□□敏奏议　垂光集/□□奏疏　宋诸臣奏议/计十四种"；浙刻本未依从其一顺序，其二其三今在史部诏令奏议类，武英殿本此处排序同馆臣其一要求，其二其三今在史部诏令奏议类。疑夹条二、三误入于此处。

卷一五九集部别集类十三《义丰集》处夹一纸条"义丰集写于涉斋集之后/东塘集/涉斋集/义丰集/蠹斋铅刀编"，浙刻本未依从馆臣要求顺序，武英殿本依从馆臣要求顺序。

卷一六五集部别集类十八《仁山集》处夹一纸条"仁山集写于自堂存稿之后/宁极斋稿/自堂存稿/仁山集/心泉学诗稿"，浙刻本此处顺序为"宁极斋稿/仁山集/自堂存稿/心泉学诗稿"，武英殿本同馆臣要求顺序。

卷一七三集部别集类二十六《果堂集》提要文末有眉批"此下添松泉集"（松泉集提要另用黄纸条抄就，夹在敬业堂集附近），浙刻本与武英殿本顺序俱同眉批。

卷一七三集部别集类二十六《松泉集》题名之下为"工部侍郎汪承需进呈本"，馆臣批"呈上空两格"，浙刻本与武英殿本俱按要求空格。

卷一八六集部总集类一《二程文集》处有眉批"此处先写三刘家集，再写二程文集"，浙刻本与武英殿本顺序俱同眉批。

卷一八七集部总集类二《三刘家集》处有眉批"三刘家集移写前卷清江三孔后"，旁有纸条，曰"吴都文粹、古文集成，其三刘家集已写于卷一百八十六第四十三页清江三孔集后，此勿再写"，已调整同馆臣要求，见上条。

卷一八七集部总集类二《十先生奥论》此处夹一纸条"十先生奥论写于诗家鼎脔后，增注唐策／诗家鼎脔／十先生奥论／两宋名贤小集"，然浙刻本此处顺序为"增注唐策／十先生奥论／诗家鼎脔／两宋名贤小集"，武英殿本顺序同眉批。

（四）卷一五八集部别集类十一《邓绅伯集》题名下馆臣批"此篇不抄，以下篇接上写"，但今仍存在于浙刻本与武英殿本中。

卷一五八集部别集类十一《归愚集》原有提要："十卷，浙江鲍士恭家藏本。宋葛立方撰。立方字常之，自号懒真子，丹阳人，徙吴兴。登绍兴八年进士，官至吏部侍郎，出知袁州，乞归。隆兴中卒。立方父胜仲，子郊，《宋史》俱有传，独不及立方事迹。然郊传称其三世掌词命，沈洵亦称立方博极群书，以文章名一世，则学问固不愧其父也。陈振孙《书录解题》有《立方集》二十卷，此本凡诗四卷词一卷杂文一卷外制二卷表启二卷，视陈氏所载者仅得其半。又诗只有近体而无古体，即以近体而论，如《韵语阳秋》所载《二老堂》七律一首、《赠人登省闱》七律一首、《喜子邺登第》七律一首、《题韩幹马》六言一首，集中亦均未载，盖残缺之馀，亦非完本矣。立方论诗极有根柢，而所作颇少骨格，七律学江西派，才地亦殊窘弱，惟四六之文流丽清婉，不失当时馆阁之体，有足取焉。诗馀一卷中有北使诸作，考《金史·交聘表》所载宋使臣内独无立方之名，盖表所登者正副使臣，而从官则不具列，实非史之疏漏，亦非词之伪托也。惟外制之首有何㮚进官制，㮚相徽宗，从两宫北狩，后谋劫钦宗南迁，事泄，为金人烧杀，何由得至南京？此则或胜仲之文误窜入之者矣。"题名之下馆臣批"此篇删，拟以下篇香溪集接上写"，浙刻本与武英殿本均不存。

《文宗阁四库全书装函清册》说略*

　　国家图书馆藏有一部清抄本《文宗阁四库全书装函清册》,四册,不分卷,经史子集各一。无页码,无栏线,无版心。该书曾经金镶玉修复,如今经部有封面,上写"文宗阁四库全书装函清册 经史 一二",史部之册无封面;子部有封面,上写"文宗阁四库全书装函清册 子集 三四",集部之册无封面。据此推测,此清册原装为两册,金镶玉修复后因厚度增加而按经史子集各一册装订。各册均无封底,末叶是修复之纸。经部首叶有莫友芝藏书印,各册之首钤有"南通冯氏景岫楼藏书"之印。景岫楼,南通冯雄(1900—1968)的藏书楼。冯雄,字翰飞,号彊斋。藏书万卷,重视南通地方文献。王謇《续补藏书纪事诗》有记。抄本内无有关底本的记载,亦无抄书人的记载。所记为函数及书名,有的一函内不止一种书,但无卷数。与《四库全书总目》核对,知每函约为十数卷。也就是说其函套的大小基本相同,如有卷数较多的书,其分函即以

* 本文原刊《文献》2002 年第 3 期。

十或十二卷,卷数较少的书,两三种合为一函,亦十卷左右。

　　所记装函之书不分类,但排列顺序大致同《四库全书总目》,经史子集各部抽数部书与《四库全书总目》相核,惟史部略有出入,史部最后数部书为:《钦定古今储贰金鉴》《评鉴阐要》《辽金元国语义》。实际上,《钦定古今储贰金鉴》《评鉴阐要》在史评类,《评鉴阐要》在《钦定古今储贰金鉴》之前;《辽金元国语义》一书在《四库全书总目》中未见,仅正史类中有《辽金元三史国语解》一书,文津阁《四库全书》亦同总目。

　　经史子三部各有未到之书,经部有一部未到,史部有二部,子部有三部,未到之书是在书名下粘一小纸条注明,例如子部“《印人传》《羯鼓录》《乐府杂录》《棋经》《棋诀》合一函”,此句下粘一黄色小条,上写“《印人传》未到”数字。因这些小条,颇疑乾隆五十五年就是用这本清册核对过入阁之书。

　　若论函数,文津阁《四库全书》共六千一百四十四函,另有《四库全书排架图》一函,《四库全书总目》二十函。据云文津阁《四库全书》是诸阁中保存最完整的一部①。文溯阁的入藏,从乾隆四十七年(1782)至乾隆四十八年陆续运抵盛京(今沈阳),据《盛京内务府档》记载,六次共运到《四库全书》五千七百八十一函,《四库全书总目》二十函,《简明目录》三函,《考证》十二函,还有空书匣三百六十四个②。文宗阁《四库全书》经部九百四十七函,史部一千六百二十五函,子部一千五百八十三函,集部二千零四十二函;并有《四库全书总目》二十二函,《简明目录》

---

①黄爱平:《四库全书纂修研究》,人民大学出版社,1989年。
②转引自任继愈主编:《中国藏书楼》(贰),辽宁人民出版社,2000年。

二函①。文宗阁《四库全书》共有六千一百九十七函，还不包括总目与简明目录。文澜阁最初入藏数与现知的文宗阁的函数亦不相同②。函数的不同，可以有多种原因，此处不细考究。又，如有时间，本当将书目与文津阁《四库全书》一一对过，此文仅做抛砖之用，盼方家指正。

　　上海古籍出版社近年出版的《纂修四库全书档案》中有十馀处提到文宗阁，除大家比较熟知的乾隆皇帝下谕再抄三份《四库全书》置于江浙三地，并允许士子"就近观摩誊录"③，还有着伊龄阿酌量捐添文宗阁书格之谕，以及"以陆费墀办缮《四库全书》舛谬荒唐，令将文澜、文汇、文宗三阁书籍面页、装订、木匣、刻字等项，自出已赀赔办"④之谕。此事后因陆费墀去世，家中无多银两作罢。与这部《文宗阁四库全书装函清册》关系密切的当是乾隆五十五年（1790）十一月初九的一份奏折"两淮盐政全德奏复遵办文宗文汇阁书籍情形折"，内曰："奴才查文宗、文汇二阁应贮《四库全书》，前以两次领过六千二百九十册到扬。兹接奉谕旨，知全书俱已校对完竣，奴才现即委员赴京请领。所有装潢等项，前已奉内府发出式样，应遴选妥商，敬谨仿照，装钉成函，并制造书架书匣，以供庋贮。奴才仍与运使鹿荃小心督办，逐一检点料理，妥速完竣。务令整齐坚致，可传永久，以仰副我皇嘉惠多士至意。"⑤显然，此装函清册与这份奏折的时间大致相当。

---

①上书中还记有册数，与文津阁《四库全书》亦略有异。
②同②。各阁入藏函数亦可参考黄爱平《四库全书纂修研究》。
③《谕内阁着交四库馆再缮写全书三分安置扬州文汇阁等处》，《纂修四库全书档案》，
　上海古籍出版社，1997年，第1588页。
④《纂修四库全书档案》，第2032页。
⑤《纂修四库全书档案》，第2208页。

　　莫友芝于同治四年（1865）五月专程踏访文宗阁、文汇阁。咸丰年间，此地由于太平军的战火，受损严重。踏访过后，莫友芝就此事专门致函曾国藩，信中说："奉钧委探访镇江、扬州两阁四库书，即留两郡间二十许日，悉心咨问，并谓阁书向由两淮盐运使经管，每阁岁派绅士十许人，司其曝检借收。咸丰二三年间，毛贼且至扬州，绅士曾呈请运使刘良驹筹费，移书避深山中，坚不肯应。比贼火及阁，尚扃匙完固，竟不能夺出一册。镇江阁在金山，僧闻贼将至，亟督僧众移运佛藏避之五峰下院，而典守书阁者扬州绅士，僧不得与闻，故亦听付贼炬，惟有浩叹。比至泰州，遇金训导长福，则谓扬州库书虽与阁俱焚，而借录未归与拾诸煨烬者，尚不无百一之存。长福曾于泗、泰间三四处见之，问其人皆远出，仓猝无从究诘。以推金山库书，亦必有一二具存者。友芝拟俟秋间更历诸郡，仔细搜访一番，随遇掇拾，不限多少，仍交运使恭弄，以待将来补缮。"①（原件藏南京图书馆）《邵亭遗诗》卷八有《金山》一首，其中曰："文宗四库隔典守，一炬琳宫共灰烬。"②

　　虽然很多书上说，莫友芝此行没有收获，有信为证。但是，从这个抄本看来，他还是有所得。一向说文宗阁《四库全书》已焚尽，今见此装函清册，也是劫馀之物了。莫友芝弟莫祥芝于同治十三年（1874）任南通县知县③，或许与此书流传有一定的关系。国家图书馆分馆尚存民国年间抄本，上下单栏，白口，朱丝行格，半叶十一行二十三字。一函四册，无序跋，仅有"国立北平图书馆

---

①莫友芝：《探访镇江、扬州两阁〈四库全书〉上曾国藩书》，《中国古代藏书与近代图书馆史料》，中华书局，1996年。
②莫友芝《邵亭遗诗》，《影小草堂六种》，清光绪间刻本。
③莫祥芝：《乙亥通州直隶州志序》，《通州直隶州志》，清光绪间刻本。

珍藏"朱文印。内容全同上述清抄本。

核对比较文宗阁与文津阁的装函情况时，得国家图书馆善本特藏部李晓明同志帮助，特此致谢。

中国古籍联合目录与目录学史研究 *

电子技术的发展使古籍联合书目数据库成为可能。数十年前，当《中国古籍善本总目》工程启动时，还没有计算机和网络，无法如此迅捷地将书目数据远距离传递，进行查重、核实。电子技术的发展，使编纂古籍联合书目的呼声渐高，异地共同编写书目成为现实。而且书本式的书目仅是联合目录的一种形态，利用网络实现一个古籍联合书目数据库，不是天方夜谭。

一

然而，至今古籍联合编目仍然不能实现，障碍在于各图书馆自身，而不是技术手段。或者说，当技术手段要求以往各行其是的状态必须以一致的方式进行工作时，全面地审视各馆古籍整理的状况，就会比较清醒地认识到，古籍编目中存在着很多需要解

* 本文原刊《国家图书馆学刊》2003年第1期。

决的问题,然后才能真正着手利用网络建设联合书目数据库。存在问题如:(1)对于古籍的下限界定不一致。有的馆界定到 1911 年,有的馆断到 1949 年,有的馆凡是线装书都归入古籍,所出版的书目就称为"线装书目"。(2)对新学内容的处理不一致。有的图书馆将之别为一目;有的图书馆将之挤在四部分类法中;还有的图书馆因使用《中图法》类分古籍,所以新学图书处理不成问题。(3)各馆使用不同的分类法,虽然很多图书馆的古籍编目多使用四部分类法,但使用其他分类法的也不罕见,国家图书馆的分馆普通古籍编目使用刘国钧多年前制定的十五大类分类法,善本特藏部使用四部分类法。十五大类分类法与四部分类法的差距甚大,它既有对十进位制分类法的改造,又有对四部法的改造,并将现代科技图书与传统文化古籍的类别混合在一起。不同的分类法必然有各自不同的类目表。(4)即使同样使用四部分类法,由于馆藏不同,对类目的理解不同,或由于种种历史原因,各馆均有与他馆不尽相同的类目表。

　　这对于各馆管理自己的古籍,也许妨碍并不大,只要方便读者查找即可。但是若要编制古籍联合目录,一部共同认可、共同使用的类目表,就必不可少了。因为类目表在机读目录中,几乎相当于古籍主题词表的作用,甚为重要。近年来,古籍联合编目的呼声日高,已有一些典藏古籍较丰富的图书馆重新拟定了编目表。国家图书馆也组织了"古籍编目中四部分类法的应用及其类目表的调整"课题小组,旨在为本馆的统一分类提供工具,同时也为全国古籍联合编目类目表提供征求意见稿。

二

要使调整后的类目表符合学术发展的规律,便需要对目录学史继续进行深入研究。在参与组织这一课题的过程中,笔者对此有深刻的体会。

无论如何,对于中国传统的古籍来说,四部分类法仍是主流。自《四库全书总目》问世之后,该目录之类目安排,遍行天下。然而,乾隆年以后,中国的文化有了很大的发展:体现在文学上,例如戏曲、小说、词曲的数量和质量比以往有了极大的变化,深入各个阶层,是一个新的文学高潮,不可忽视;近代出版事业也相当兴盛,大量出版丛书,专科的、综合的丛书五花八门;再有,继明代西方思想及近代科技的传入,随着鸦片战争的炮火,西学大量涌入,数学、物理、化学、电工学、医学、军火……无所不有。因此产生的图书,《四库全书总目》的类目表无法包容。至近代,从美国传入了新的图书分类法,它以西方文艺复兴之后对社会科学和自然科学的认识为基础,与我们的四部分类法和《四库全书总目》大相径庭,目录学史从此开辟了新的研究领域。受到如此多方面变化的冲击,《四库全书总目》的类目表显然不能完全适应这一局面。于是,晚近的书目和现代的一些书目开始进行调整。比如张之洞的《书目答问》,便将丛书单立为部,结束了丛书在子部的尴尬局面。20世纪60年代出版的《中国丛书综录》,针对丛书收书繁杂之状,其子书目录编排得别具匠心。虽然该目不似《四库全书总目》,没有总序、小序,但从子书目录,仍可看出编者在目录组织上的匠心独运。首先,由于丛书内容丰富,该目录类分深入到五级,正合余嘉锡"欲论次群书,兼备各门,则宜仿郑樵、孙星衍之例,破四部之藩篱,别为门类,分之愈细乃愈佳,亦樵所谓'类例不患其多也'"①之原则。其次,类目上也做了些微的调整,与《四库全书总目》不一致。比较有意义的是,它所开列的四、五级类目的名称,俱准确、简明、符合古籍内容的钩稽,又不艰涩,这也是《丛书综录》子书目录的又一特色。尽管四部分类法仍然是最完整体现中国古代文化学术渊源的图书分类法,不过,古籍编目的类目设置应当有所调整,使之既不似《四库全书总目》囿于清王朝自我中心的局限,又能包容近代学术与文化的发展。

三

　　纵观目录学史,其发展向是随着人们对学术发展的认识而前进的。就部居而言,丛书、类书在子部中颇不妥,早在明代胡应麟《少室山房笔丛·九流绪论下》已有此说:"按类书,《郑志》另录,《通考》仍列子家,盖不欲四部之外别立门户也。然类书有数种,如《初学》《艺文》,兼载诗词,则近于集;《御览》《元龟》,事实咸备,则邻于史;《通典》《通志》,声韵礼仪之属,又一二间涉于经。专一属之子部,恐亦不安。余欲别录二藏及赝古书及类书为一部,附四大部之末,尚俟博雅者商焉。"清末张之洞《书目答问》已经将丛书单列一部,而依旧四部分类的思路,此法可取。张之洞在丛书部前有小序,曰:"丛书最便学者,为其一部之中可该群籍,搜残存佚,为功尤巨。欲多读古书,非买丛书不可。其中经史子集皆有,势难隶于四部,故别为类。"汲取前人实事求是,既不破坏四部分类的体系,又善于发现问题、解决问题的创新精神,将丛

---

①余嘉锡《目录学发微》,巴蜀书社,1991年。

书、类书单独为部,使之非经非子非史非集而勉强居于子部的不正常状态得到根本改变。

　　就类目而言,自《七略》以来,史部、子部产生了多少变化,真是一言难尽。集部至明清,亦增加了很多新内容。经部的变化不如史子集三部多,但与《七略》《隋志》亦有不同。姚名达的《中国目录学史》中有一对照表,可以参见。此次调整,我们继之将《四库全书总目》《中国丛书综录》《中国古籍善本书目》《北京图书馆古籍善本书目》及国家图书馆分馆普通古籍使用的十五大类分类法的类目再做一对照。从这些对照表中,对历史上变化较大及变化不大的类目可以有粗略的轮廓状的概念。略去变化不大的类目不说,变化较大的类目中,我们选择了九个问题进行深入剖析。这九个问题分别是,子部农家类与谱录类的关系、小说家与小说、阴阳家与阴阳五行、道家与道教、《七略》中的杂家略与清代之杂家、史部的故事类到政书类、正史别史与载记、金石与目录类、集部的戏曲与词之类目。

　　对这九个问题的剖析,是用当代的学养认识目录学史上各类目的设置与演变。譬如小说家类,已远非《七略》中"小说家"之概念:"虽小道,必有可观者焉。"(《汉书·艺文志》)鲁迅曾谓"诸书大抵或托古人,或记古事,托人者似子而浅薄,记事者近史而悠谬者也"。似子近史,是小说家的特性。明清以降的小说,相当多是通俗小说,是文学创作,与似子近史毫不相涉。《四库全书总目》已经意识到这一问题,曰:"唐宋而后,作者弥繁,中间诬漫失真妖妄荧听者固为不少,然寓劝戒、广见闻、资考证者亦错出其间……今甄录其近雅驯者,以广见闻。惟猥鄙荒诞、徒乱耳目者则黜不载焉。"但它没有解决文学创作小说的归属问题,只是笼统地不收后世的戏曲和小说。现代的《中国丛书综录》《中国古籍善本书目》将"小说家"类改成"小说"类,但实质问题并没有解决。《北京图书馆古籍善本书目》子部有"小说家"类,集部另设"小说"类,使之各得其所。本次调整,准备保留这一格局。

再说子部的农家与谱录类。农家为类,源远流长,《汉书·艺文志》小序曰:"盖出于农稷之官,播百谷,劝耕桑,以足衣食。"充分体现民以食为天的农业经济的特点。宋代尤袤《遂初堂书目》首立"谱录"为类,《四库全书总目》继承之,将所病农家类收书芜杂,凡涉"经"涉"谱"者,全入于"谱录"类,于是,"谱录"类中就有了《相牛经》《相马经》《相贝经》《竹谱》《牡丹谱》《香谱》《钱谱》《墨谱》等等。"谱录"类成为典型的不依学科内容分类的例子。《中国古籍善本书目》仍之,《中国丛书综录》则将农家类调整,增加园艺、水产等属,别立"工艺"类,置陶瓷、文房四宝、食品制造于其中。我们此次调整"谱录"类时,参考了《中国丛书综录》的做法,立"工艺"类,农家类改成"农家农学类",将自古已有的"播百谷,劝耕桑,以足衣食"的农业为本的学说与后世的生产经验区别开来。

当然,《四库全书总目》有非常准确的类目设置,如史部"政书""载记"等,就不一一详说了。

综上所述,当我们用批判与继承的眼光,去分析每一个类目在历史上的演变渊源、相关类目的区别与联系,以及各部重要目录专著编纂的历史背景后,才能正确地把握今天调整类目的分寸与原则。

四

关于新学或西学的问题,是多年来讨论古籍编目的必谈的话题之一。明代以降，西方自然科学进入中国，西方的宗教进入中国更早，在学术史上占据了不可忽视的位置。《四库全书》中已经收录了部分西学著作，主要是外国人关于自然科学的论述和思想研究包括宗教理论的著述，据统计，《四库全书》中共收录西学书二十四种，其中存目书十三种。此二十四种绝大多数是自然科学的著述，且绝大部分是西方传教士本人撰写的，少数是中国人的翻译之作。四库馆臣为之所写提要，可以表明清政府对"西学"的态度，大致说来，就是对自然科学基本肯定，对西方宗教全然否定。而今天讨论的问题是指近代洋务运动以后大量从西方或日本翻译过来的著作，这些出版物的数量远远超过《四库全书》中的种数及范围，对中国近代政治、军事、教育、文化、艺术产生至关重要的影响，所以我们认为以"新学"称之比较恰当。

这些新学之书因以线装书的装帧形式出现，以往的民国时期书目并不收录，多数图书馆将之归入古籍部收藏。为使传统的四部分类法保持持续性与完整性，又使新学之书处置妥帖，似以另附一个专门的类目表为宜。有些图书馆已经采取了这一办法，比如中国历史博物馆的普通古籍书目。

再说时间下限的问题，应该说，至辛亥革命（1911 年），古籍出版的高潮已经过去，现代内容和现代装帧的书籍大量出版，并且有了与之匹配的十进位的图书分类法。但是，传统内容以传统装帧形式印刷的图书仍在出版，这些书不便于遽拒于古籍的大门之外。而各馆也是将它们收入古籍部。无论如何，1949 年以后的出版物，不应该再算在古籍之列，即使有线装的形式。因为彼时的思想与中国古代的传统研究方法有了相当大的差距。现在出版的某些馆藏古籍目录甚至著录了 1977 年出版的线装书，这是馆藏和形式的著录，不是古籍的著录。

　　总之,在制作"四部分类法类目对照表"的过程中,在对部分类目演变的研究中,感到要以实事求是的科学的方法,既能涵盖中国古代文化的学术源流,又能体现当代具有的学养,妥善地解决《四库全书总目》存在的不尽科学的问题,解决因近代学术发展,《四库全书总目》的部居和类目已不能完全体现这种变化的矛盾,就需要对目录学史进行深入的研究,对古今部居、类目的演变进行源与流的考查,从对目录学史的考查出发,给今天的调整以坚实的理论依据。再者,以往对于目录学史的研究比较宏观,比较表面化,现在从比较微观的角度出发,为古籍联合编目进行有实践意义的研究,也是目录学史又一个研究领域。

　　国家图书馆为此成立了课题组,进行四部分类法的应用及其类表调整的研究,现在已经完成。另有课题报告及四部分类法类目表。

国内现存出土西夏文献简明目录*

　　西夏文文献对西夏学的产生和发展有决定性的意义。近百年来,西夏文献不断出土,其中以 1909 年俄国科兹洛夫在中国黑水城遗址(今属内蒙古自治区额济纳旗)所得为最富。其次是1917 年在宁夏灵武县所获两大箱西夏文献,后辗转传藏,现大部藏于中国国家图书馆,一部分藏于甘肃、宁夏,一部分流失于日本。英人斯坦因、法人伯希和、瑞典人斯文赫定都自中国黑水城一带掘获西夏文文献。新中国成立以后,甘肃的敦煌、武威,内蒙古的黑水城、绿城,宁夏的贺兰县又陆续发现西夏文献。这些文献中绝大部分是佛教文献,也有部分世俗文献。这些分藏国内外各地的西夏文文献,有很高的学术价值和文物价值,越来越引起专家们的关注。国外所藏西夏文文献以俄罗斯圣彼得堡东方学研究所占绝大多数,经俄罗斯的几代专家整理,始有戈尔芭切娃

＊本文原刊《国家图书馆学刊》2002 年增刊《西夏研究专号》,合作者史金波、全桂花、林世田。

和克恰诺夫整理出版的目录《西夏的手写本和木刻本》，后有孟列夫著录的黑水城出土的汉文文献目录和克恰诺夫著录的西夏佛经目录，可以说大体完备。至于国内所藏，过去一些专家为整理这些文献而编制了目录。20世纪30年代周叔迦先生和王静如先生先后整理过国家图书馆的西夏文佛经，编辑目录，载于1932年《国立北平图书馆馆刊》西夏文专号。然而该馆的西夏文藏品内容有了新的变化，特别是国内不断出土西夏文献，分别介绍于多种杂志，因而汇集一种综合的、简明的西夏文献目录，提供给学术界是很有必要的。

此次我们借《国家图书馆学刊》新的《西夏研究专号》出刊之机，将国内西夏文献汇集著录为一目录，以备参考。因篇幅所限，仅以地区和庋藏机构为别，不另外出索引。因见闻有限，难免挂一漏万，敬请专家指正。

一　中国国家图书馆藏品

中国国家图书馆藏西夏文文献，主要是1917年宁夏灵武所出，后馆藏有所变化，收入了俄藏二十一卷佛经。史金波于1973年、1982年又重新整理，在其《西夏佛教史略》（宁夏人民出版社1988年出版）附录中有目录。参见史金波、黄润华《北京图书馆藏西夏文佛经整理记》（载《文献》1985年4期）。2002年春夏，史金波、王菡、全桂花、林世田再次对国家图书馆藏西夏文文献进行整理，又有新的发现，此目录在原来的基础上又有新的补充。

1.慈悲道场忏罪法卷第一

刻本。忏文一百二十面。忏文一纸四面，面五行，行十五字，高32.8厘米，宽13厘米，上下双栏，栏高27.9厘米。栏线整齐，字体宽大。(有朱色改正字。)卷首《梁皇宝忏图》一幅四面,后四面中记佛名。后有序三面,题名译文为"天生全能禄蕃式法正国皇太后梁氏御泽,救德主世增福正民大明皇帝嵬名御译"。后有传七面。经背里有墨书西夏文一行,译文为"有此典者只移慧增"。佛图有"俞声刊"三字。忏文第四面有汉文"何森秀刊"。

2.慈悲道场忏罪法卷第三

刻本。忏文九十二页,中缺十三面。行款形制同上。前有佛名四面,佛画残,存一面。译者题款西夏皇太后、皇帝名号同前。版端有汉文记载卷数和纸数。

3.慈悲道场忏罪法卷第四

刻本。无图及佛名页,共九十六面,行款形制同上。译者题款同前。内有手写西夏文一纸条"忏罪法当起行"。版端处有汉文记载卷数和纸数。偶有朱笔改字。

4.慈悲道场忏罪法卷第五

刻本。忏文八十五面。形制同上。前有图四面,佛名四面。译者题款同前。封底、封面裱背有汉文诗歌。

5.慈悲道场忏罪法卷第六

刻本。忏文八十二面。行款形制同上。前有图四面,佛名四面。译者题款同前。封面裱纸内有八行中文汉字,第八行各字仅存一半。封底衬纸有溜补纸条二,各书西夏字二行、一行。

6.慈悲道场忏罪法卷第七

刻本。存四十八面。前有图四面,佛名四面。行款形制同上。佛名之后接第五纸最后一面。曾经修复。后残而接封底叶。中残,修复有接错纸处。经文前残。

7.慈悲道场忏罪法卷第八

刻本。忏文七十五面。行款形制同上。前有图四面,佛名四面。译者题款同前。封面裱纸有汉文残片。

8.慈悲道场忏罪法卷第九

刻本。忏文九十面。行款形制同上。前有图四面,佛名四面。译者题款同前。曾经修复,版端可见卷数。十一纸与十二纸的衔接处背面的溜口用纸,写有表示函号的西夏文千字文。封底的裱纸有汉文户籍。封面纸背有汉文"瑜珈……"。

9.慈悲道场忏罪法卷第十

刻本。忏文缺十一页,前残,行款形制同上。前有佛画,缺前一面,只有最后三面。无佛名。

10.地藏菩萨本愿经中卷

刻本。七十八面。行款形制同上。第六十六面有经名"地藏菩萨本愿经中卷竟",后为"地藏十轮经第一卷抽出"。版端有用西夏文书写刻工名,译成汉文为"李茂口"。

11.大方广佛华严经卷第七十一

活字本,为《现在贤劫千佛名经》衬纸,经题后有译、校者题款,译文为"唐于阗三藏实叉难陀译,奉天显道耀武宣文神谋睿智制义去邪惇睦懿恭皇帝　嵬名　御译"。仁宗皇帝的题款下部有朱色宝塔式梵文押捺印记。约二十四面,面六行,行十七字,高26.6厘米,上下单栏,框高22.8厘米。印制粗糙,是泥活字印本。

12.大方广佛华严经卷第十一

活字本。经文五十四面,面六行,行十七字。高32厘米,面宽12厘米,上下双栏。一纸五面。卷首经名、题款为雕版(以下同)。前无佛像、祝赞,经题后有译、校经题款,译文为"唐于阗三藏实叉难陀译,奉天显道耀武宣文神谋睿智制义去邪惇睦懿恭皇帝御校"。版端有西夏文经名。

13.大方广佛华严经卷第十二

活字本。经文共六十八页。行款形制同上。卷首有科文一面四行。译、校者题款同前。

14.大方广佛华严经卷第十四

活字本。仅存卷首二面经文。面形制同前。

15.大方广佛华严经卷第十五

活字本。经文三十六面,中缺三十九面。行款形制同前。译、校者题款同前。

16.大方广佛华严经卷第十六

活字本。经文九十六面,缺五面,后残。行款形制同前。译、校者题款同前。版端记有纸数、卷数及西夏文经名。

17.大方广佛华严经卷第二十

活字本。经文四十一页,后缺三十七面。行款形制同前。译、校者题款同前。版端记录同上。

18.大方广佛华严经卷第二十一

活字本。有祝赞图一幅,无文字,之后是经文三面,从一纸始连图共四面。行款形制同前。

19.大方广佛华严经卷第二十二

活字本。经文八十七面,行款同前。译、校者题款同前。卷首有科文一面,第一纸七面,第二纸三面,第三纸五面,第四纸五面,至第十八纸。

20.大方广佛华严经卷第二十三

活字本。经文八十四面。行款同前。每纸五面。译、校者题款同前。

21.大方广佛华严经卷第二十七

活字本。经文九十面。行款形制同前。译、校者题款同前。第一纸与封面粘接处有半个人像。

22.大方广佛华严经卷第二十八

活字本。经文一百零二面。行款形制同前。译、校者题款同前。

23.大方广佛华严经卷第二十九

活字本。仅存卷首封面及经文一面。行款形制同前。有卷二十六的题签。

24.大方广佛华严经卷第三十

活字本。经文六十六面。行款形制同前。译、校者题款同前。

25.大方广佛华严经卷第三十一

活字本。经文八十三面。行款形制同前。卷首有佛说法图五面,祝赞空白一面。译、校者题名同前。

26.大方广佛华严经卷第三十二

活字本。经文五十三面。行款形制同前。译、校者题名同前。有活字不够补捺印处,捺印处纸背色淡,捺印处笔画与上下字衔接。

27.大方广佛华严经卷第三十三

活字本。经文五十七面。行款形制同前。译、校者题名同前。

28.大方广佛华严经卷第三十三

活字本。经文五十七面。行款形制同前。与前一本同,但前本所修补之字此本则有的未补、未修。

29.大方广佛华严经卷第三十四

活字本。经文八十七面。行款形制同前。译、校者题名同前,为未修补本。第一页为科文。科文系汉文《大正藏》中所无,其他西夏《华严经》中亦无。科文之后纸质较差,有刻花两枚。

30.大方广佛华严经卷第三十五

活字本。经文六十六面。行款形制同前。译、校者题名同前,为未修补本。

31.大方广佛华严经卷第三十五

活字本。经文六十六面,残甚,每面只存一部分。行款同前。有封面,曾经修裱,并上下切边。纸色棕黑。

32.大方广佛华严经卷第三十七

活字本。经文七十六面。行款形制同前。译、校者题名同前。

33.大方广佛华严经卷第三十九

活字本。经文九十面。行款形制同前。译、校者题名同前。曾经修复,封底裱在十八纸第三面上。有两面残叶,未裱入全卷,是十八纸的最末两叶,上有颂偈六行及一行为结束语。

34.大方广佛华严经卷第四十

活字本。经文六十面。行款形制同前。译、校者题名同前。卷末西夏文题款二行,译文为"实勾管作选字出力者盛律美能慧共复愿一切随喜者共成佛道"。

35.大方广佛华严经卷第四十一

活字本。经文五十九面。行款形制同前。译、校者题名同前。各面中部皆残。近代修补过。

36.大方广佛华严经卷第四十二

活字本。经文七十一面。行款形制同前。译、校者题名同前。残。

37.大方广佛华严经卷第四十三

活字本。经文八十九面。行款形制同前。译、校者题名同前。

38.大方广佛华严经卷第四十四

活字本。经文九十七面。行款形制同前。译、校者题名同前。残,题签脱落,露出封面上贴签处两个西夏文字,系函号和卷数。

39.大方广佛华严经卷第四十五

活字本。经文六十七面。行款形制同前。译、校者题名同前。近代修裱过,故无法看到纸背状况。

40.大方广佛华严经卷第四十五

活字本。经文六十七面。行款形制同前。卷首有佛说法图一幅五面。译、校者题名同前。

41.大方广佛华严经卷第四十六

活字本。经文六十六面。行款形制同前。译、校者题名同前。

42.大方广佛华严经卷第四十八

活字本。经文九十四面。译、校者题名同前。

42.大方广佛华严经卷第五十一

活字本。经文七十七面,残二面。行款形制同前。译、校者题名同前。折缝处甚残。

44.大方广佛华严经卷第五十三

活字本。经文六十八面,残。行款形制同前。译、校者题名同前。封面与正文粘接顺序错,第一面为残片连缀而成,文字内容各不相关,与第二面亦不相连。卷末残约三面。

45.大方广佛华严经卷第五十四

活字本。经文七十四面。行款形制同前。译、校者题名同前。

46.大方广佛华严经卷第五十七

活字本。经文六十六面,后三面下部残。行款形制同前。译、校者题名同前。

47.大方广佛华严经卷第五十九

活字本。经文九十五面,缺末页。行款形制同前。译、校者题名同前。

48.大方广佛华严经卷第六十

活字本。经文九十一面,后缺十六面。行款形制同前。译、校者题名同前。

49.大方广佛华严经卷第六十一

活字本。经文七十六面。行款形制同前。译、校者题名同前。卷首经名残,近代装裱过。

50.大方广佛华严经卷第六十二

活字本。经文七十九面。行款形制同前。译、校者题名同前。封面题签为六十三,内文为六十二卷。曾经修补。皮纸。

51.大方广佛华严经卷第六十三

活字本。经文八十二面。行款形制同前。译、校者题名同前。封面无题签,但剥落处写一西夏文"三"。曾经修补。

52.大方广佛华严经卷第六十四

活字本。经文八十面。行款形制同前。译、校者题名同前。

53.大方广佛华严经卷第六十五

活字本。经文八十三面。行款形制同前。译、校者题名同前。卷末有刻花。

54.大方广佛华严经卷第六十五

活字本。经文八十三面。行款形制同前。译、校者题名同前。纸薄粗脆,稍修复。

55.大方广佛华严经卷第六十六

活字本。经文九十八面。行款形制同前。译、校者题名同前。

56.大方广佛华严经卷第六十六

活字本。经文九十八面,中部残。行款形制同前。译、校者题名同前。

57.大方广佛华严经卷第六十七

活字本。经文八十面,中部残。行款形制同前。译、校者题名同前。近代修复过。三十七面上有刻花。

58.大方广佛华严经卷六十七卷

活字本。形制同前。存卷末残片一面。

59.大方广佛华严经卷第六十八

活字本。经文一百零二面。残。行款形制同前。译、校者题名同前。纸较粗脆。曾稍修复。

60.大方广佛华严经卷第六十九

活字本。经八十一文面,残。行款形制同前。译、校者题名同前。

61.大方广佛华严经卷第六十九

活字本。经文八十一面。行款形制同前。译、校者题名同前。修复过。

62.大方广佛华严经卷第七十

活字本。经文八十二面。行款形制同前。译、校者题名同前。经文完整。

63.大方广佛华严经卷第七十

活字本。经文八十二面,残。行款形制同前。译、校者题名同前。封面有手写西夏文"第十",封底用残经纸装裱。

64.大方广佛华严经卷第七十一

活字本。经文一百零八面。行款形制同前。译、校者题名同前。版端处记千字文及版数。

65.大方广佛华严经卷第七十一

活字本。经文一百零八面,残。行款形制同前。卷首有佛说法图五面,祝赞空白一面。译、校者题名同前。中有印花。

66.大方广佛华严经卷第七十二

活字本。经文七十四面。行款形制同前。译、校者题名同前。

67.大方广佛华严经卷第七十三

活字本。经文七十九面。行款形制同前。译、校者题名同前。

68.大方广佛华严经卷第七十四

活字本。经文五十五面。行款形制同前。译、校者题名同前。

69.大方广佛华严经卷第七十五

活字本。经文一百零六面。行款形制同前。译、校者题名同前。题签剥离处的封面露出西夏文的“六”字,应为“五”。

70.大方广佛华严经卷第七十九

活字本。经文六十六面。行款形制同前。译、校者题名同前。

71.大方广佛华严经卷第八十

活字本。经文八十五面。行款形制同前。译、校者题名同前。

72.大方广佛华严经卷第八十

活字本。经文八十五面。行款形制同前。译、校者题名同前。末叶刻印西夏文 1 行,译文为“复愿法界有情闻见一切随喜者皆共成佛道”。

73.金光明最胜王经卷第一

刻本。经文七十三面。面六行,行十六字,面高 25.1 厘米,宽 10.2 厘米,上下单栏,框高 19.1 厘米。每纸五面,卷首佛画四面,忏悔灭罪记十八面,流传序十面,题款译文为“兰山石台岩云谷慈恩众宫一行沙门慧觉集”,经题后校经题款译文为“奉白高大夏国仁尊圣德珠城皇帝敕重校”。后为经文。

74.金光明最胜王经卷第一

刻本。经文七十面。行款形制同前。卷首残,卷末有手写西夏人姓,有剪纸。

75.金光明最胜王经卷第三

刻本。经文六十四面。行款形制同前。题款为"皇帝御校"。现无佛画。

76.金光明最胜王经卷四

刻本。经文六十五面。行款形制同前。卷首经图四面,科文一面,版端处有汉字"金光经卷四"及纸数。

77.金光明最胜王经卷第四

刻本。残存经文十五面。行款形制同前。为第六、七、八纸。

78.金光明最胜王经卷第五

刻本。经文六十面。行款形制同前。卷首佛像四面,像记二面,校经题款同卷三。封面题签为卷四,正文内容为卷五。中残。缺十一纸最后一面及十二、十三纸,从第十四纸最后一面到十七纸系完整。

79.金光明最胜王经卷第五

刻本。经文三十五面,残。行款形制基本同前,惟高24.5厘米。卷首佛像一面。第一纸到第七纸连贯,后残。

80.金光明最胜王经卷第五

刻本。残,共二十六面。行款同前。高25.3厘米,面宽10.2厘米,框高18.4厘米。版端处有汉文刻字。与前一卷五(79)版式接近而不同,纸质亦有别。

81.金光明最胜王经卷第五

刻本。经文六十九面。行款同前,高24.7厘米,面宽10.2厘米,框高19厘米。卷首有佛画三面,缺一面,经文从第十四纸最后一面及以后缺。

82.金光明最胜王经卷第六

刻本。经文七十八面。行款形制同卷一。前残。存像记二面,校经题款同卷三。封底内有说明文字。

83.金光明最胜王经卷第六

刻本。经文六十六面。后残。行款形制同卷第五(81)。前残,存科文一面。

84.金光明最胜王经卷第八

刻本。经文八十一面。行款形制同前。前残,存科文一面,校经题款同卷三。第一纸存一面,第二纸以后完整。

85.金光明最胜王经卷第九

刻本。经文八十五面。行款形制同前,惟框高20厘米。前残,科文三面。

86.金光明最胜王经卷第十

刻本。经文七十九面。后残。行款形制同前。卷首佛像四面,像记二面。

87.金光明最胜王经卷第十

刻本。经文七十三面。行款形制同前。前残,卷末有发愿文及人名四面,发愿文九行,西夏文发愿人名十七行,译文为:转身者:慈父陈慧宝师、陈昔黑护、兄陈慧护师、兄陈华严茂、弟陈慧觉、讹则慧刚、讹利慧德师、折木氏三姐、酩布氏成舅。现在发愿施主:慈母赵氏有缘女、兄陈三宝慧、陈白香等、陈慧吉、陈慧盛、陈三半、子陈慧智、陈行道犬、罗氏七宝照、陈吉祥护、……师、罗慧昔师、苏□忧师、没西慧会师、讹慧盛师、俄二氏福德子、多氏导导、移则布氏冬冬、契没朱迦炯。末行汉文人名一行:弟子陈保真、信女吴氏慧英、信士陈荣。

88.说一切有部阿毗达磨顺正理论卷第五

刻本。经文九十一面。面六行,行十七字。高33厘米,面宽12厘米。卷首有佛经图一幅三面,祝赞四面,韦陀像一面。祝赞中西夏文题款译文为"奉大元国天下一统世上独尊福智名德俱集当今皇帝圣寿万岁敕,印制一全大藏经流行,当今皇帝圣寿万岁,太后皇后与天寿等,奉敕大德十一年六月二十五日,皇太子使见千秋,印大藏经五十部流行"。经题后题款译文为"尊者普贤所作,汉本大唐三藏法师玄奘翻译,奉天显道耀武宣文神谋睿智制义去邪惇睦懿恭皇帝嵬名御译"。经末有墨书汉字人名题款六行:岳/陈雄、李仲名、王氏、尹氏、李氏/郭福、周志轮、徐?泡参?杨贵桢/杨保、肖氏、陈玘、刘氏、陈氏、张氏、丘氏/蒋汉、高谦、张氏、刘钦、过氏、段氏、芦氏/沙二姐。纸质较好。版端处有汉文经名"阿毗德意经"或经名省称"阿毗"及刻工人数。

89.悲华经卷第九

刻本。经文八十面。行款形制同前。卷首有说法图一幅三面,祝赞四面,韦陀像一面。祝赞中西夏文题款译文为"奉大元国天下一统世上独尊福智名德俱集当今皇帝圣寿万岁敕,印制一全大藏经流行,当今皇帝圣寿万岁,太后皇后与天寿等,奉敕大德十一年六月二十五日,皇太子使见千秋,印大藏经五十部流行"。经题后西夏文译、校经题款译文为"天生全能禄蕃佑圣式法皇太后梁氏御泽,救德主世增福正民大明皇帝嵬名御译,奉天显道耀武宣文神谋睿智制义去邪惇睦懿恭皇帝嵬名御校"。版端处刻汉文经名为《圣法显长本母经九卷》,并记刻工名。

90.经律异相卷第十五

刻本。经文九十八面。行款形制同前。卷首佛像一幅三面,中有西夏文题款,译文为"释迦如来说法处"。祝赞四面,韦陀像一面,集、译、校经题款译文为:"汉本沙门僧旻宝等集,胜智广禄治民集礼德圣皇太后梁氏御译,神功胜禄习德治庶仁净皇帝嵬名御译,奉天显道耀武宣文神谋睿智制义去邪惇睦懿恭皇帝嵬名御校。"版端处写有汉文"金戒各样十五已（卷）"，又记纸数、字数。封面题"大方广佛华严经"，正文实为"经律异相"。第十六纸处有一刻花。

91.添品妙法莲华经卷第二

刻本。经文共一百一十面。面六行，行十六字。高 33.1 厘米，宽 10.6 厘米，上下双栏，框高 18.6 厘米。卷首有佛像四面，后有祝赞三面一纸，其中题款西夏文译文为"当今皇帝御印，仪天兴圣仁慈昭懿寿元皇太后御印，正宫皇后御印"。经题后西夏文译、校者题款，译为"姚秦三藏法师鸠摩罗什汉译，奉当今皇帝敕重校正"。封面题签为卷三。一纸五面，佛像一纸四面。

92.不空羂索神变真言经第十八卷

刻本。经文八十一面。前残。面六行，行十七字。高 33 厘米，宽 12 厘米，上下单栏，高 24 厘米。末页记汉文墨书人名八行：海如于、信女王友……/裴氏、纪荣、周□……/刘聪、刘氏、周□……/焦氏、张氏、潘氏……/刘氏、于的、杨全、沈□……/梁氏、周荣、朱氏、周□……/周氏、李文学、徐海、王□……/蓝氏、王氏、王刚、刘□……版端处记经名杂用汉文、西夏文，并用汉文记纸数、字数、刻工。

93.大悲经（第二批珍贵古籍名录中改为"金刚萨埵说频那夜迦天成就仪轨经"）

刻本。存五十九面。面六行，行十七字。高 33 厘米，单栏高 23 厘米，宽 12.3 厘米。每纸五面。第一纸缺第一面，共十三纸，第十三纸仅一面，今不存。有散落的封底。第二纸始版端处刻有汉文佛经名"大悲经"，刻字数、刻工名。

94.大智度论卷四

刻本。残页。存七面。《现在贤劫千佛名经》上卷（95）裱经背纸。面六行,行十七字,高 32.3 厘米。栏高 27.7 厘米,宽 12 厘米。刻工"翁",版端处印有"大智度四已(卷)廿"。共二纸,十九纸三面,二十纸存四面。

95.现在贤劫千佛名经上卷

刻本。经文二十一面。面六行,行十七字。面高 32.3 厘米,宽 12.3 厘米,上下双栏,栏高 26.4 厘米。首有西夏译经图一幅两面,有僧俗人物二十五身,西夏文题款十三条,正中高僧为"都译勾管作者安全国师白智光",即译场主译人。旁列十六人为"助译者"。图下部人身较大者,左为"母梁氏皇太后",右为"子明盛皇帝",知为西夏惠宗秉常及其母梁氏皇太后。后有兰山一行沙门慧觉集《涤罪礼忏要门》四面,面五行,行十三字。经文首叶纸背写西夏文一行,译为"佛皆无暗,新集杂字",汉文四行:"发心表经释子李耳卜,上报四恩,下资三有,法界有情,同成正觉。师父李耳塞、母韦氏太平姐,舍纸王氏,亡过父李七什。"卷末有西夏文墨书题款四行,译文为"师耳塞李(李慧净),净信发愿者释子耳卜李(李慧胜),现在者韦氏,赐食者王氏,转身者李七什"。经文第一页在经名后题"奉天显道耀武宣文神谋睿智制义去邪惇睦懿恭皇帝御校"。

96.现在贤劫千佛名经

刻本。经文三十面。面五行,行十三字。上下双栏。残本。其中一面为墨书经文,三行,行十四字,手绘单栏。封面有一个蓝绿色题签,中间有一手绘僧人坐禅图。中有空白叶。高 31.5 厘米,宽 13 厘米,框高 26.5 厘米。每一佛名上有一佛像。卷末有西夏文墨书题款三行,译文为"净信发愿令契经全者耳卜李(李慧胜)、现在发愿者舍此纸师母赐食王氏,转身者父李七什"。经背裱糊《华严经》,背面墨书三行题款,内容大体同上。裱纸中有四面木刻说法图。

97.过去庄严劫千佛名经

刻本。经文一百零七面。高31.1厘米,宽12厘米。上下双栏,框高23厘米。面六行,行十七字。经名后题款译文为"天生全能禄番式法正国皇太后梁氏御译,功德主世增福正民大明皇帝嵬名译"。后有元皇庆元年(1312)西夏文发愿文二纸六面,共一千零六十八字,记西夏译经情况甚详。两版连接处有"佛名经一卷"("佛""经""卷"三字简体)及本版字数、刻工。

98.佛说佛母出生三法藏般若波罗密多经卷第十五

刻本。前残,存经文四十一面。面六行,行十八字。面高30.9厘米,宽12厘米,上下双栏,框高24.3厘米。

99.佛母大孔雀明王经下卷

刻本。经文存六十二面,后残。面六行,行十六字。面高28.9厘米,宽11.2厘米,栏高21.4厘米。经题译文为"种咒王暗大孔雀经下卷",校经题款译文为"奉天显道耀武宣文神谋睿智制义去邪惇睦懿恭皇帝御译"版端处有汉文记纸数。

100.大般若波罗密多经卷第十八

写本。经文六十二面,面七行。淡墨行格。高34.4厘米,宽14厘米。栏高29.5厘米。校经题款仅有"奉天显道"四字。卷首无封面,题签粘在卷首纸上,题签为绀纸金书,签长21.2厘米,宽2.5厘米。签旁有手写西夏文"第八"。卷末有西夏文"一遍校同"。有俄国藏书印。

101.大般若波罗密多经卷第二十一

写本。经文五十七面。面七行,行二十三字。高33.5厘米,宽15厘米。栏高30厘米。校经题款译文为"奉天显道(耀)武宣文神谋睿智(制义)去邪惇睦懿恭(皇)帝嵬名御校,中遗"耀"

"皇"二字。末有西夏文"一遍校同"。

102.大般若波罗密多经卷第二十二

写本。经文五十九面。形制同前款。

103.大般若波罗密多经卷第二十六

写本。经文六十一面。面七行,行十九字,高 32.5 厘米、宽 13.1 厘米。栏高 26.1 厘米。校经题款为"奉天显道"。

104.大般若波罗密多经卷第二十七

写本。经文六十五面。形制行款同前。校经题名译文为"奉天显道耀武宣文神谋睿智(制义)去邪惇睦懿恭皇帝嵬名御校",无"制义"二字。

105.大般若波罗密多经卷第三十四

写本。经文六十三面。面六行,行二十一字。无栏线。高 29 厘米,宽 13.2 厘米。卷首有木刻佛画二幅。校经题款译文为"奉天显道耀武宣文神谋睿智惇睦懿恭皇帝嵬名御校",无"制义去邪"四字。卷末记写经发愿者和书写者姓名及"一遍校同"。二幅画一为观音说般若,一为护法迦尼神。

106.大般若波罗密多经卷第七十一

写本。经文七十七面。单栏。面高 25 厘米,宽 11.3 厘米,栏高 32 厘米。六行,十八字。校者题名译文为"奉天显道耀武宣文神谋睿智制义去邪惇睦懿恭皇帝名御校"。

107.大般若波罗密多经卷第九十三

写本。经文七十一面。形制行款同前。校者题名同前。封面裱纸为西夏军抄文书。

108.大般若波罗密多经卷第九十四

写本。经文六十九面。面六行。高 34 厘米。宽 12 厘米,栏高 26.6 厘米。单栏,无行线。校者题名为"奉天显道"。

109.大般若波罗密多经卷第九十五

写本。经文六十九面。面六行。高 32 厘米,宽 12 厘米。栏高 32 厘米。单栏,有行线。校者题名译文为"奉天显道耀武宣文神谋睿智制义去邪惇睦懿恭皇帝嵬名御校"。

110.大般若波罗密多经卷第九十六

写本。经文七十面。面六行,行十八字。面高 31.4 厘米,栏高 26.2 厘米。单栏。手绘淡墨色单栏行格。校者题名译文为"奉天显道耀武宣文神谋睿智制义(去邪)惇睦懿恭皇帝嵬名御校"。无"去邪"二字。裱纸背是西夏文文书残叶。

111.大般若波罗密多经卷第九十七

写本。经文七十三面。形制行款同前。校者题名同卷七十一,与经文比较,墨色甚浅。

112.大般若波罗密多经卷第一百三

写本。经文五十六面。面七行,行二十字。面高 33.8 厘米,栏高 26.2 厘米。单栏,个别面有行线。校者题名同卷七十一。卷末叶背面西夏文手书千字文标号及"第三卷转"。

113.大般若波罗密多经卷第一百四

写本。经文六十面。面高 33.1 厘米,宽 13.4 厘米。单栏,栏高 25.5 厘米。七行十八字。校者题名为"奉天显道"。裱背面有户籍粮帐。

114.大般若波罗密多经卷第百十二

写本。经文四十九面。面七行。高 34 厘米,宽 14.6 厘米。单栏,栏高 25.5 厘米。校者题名译文为"奉天显道"。最后记"一遍校同"。

115.大般若波罗密多经卷第百十三

写本。经文七十五面。面六行,行十八字。高 34 厘米。无行线,栏高 27.2 厘米,面宽 12.2 厘米。卷首题名尊号同卷七十一,但最后二字为"御译"。后记有"一遍校"。封面裱纸有西夏文草书"十一月二十日"。

116.大般若波罗密多经卷第二百八十一

写本。经文六十四面。面七行,行十八字。高 32.9 厘米,宽 13.4 厘米,栏高 26.2 厘米。淡墨画单栏行格。校者题名为"奉天显道"。封底裱纸上有户籍文书。

117.大般若波罗密多经卷第二百八十三

写本。经文五十七面。上下单栏,有行线,面六行或七行,行二十二字。校者题名为"奉天显道"最末有西夏文"一遍校同"。

118.大般若波罗密多经卷第二百九十三

写本。经文五十八面。面七行,行十八字,中残缺。高 33.2 厘米,单栏高 25.5 厘米,宽 13.4 厘米。校者题名为"奉天显道"。

119.大般若波罗密多经卷第二百九十四

写本。经文九面。后皆残失。形制行款同前。卷首缺第一面。

120.大般若波罗密多经卷第三百五十五

写本。经文五十九面。形制行款同前。校者题为"奉天显道"。后记有题款一行,译文为"发愿者移讹成酉宝"。

121.菩萨持地经卷九

刻本。残卷。存七面。面六行,行十七字,上下双栏。为《现在贤劫千佛名经》上卷衬纸。经名后有译经题款:"天生全能禄蕃佑圣式法皇太后梁氏御译,救德主世增福正民大明皇帝嵬名御译"。

122.活字版佛经

活字版。一面。为《现在贤劫千佛名经》上卷衬纸,高 26.6 厘米,上下双栏,框高 22.8 厘米。经名待考。

123.军抄文书残页

写本。系《大般若波罗密多经》卷九十三裱褙残纸,为军抄人名及装备,人名有朱笔点画。

124.农户纳粮帐残页

写本。系《大般若波罗密多经》卷一百四裱褙二残纸,一纸长为 23 厘米、宽 8 厘米,一纸宽为 3 厘米、长 9.5 厘米。为农户纳税粮帐。

125.户籍残页

写本。系《大般若波罗密多经》卷二百八十一裱褙残纸。共三叶,残,粘连在一起。

126.汉文户籍

写本。《慈悲道场忏罪法》卷第九裱纸二片,一纸高 27 厘米、宽 5.2 厘米。一纸高 30.8 厘米、宽 2 厘米,为男子成丁和不成丁的簿籍记录残片。

127.汉文金刚般若波罗密多经

刻本。残片。

128.汉文妙法莲华经观世音菩萨普门品

刻本。残片。

129.汉文禅宗著作残页

刻本。残片三纸,左右双栏。

130.六祖大师法宝坛经

写本。残叶二纸。一纸高 23.5 厘米,宽 31.5 厘米。面十一行,行十二字;另一纸高 24.3 厘米,宽 28.5 厘米,面十行,行十字。

131.瓜州审案记录

写本。《六祖大师法宝坛经》背面,一纸有花押,两方朱文印,十行,行十一字左右;另一纸有三方朱文印,十行,行十一字左右。有年款,为"天赐礼盛国庆元年(1069)"。

二　中国历史博物馆藏品

中国历史博物馆藏西夏文物,除印、牌外,仅有一纸西夏文文书,两面各有文字。

1.六祖大师法宝坛经(背面为瓜州审案记录)

写本。残叶一纸。

2.瓜州审案记录

写本。残叶一纸。

三　北京大学图书馆藏品

北京大学图书馆藏西夏文献中有三纸的西夏文文书,两面各有文字。经背为西夏文《瓜州审案记录》,另有西夏文文书残页。

1.六祖大师法宝坛经(背面为瓜州审案记录)

草书写本。残叶三纸。

2.瓜州审案记录

写本。残叶三纸。

3.西夏文经咒

刻本。残叶,存十行,行十至十二字,后有译者题款:"领占答名讹六番译"。

四　故宫博物院藏品

故宫博物院藏一件西夏文佛经。参见史金波、白滨《明代西夏文经卷和石幢初探》,载《考古学报》1977 年 1 期。

高王观世音经

刻本。长卷式,高17厘米,长260厘米,上下双栏,框高12厘米,卷首有版画,是序文所叙故事分解图,后有序文二十九行,再后为经文,最后有施经发愿文三十四行,记刊印时间为"大明朝壬子""五年正月十五日",考证为明洪武五年(1372)。

五　西安市藏品

西安市所藏西夏文献、文物,主要是西安市文物局,陕西省图书馆也收藏一件有西夏文压捺题款的汉文佛经。参见西安市文管处、中国社会科学院民族研究所发表的《西安市文管处藏西夏文物》(史金波、白滨执笔),载《文物》1982年4期;史金波、白滨、吴峰云《西夏文物》,文物出版社,1988年。

1.金光明最胜王经

泥金字写本。残,存经文二十二面,面六行,行十七字,高30厘米,宽11.4厘米,上下双栏,框高21.6厘米,经末有发愿文二面,为西夏神宗遵顼光定四年(1214)作。

2.大般若波罗密多经卷三三八

写本。残,存经文七十二面。

3.大般若波罗密多经

写本。残,存经文三十一面。

4.大方广佛华严经卷九

刻本。汉文。残存末二面。后有木刻押捺印记,高22.2厘米,内有西夏文四行,译文为"番国贺兰山佛祖院摄禅圆和尚李慧月平尚重照禅师之弟子为报福恩印制十二部《大藏经》及五十四部《华严》,又抄写金银字中《华严》一部,《金觉》、《莲华》、《般若》、《菩萨戒》经契、《行信论》等"。经文面六行,行十七字。

5.佛说摩尼罗亶经

刻本。汉文。残,末叶有木刻押捺印记四行,同上。藏陕西省图书馆。

六　敦煌研究院藏品

敦煌研究院藏西夏文文献一部分是 1958 年在莫高窟附近一塔中出土,其中《观音经》由刘玉权教授为文考证,见刘玉权《本所藏图解本〈观音经〉版画初探》,载《敦煌研究》1985 年 3 期。《金刚经》由史金波根据该院提供的照片进行整理。另一部分是近年敦煌研究院对莫高窟北区进行系统考察时新发现的西夏文文献,由史金波整理、考释。参见史金波《敦煌莫高窟北区出土西夏文文献初探》,载《敦煌研究》2000 年 3 期。

(一)莫高窟附近佛塔出土

1.妙法莲华经观世音菩萨普门品

刻本。经文五十四面,面五行,行十字(少数为九字)。高 20.5 厘米、宽 9 厘米,上下双栏,框高 15.5 厘米。卷首水月观音图一幅二面,佛经上部约四厘米高绘与经文相应的图画,共五十三幅,下部为经文。卷末有发愿文二行。

2.妙法莲华经观世音菩萨普门品

刻本。存经文二十面。残,亦为出图本,但与前本有异。

3.金刚般若波罗密多经

刻本。经文一百零一面,面五行,行十二字。卷首佛说法图一幅二面,后有请金刚、菩萨文及发愿文五面,校经题款为"奉天显道耀武宣文神谋睿智制义去邪惇睦懿恭皇帝御校"。

（二）莫高窟北区出土

1.碎金（新集碎金置掌文）

写本。残片，三十一纸。编号 B14-1 至 31。

2.三才杂字

写本。残片，编号 B56:60，为序言，另有编号 B184:11，为正文。

3.三才杂字

刻本。残片，蝴蝶装。编号 B465:5。

4.番汉合时掌中珠

刻本。一面，为第 14 页二面，编号 B184:9。

5.文书残页

写本。残片，一种在《碎金》残片背面，约为记账簿。另一种为军用物品账目，编号 B184:12-1 至 12-4。此外还有其他文书残片。

6.金光明最胜王经卷第五

刻本。封面一纸。编号 B53:9-1。

7.大方广佛华严经卷第二

刻本。封面一纸。编号 B53:10。

8.佛母大孔雀明王经

刻本。残页一纸。编号 B54:13。

9.金刚般若波罗密多经

刻本。残片二纸。编号 B121:35、B121:36。

10.龙树菩萨为忏陀迦王说法要偈

刻本。残页一纸。编号 B159:26。有压捺题款，译文为"僧录广福大师管主八施大藏经于沙州文殊师利塔中永远流通供养"。

11.佛经残页

刻本。一纸。编号 B125:22。四周单栏,有佛名十一,后有施经题款二行。

12.地藏菩萨本愿经

活字本。经折装,九纸。编号 B59:62-1 至 5,B159:24、42、31,编号 B464 侧室:51。

13.诸密咒要论

活字本。经折装,十六纸。编号 B121:18-27、29、31、34、36。

14.其他活字版佛经

活字本。二纸,编号 B159:25、B464D 侧室:119。

15.高王观世音经

泥金写本。残页一纸。编号 B464A 侧室:50。

16.十相自在图

写本。一纸残页。编号 B464A 侧室:49。

17.僧人职事名单

写本。残页一纸,编号 B172(74):3-l。正面为回鹘文佛经,经折装,似为三面,背面墨书西夏文。

18.诗词残片

写本。残页一纸。编号 B121:28-2。

19.经咒

写本。泥质小塔婆(又称擦擦)内夹西夏文字条,二纸。编号 160:11-2、462:2I。

20.道教文献

写本。残页一纸。编号 B464A 侧室:52。

七　甘肃省博物馆藏品

　　甘肃省博物馆藏西夏文献主要是 1952 年在天梯山发现和 1972 年在武威张义下西沟岘发现。陈炳应教授对前者为文介绍考证,见《天梯山石窟西夏文佛经译释》,载《考古与文物》1983 年 3 期。甘肃省博物馆对后者进行介绍,见《甘肃武威发现一批西夏遗物》,载《考古》1974 年 3 期。

（一）天梯山石窟发现

1.妙法莲华经

　　写本。框高 12 厘米,宽 8 厘米。二面,面六行,行十三字。

2.佛母大孔雀明王经

　　刻本。框高 21.5 厘米,宽 12 厘米。十三面,面六行,行十六字。

3.圣胜慧到彼岸功德宝集偈下卷

　　刻本。残叶一纸。框高 14 厘米,宽 8 厘米,一、二行为经题,三行题款,译文"奉天显道耀武宣文睿智惇睦懿恭皇帝重谨……"。

4.般若经

　　刻本。框高 14 厘米,宽 8 厘米。五面,面六行,行十一字。

5.三圣之说缘

　　刻本。一纸,框高 17 厘米,宽 8 厘米。

（二）张义下西沟岘发现

1.杂字

　　刻本。框高 18.4 厘米,宽 13.5 厘米。一页两面,面八行,行十二字。

2.医方

写本。一纸,下残,上下有单栏,有文字八行,足行二十二字。

3.钱会凭据

写本。一纸,高 21.2 厘米,宽 13.5 厘米。八行,足行十四至十六字。纪年为天庆虎年(1194)。

4.占卜辞

写本。二纸。一纸四行,一纸五行。

5.观弥勒菩萨上生兜率天经

刻本。经折装,残,四十九面,面六行,行十三字。有题款,为西夏天盛年间刊行。

6.圣观自在菩萨说法和称颂圣观自在菩萨颂语

写本。残片一纸。

7.文殊师利行愿经

写本。残片一纸,有题款,施经纪年为"天盛乙巳元年"(1149)。

8.妙法莲华经

写本。蝴蝶装,三十二面,其中十面空白,面七行,行九字或十字。框高 9.5 厘米,宽 8.3 厘米。

9.圣观自在大悲心总持

刻本。残叶。

10.明咒王大暗密咒总持

刻本。残叶。

11.佛说圣星母陀罗尼

写本。残叶。

12.佛经发愿文

刻本。一面,存七行,行八字。题款为乾祐乙巳年(1185)。

13.汉文历书

写本。一纸残页,表格式。时间为人庆二年(1145)。

14.西路乐府公文

写本。一纸残页,存五行。题款为光定二年(1212)。

15.请假条

写本。一纸残片,存五行。

16.欠款单

写本。一纸残片,存二行。

附 大方广佛华严经

泥金写本。经折装,八页。甘肃省定西县文化馆藏,附此。参见陈炳应《金书西夏文〈大方广佛华严经〉》,《文物》1989 年 5 期。

八 甘肃省武威博物馆藏品

武威博物馆藏西夏文献主要是 1987 年在武威缠山乡亥母洞的发现。这些文书已经孙寿龄先生初步整理。史金波 1996 年到该馆考察西夏文献、文物,后重新整理了目录。

1.音同

刻本。蝴蝶装,半页一面,上下单栏,右双栏,面七行。系《音同》乙种本第 46 页右面。

2.乾定申年典糜契

写本。一纸,高 27.5 厘米,宽 18 厘米,十一行。

3.乾定西年卖牛契

写本。一纸,高 44 厘米,宽 30 厘米,九行。

4.乾定戊年文书

写本。一纸,高 56 厘米,宽 22 厘米,十二行。

5.维摩诘所说经下卷

活字本。经折装,五十四面,面七行,行十七字,有仁宗御校题款。

6.金刚般若波罗密多经

刻本。经折装,上下单栏,面六行,行十四字。

7.净国求生礼佛加赞颂

刻本。经折装,上下单栏,面六行,行十五字,前有发愿文。

8.佛说百寿解结怨陀罗尼经

刻本。经折装,上下双栏,二纸,六面,面五行,发愿文行十字,正文行九字。

9.业障清净总持和令恶趣净顺总持

刻本。经折装,三面,面五行,行八至九字。

10.佛说调伏三灾经

刻本。经折装,面六行,行十二字。

11.口业净真言

刻本。经折装。

12.支贡大师十二时歌注解

写本。经折装,高17厘米,宽9厘米,存十二面。

13.大千守护经中说五种守护吉祥颂

写本。缝缋装,高14厘米,宽12厘米,存十六面。

14.集颂

刻本。经折装,高18.6厘米,宽9.6厘米,上下双栏,面六行,行十二字。

九　张思温先生藏品

张思温先生藏西夏文佛经为 1917 年灵武所出。张先生著文介绍，见《活字版西夏文〈华严经〉卷十一——卷十五简介》，载《文物》1979 年 10 期。

1.大方广佛华严经卷第十一

活字本。经折装。

2.大方广佛华严经卷第十二

活字本。经折装。

3.大方广佛华严经卷第十三

活字本。经折装。

4.大方广佛华严经卷第十四

活字本。经折装。

5.大方广佛华严经卷第十五

活字本。经折装。

十　宁夏回族自治区博物馆藏品

宁夏回族自治区博物馆藏西夏文佛经系收集 1917 年灵武出土部分文献。

1.大方广佛华严经卷第二十六

活字本。经折装。

2.大方广佛华严经卷第五十七

活字本。经折装。

3.大方广佛华严经卷第七十六

活字本。经折装。

十一　宁夏回族自治区文物考古研究所藏品

宁夏回族自治区文物考古研究所藏西夏文献一部分是贺兰山方塔出土,另一部分是贺兰县宏佛塔出土。雷润泽、于存海、何继英编著的《西夏佛塔》(文物出版社,1995年出版)中有详细介绍。

(一)贺兰山方塔出土

1.吉祥皆至口合本续卷第三

活字本。蝴蝶装,页高30.5厘米,宽38.8厘米,四周双栏,三十四叶半,版心上半为书名简称,下为页码,面十行,行二十二字。有题款。

2.吉祥皆至口合本续卷第四

活字本。蝴蝶装,三十七叶,形制同前,有题款。

3.吉祥皆至口合本续卷第五

活字本。蝴蝶装,三十五叶,形制同前,有题款。

4.吉祥皆至口和本续之干文

活字本。蝴蝶装,十七叶,形制同前,有题款。

5.吉祥皆至口和本续之障疾文下半

活字本。蝴蝶装,二十六叶,形制同前,有题款。

6.吉祥皆至口和本续之解生喜解补第一

活字本。蝴蝶装,二十一叶,形制同前,有题款。

7.吉祥皆至口和本续之解生喜解补第二

活字本。蝴蝶装,二十叶,形制同前。

8.吉祥皆至口和本续之解生喜解补第三

活字本。蝴蝶装,十一叶,形制同前。

9.吉祥皆至口和本续之解生喜解补第五

活字本。蝴蝶装,二十四叶,形制同前,有题款。

10.佛经残卷

写本。长卷,草书,由六纸连接而成,首残,高 16 厘米,宽 574 厘米,共三百二十四行。

11.发愿人名单

写本。一纸,高 29.5 厘米,宽 56 厘米,十五行,行九至十五字。

12.文书残卷

写本。一纸,高 24.5 厘米,宽 59.5 厘米,二十行,行二十二至二十五字,卷末、卷背左上方有捺印朱色佛像一方。

13.略疏(简称)

刻本。汉文。蝴蝶装,残叶多纸,叶面足半者六纸,最大残叶高 27.5 厘米,宽 37 厘米,上下单栏,左右双栏,面七行,残行最多十八字。

14.初轮功德十二偈

刻本,汉文。经折装,残叶多纸,页面足三分之一者十六页,最大残叶高 19 厘米,宽 9 厘米,上下单栏,面六行,行十五字。

15.佛顶心陀罗尼经

刻本。汉文。经折装,残叶多纸,页面足三分之一者十面,最大残叶高 22 厘米,宽 9.5 厘米,上下单栏,面九行,残行最多十七字。

16.华严经第六十三

写本。汉文。蝴蝶装,残叶多纸,较完整者十个半叶,版框高 20.8 厘米,面宽 13.5 厘米,上下单栏,面八行,行十六字。

17.是竖橛咒、是钉橛咒、供养咒、出有坏母亲心咒、出有坏母亲咒

写本。汉文。蝴蝶装,残叶多纸,版框高 25.3 厘米,面宽 15厘米,四周单栏,半叶面八行,行十八至十九字。

18.吉祥上乐轮略文等虚空本续

写本。汉文。蝴蝶装,残叶十九纸,面高 17.8 厘米,面宽 15.8厘米,半叶十至十二行,行十二至二十四字。有题款。

19.发愿文

刻本。汉文。蝴蝶装,残叶三纸,一、二纸下部残,高 31.5 厘米,宽 56.5 厘米,上下单栏,半叶二十四行,行十三字。三纸上部残,有年款,为大夏乾祐十一年(1180)。

20.诗文集

写本。汉文。蝴蝶装,二十五叶,高 21.5 厘米,宽 12.3 厘米,大字者面九行,行十七至十八字,小字者面十行,行二十五字。

(二)宏佛塔出土

1.番汉合时掌中珠

刻本。蝴蝶装,一纸残片,为第四叶第六栏。

2.佛教忏文

写本。残纸一,高 18 厘米,宽 11 厘米,十行。

3.发愿幡带

墨写。汉文。长 225 厘米,宽 23.5 厘米。

十二　内蒙古自治区博物馆藏品

内蒙古自治区博物馆藏西夏文佛经系 1991 年中央电视台拍摄纪录片《望长城》时,在内蒙古自治区额济纳旗绿城发现。史金

波和翁善珍整理、译释后发表《额济纳旗绿城新见西夏文物考》,载《文物》1996 年 10 期。后编辑佛经目录。

1.金刚般若波罗密多经

刻本。蝴蝶装,四周单栏,十叶半,半叶七行,行十七字。刻本,经折装,上下单栏,三面,面七行,行十五字。又五面,面六行,行十四字。又二面,面六行,行十四字。写本,上下单栏,行间有细隔线,一面,面六行,行十五字。

2.圣观自在大悲心总持功德依经集

刻本。经折装,高 13.2 厘米,宽 7 厘米,上下单栏,十二面,面七行,行十三至十四字。有跋。

3.顶尊相胜总持功德依经录

刻本。经折装,高 13.2 厘米,宽 7 厘米,上下单栏,九面,一、二面为经图,三面以后面七行,行十三字,经末有发愿文。又刻本,经折装,上下双栏,五面,面六行,行十四字。经末为发愿文。

4.佛说消除一切疾病陀罗尼经

写本。经折装,高 12.8 厘米,宽 6.5 厘米,上下单栏,十四面,面四行,行九至十字。经末有发愿文。

5.慈悲道场忏罪法

刻本。封面两种,为卷第三和第十封面。

十三　内蒙古自治区文物考古研究所藏品

内蒙古文物考古研究所藏西夏文文献是 1983 年、1984 年该所对黑水城进行系统清理发掘时的收获,由史金波进行整理、译释,成果待发表。

1.音同

刻本。蝴蝶装,二十九纸残叶。

2.三才杂字

写本。残片二纸。

3.新集碎金置掌文(简称碎金)

刻本。残片一纸。写本,残片二纸。

4.乙亥年贷粮契

写本。草书,九行。

5.贷粮契

写本。草书,六行。

6.己卯年告状案

写本。草书,二残纸,大纸十行,前残。

7.民事文书

写本。草书,残片一纸,存四行,草书,记事始亥年八月一日。

8.户籍粮帐

写本。草书,残片一纸,存八行,草书,记为壬午年。

9.龙年文书

写本。草书,残片一纸,存八行,草书,下部和左部残损,六行,记为龙年。

10.星占文书

写本。行草,残片二纸,一纸四行,一纸十行。

11.占卜文书

写本。残片一纸,六行。

12.历书残片

写本。残片一纸,一行。

13.大悲总持

写本。经折装,一面,六行,行九字。

14.大般若波罗密多经

写本。残叶多纸。

15.金刚般若波罗密多经疏

写本。残叶一纸。

16.要语

写本。残叶三纸,二纸各九行,其中有《柔安顺要语》。

17.咒语

写本。共十二纸,皆为竖长条式,文字一至三行不等,多为草书,或有行草。

18.妙法莲花经观世音菩萨普门品

刻本。残叶一纸,封面。

19.佛说浊散节下经

刻本。残叶一纸,封面题签。

20.新刻慈悲道场忏罪法

刻本。残叶一纸,封面题签。

21.圣胜慧集颂经

刻本。二纸,封面题签。

22.调伏集义补第八

刻本。蝴蝶装,一面,八行。

23.因无为教品

刻本。经折装,残叶二纸,各六行。

24.大智度论

刻本。经折装,残叶一纸,六行。

25.金刚般若波罗密多经

刻本。经折装,二纸,一纸四行,一纸一行。

26.佛顶心陀罗尼经

刻本。经折装，一纸二面，面六行。

27.大方广佛华严经

刻本。经折装，二纸，一纸二面，面六行。一纸三面。

28.泥金写经

写本。绀纸金书，六行，行十六字。

29.僧人名单

写本。行草，五行。

30.佛经残叶

活字本。一百馀纸，皆残甚，系几种不同类型的活字本佛经。

十四　台湾藏品

台湾"中研院"史语所林英津教授的论文《史语所藏西夏文佛经残本初探》一文介绍，1930 年瑞典贝格曼（Bergman，F.）自黑水城附近掘得大批汉简，同时也发掘到西夏文物。这些文物从香港到了美国，1965 年到了台湾。林文介绍到其中两种西夏文佛经。

1.圣妙吉祥真实名经

刻本。编号 1-1~3,2-2~13,经折装，面六行，共 16 叶。

2.佛说佛母出生三法藏般若波罗密多经

刻本。编号 2-1,经折装，残叶。

此外，国内所藏西夏文资料还有碑文（如凉州感通塔碑铭、银川西夏陵园残碑、银川西夏陵园石幢、保定西夏文经幢）、洞窟题记（敦煌莫高窟、榆林窟题记）、雕版（如贺兰县宏佛塔出残雕版），以及印章、木楔、钱币等。

国 图 工 作

周恩来总理与北京图书馆[*]

在举国上下缅怀共和国总理周恩来诞辰百年之际,我们回顾往事,北京图书馆的发展历程缕缕不绝地与周恩来总理联系在一起。

一 涓涓细流汇成海

1939年,正是抗日战争严峻之际,当时的袁同礼馆长不但积极和美国联系,保存馆中的古籍善本,并向英美等国呼吁,征得图书数万册,支援后方的教育,开展战时服务,而且他还利用国共合作的政治局面,向国共双方征集抗日战争史料。袁同礼致信中国共产党代表机关国民革命军第十八集团军驻重庆办事处的领导周恩来同志,请求支援抗日战争史料的征集工作。这一请求得到周恩来同志和驻西安办事处的林伯渠同志的热情支持,周恩来同志派人拜谒袁同礼,不遇,于是又嘱致函,1939年3月16日周怡

* 本文原刊《北京图书馆馆刊》1998 年第 2 期。

同志的函曰："恩来同志因公赴前线，于月前即已离渝。接奉先生致恩来同志函后，当即趋贵寓拜谒。因先生教育会议忙碌，数次均无缘晤谈，现除将大函留交恩来同志外，已函延安方面，搜集有关抗战文献，直寄昆明。"同年7月17日重庆办事处致函袁同礼，曰："兹有周副部长交下书籍数十本，特函付（附）上并付（附）书单一纸，收到后希即赐覆。今后尚有书继续寄上。"4月10日，林伯渠同志托李乐知转交国立北平图书馆联共历史等书。1941年10月28日，延安新华书店函问"赠送贵处之书报是否能按期收到"。这些经过战火硝烟保存下来的文件，为我们挽留住了历史。

今天，北京图书馆的新善本珍藏中，凡钤有"抗战史料征集会"印章的革命文献，多是这一时期在周恩来同志的关怀下征集到的，包括：《抗日民族统一战线指南第四》《毛泽东救国言论选集》《论三个阶段》《坚持河北抗战与巩固团结》《新华日报抗战二周年特刊》等，还按期订购了延安出版的各种书刊，并收到重庆《新华日报》营业部在日寇轰炸重庆时报社被毁改版发行的通知和《新华日报》发行敌后版征订通知。1948年5月国立北平图书馆在北海静心斋展览抗日战争资料一万五千馀件，引起各界很大反响。这些文献保存至今，真乃吉光片羽。

中华人民共和国成立后，周恩来同志出任共和国总理，在处理国内外大事的百忙之中，仍然关心图书馆的藏书建设。1955年，当他听说一位居住香港的藏书家要出售一批宋元刻本的古籍书时，立即指示有关部门设法买下，使这些宝贵的文化遗产不致流失国外。1965年这位藏书家再次出售他的十分珍贵的善本书，消息传出后，引起国外很多人的瞩目。周总理闻讯后，一方面组织有关人士进行联络接触，一方面指示文化部专人前去接洽。经过多方面的努力，终于将这批书买了回来。周总理特意抽时间，在中南海紫光阁将之一一过目。不久这批书转给北京图书馆，并嘱妥善保存，供文史工作者研究之用。

这批珍贵的图籍可分善本图书和碑帖善拓两部分。其中善本书有宋刻本《荀子》《张承吉文集》，元刻本《梦溪笔谈》，明刻本《任松乡集》，元明间刻本《断肠诗词》，明翻元大德间平水曹氏进德斋刻本《尔雅》，清初毛氏汲古阁影宋抄本《鲍参军集》《汉书》，毛氏汲古阁抄本《小学五书》等，还有经清代著名校勘学家点校过的《水经注》。据考证，这部《荀子》行款字体颇类北宋国子监刻本，大约是南宋国子监翻刻的北宋国子监本。从书上的藏书印，可知它经历过数位藏书家的秘藏。以往研究《荀子》的人，因见不到此书而深为遗憾，自归北图收藏后，1975年文物出版社将之影印出版，更便读者使用。这套《梦溪笔谈》是该书目前存世最早的刻本，有沈括的自序。此书的用纸很有特点，在皮纸表面有一层石灰质，似能防潮防蠹。该书至今近七百年，犹如新印，为研究古代造纸技术和图书保护方法，提供了实物材料。明代曾为内阁秘藏。研究《梦溪笔谈》的学者以往知道有此版本，而无缘一见，自归北图收藏后，文物出版社亦将之影印出版。

碑帖善拓部分则有著名的"宋拓孤本"《神策军碑》，此碑全名为《皇帝巡幸左神策军纪圣德碑》，崔铉撰文，柳公权书。此碑原立于皇宫禁地，外人难以得见，这是柳公权晚年所书，比大家熟悉的《玄秘塔》，笔法更加精炼遒劲，实为现存柳书中最佳者。宋代赵明诚《金石录》曾经著录，南宋时为权相贾似道所藏，元明时为内府收藏，清代以后为藏书家所宝之。1974年文物出版社将之影印出版。这批善拓还有：明或清初拓的翻刻本东汉熹平元年的《东海庙碑》、宋拓（部分为元明拓）《大观帖》、宋元拓《蜀石经》等。

　　仅举以上数种文献,便可知这批图书多么珍贵重要。当读者研究利用这些文献的时候,可知道周总理对祖国文化的发扬光大寄予了多么深厚的希望。

　　在繁忙的外事活动中,周总理也常常牵挂着北京图书馆,外宾赠送的珍贵图书,周总理总是转交北图。例如,1954年周总理访问印度时,正值孟加拉文《泰戈尔全集》刚刚出版,尼赫鲁总理赠送给周总理一册《泰戈尔全集》第一卷,周总理转交给北图,成为北京图书馆第一册孟加拉文藏书。此后,《泰戈尔全集》陆续出版,印度方面逐年赠送周总理,周总理就由中国对外友好协会转交给北图,这样,北京图书馆拥有了一套最值得纪念的、完整的、孟加拉文《泰戈尔全集》。1954年8月周总理把德国的耶纳大学保存的1841年马克思的学位论文原稿的影印件,转交给北图,现作为新善本保存。1960年,日本西藏文大藏经研究会理事长松村渔三赠送周总理两部藏文《大藏经》(影印),周总理将其中一部(一百五十一册)委托国务院宗教事务管理局转赠北京图书馆,现收藏在少数民族语文组阅览室。

　　1957年,国务院原科学规划委员会制定了《全国图书协调方案》,1957年9月6日周总理主持会议讨论这一方案。会议通过了这个方案。方案指出:"目前首先要进行下列工作:1 建立中心图书馆,2 编制全国图书联合目录。"这一方案为调动各个系统图书馆的积极性,促进我国图书馆事业的发展起了很大作用。

　　1975年周总理身染重疴,仍然惦念着图书馆事业,住院期间托人叮嘱,"要尽快地把全国善本总目录编出来"。在周总理精神的感召之下,在改革开放的大好形势鼓舞下,及全体工作人员的努力下,全国善本总目现已完成,正在陆续出版之中,略可告慰周总理在天英灵。

二 新馆建设的决策人

北京图书始创于 1909 年，彼时尚无自己的馆舍，曾在城东和城南赁屋而居。1931 年在北海西侧明代玉熙宫、清代御马圈旧址，兴建了在当时规模恢宏的馆舍，其风格与附近的故宫、北海浑然一体，国人无不拍额相庆。几十年之后，尤其是新中国成立后，文化事业发展，对外交流增多，图书馆的馆藏迅速增加，平均每年增加五六十万册图书，馆舍日益拥挤，书刊资料分散在西四、柏林寺、北海、故宫等地。1972 年周总理得悉北京图书馆馆舍情况后，指示将毗邻北图西墙的国务院办公室的两座楼交拨北图使用，并就地扩建。直到 1987 年位于白石桥的新馆落成，北图才将这两座楼交还国务院。

1973 年北图递交报告，申请在文津街 7 号院内再建一座楼，以容纳日见丰富的馆藏。10 月周总理看了报告后指示道："只盖一栋房子不能一劳永逸，这个地方就不动了，保持原样，不如到城外另找地方盖，可以一劳永逸。"遵照周总理的指示，国家文物局和北京图书馆组织人员进行调查研究、选址并制定方案。1975 年国家基本建设委员会向国务院上报《关于北京图书馆扩建问题的意见》，提出三个方案：第一个方案总面积十八万平方米，第二个方案总面积十六万平方米，第三个方案为十五万平方米。3 月 1 日周总理批准了第二个方案，批语道："按第二个方案建筑，高度拟为十层（含地下一层），每层 5 米，是否地面上高 45 米或更高，妥否，请与万里同志一谈。"批语用红笔写在报告的空白处，这份珍贵的档案今存北京图书馆。1975 年 4 月 30 日，国家计委发出《关于批准北京图书馆进行扩建的通知》，通知指出：北京图书馆扩建，经中央和国务院领导同志批准按第二方案进行。建筑规模:藏书二千万册,设三千个阅览座位,建筑面积十六万平方米,投资七千八百万元。

1979年,建筑设计正式完成。谷牧同志批示:这是周总理在世时即已批准的工程,如无特殊困难,我同意明年上马。1983年9月新馆破土动工,党和国家领导人前来参加奠基仪式。万里同志和谷牧同志不遗馀力地支持新馆工程,万里同志曾经说过,这是中国最大的文化建设,是有文化的表现,它是周总理委托我办的,如果不完成说不过去,完成了我死而无怨。1987年新馆落成,无论馆舍面积、藏书数量和质量、自动化程度,都属世界一流、亚洲第一的。走进宽敞明亮的阅览室,尽情在书海中遨游;使用现代化的检索工具,掌握科研生产的最新资料。这一切一切,怎能不使人一次次地缅怀敬爱的周总理,他一直关心着北京图书馆,为新馆建设决策,新馆建成,他已离去,"化作春泥更护花"。

三　馆藏的周总理个人文献资料

早在20世纪之初,周总理尚在求学时期,就积极探索中国的前途和出路。"五四"运动期间,周恩来同志和一群追求革命理想的同学一起,创办了天津"五四"运动的领导核心——"觉悟社",编辑宣传民主政治思想的刊物《觉悟》,只出了一期就被反动政府勒令停止了。现在北京图书馆收藏有这一期《觉悟》。1920年1月29日,天津学生在觉悟社的领导下,举行了大规模的游行示威和请愿活动。作为请愿代表,周恩来和郭隆真等人被捕,遭到长达半年之久的监禁,亲身感受到了斗争的残酷。出狱后不久,周恩来同志将自己和同伴在狱中的实况,编辑成《警厅拘留记》,1920年12月天津新民意报社出版。卷首有周恩来同志的南开中学校友、天津新民意报社创办人之一马千里先生写的序。序言写道:"这本《警厅拘留记》,是天津学生联合会的代表周恩来君编的。……周君把各人所报告的实在情形,搜集起来,编辑成了这一本书。书里所记载的,全是当时的事实,各人所说的话,撮其大要,把要紧的全部写出来,无一句批评,也不加谩骂,真是写实最佳的著作。"这部《警厅拘留记》的最早的版本作为新善本,今存北京图书馆。

1922年6月旅欧中国少年共产党支部在巴黎成立,周恩来同志参与并领导了创建活动,8月出版了旨在宣传马克思主义、介绍共产国际活动的油印刊物《少年》。1924年《少年》改为《赤光》,今北京图书馆收藏有《少年》的原件,上面有署名"伍豪"的文章。还收藏有周总理个人学习过的《马克思恩格斯论中国》(有周总理的亲笔签名)。

北京图书馆收藏了一批周恩来同志有关中国革命斗争和抗日战争的重要论述的早期印本,现已稀见,例如:《我们对于保卫武汉与第三期抗战的意见》(《新华日报》1938年6月汉口)、《周恩来、邓颖超最近言论集》(离骚出版社1938年4月)、《国际形势与中国抗战》(《新华日报》1940年10月重庆)、《论苏德战争及其他》(青岛出版社1941年8月)、《关于宪政与团结问题——在延安各界纪念孙中山逝世十九周年大会演说词》(1944年3月12日)、《一九四四年国共谈判重要文献》《国共谈判经过教训及其他》(新华书店盐阜分店1946年1月)。

北京图书馆收藏的周恩来同志的照片中,有一张是在南开学校读书时,出演话剧《一元钱》中女主角的剧照,十分罕见。还有周总理出访亚非欧十几个国家的部分照片,这是被访国家作为礼物赠送周总理的,1983年由国务院转交北京图书馆。这些照片是外国记者拍摄的，有些镜头在国内尚未公开披露。

北京图书馆还珍藏有一部不同寻常的"二十四史"。1981年邓颖超同志将一部伴随周总理二十多年的线装"二十四史"捐赠北图。此书系周总理于1949年后购于中国书店，书上留有红铅笔划的圈点。这部"二十四史"为清同治八年（1869）岭南菔古堂刻本，全书七十二函，八百五十册。每函樟木夹板，每册前后用"万年红"纸做扉页，是典型的广东地区刻本。邓颖超同志托办公厅的同志转交此书时，特意嘱咐要提供给读者使用。

周总理的精魂长存于天地之间，他不会远去，不会离开他贡献了全部心血的故土和人民，"陟升皇之赫曦兮，忽临睨夫旧乡；仆夫悲余马怀兮，蜷局顾而不行"（屈原《离骚》）。周总理和我们在一起，和北京图书馆在一起，和我们事业的发展在一起。

中美图书馆交流与王重民遗札 *

现存于中国国家图书馆档案室的四五十通王重民先生遗札，俱是王先生往年在英、法、美诸国图书馆工作时，与馆长袁同礼之通信。这些通信，与彼时工作密切相关，与后来若干事件发展相对照，从中可以获知颇多细节，对我们今天开展工作，仍有裨益。以往未进行整理刊布，现仅拈出在美国国会图书馆时所书手札四通，并稍做阐述。

一　遗札四通

B10-11

守和吾师钧鉴：

奉二月二十二日手谕，并联大所询地质论文目录两纸，

---

* 本文原刊《图书为媒沟通中西：中美文化交流与图书馆发展国际学术研讨会暨钱存训图书馆开馆典礼会议论文集》，南京大学出版社，2010 年。

适云南书目①自然科学一章正校讫,即再校对,可补此目者约可三四篇,殊有帮助。所多盖在一印度杂志内,在欧洲时未见到,不日到 L. C.② 一查,再为补入,即可与刘女士③所作书评,一同寄昆明。

《永乐大典》④两册,今日已照讫,共用十三美金,明后日即可直寄北平。为傅孟真所选敦煌纬书片,今日已送照相部复制,俟照出后再详报告,并直寄昆明。

纽约美国地学会所藏 Mo-So 文,今年暑假如去纽约,当去一看,近日 Quentin Roosevelt(原注:年很幼,当是 Theodor 之孙⑤)从丽江来,新获 Mo-So 写本不少,上礼拜曾提一箱到 L. C. ,让大家看,颇为得意,其经过已在 Natural History⑥ 发表。询之 Hummel⑦,此项写本,盖欲售之 L. C. ,刻正在议价,想不久可成交。又 Rock⑧ 之五千册 Mo-So 文,久已售之 L. C. ,现存东方部,现 Rock 氏在 Leiden⑨ 即莱顿大学。付印之件,反为从 L. C. 所摄影矣。则全世界藏 Mo-So 文之富,刻

---

①此书系抗战期间国立北平图书馆与西南联合大学计划编纂之书,后来似未见成书。

②美国国会图书馆之缩略语。

③即王重民先生夫人刘修业女士。下同。

④书藏美国国会图书馆。

⑤昆廷·罗斯福(Quentin Roosevelt)是西奥多·罗斯福 Theodor Roosevelt 之子(下文提及时已有纠正),西奥多·罗斯福系当时美国总统。

⑥即《自然史》杂志。

⑦即恒慕义,时任美国国会图书馆亚洲部主任,著名汉学家。恒慕义事迹可以参阅李孝聪《美国国会图书馆藏中文古地图叙录》(文物出版社,2004 年)。

⑧即美国人约瑟夫·洛克,从 1921 年 2 月起,调查纳西文化、收集东巴经典,到 1949 年返回美国,成功地收集到了三万八千多册东巴经典。

⑨即莱顿大学。

当以 L. C. 为最矣①。

　　生曾向 Hummel 说,拟择要为北平图书馆摄影,观其意,似欲乘此机会,与我方交换。吾师可来信一商,趁生在此,赶快办理。依生所见,我方可作为交换品者,①我馆善本书或清代人手迹稿本之类,为其所愿要,但此类书刻在上海②,不知是否易制 photostat③? ②生从巴黎及 Manchester④ 所摄 Mo-So 相片⑤,另制复本。俾他方成一较完备之收藏。(Manchester 似共有百馀张,巴黎 B. N.⑥ 及 Bacot⑦ 所藏,共有三百馀张⑧,生处有 film⑨,在此即可加洗。图书馆有一黑人,近作副业洗相片,不至太贵。)③生离巴黎前,为清华加洗一千馀片敦煌写本;若不给清华⑩,作为交换品亦好。请吾师斟酌示覆!

　　Mo-So 文写本内,重本不少,若择其善,去其复,想五千册,实一千册足矣。每片可照 Mo-So 原书六叶至八叶,一千册至多不过三千片,一片一毛计,合数不过三百美金,请吾师依此数商议。

　　嘱刘女士作铜器书及论文目录,伊闻之非常快乐,已开

---

①即纳西文资料。美国国会图书馆藏纳西文资料近年已由云南社科院的专家进行
　整理。
②即国立北平图书馆南迁上海之善本书。
③照相复制。
④即英国曼彻斯特。
⑤这些照片现似存本馆,然不足三百之数。
⑥Billistheivet Nationale(即法国国家图书馆)之缩写。
⑦即法国汉学家杰克·巴高(Jacques Bacot),专注于藏学研究。曾向沙畹提供有关
　1548 年和 1561 年纳西战事的藏文碑版照片,沙畹据此得以研究。
⑧现在本馆库藏约百馀张。
⑨胶卷。
⑩清华大学此部分照片,似已无存。

始试作。L. C. 取书很快,较在欧洲时方便多多,所恨者,小孩尚未寄出,时间仍有所限制耳。

丽江所存 Mo-So 书似尚不少,生返国后,极欲有机会到丽江一行①,可能得一些原本,则更善矣!

馀再及,即请

道安。

受业重民敬上,四月八日。

B12-13

守和吾师道鉴②:

前日早晨上一秉,直寄昆明,下午又奉到二月二十七日手谕,知吾师将有香港之行,想已平安在港矣。仅将最近所欲言者,敬述如下:①上礼拜 Theodor 罗斯福之子,携一箱 Mo-So 文写本到 L. C.,盖最近从丽江得来者,拿给大家看,颇呈洋洋自得之色。生即向 Hummel 表示,L. C. 应各留一照片,冀北平图书馆亦能得一份也。嗣后又向他重提,始知 L. C. 拟全数收买,正在议价,不久可成交。又知 Rock 氏所得之五千册,久已售之 L. C. 矣,Rock 在 Leiden 影印之书,反从 L. C. 得去照片。生即表示愿为北平图书馆择要摄影,

①1940 年 7 月,国立北平图书馆派当时在云南省从事文献征集工作的万斯年先生,前往丽江地区调查并收集纳西文献。关于这次实地的文献搜集过程,万斯年先生有《迤西采访工作报告》,述之甚详。国立北平图书馆和西南联合大学 1943 年在云南采访到大批珍贵彝文资料,今存国家图书馆及清华大学图书馆。本馆杨怀珍、中央民族大学朱崇先和清华大学刘蔷曾分别撰文叙述两所图书馆关于这批彝文资料的整理情况。

②此信第 1 页右上角有手书"11, April, 1940"字样。

Hummel 表示可以，但愿交换，他意颇佳。生窥知他所欲要者与我们容易拿者，(a)善本书和清人手稿或稿本之类，此类书现在沪，不知易否制 photostat？(b)生在 Manchester 所得 Mo-So 相片百馀张，在 Paris 之 B. N. 与 Bacot 私人所藏又三百馀片，可送伊复制片，以增益其收藏。Manchester 所得，可在国内复制；巴黎所得，生处有 film，在此找黑人加洗，尚便宜。(c)敦煌相片，生曾为清华复制一千馀片，若不给清华，亦可用以交换。惟此五千馀本 Mo-So 书，择要去重，值得摄影者不过一千册，每片能照该书六叶至八叶，则一千册 Mo-So 文，有三千相片足办，则一共不用过三百美金(U. S. $300)，我们预备交换品，有三百美金即可。②今日计算生所编善本书，已有四百十馀篇提要，共书六千馀册，此成绩总算对得住他。将来付印，拟由 L. C. 与吾师，双方向罗氏基金会请求印费，作为吾馆出版物①之一，前已去信将此事经过秉明，想吾师离昆明前，或已收到该信。此间工作，只善本书，今年九月以前，一定不能完，由今日观之，至早须到今日(年)冬季。编完之后，尚须重新将提要稿复审一次，恐亦非二三月不为功。Hummel 个人方面，亦曾向生表示，罗氏基金会此项薪水，明年恐不易再行继续，伊期望明年六七月以前，应该作完。生自量脱稿之期，总比他所期望者较早一些。生再留此一年，

---

① 即王重民《中国善本书提要》一书(上海古籍出版社，1983 年)，以及《美国国会图书馆藏中国善本书目》。

固然不错,但看 Hummel 情形,因编清代传记①关系,早先每年许他请五六人,自去年罗氏基金便毅然不给他钱,生未来之先,他一再声明不给回国路费,生疑他欲用此款,移作聘人临时帮忙修正清代传记稿之用,故乘此声明再延长之际,一定要和他把归国路费说明,他若声明不给,无宁早和他决裂也。此间所编普通书目,汪长炳②编第一次,李芳馥③又全改了,再编第二次,吴光清④来,废旧重编,现为第三次矣,一书而编三次,故一个目录都无成功。照此下去,不再要十年,至少亦须五年。罗氏基金会有时来人查看情形,Hummel 则着急无钱,哈佛为敌,明年以后无着落,基金会又责其以往工作不佳。生来此后,置一切稿件而不顾,实实在在地为他作一点工作,而他于生之薪水和归国路费上,若再从中克扣,实为无眼,故乘此机会非和他说明不可。吾师有何方法,请便中

---

①恒慕义主编《清代名人传略》20 世纪 30 年代开始分二卷出版,五十位东西方学者参加工作。这部著作反映美国早期汉学特色,有八百个人物传记。为撰写这部著作,主编恒慕义及其工作人员曾查阅一千一百多卷正史和数百卷"笔记",行文也十分严谨。每位传主,都有姓名、字号、出生年月、籍贯、主要经历和事迹,篇末有注释。胡适为这本著作撰写序言。《图书季刊》新第三卷(1941 年)第一二期合刊中有刘修业介绍文章,可参见。
②汪长炳,1934 年获美国哥伦比亚大学图书馆学专业硕士学位,1936 年归国。1955 年至 1971 年任南京图书馆副馆长、馆长。
③李芳馥(1902—1997),字馨吾。湖北黄陂人。1927 年毕业于武昌义华大学图书科。同年进北平图书馆任秘书及文书组长、采访组长,后赴美国留学。1935 年获美国哥伦比亚大学图书馆学硕士学位,并在芝加哥大学图书馆学研究院进修博士课程。1941 年回国,任北平图书馆上海办事处主任。
④吴光清曾任国立北平图书馆中文编目组组长,后来到美国国会图书馆担任中文书编目事宜。

先向其示意。《季刊》①第四期已收到。王育伊②既走，以后关于西文书，刘女士可完全担任③。惟此间期刊极不易借，国内若由人担任英法出版之杂志，较佳。天主教史料，生尚拟将欧洲文字书参考一点，期望今秋能写定，再交商务④。接戴密微⑤信，他已与 Elisséeff⑥ 写信，即说须一千美元，如见允，即与吾师去信，此款由北平图书馆保存支配。舍弟事殊感激，家用一切，由生担任，不在钱多少，在找一地方，练习做事也。生初意给他十五元，吾师付二十元，已出望外矣。《大典》已照好，共用十三美金，即寄北平。为傅孟真选敦煌相片，正在复制，制好寄昆明。即请钧安。

受业重民敬上，四月十一日。

B14-15

守和吾师道鉴：

----

①似指《图书季刊》。自 1939 年在昆明出版新版，以与抗日战争前所出版者区别。

②王育伊，此时期正担任国立北平图书馆《图书季刊》编委。后在上海图书馆工作。

③《图书季刊》中有国外汉学研究介绍之栏目，自新版第二卷（1940 年）该栏目中有署名"修"或"修业"之介绍文字，或为刘修业所撰。

④《冷庐文薮》中刘修业《王重民教授生平及学术活动编年》特别追忆此批天主教资料遗失过程。至今，王重民先生有关天主教研究比较集中于《徐光启集》的编辑及其序言、《海外希见录》《罗马访书记》诸篇，部分书目刊于《图书季刊》。但始终没能出版王先生理想之《欧洲所藏明清天主教士译著联合目录》。

⑤戴密微（Paul Demiéville，1894—1979），法国汉学家，敦煌学重要学者，法兰西学院院士。戴密微一生所获荣誉极多。他学识渊博，治学严谨，兴趣广泛，在中国哲学，尤其是佛教、道教、敦煌学、语言学、中国古典文学等方面都有杰出成就，并因此在汉学界享有盛誉。他从研究敦煌经卷始，继之及于禅宗、禅意诗、文人诗。尤其是评介中国古典诗歌深入细致，推动了法国中国文学研究的发展。著述极为丰富，专著、论文及书评约三百馀种。参见本书第 564 页注。

⑥叶理绥（Serge Elisséeff，1889—1975），法籍俄国人，汉学家。参见本书第 564 页注。

　　久未奉手谕，预计吾师在港已公毕①，刻或已返昆明矣。阅报知日寇前日又炸昆明，幸损伤不重。深望吾师在昆明或在旅途，诸多保重为祷。此次基金会开会结果，于吾馆经费能增加一点否？生等在此均好，暑假期内，或将赴波士顿小住，为看彼处藏书及博物馆书画。王韬手稿，闻纽约市立图书馆有人赠藏一些，过录或择其要者摄影。Hummel 将于六月初离华盛顿，任暑期讲演，大约八月中旬方能回来。生之归国旅费一节，不知将来应如何向伊表示？想吾师于六月以前，必有信致伊，并指示生为何办法也。国会图书馆经费今年拟增加，Hummel 为东方部所提很多，其在计划中之买善本书、照敦煌相片以及与吾馆交换 Mo-So 文等用费，均在此新加经费中，如不能通过或不能全数通过，则 Hummel 不能一一如愿以偿。其 Mo-So 文写本，生已调查清楚。经 Hummel 手所买 Rock 的共五百本，采访部买多少，伊不知，尚有一箱未买定。小罗斯福送来者，约千馀册，拟每册出价一元半至两元，尚未十分说定。又有影片约近千册，不知从何处照来。上回所谓五千本者，是讹传，实则不足彼数。为傅孟真所照相片，已制讫，即别件挂号寄吾师，再转傅先生。照费四元三角，连寄费不过五元，此款请吾师向傅先生索。上礼拜又到胡适之②先生家吃饭，他很健康，惟那天偶牙痛。周鲠生③仍寓他家，未回国。伊称近接教育部信，称已饬令各大学校将出版物呈赠国会图书馆与其他各著名大学

①似与前信提及袁同礼馆长赴香港公干为一事，故为同一年之信。
②胡适，字适之，著名学者，思想家，曾任北京大学校长。此时正担任中国驻美大使。
③周鲠生，当代国际法学家。胡适之朋友。曾任武汉大学校长。

一份,冀和他们交换。盖此仍是钱端升①和周氏所主张;钱为联大,周为武汉大学也。但直至今日,在此尚无结果。其原因即由找新馆长交涉,伊个人虽表示赞同,而未与各主任接洽,故不能实现也。去年所说之 Pirkis 女士,不知今年能否有机会,为她找一位置,她教书做其他事都可,钱多少与名义如何,不计也。她刻仍在伦敦我大使馆当书记。此间陈参事闻有小误,胡先生已调他去做领事,新调来驻英使馆一等秘书刘凯作参事。生对于敦煌之整理,日来无进展,仅将题跋写定为第二辑,已寄北平付印。此辑即遵吾师意,用吾馆名义出版,费用由生自付。对于天主教史料,到有一点小成绩。缘生所注意者,为明末清初,而在馆所编书籍,十之九为明末刊本,乘编目机会,辑出材料不少,多可与欧洲所得材料相印证。(此步工作,陈援庵先生已作一点。)此全部工作,将来可成①欧洲所藏联合书目。②明末奉教九华人集。③明清之间天主教史料。(上谕奏疏及其他史料等。)④即在欧洲所复抄,及在此从各明清人记载中所得者,编为笔记体,冀巨细并收,以与前三编相印证。兹不管将来能否印刷? 此四书能辑成,总约略可为三四百年来此公案作一统账。联合目写定者已有四分之三,若能在暑假期内写成所馀四分之一,则今年年底,或可寄呈吾师矣。

专此。即请

钧安。

受业重民敬上,五月十四日。

刘女士不久寄上之介绍稿,计有:

---

①钱端升,当代著名政治学家。曾在多所大学任教,有《比较宪法》传世。

Harvard Jl. of Asiatic Studuis, Vol.5, No.1, 1940. [1]

Jl. of the American Oriental Society, Vol. 60, No. 1, 1940.

Chinese Bronzes of the Shang through the Tang Dynasty, N. Y. 1938.

B19-20

守和师鉴：

　　奉四月二十七日在海防所发手谕，所指示种切，生将次第遵办，仅将已办讫者，一一奉闻。与 L. C. 交换相片事，已又向 Hummel 谈过，Robertson：Phillippine Islands 欲照 Micro-film[2] 亦已说明。伊称 Robertson 亦曾在 L. C. 服过务。又说明我方所要，偏重 Mo-So 文相片。惜 L. C. 此笔款，至今日还未通过，恐七月以前不能通过了，则最近伊亦无款为我方照相片。方国瑜[3]代买 Mo-So 写本，甚好。方君为生在师大同学，研究小学声韵，颇有成绩。毕业后因在北平不能作事，致不得在学术上多发展，此人诚实坚苦，有机会可重用。云南书目第二章早已寄上，想吾师返抵昆明后，即可见到。英文本季刊第一期已奉到，刘女士见之，又感激，又快乐。所作绍介，又重了不少，兹将未重者寄上。好在此种工作，俾伊多读，重了不用，亦无多大关系。新出斯文赫定所著书，正在作介绍。此后划分疆域，只作美国所出新书及杂志，想不至再重了。现因有小孩不便，暑假拟不他去，且可省一些路费。假期中，生可隔日

---

①此篇刊诸《图书季刊》新第三卷第一二期合刊中。
②即缩微胶卷。
③方国瑜，著名民族学专家，今存其云南民族研究专著多部。

看一次小孩,则刘女士可有多时间去搜罗美术书目,其"吉金"一类,拟八九月间,将目录编成。章实斋《史籍考》稿,L. C. 没有,系讹传,生前寄上一短文,批评姚名达《目录学史》,曾言及章稿由毕沅归谢启昆,由谢归潘世恩,潘聘许瀚、刘毓崧等重修,未刻而毁于火,想已不在人间矣。L. C. 藏明本方志,容编讫再寄呈。捐款购法律书之人,即在本馆,为:Mr. John Vance,Law Librarian,L. C,tor,D. C.。英文季刊已请 Hummel 看,可赠之人,伊开一单,谨另录一份,转上。Hummel 已去 Colorado 担任暑期讲演,今年八月中旬方能返华盛顿。尤桐字琴庵,河北完县人。近接来信,拟于今年回国,现地中海不通,不知能否回去。李云亭有意要他仍回师大,他不愿教英文,愿做点较深的研究,或教一些有趣味的古英文,或比较语言学,因此科目,非师大所有也。伊曾来信,嘱生致信吾师,为伊在联大或中央研究院看看有无机会。生上礼拜为此事,曾给胡适之先生一信。生近接家信,知家乡麦秋颇有丰收希望,家父拟于麦秋后,全家移平居住。乡间实可苟安,或较在北平少麻烦,但有时打游击,不幸遇到,实时丧命,一二年来,只高阳一带,已大小打过四五次,死于非命者,已二千馀人矣。生所以催促赴平居住者以此。老人家总是贪田园之利,因请吾师为新民位置一事,以转移其心,故只要有事可学习,不在得钱多少也。到平后用费,生在此稍节一点,即够全家之用也。命生返国后在上海做事,闻之极为快乐,感荷。所嘱采访编辑等事,均生所乐为,至于吾馆书目,生亦殊有总编之志,上海如有书架,可将书箱打开,暇中便可先从善本做起也。至于归国路费,即遵嘱待机会,同时努力做成绩,待今年之终或明春,即可开始交涉也。(近欧美拟联合将古本书制 Micro-film,Hummel

想从中取利,拿此中款来洗敦煌相片,吾人在巴黎照时,每片拿 60 生丁税,此亦借口要路费一机会。)前寄上一王韬手写《苗民图说》说明,善本丛书第二集①中,未审曾决定收入该书否？该书一因在国外,一因讲苗民,一因王韬手写,正好乘机印入也。(全书只二十馀页。)嘱生做馆刊特约编辑,非常感谢。馀再及。即请

道安。

生重民上,六月十二日。

二 与中美图书馆交往有关之若干问题

(一)关于纳西文资料

纳西文资料以之为正在使用之象形文字,被认为是活化石。由于现代社会的迅速发展,民族独特性越来越不易保持。丽江地区的民族文字资料,因此引起世界众多民族学研究者的高度关注。

英法两国所存纳西文资料。这批资料是如何到达英国汉学家手中,王重民先生如何得知,现尚未查清。但是,据遗札,"Manchester 似共有百馀张,巴黎 B. N. 及 Bacot 所藏,共有三百馀张",说明王先生当年在欧洲大陆访书工作时,亦曾经留意纳西文资料,将之拍摄带回国内。此事在数通信札中反复提及,系准备将美国所存纳西文字资料亦拍摄带回国内,使本馆兼备英法美诸国所存之纳西文字资料。根据王先生手札,我们判断现存本馆善本库中的旧照片资料,就是从英拍摄带回的纳西族文字资料,因其照片纸质,与王重民在英国所拍敦煌遗书照片纸质相同,然仅百

---

①1937 年上海商务印书馆出版《国立北平图书馆善本丛书》第一集,第二集似未出版。

馀帧。

　　美国所藏纳西族资料。依王重民遗札记载,以纽约美国地学会和国会图书馆藏两部分为主。美国国会图书馆先后两批入藏纳西族资料,一批是由美国人约瑟夫·洛克,从1921年2月起,调查纳西文化,收集东巴经典,王重民先生在美国时,洛克已将收购到的五千册归于国会图书馆东方部;1940年昆廷·罗斯福也在丽江地区大有收获,携一箱资料回到美国。约瑟夫·洛克直到1949年才返回美国,似乎又收集甚多东巴经典。这部分已经与王重民先生无多大关系。

　　国立北平图书馆彼时对西南地方文献的重视。1938年尽管抗日战争烽烟四起,袁同礼馆长在西迁的繁杂事务中仍主持召开会议,会议确定大力采访西南地方文献工作方针。从此,馆方1940年7月采购三千馀册纳西族资料,1943年又千方百计购得珍贵彝族资料。此期间,西南石刻资料、地方志均在大力采购之列,据统计,仅1938—1939年一年之间四川、广西、云南、贵州四省的方志就达一百七十七种、一千五百八十五册①。当时英法美日诸国对西南地区资料觊觎已久,掠购甚多,北平图书馆此时凭借西迁之地利人和,大举采访行动,应该与这一大背景不无关系。这些西南地方资料,现在都成为本馆珍贵馆藏。

　　(二)关于来华传教士研究

　　来华传教士研究是西学东渐的重要组成部分。王重民先生早在法国时,已经注意到海外所存传教士译著,他曾立志将之整理,也积累了很多资料,然而由于种种原因,至今这一项目并没有

───────────

①张廷银,《收集地方文献须责任与识见并驾而行——抗战时期北平图书馆收集西南文献述论》,《国家图书馆学刊》2005年第1期。

完成,连稿件亦不知是否尚在人间。

据《冷庐文薮》中《海外希见录》《罗马访书记》,知王重民先生在欧洲时已经多方积累资料,到美国后又有颇多收获,他在一封信中写道:"对于天主教史料,到有一点小成绩。缘生所注意者,为明末清初,而在馆所编书籍,十之九为明末刊本,乘编目机会,辑出材料不少,多可与欧洲所得材料相印证。(此步工作,陈援庵先生已作一点。)此全部工作,将来可成①欧洲所藏联合书目。②明末奉教九华人集。③明清之间天主教史料。(上谕奏疏及其他史料等。)④即在欧洲所复抄,及在此从各明清人记载中所得者,编为笔记体,冀巨细并收,以与前三编相印证。兹不管将来能否印刷?此四书能辑成,总约是可为三四百年来此公案作一统账。"说明已经有完备计划。但是目前所知王重民先生关于此项研究的成果,主要体现在编辑整理《徐光启集》(上海人民出版社,1982年),另有就《关于徐氏庖言》与陈垣先生商榷(发表在《光明日报》1962年8月25日),利用了欧洲所藏资料。关于徐光启,王重民尚有多篇论述,但显然与其本来计划相差甚远。

在另一封信中,王重民先生又提到一个计划:"缘二三年前,生以曾来吾国之各国使节、教士、商人以及游历考察等人,往往自起一中国名并字号,为使含有华文意义之故,往往与译音不合;近来编译诸书,多不能还其本来名字,甚有一书或一章之内,或遵用其华名,或另为译音,殊为参差,使读者不易捉摸为一人或二人,故有编一此类小辞典之意。将其原名华名并字,以及生卒履历国别著述等,略作记述,而举其传记于后作参考。(传记有单本者举单本,无单本者举杂志,又如通报卷末往往于一有学问人死后,略志哀悼,并述其履历,则记明在何年何页。)斯事虽体大,然能因前人已成之业,则初步工作,亦可能作到相当好处。如天主教耶稣教各教士,各有专书,已稍可不大费力。生所作天主教目录,拟于各教士之下,虽不详举其事迹,欲将 Pfistn,Cordien 诸家所作,记明卷数页数,俾便参考,盖亦含索引之意在内也。年来只管搜罗鸦片战争以后之使节商人等,今正好赶作此一部分,则并可乘机一译校天主教目录,此步工作校完后,此目录即可寄沪付印矣。生编此小辞典一节,尚未禀明吾师,请赐教正;想吾师于最近三二十年中外人,知之最悉,所曾来往之人,随手记出,便可于生帮助不少也。依生经验,公使领事之类,在民国以前,与中政府来往文件,多用华文,故亦署华名,然无专书记其事,故较难。(公使因《清史稿》有《邦交志》,Coulivy 书内有原名表,尚不难对出。)至于海关邮政人员,想有专书,惜生尚不知耳。能期之数年,此书可成为一有用之书也。"王先生这一设想,应该是国际汉学研究经典之作,似不见付诸实施,今刊布其设想于此,或有愿致力者,可以传薪①。

1961 年王重民先生拟与张静庐先生合编《近代东西学译著书目综录》,其中应该包括来华传教士资料,然而合作未果,稿件亦不知去向。近年来,大陆对西学东渐研究日盛,成果甚丰,如能加强合作,实现王先生当年设想,未始不是一件美事。

(三)善本书交换问题

从此次认真释读可知,善本书缩微胶卷拍摄交换资料之动议,其实始于 1940 年,王重民先生和恒慕义先生为了增加各自馆藏而产生的共识,1940 年 4 月 8 日之信札中,王重民先生写道:"生曾向 Hummel 说,拟择要为北平图书馆摄影,观其意,似欲乘此机会,与我方交换。吾师可来信一商,趁生在此,赶快办理。依

①现有安平秋、安乐哲《北美汉学家辞典》,人民文学出版社,2001 年。

生所见,我方可作为交换品者,①我馆善本书或清代人手迹稿本之类,为其所愿要,但此类书刻在上海,不知是否易制 photostat?"在其他信札中仍然多次提到这一建议。这一建议之实施,即 1941年经钱存训先生克服种种艰险困难,将南迁上海部分善本海运到美国,拍摄胶卷,不仅达到与美国文化交流的目的,也避免了被日寇掠夺的危险。关于这批书运往美国之前后经历,钱存训先生有《中美书缘》一书①,叙之甚详,请参见。

令人遗憾的是,限于当时条件,纳西族资料并没有如原来计划拍摄照片运回国内,使国内民族学研究者长期难以了解美国所藏部分的真面目。不过,近年来美国国会图书馆藏纳西族资料已经整理,网络的出现,使这批资料研究成果共享不再困难②。

(四)国会图书馆善本书提要

王重民先生在美国期间,所做令学界获益至今之事,即撰写国会图书馆所藏善本书提要。至 1940 年 4 月,王先生已经撰写四百馀篇,他给袁同礼馆长信中说:"今日计算生所编善本书,已有四百十馀篇提要,共书六千馀册,此成绩总算对得住他。将来付印,拟由 L. C. 与吾师,双方向罗氏基金会请求印费,作为吾馆出版物之一,前已去信将此事经过秉明,想吾师离昆明前,或已收到该信。"

据《冷庐文薮》③刘修业先生所撰《王重民教授生平及学术活动编年》,王先生在美国国会图书馆期间,共撰写提要一千六百馀篇,当时由于美国不能排印中文书,未得出版。1947 年稿件携回

---

①台湾文华图书馆管理资讯有限公司,1998 年。

②居蜜、陈家仁《美国国会图书馆亚洲部中文组的改弦更张》,http://bbs.bokee.com/ Thread. 1. 361831. 181. 13. 1. html/2007-09-10.

③上海古籍出版社,1992 年。

中国,该稿件之缩微胶卷留在美国。美国国会图书馆后来请袁同礼先生整理这批提要,袁先生将版框尺寸及前人题记删去,重新誊清,于1972年影印出版。书前有时任国会图书馆中文部负责人 Edwin G. Beal 所写序言,称该提要包括一千七百馀部书,一千五百部为明刊本,二十馀部宋金元著作,七十种清代著作,以及在中国印刷的高丽人和日本人的著作,还有少量敦煌写经①。王重民先生携回国之原稿,也迟迟未获出版。直到1983年,王先生身后,才由上海古籍出版社排印出版,加之曾经写就北京图书馆和北京大学图书馆藏善本提要二千七百条,共有四千四百条,成《中国善本书提要》。其学术价值已有定论,故不赘述。

本馆所存王先生其他信件内容或有不同,但其中精神一贯,即爱护中国文化。从这批信札中,无论是美国恒慕义、中国袁同礼、王重民,他们对中华文化典籍关心、热爱,一贯不变,即使抗日战争危难艰险之中,反倒更加激励他们保护珍贵典籍之热忱。他们学术视野广阔,在世界范围内关注中国文化与世界的交往,关注散见于世界各地的中国典籍,并设法将之复制带回国内,同时也愿意将中国文化介绍到全世界,希望中西方相互了解交流。这种博大胸怀,脚踏实地的工作热忱,至今仍然需要继续发扬。他们所开创的中外文化交流各种项目、课题至今仍有意义,值得后学继续努力,做得更好。

---

①王重民辑录,袁同礼重校《美国国会图书馆藏中国善本书目》之英文序言。

王重民致胡适、袁同礼的一封信[*]

　　学术界目前逐渐重视学术史的研究,比如敦煌学史、宗教学史、考古学史、民族学史等等。国家图书馆曾经有一批学者在多个领域做出过重要贡献,比如陈垣、王重民、于道泉、赵万里诸位学者,他们在日常工作中留下的档案纪录,现在都成为学术史研究的重要资料。

　　最近我们在国家图书馆的档案室发现了一批王重民写给馆领导的信札,内容有关于英法所藏敦煌卷子、善本书运往美国、抗战结束后本馆工作的开展等等,其中有一信比较特殊,其内容关乎北京大学图书馆学系的建设和北平图书馆成为书目中心的规划。收信人是胡适与袁同礼,写信者是毛准与王重民,写信时间为1948年1月5日。彼时胡适先生任北京大学校长,袁同礼先生系国立北平图书馆馆长;毛准时任北京大学图书馆馆长,王重民先生正在筹办北京大学图书馆学的专科教育,同时仍在北平图书

---

* 本文原刊《国家图书馆学刊》2004年第1期。

馆工作。在此信中，王重民与毛准认为中国的图书馆教育，首先
应该举办中文编目与西文编目的训练，以应急需。而北大图书馆
和国立北平图书馆应该一面接受美国国会图书馆和英国中央图
书馆的西文书目卡片，成为中国的西方出版物信息中心；并且不
断地积极制作国内出版物的书目卡片，最终形成"中国书目总
志"。有了这样两部书目，自然造就了西方学术参考中心和中国
学术参考中心，我们的图书馆应该成为这样的中心和权威。

　　信的全文如下：

　　适之、守和先生道鉴：

　　　美国图书馆协会远东委员会主席 Brown 就要到中国了。
他曾提议由美国图书馆协会转请罗氏基金会拿五万美金，帮
助我们北京大学发展"图书馆博物馆学系"。适之先生因为
我们自己还没有根基，婉辞谢绝。他这次来，又想拿 Fulbright
Bill 的钱，假借我们北京大学，来举办"西文编目学习班"，我
们应该怎样欢迎，或者怎样应付呢？统观他前后这两次善
意，我们愿将我们所想到的写在下边：

　　　Brown 想办的是图书馆补习班是注重训练西文编目人
才，我们现在正办着的"图书馆学专科"，仅教授普通功课，还
没有分门训练。可我们既已举办专科，他若再办一个训练
班，未免重复。若从明年暑假，把我们的专科分成"中文编
目"和"西文编目"两组，特别请他们来帮忙训练"西文编目"
的人，以其所长，补我所短，似是最好的一种协议方式。我们
的图书馆学专科于明春开校后，正想多添两门功课，先作一
点准备，叫学生们能有学力来领受他们训练。

　　　现在"图""博"两科开课已经半年了，博物馆的馆址也已
奠定，明年就可以动工了。而且光阴似箭，一年半以后，我们

就有毕业的学生了。我们现在正应该为他们开创实习的机会，俾他们到毕业的时候，能有相当的经验。我们想到了"中文编目"和"西文编目"的两大计划若能实现，不但叫在校的学生们可有机会实习，毕业的学生们可继续他们的学业，且于中西学术上，还有大贡献。

美国国会图书馆有一个美国藏书联合目录参考室，英国有一个中央图书馆（National Central Library），全馆仅有一份英国书的联合书目，普林斯敦大学博物馆有一份全世界的耶稣圣画照片，称雄了全世界。北大应该造成中西学术上这类的权威和中心。我们现在有了"图""博"两科正好给这类工作准备。这类工作看来非常难，可是只要有计划，有恒，有人，有钱，便一定可以成功。

请先就西文说。今年美国给北大图书馆送到了十六箱国会图书馆印制的图书卡片，希望他们永远继续赠送。这份卡片能代表全世界出版的书籍十分之六七，当然以美国英国为最完备，东亚也许就是最不完备的。我们若能源源加入美国印的新卡片，再把我们所能见到的东亚各地出版品随时补入，就能造成一个西洋学术的参考中心。

再说中文书籍，当然以北平所藏为最富，但是北平一共有多少中文书？这些中文书去了重复的共有若干种，有谁能知道呢？《清史稿艺文志》收了多少？《千顷堂书目》所著录的，现在尚存多少？又有谁知道呢？也许有人曾经发过野心，要学阮孝绪用一人的力量来编一部现存书目，但事实上是办不到的，只有由一个学术机关，训练了人材，定好了计划，假之以年月，才能成的。

这件工作，也可以照联合目录的方式来做，并且也还有一些东西作根基。即是北大图书馆、北平图书馆、中央图书馆以及美国的哈佛图书馆都曾印了些中国书的书目卡片,聚起来也算是一个小小的基础。未作时好像是一座空中楼阁,实地作起来,便有成功的希望,成功之后,才真是一部《中国书目总志》呢!

古今来大工作,大计划,不作便永无成功之日,若冒险开了端,就是成功之始。我们的新博物馆,虽说正在预备向里面装东西,可是经费极感不够。我们图书馆的两大中心的计划,也非有钱不能开始。我们敬请二位先生考虑:这两个大工作是不是应该做? 可以做? 这次 Brown 来,我们用什么方法,可以请他重提旧议,转请罗氏基金会津助我们那五万美金?

适之先生最初不肯接受,是因为还没有创办我们的专科,现在专科开始了,亟待发展,已经到了可以表示要接受那笔赠款的时期了。总之,我们要研究的,是:

1. 我们计划的工作,应该不应该作?

2. 我们用什么方式,去接受那笔赠款?

因为我们用我们的计划,罗氏基金会未必赞同,可是我们用一种方式接受了那笔款,我们便能照我们的计划去发展了。

敬请

道安

毛准　王重民　同上

卅七年一月五日

此信共阐述了如下几个意思:①借美国的资助充实图书馆教育;②参照英美两国的办法建立书目中心;③从书目中心出发,建立中西学术参考中心;④从编目出发,开始《中国书目总志》的工作;⑤"古今来大工作,大计划,不作便永无成功之日,若冒险开了端,就是成功之始";⑥教学与实践结合在一起。

毛准字子水(1893—1988),后以字行。浙江江山县人。由北京大学预科升入北京大学数学系,预科时与傅斯年、顾颉刚成为密友。"五四"运动起,发表"国故与科学的精神",从此与胡适先生结下了终生的友谊。大学毕业后曾到德国留学。1929年回国,在北京大学历史系担任科学史与文化史的课程。自1931年3月—1935年8月任北京大学图书馆馆长,在任期间,收购松公府邸以扩大北京大学图书馆馆舍,初步改变了原来馆舍狭窄不便阅览的状况,制定了管理制度,延长开馆时间;成立图书委员会,藏书量不断增长。此期间编有《国立北京大学善本书目》和《国立北京大学方志目录》。抗日战争胜利以后,北大从云南返回,自1946年10月—1948年12月,是毛准第二次出任北大图书馆馆长的时期。此期间由于接受敌产和捐赠,图书馆藏书增长甚快,致使未编目之书积压很多,毛准曾经做出十五年内全部编竣的计划。此时中日文书用皮高品的《中国十进位图书分类法》,同时请来王重民协助清理美国国会图书馆所赠送的图书卡片。此信写下之日,毛准尚在图书馆长位上。

此时的王重民先生,刚从美国回来不久,对美国图书馆的管理和西方图书馆在国民意识中的重要性有着深刻的印象,所以他一方面要积极开展图书馆教育,一方面倡议成立两个中心,以使图书馆成为中西学术参考的中心。根据《冷庐文薮》刘修业先生的追忆,1947年王重民回国前,已有计划办一个图书馆学专科。回到北京,就向当时北京大学校长胡适提出此建议。胡适接受了建议,图书馆学专科就办在了北大,由王重民先生主持。当时只招收北大中文系、历史系成绩在75分以上的毕业生。到1950年共办了两次。此信的写作正是在这期间。

这封信之后不久，中国的发展有了大改变，信中的计划似乎无法进行了。

毛准在北京解放前夕，跟随国民党去了台湾，至1973年退休前一直任教于台湾大学中文系。王重民先生于1952年离开了北京图书馆，任教于北京大学图书馆学系。白化文先生曾经有文章论说王先生解放后学术上的成就，十分中肯，此不赘言，读者尽可以查找该文便知。

经过了五十五年的风雨，尽管有十年"文革"浩劫，中国的图书馆学教育在王重民先生等人的积极努力下，有了很大的成就。中国的图书馆事业，与五十年前也有了根本的改观。无论是西文图书的编目，还是中文书的编目，在理论和实践上，都比五十五年前的拓荒状态，有了巨大的进步。

至今，我们面临的形势与1948年初有了很大的改变，国际交往频繁，网络技术发达，图书馆学的教育内容增加了很多新的专业。国内寻求西文书出版的信息和西方学术信息的手段比之五十多年前，真不知方便了多少倍。而我们的图书馆如想要成为这样的中心，想要在学术界和社会文化生活中具有重要的影响，尚需有宽广的眼光和细致认真的工作。我们的图书馆学教育，由于受到计算机网络技术的影响，纷纷更名为信息管理专业，与我国蓬勃发展的图书馆事业似乎冷暖感受颇不相同。无论是图书馆工作还是图书馆学教育，从此信都可以得到一些反思。

以遗札为例:浅议王重民与法国汉学家交往*

王重民(1903—1975),字有三,书斋称冷庐。河北高阳人。1928 年毕业于北京高等师范学校(今北京师范大学)。毕业后任北海图书馆(国立北平图书馆前身)编纂委员兼索引组组长。1934 年受馆方委派到法国国家图书馆考察研究,1939 年从法国到美国国会图书馆鉴定和整理中国古籍善本。1947 年回国,仍就职北京图书馆,并兼任北京大学教授。1949 年以后,历任北京图书馆参考部主任、副馆长、北京大学图书馆学系主任。

如今国家图书馆档案室尚存王先生遗札,系在英美期间写给袁同礼馆长。国会图书馆提供王重民回国后与美国国会图书馆恒慕义彼此往来通信,及为王重民与国会馆等各方面之交涉。第一部分尚可分为两节,一是自法国寄往袁同礼,一是自华盛顿寄往袁同礼。寄自法国者,以 1939 年 8 月底为界;寄自华盛顿者,以

＊本文原刊《版本目录学研究》第五辑,北京大学出版社,2014 年。

1945 年为界。由于本文只讨论与法国汉学家之交往①, 故不涉及美国国会图书馆恒慕义, 以第一部分为主。

诸位同仁(笔者亦忝列其一)看到信札中有大量内容, 例如敦煌遗书、运美善本、民族文献等等, 因此立项"王重民学术思想史料整理", 项目主持人乃善本部主任陈红彦。项目进行过程中, 笔者曾撰《王重民致胡适、袁同礼的一封信》, 刊于《国家图书馆学刊》2004年第 1 期。2007 年 11 月, 笔者参加南京大学图书馆、人文社会科学高级研究院信息管理系、出版科学研究所主办的"中美文化交流与图书馆发展国际学术研讨会", 并在大会作学术报告, 公布了本项目部分研究成果。所提交论文由钱存训先生亲自改名为《中美图书馆交流与王重民遗札》, 收入《图书为媒·沟通中西:中美文化交流与图书馆发展国际学术研讨会暨钱存训图书馆开馆典礼会议论文集》(南京大学出版社, 2010 年 4 月出版)。林世田、刘波撰《国立北平图书馆拍摄及影印出版敦煌遗书史事钩沉》, 刊于《敦煌研究》2010年第 2 期。该项目于 2012 年秋天结项, 因其内容丰富, 受到评审委员肯定, 同时对进一步完善成书, 也提出建议。

一　与伯希和

伯希和于敦煌攫走藏经洞卷子事, 人所共知, 然而, 其中的细节彼时中国方面并不清楚。王重民先生此去, 发现诸多社会文书, 如:一、毛诗音(三三八二), 二、论语义疏(三五七三), 三、尔雅郭注(二六六一、三七三五、五五二二、五五二三), 四、汉书刑法志

---

①以下所要叙述之伯希和、戴密微、杜乃扬数人, 其生平可见诸姚伯岳《〈胡适王重民先生往来书信集〉中的几位法国汉学家》一文,《大学图书馆学报》2009 年第 6 期。

(三六六九),五、帝王略论(二六三六),六、瑞应图(二六八三),七、类林(二六三六),八、还冤记(三一二六),九、历代三宝记(三七三九、四六七三),十、楚辞音(二四九四),十一、东皋子集(二八一九),十二、故陈子昂遗集(三五九〇),十三、文选音(二八三三),十四、季布传文(三六九七),十五、韩朋赋(二六五三)。比先前伯希和在北京时,同意罗振玉等人拍照之十五种多了一倍,这还仅仅是第一步。

同时王先生继续有所发现,和伯希和个人也有很多接触,比如1937年6月18日致袁同礼函:"敦煌书目,七月下定能着手编辑,今年拟不休暑假,再加些努力,九月底必能完成,则可即赴英伦,继续向达工作。伯希和此次既允编此目,且允携回我国付印,看此情势,其家中所珍藏之一箱,或有可以拿出之希望。又去年先协助伯希和所撰之 Les grottes de Touen-houang[1] 手稿,生因精力不及,未有一点成绩,伊似不大痛快。然已谓开始编目时,当可为其搜得些许材料。刻伊之手稿,存生处似恐有危险,欲生交还,生欲用英庚款摄下影片,因看此情形,伊恐不能自己成书,在伊下世以后,恐更无人为力也。伊刻赴英,允于七月十五日交回,此事已不及与吾师往返函商,所幸用款不大多,故拟即依生意进行。得有影片,更欲携往英国,见有新材料时,便可补上也。二三十年后,此影片或亦成为稀世之珍矣。"

预言丝毫不爽,事隔七十年后,国家图书馆李德范编辑《王重民向达所摄敦煌西域文献照片合集》(北京图书馆出版社,2008年)和《敦煌西域文献旧照片合校》(北京图书馆出版社,

---

①即《敦煌千佛洞》,系《伯希和中亚之行》的第一卷。兰州大学敦煌学研究所重新整理该书,更名为《敦煌莫高窟百年图录》,2008年由甘肃人民出版社印行新版。

2007年），受到学术界好评,北京大学历史系荣新江教授在《王重民向达所摄敦煌西域文献照片合集》序中说:"到巴黎调查敦煌写卷的王重民先生,在伯希和、戴密微等人的帮助下,不仅饱览了全部写卷,而且还为北京图书馆和清华大学拍摄了近万张具有学术研究价值的敦煌写本照片。清华大学的一份,在抗战转移到长沙时,遭日军轰炸而毁掉,而北图的一份则完整地保存下来,这些照片中,还有王重民、向达分别在1935年和1937年走访柏林时所得数十件吐鲁番文献的珍贵照片。从40年代到今天,研究者一批接一批地前往巴黎、伦敦、柏林'挖宝',一些具有学术价值的写本被反复借阅,千年的纸张经不住人们翻过来、倒过去地折腾,一些带有文字的纸块已经脱落而不知所在,比如巴黎藏的《沙州图经》《张淮深变文》,就是如此。收藏的馆方为了保护原卷,有的(英图)托裱,不经意把一些重要的文字糊在里面;有的(法图)用丝网固定纸张,但架不住学者的多次翻阅,丝网和纸张脱离,由于隔着一层丝网,于是后来拍摄的照片自然模糊不清,这种情况越是有学术价值的写本越是如此。与此相反,王重民、向达带回来的照片,由于他们回到祖国时正值战争不断,以后又是不停的政治运动、'文化革命',原本要作为研究使用的照片,却静静地躺在北京图书馆里没人问津,照片的质量也没有受到任何损害。80年代中叶,我曾远渡重洋,到巴黎去查找归义军史料,想到有些写本文字是后来在文津街北图敦煌吐鲁番中心看到王重民带回的老照片才最终定谳的……至于我比定出来的那些在二次世界大战中已经毁掉的德藏吐鲁番写本残卷,北图照片的文物价值之高,就不用费辞了。虽然上海古籍出版社已经印出《法藏敦煌西域文献》,但读者一对照,就知道现在把国家图书馆所藏的这批敦煌吐鲁番文献的老照片影印出来,是何等的重要。近年来,由于藏有许多重要典籍的李盛铎旧藏敦煌写本的日本藏家一直不公布这批'最后的宝藏',所以京都大学羽田亨纪念馆所藏李盛铎旧藏文献的照片,便成为学者们重要的取材对象,推动了敦煌学一些方面的发展。我相信数量更加庞大的中国国家图书馆所藏法藏敦煌文献和部分英藏、德藏敦煌吐鲁番文献的出版,一定能推动敦煌学的更大进步。为此,我们不仅感念王重民、向达先生的功绩,也感谢国家图书馆善本部研究人员的辛劳,让我们拥有这样富有学术价值的精品图录。"①这批遗札中,处处可见王重民先生为敦煌卷子拍摄呕心沥血。

因使用庚子赔款,可以顺利拍照,并及时纠正以往伯希和与日本人所误漏书名,且可看伯希和家中所藏,王先生利用在法国工作条件,积极拍照珍贵资料。例如1937年8月8日致袁同礼馆长信中表示:"《还冤记》《楚辞音》两种即遵嘱,速速另用莱卡制片,八月十五日以前定能洗出寄上。巴黎方面工作还有两月,正想只编敦煌目已够忙,而伯希和家所藏还不在少数,恐时间不大从容。"这些伯希和家藏资料,希望已在法国国家图书馆中。

1939年8月23日王先生致袁同礼馆长函曰:"伯希和方面,伊允一定再设法,另外赠我一批书,至于《通报》《亚洲学报》,伊表示即直寄昆明。生已将吾馆及昆明最近情形奉告一二。"说明伯希和为亚洲文化与西方世界交流而努力。

---

①全文见于《敦煌学辑刊》2007年第3期。

二　与戴密微①

戴密微是法国著名汉学家,对王先生多方照顾,比如介绍各种关系,或者战争爆发在即,帮助转移书籍手稿。1939 年 9 月 30 日王重民在华盛顿致袁同礼馆长信中曰:"戴密微、Meauvret 太太,均有信来,他们自然有相当恐慌,生有一部分稿子,尚存戴先生处,闻已代藏地窖中。截至今日,已炸沉船五十七艘,故欧美交通颇不便,他们都是八月底九月初写的信,一月后方到此,可见大西洋中商船之少矣。"王先生这些手稿,日后不知是否转寄回国内。

同一信中,王重民又说:"生此次来美,颇拟设法得一点印刷费,但未敢语人。在巴黎时,戴密微忽一日欲有言而未言,乃劝生到街上散步,遂谈到伊颇愿写一信致 Elisséeff②,请在哈佛出一笔款为生印费;正与生所蕴蓄于心者相合。伊劝若托伯希和帮忙,必更有效。生因于伯希和为生饯行时,向他一说此意,伊亦非常同情,

① 戴密微(Paul Demiéville,1894—1979),法国汉学家。早年游学于慕尼黑、伦敦、爱丁堡和巴黎等地,1914 年获巴黎大学博士学位。又入法国国立东方现代语言学院学习汉文,并从沙畹治汉学。1919 年到河内,任教于法国远东学院,兼学日语和梵文。1924 年至 1926 年任中国厦门大学教授。1926 年以后长驻日本,任日法会馆负责人、《法宝义林》主编。1944 年任法国高等实验研究院教授,又继马伯乐为法兰西学院中国语言和文明讲座教授,同时继伯希和之后兼任《通报》主编。治学范围涉及佛教文献学、中国佛教史、历史学和文学史等,著有《拉萨宗教会议》(《吐蕃僧诤记》)、《王梵志诗附太公家教》、《戴密微汉学论文选集》、《戴密微佛学论文选集》等。
② 叶理绥(Serge Elisséeff,1889—1975),法籍俄国人,汉学家,美国哈佛燕京学社首任社长。早年在德国柏林洪堡大学学习日语和汉语。俄国十月革命后定居巴黎,为伯希和的得意门生。1934 年经伯希和推荐,赴美国出任哈佛燕京学社首任社长,在哈佛推行法国式的汉学教育,倡议建立哈佛大学东亚语言系并任系主任。1956 年由社长退休为教授,1957 年返回法国。

愿写介绍信。然除戴、伯二先生外,生尚未语他人,因尚未与吾师商议,生亦殊不明了哈佛组织与 Elisséeff 先生之为人也。今冬或明春,吾师能来美,此事当极易办,但事前应稍作准备,可否进行,应如何进行,极愿吾师详为指教也。"此语亦与伯希和相关。

戴密微先生实际行动很快,翌年春,他写信给王重民先生,告知结果,因此王先生写信致袁同礼馆长:"接戴密微信,他已与叶理绥写信,即说须一千美金,如见允,即与吾师去信,此款由北平图书馆保存支配。"在哈佛燕京学社获资助印刷,尽管有戴密微支持,有王重民积极努力,但看以后各信,似未成。

上面提到手稿在戴密微先生家地窖中,此事 1940 年 6 月 14 日再次提及,王重民致袁同礼馆长:"生尚有 50 卷缩微胶卷留 B. N.,手钞稿件一大批留戴密微家,亦可告安全矣。"

这些究竟是什么手稿呢? 我们大胆设想,可能是有关来华传教士,因为王重民先生曾经表示他在欧洲期间,除敦煌卷子拍摄,再就是关注明末清初传教士留存文献,冀望"将来可成①欧洲所藏联合书目;②明末奉教九华人集;③明清之间天主教史料(上谕奏疏及其他史料等);④即在欧洲所复抄,及在此从各明清人记载中所得者,编为笔记体,冀巨细并收,以与前三编相印证。兹不管将来能否印刷,此四书能辑成,总约略可为三四百年来此公案作一统账。"①来华传教士研究是西学东渐重要组成部分。他曾立志将海外所存传教士译著整理,也积累若干资料,然而由于种种原因,至今这一项目并没有完成,连稿件亦不知是否尚在人间。据《冷庐文薮》中《海外希见录》《罗马访书记》,知王重民先生在欧洲时已经多方积累资料,到美国后又有颇多收获,上述信札说明

①引自 1940 年 5 月 14 日致袁同礼函。

已经有完备计划。但是目前所知王重民先生关于此项研究的成果,主要体现在编辑整理《徐光启集》(上海人民出版社,1982年),另有《关于徐氏庖言》与陈垣先生商榷(发表在《光明日报》1962年8月25日),利用了欧洲所藏资料。关于徐光启,王重民尚有多篇论述,但显然与其本来计划相差甚远。1961年王重民先生拟与张静庐先生合编《近代东西学译著书目综录》,其中应该包括来华传教士资料,然而合作未果,稿件亦不知去向。近年来,大陆对西学东渐研究日盛,成果甚丰,如能加强合作,实现王先生当年设想,未始不是一件美事。

三　与杜乃扬[①]

杜乃扬与前二位不同,她作为交换馆员,在北平图书馆工作,王重民交换到法国国家图书馆工作。她毕业于巴黎国立东方语言学院,又曾在培养图书馆员的著名大学法国宪章学校攻读图书馆技术学位,先后师从伯希和、马伯乐、戴密微。她为中法文化交流,殚精竭虑。她在王重民遗札中,被提到次数最多。

1937年8月8日致袁同礼馆长信中曰:“适礼拜五秘书长请生谈话,交来法外交部转法大使一函,谓吾师曾谓杜女士可留至明年二月,为筹备法国印刷展览会,想此事法使馆欲留她而庚款又由其支配,有此一言,自可支取生活费。当时,生念伦敦工作允可,留巴黎至十二月,继思既属交换条件,不留此为白牺牲。又改志愿和杜女士一样亦留至明年二月。刻已复函外交部照此决定矣。”

---

① 杜乃扬(即 Mlle. R. Dolléans,1911—1972),法国国立图书馆1934年10月起派往国立北平图书馆的交换馆员,在馆服务至1938年。

1938 年杜乃扬回到法国，主持手稿部东方语言分部工作。所以王重民于 1939 年 6 月 20 日致袁同礼馆长信中曰："杜乃扬女士有时能帮助我们，法国国家图书馆有她，将来定能予以方便不少。以后馆中所有刊物或其他出版物，可以另外赠伊个人一份。如此次《图书季刊》新号出版，他人多有接到者，她尚未接到，未免叫她不好过。"

1939 年 7 月 17 日王先生致袁同礼函中曰："杜乃扬来后，颇欲拓充中文书，又不能直接买，殊以为憾。生因与伊商议，中法两国，可特别交换一万法郎书，即是他们所缺，如三部《四部丛刊》及新出字典辞书之类，由伊开一列表，请北平图书馆将其旧有或特别新买送来，而吾馆开一单要法国何书，伊当速买送去。除此外汇不能办理，用此法买书，于我似甚方便，于彼亦有利不少，似可实行。况我北平如有重份，送到法使馆即可，不必另外花钱也。杜女士学问不大好，但为人勇敢，尚能作事，吾师如赞同此事，请与杜女士一直来信，那时生如未离法，更好办也。"

二次世界大战对于法国是重创，图书馆关门，工作人员为避免敌人，藏身乡下，转移善本，甚至准备照顾伤兵。王重民 1939 年 10 月 3 日致袁同礼函中曰："欧洲前途如何，数日后当可分明，接杜乃扬信，知巴黎文化工作，大致停顿。法国国家图书馆已关门，善本书或迁城外，或入地窖，敦煌卷子则仅藏了一半。杜女士已迁往乡间，惟不时进城耳。"

1940 年 2 月 25 日致袁同礼函中曰："顷接杜乃扬来信，称八月间吾师寄往巴黎之杂志单——即作为交换品，请法方从今年一月份起代为订阅者，Madame Meauvret 弄丢，请速速另寄去一清单，以便代为订阅。现外交部专司交换事之 Joubert 氏已赴前线，其地位暂由一位太太代理。杜女士称吾师去信所索之 *Bulletin*

Périodique du la Presse Chinoise, *Catalogue des Cartes du Service Géographique De L'armée* 等以及生所索之 *Documents Diplomatiques* 等均不难凑齐赠送我方。"

同一信中还提道:"杜乃扬的母亲卧病已三月,近方能起床。家中杂事,都须她照顾,而还要学看护,预备有用时便到医院侍奉伤兵。她写信时,尚未接到《云南丛书》,不过她还期望能找到一部全《四部丛刊》。"

不过,专业仍然是首位,王重民 1940 年 7 月 2 日致袁同礼函中曰:"接杜乃扬信,知拟在巴黎征求铜器拓片;此事公家所藏好办,私人所藏恐不易。公家如 Louvre①、Guimet②、Chernusch③ 三博物馆所藏最富,照片均易得。"

王先生信件内容或有不同,但其中精神一贯,即爱护中国文化。从这批信札中,无论是美国恒慕义,中国袁同礼、王重民,法国伯希和、戴密微、杜乃扬,他们对中华文化典籍关心、热爱,一贯不变,二次世界大战危难艰险,反倒更加激励他们保护珍贵典籍之热忱。他们对战胜法西斯充满信心,这信心有一部分源自对文化之热爱、坚持。他们学术视野广阔,在世界范围内关注中国文化与世界之交往,关注散见于世界各地之中国典籍,并设法将其复制带回国内,同时也愿意将中国文化介绍到全世界,希望中西方相互了解交流。这种博大胸怀,脚踏实地之工作热忱,至今仍然需要继续发扬。他们所开创的中外文化交流各种项目、课题,至今仍有意义,值得后学继续努力,做得更好。

---

①即卢浮宫博物馆。
②即吉美博物馆。
③即巴黎市立东方博物馆,中文译名为塞努齐博物馆。

《国立北平图书馆馆刊》述略 *

差不多七十年前,国立北平图书馆创办了馆刊,十年后,因抗日战争的爆发而停刊。虽然只有十年,已给学术界留下了重重的一笔,至今学人仍时时忆及,时时翻检,以为参考。

一

北京图书馆自建立之初,就甚为重视刊物的出版,以之为学术研究的阵地和揭示馆藏的窗口。除下面将要重点评介的《国立北平图书馆馆刊》之外,与之同时期的还有:《读书月刊》,这是面向中学生以上文化水平的读者的普及读物;《图书季刊》,有中文和英文两种文版,抗日战争爆发时,一度停刊,后在内地继续出版,袁同礼曾任主编,在中外交流中有相当的影响;《学文》共出版

---

* 本文原刊《古籍整理出版情况简报》,全国古籍整理出版规划领导小组办公室编,1997 年第 8 期。

五期,介绍版本和书目;天津的《大公报》和昆明的《益世报》都曾
辟有"图书副刊",由国立北平图书馆和该报共同主办;《国立北平
图书馆新增西文书目》,专门介绍馆藏西文图书,出版了不到两
年。这些刊物存在的时间尽管有长有短,但对于本馆学术研究的
培养,对当时学术界的推动,其作用是不可以低估的。

　　《国立北平图书馆馆刊》(以下简称"老《馆刊》")从 1928 年 5
月到 1937 年 2 月,共出版十一卷六十一号。其间名称几经变更。
第一卷第一至第四号,名为《北京图书馆月刊》。1928 年馆名由
"国立京师图书馆"更名为"国立北平图书馆"。这一更名的背景,
源于北京政府的解体,南京国民党政府接管政权,北京改名为北
平。不久,"国立北平图书馆"又改名为"北平北海图书馆"。第二
年,原坐落于北海的北海图书馆正式与国立北平图书馆合并,老
《馆刊》从第一卷第五号起,就更名为《北平北海图书馆月刊》,由
著名的古文字学家钱玄同题写刊名。1929 年 7 月再次更名为《国
立北平图书馆月刊》,刊名仍由钱玄同先生题写。1930 年始,名之
为《国立北平图书馆馆刊》,一直沿用到 1937 年抗日战争爆发,馆
刊停刊为止。《国立北平图书馆馆刊》的刊名,先有沈尹默先生的
题字,后有傅增湘先生的题字,俱为大家。

二

　　在第十卷(1936 年)第四号上,首次刊登了馆刊编辑委员会
名单,有:王庸、王育伊、王重民、向达、吴光清、孙楷第、贺昌群、万
斯年、赵万里、谢国桢、顾子刚。这些编委们无论是当时,还是抗
日期间,或是 1949 年后,对北京图书馆的业务建设及学术研究,
都曾起到过栋梁作用。王庸先生为北图舆图文献的搜集整理贡

献了毕生的精力;王重民先生对敦煌文献的编目和整理,研究者们沿用至今;万斯年先生在抗日后方,深入少数民族居住地,为北图访到了一大批罕见的民族文字文献,成为如今少数民族语文组的基本珍藏之一;赵万里先生一生都在孜孜不倦于北图的善本书目;谢国桢先生更是在明史研究领域做出了重要建树。

纵观这十一年间老《馆刊》的作者,可以使人感受到北京图书馆在学术研究方面的凝聚力。有些作者,开始在老《馆刊》上发表文章时,尚是初出茅庐的年轻人,从这里成长起来,成为卓有成就的学者。有些当时已是蔚然大家,他们支持北京图书馆,信任北京图书馆,他们的著述,成为《国立北平图书馆馆刊》光荣历史的一部分。比如,研究太平天国的专家罗尔纲先生,他的早期研究成果《贼情汇纂订误》《一部新发现的天地会文件抄本》,就发表在《国立北平图书馆馆刊》第八卷第四号上。罗尔纲在回广西探亲时发现贵县修志局藏有一本天地会文件的抄本,这是太平天国运动的珍贵史料。老《馆刊》没有简单地披露这一文件,在这一期中,不仅有罗尔纲对这一文件的分析及这一文件的全文,而且有俞大纲先生对《贼情汇纂订误》的商榷,又有王重民先生《太平天国官书补叙录》一文,使新发现的太平天国史料的研究在这一期得以较充分的讨论。后来是中山大学教授的著名古文字学家刘节先生,年轻时曾在北京图书馆负责金石资料,在老《馆刊》上发表过数篇对器物、碑帖的考证。更有本馆同人,在日常工作中勤奋努力,对馆藏做了很多研究,其成果亦发表在馆刊上。如王庸有《中国地图史料辑略》一文和《国立北平图书馆藏清内阁大库舆图目录》,这一目录对1949年后北京图书馆善本部舆图组的编目工作起到奠基作用。

三

在这十年之间,《国立北平图书馆馆刊》曾经办了三次专号。第一次是第二卷第三、四号的《永乐大典》专号,第二次是 1930 年第四卷第三号的西夏文专号,第三次是 1933 年第七卷第三、四号的圆明园专号。三次专号对这三个专题的深入研究起了很大的推动作用,其影响至今。办专号的优点是可以将这一专题下各个方面的问题充分展开,并结合本馆的特点,使之在学术上具有一定的力度。老《馆刊》这三个专号俱是图文并茂,鲜明生动,所揭示的文献均属当时尚在开创阶段的专题。

不惟敦煌学是中华民族的伤心之学,《永乐大典》又何尝不是! 所以第一个专号《永乐大典》专号第一篇文章的开始,就勾勒了《永乐大典》遗失的原委。既毁于庚子兵祸,亦毁于国人之不以为意。袁同礼的文章以表的形式将散逸在世界各图书馆、个人手中的《永乐大典》零册卷幅、内容、地点,及当时的北平图书馆是否有影印本——标出,甚便后世的研究、整理及辑佚。《永乐大典》中保存很多已佚之书,世人固知,其中著名的如《宋会要》《麟台故事》《中兴小记》之类自不必说,尚有部分四库馆臣未进行辑佚,同样具有文献价值的佚书。赵万里先生以经、史、子、集为序,一一列出佚书目、作者、何人所辑、辑佚本的出版情况,佚书原书的版本流传作为附录。此文虽然以表格的形式出现,但为文所需的学术功底十分深厚,绝不是急功近利之人所能办到的。

第二个专号无论对于民族学的研究,还是对于文字学的研究,都具有划时代的意义。西夏作为中国历史上曾经存在过的国家,以往人们知之甚少。西夏国中以党项人为主,自李元昊 1038

年称帝,至1227年被元所灭,先后与辽、金、北宋、南宋并立。虽然有国约二百年之久,但传世文献很少,何为西夏文字,至清中叶以前人们尚未确知,更谈不上研究二字。至20世纪初,特别是1908年俄国探险家柯兹洛夫在我国黑水城(今内蒙古额济纳旗)遗址发掘了大批西夏文献之后,对西夏的研究开始了里程碑性质的大发展。这批出土文献中,有一部《番汉合时掌中珠》,这是西夏文、汉文字典,为解读西夏文提供了最重要的工具。这批文献中,还有佛经、译自汉文典籍的西夏文本、文学著作、法律文献、历书等等。1917年宁夏灵武县出土了西夏文佛经,并于1929年入藏国立北平图书馆,再次轰动了学界。一时间,对西夏的研究形成一个小小的高潮,俄国、日本的学者也纷至沓来。而为这一高潮做了重要总结的,恰恰是《国立北平图书馆馆刊》。1930年第四卷第三号为西夏文专号,由著名的西夏文专家王静如先生撰写专号之序,叙述始末由来。这期馆刊的卷首,是数帧西夏文字或文献的图片,如僧人做道场的图绘,其精美流畅的线条,无论从绘画角度还是从雕版印刷的角度,均是反映已消亡六百多年的这个王国曾经高度发展的文化的实证。其中有已鉴定为活字印刷的印刷品,这是迄今发现存世的最早的活字印刷品。此次专号刊出的图片格外多,除黑水城的发现之外,还有罗福颐家的私藏;除书影之外,还有钱币和宿卫牌。西夏文献中的佛经多藏于当时国立北平图书馆即今北京图书馆,专号中刊出了对这些佛经的著录,是由周叔迦完成的。这一期专号,还刊有日本和俄国学者对西夏问题的论述,对西夏文字的考释。至今如果读者要阅读这些西夏文佛经,可供检索的馆藏号和书名仍是专号中所刊登者;对于所有西夏史研究者来说,这期专号仍是必备书。这一期专号内容之丰富,三言两语难以概说,那俄藏的西夏文献目录、德藏的西夏文献书影，为后来的研究提供了多少方便。对重大历史文献的发现予以特别的关注，或者说，对具有持久意义的学术探讨予以特别的关注，是老《馆刊》始终受到学术界重视的原因之一。

第三个专号是圆明园专号。圆明园的命运，也和《永乐大典》一样，是与清末腐朽政治联系在一起的耻辱。圆明园遗址不仅有政治上的意义，还具有文物价值和园林艺术研究的意义。这一重要意义早在20世纪30年代已被学者们所关注，老《馆刊》于1933年第七卷第三、四号刊出圆明园专号。能够组织这样一次专号，和北京图书馆藏有比较完整的圆明园样式雷图有直接的关系。专号刊登了十五幅圆明园长春园图，有示意图、有平面图、有局部细节说明图。在这些样式雷图之后，是四张正面透视图，标准的西洋绘画法，内容亦是标准的西洋建筑与花园，一派异国华丽风格。专号中颇值得一读的文章即《西书中关于焚毁圆明园纪事》，共八篇，均出自当时在中国的英国人、法国人之笔，他们中的一些人直接参与了焚烧圆明园、万寿山的罪恶行径。这篇文章不仅展现了侵略者的厚颜无耻，还录有恭亲王奕䜣与英法和议时的往返公函，以及对圆明园内的一些藏品的描述。参照这一期中对教士蒋友仁设计圆明园往事的追述，对圆明园的历史会有较全面的了解。

除了有标题的专号讨论，老《馆刊》的一些卷期中，尽管没有标出是专号，却内容相对集中，它们虽无专号之名，却有专号之实。如上面提到的太平天国问题之讨论。再比如第七卷的第五号以《四库全书》版本问题的讨论为主。北京图书馆与《四库全书》有着与生俱来的渊源关系，至今北京图书馆分馆前面的马路名之为"文津街"，就是因为建馆之初，将承德避暑山庄的文津阁《四库全书》移交当时的国立北平图书馆之故。在这一期中，有文溯阁《四库全书》的书影，有关于《四库全书》中采用《永乐大典》

辑本的得失问题的论述。当时的教育部有意要将《四库全书》中的珍本、未刊本、孤本印出，这一期《馆刊》登出了拟选书目。很有意义的是，当教育部准备选印《四库全书》的消息传出后，学术界颇多议论，其见仁见智成一时之热点，老《馆刊》将这些见诸报端的文章汇集为"文献目录"，亦在此刊出，作为参考。近几年有关《四库全书》的丛书出得不少，因此引起的议论也非鲜见，和六十年前的各种见解参照相长，也许还是有必要的。

老《馆刊》中类似的例子还有，不必赘述。这样做的好处显而易见，但要做到则需要编者不仅自己有学识，而且要有细致的组织能力，还要善于和各方面的专家交往，感受、捕捉学术界新的动态，这些颇具长久意义的专题讨论，给后来者以启迪。

四

老《馆刊》的特色不仅仅在于专题讨论，还有对书目的解题。书目解题是图书馆工作人员的基本功，也是读者最方便使用的目录，做一条准确、全面的书目解题不是轻而易举的事。当时国立北平图书馆正值广集馆藏之时，大批内府藏书、私人捐赠及其他渠道的捐赠，哀集一堂，整理工作十分浩大，为了方便读者，善本目录、拓片目录、舆图目录，国外图书馆所藏的敦煌文献，安南书录的目录，不断在老《馆刊》上揭示，所占篇幅实在不算少。如今，北京图书馆的善本书目已出书发行，有关敦煌文献的目录也在陆续出版，老《馆刊》这部分内容已完成了历史使命，但前人之功不可没。不仅是馆藏书目，著名的私家藏书的书目题解老《馆刊》也曾予以连载，如藏园书目，傅增湘先生就是首先发表在老《馆刊》上，以后成书出版。这样做，一方面促进了版本学的研究，一方面也密切了图书馆和私人藏书家的关系,日后藏园老人将大部分藏书都赠送给了北京图书馆。

很反映文献研究水平的另一类文章就是书籍的序跋札记,老《馆刊》对此予以很多篇幅,一批史学家、文献学家如胡适、赵万里、傅增湘、陈垣、余嘉锡、向达及一些外国学者将他们所写的序跋登在老《馆刊》上。1934年第八卷第六号一次刊出余嘉锡先生的一篇序二篇跋及张鹏一的一篇跋,余嘉锡先生所写《王觉斯题丁野鹤、陆舫斋诗卷子跋》一文,将明末不甚有名的丁耀亢的事迹钩沉甚详,对其文字、为人行事亦有中肯批评,后面的一篇《内阁大库本碎金跋》对"碎金"一类书的来龙去脉勾勒甚详,并从地理、官制、版本数方面考证内阁大库之本。这些文章均可称为后学之范文。

各种著述考、书林纪事都是文献研究的不同形式,《国立北平图书馆馆刊》对这些方面予以相当重视,成为老《馆刊》的特色之一。

五

作为中国国家图书馆来说,学术研究始终是基础业务的重要组成部分,《国立北平图书馆馆刊》在这一方面可说是为我们开了先河,今天的北图同人将这一传统继承下去,义不容辞。老《馆刊》在栏目设置上,突出本馆工作的特点,突出对本馆文献的研究,及时开辟专号,以集中探讨加强力度,在学术界保有较长的生命力,这些方法和宗旨值得我们今天借重并发扬光大。也许,从今天的眼光来看,老《馆刊》所登文章多属文史哲一类,即使文献研究,也不外乎此,但在当时,正值新文化兴起之时,图书馆学的理论远不如今日深入、缤纷，这是时代使然，无可厚非。同时，还应该看到，时至今日传统文化不仅依旧受到国人的重视，在世界上也有越来越大的影响，老《馆刊》的一些文章仍具有参考借鉴的价值，不能不令人佩服前辈的真知卓识。

数十年的变迁，图书馆的藏书更加丰富，结构组织更加复杂，先进的技术手段在图书馆的工作中使用得越来越普及，使图书馆内部的分工既趋于高度专业化，又有各部门间的紧密相关，这对图书馆理论研究产生了很大的影响，读者对图书馆的要求也变得多样化，图书馆意识在向社会各个层面渗透、加强。图书馆的工作人员应该积极投身于这一变革之中，用专业的眼光进行理论的爬梳，使我们的工作减少盲目和被动。新出版的《北京图书馆馆刊》当然要适应这样的形势，在栏目设置上比起老《馆刊》做了很大调整，虽然保留了对馆藏文献的研究，但要以相当的篇幅来刊载对图书馆现代技术的研究与应用，还要刊载以北京图书馆领衔完成的重大项目的论述，以及图书馆基础理论的新发展。这些来自实践的文章，反映了图书馆事业不断在前进的扎扎实实的足迹，这种求实的精神，是与《国立北平图书馆馆刊》一脉相传的。

《文献》杂志与文献研究*

一 《文献》杂志概况

文献学的意义是逐渐形成的,所包含的内容也是渐渐丰富起来的。从先秦至两汉,文献学的内容基本明确,广泛地说,是关于古代文献典籍搜集、整理、研究和利用的学问,其实从整理工作的环节来看,是以文献为对象,进行目录学、版本学、校雠学、校勘和辑佚方面的研究。比如孔子对六经进行过程度不同的注释整理(详见孙钦善《中国古文献学史简编》)。从上面提到的文献学概念,似是一个边缘性学科,文史哲各科都有以文献学为基础的需要。某种意义上,我国很长时间以来做思想观念研究的多,对史论研究的多,比如对太平天国、对农民起义的结论,对王安石变法的结论,都过于偏激,辩证的、多角度的分析不够,特别是实证不

---

*本文原刊《中国典籍与文化》第二辑,北京图书馆出版社,2007年。

够，而文献的研究，首先重视实证，以文献的存在，求证事物的真相。从这个角度说，文献学与历史的关系更紧密一些，所以北京大学《中文核心期刊要目总览》将《文献》归为历史类刊物。

《文献》杂志的内容似乎比文献学的概念要宽得多。《文献》创办于1979年，彼时"文化大革命"刚刚结束，人们刚刚试图挣脱左的思想束缚，从实证出发进行史学研究。北京图书馆（今国家图书馆）当时的馆领导从本馆馆藏出发，从学术界的需求出发，从本馆以往学术史状态出发，创办了这样一份杂志，从今天在学术界的影响来看，很有卓识远见。杂志创办的第一年出版了两辑，第二年开始即以每年四期的频率出版，至今已有二十六年，累计出版一百期。

在第一版的《中国大百科全书》上，当时的《文献》主编陈翔华对《文献》所作的词条是：该杂志披露国家图书馆和其他公私典藏具有重要参考价值的各种古、近代文献（包括珍本秘籍，罕见抄本，名人佚稿、序跋、信札，稀见方志、舆图、谱牒、档案，甲骨金石、汉简、敦煌遗卷，佛道藏经，民族文献等）及其研究成果，并发表版本学、目录学、校勘学、辨伪学、辑佚学及训诂学等方面的研究论述。重要栏目有：国家图书馆藏善本书叙录、方志图谱研究、书史研究、古代科技文献与研究、民族文献与研究、文献之窗、名人手札、中外文化交流、二十世纪文献学研究、中国当代社会科学家传略等。两三年前，《大百科全书》将出版第二版，要我写词条，我研究这段文字很久，认为它所表达的仍是我们现在要做到的，因此很少改动。旧的《国立北平图书馆馆刊》在这些方面的讨论，对全国学术界产生了深远的影响。《文献》某种程度上继承了原《国立北平图书馆馆刊》的精神，在印刷史、书史、书目、专藏等方面研究有明显的延续性。《文献》杂志遵循的是文献学与历史学交错的方向,对文章内容的历史意义看得更重一些。

国家图书馆从 1909 年建馆之时起,积数代图书馆人的努力征访、国家调拨和私人藏书捐赠与转让,庋藏了丰富的文献资料,特别是馆藏中国古代文献,其品种、质量、数量堪称世界第一,因之促进了本馆在文献学方面的研究。这是《文献》杂志借以立身的重要资源基础。古文献研究一直在本馆业务工作和科研工作中占有极其重要的位置。1928 年 5 月至 1937 年 2 月所出版的《国立北平图书馆馆刊》,是当时文献学研究领域的重要阵地,所发表的目录学、版本学、敦煌学、四库学等研究著述,至今仍具重要参考价值,同时也造就了一大批海内外知名的专家学者。《文献》杂志继承原《国立北平图书馆馆刊》的宗旨,以揭示珍稀文献、研究文献学各领域专题为己任,学风严谨朴实,不仅在国内学术界获得首肯,海外的汉学界对此刊也甚为看重。

二 《文献》杂志重点文章介绍

二十六年来,《文献》杂志努力为学术界揭示新的文献资料,以拓展研究视野,积极披露国家图书馆和其他公私藏家典藏的具有重要参考价值的各种古、近代文献(包括珍本秘籍,罕见抄本,名人佚稿、序跋、信札,稀见方志、舆图、谱牒、档案,甲骨金石、汉简、敦煌遗卷,佛道藏经、民族文献等)及其研究成果,形成了《文献》杂志载文的一大特色,今后还将一如既往地继续下去。版本、目录、校勘、辨伪、辑佚、印刷史、藏书史等学科是文献学的重要分支。《文献》杂志作为文献学研究的重要领地,一直非常关注披露此类研究成果。所设立的"中国书史""藏书家与藏书楼"等栏目对研究古人刻书、藏书情况的文章予以系统报道,自宋至民国都有论及;有些论文更上溯到版刻书籍出现之前的其他书籍制度,使古籍产生与传播的主要线索非常清晰。据《文献》杂志出版百期时所做的统计,《文献》杂志百期累计发文三千零十八题、三千一百九十六篇。以下将其中较有特色专题稍做评说。

　　流传至今大量名人手札、名人题跋、稿本、抄本,这些文献多具有版本学上的"孤本"的意义,对之予以披露与研究,将有益学界,《文献》杂志一贯非常重视发表此类论文。如,馆藏《李鸿章书札》册中收录有1880年李鸿章致曾纪泽书信四封,彼时曾氏正参与重订中俄《伊犁条约》,李鸿章在此过程中扮演了重要的角色;然而《李文忠公全集》中仅收录此间李氏致曾氏书札三通,由于资料阙如,研究者难以全面了解李鸿章在此次交涉过程中的影响和作用。本馆所藏的四封书札恰好可以为学界提供不可多得的原始资料,故当时供职于善本部的拓晓堂先生以"李鸿章关于中俄伊犁交涉的未刊书牍四件"为题将这些资料首次公布①。"名人手札"至百期共发表七十篇文章,既有本馆藏品,亦有他馆藏品,不仅有公藏,亦有私藏。这些信件公布,多是具有历史意义,如近年刊出有关嘉业堂、薛福成、叶昌炽之信札,即与藏书史、中法战争、庚子之变有关。

　　地方志中蕴含甚多重要资料,往往是正史所未及收录,研究者目光不当忽略于此。本馆一向重视方志研究,七十年前谭其骧先生曾在本馆编制方志目录,创立了将艺文志、金石志单独编目的体例,大约就是为了充分体现方志的资料意义,并方便读者查找。谭其骧先生1982年在《文献》杂志刊文"值得怀念的三年图

---

① 文见《文献》1990年第2期,第240—245页。

书馆生活"①,回忆了自己1932年至1934年间在国立北平图书馆
汇编馆藏方志目录的工作经历,先生甚至谦虚地称:"我没有为北
平图书馆做多少事,北平图书馆却为我提供了最好的做学问的条
件和环境。"②百期以来,《文献》刊出方志与地图方面论述六十馀
篇,历史博物馆黄燕生两篇文章都谈的是与《永乐大典》有关的地
图问题,至今仍有借鉴意义。

百期《文献》积累"版本考订"类论文百馀篇,举凡先秦汉魏子
史书、魏晋唐宋文集、元明民间戏曲小说、明清官府档案实录等,
靡不涉及,体现了开阔的学术视野。诸多版本考辨文章,也形成
本刊特色之一。傅璇琮、周绍良、詹锳、程毅中等著名学者曾撰文
进行版本考辨,为后学提供很好的范本。

金石文献历来受到重视,与传世文献相结合进行研究,是传
统研究内容,也是本刊载文重点,碑刻中的传记资料、民族资料,
顾广圻的碑刻题跋,石刻刻工名录,这类文章曾经刊出近百篇。

藏书家与藏书楼也是我们关注的重点,既有天一阁、铁琴铜剑
楼、藏园等私人藏书研究,也有云南腾冲县图书馆、北堂书等公立、
教会图书馆的藏书研究,有些文章颇成系列,比如,1988年曾刊出温
州当地人撰写玉海楼之文,前不久又有浙江大学写原杭州大学所藏
玉海楼藏书情况,相距十几年的两篇文章,大约把仍留在温州当地
的玉海楼藏书和入藏浙江大学图书馆的藏书情况互补。

"辑佚"类论文百馀篇,使许多重要的佚籍、佚篇得以揭示和
重现。

本刊的特色栏目除上述,还有少数民族文献、年谱与族谱、墓

①文见《文献》1982年第4期,第243—247页。
②同上,第246页。

志与碑刻、名家题跋、敦煌文献、四库学、中国古代科技、古代目录学与古籍目录、辑佚、中国书史、中外文化交流等。每期根据来稿安排不同栏目。

近年来国内数家重点大学如北京大学、浙江大学、南京大学等规定《文献》杂志是该校社科专业的核心期刊,并被南京大学中国社会科学研究中心评定为《中文社会科学引文索引》(CSSCI2004—2005)的来源期刊,又入编北京大学《中文核心期刊要目总览》2004年版。对《文献》杂志的重视,一方面说明该刊学术水平、学术风格受到充分肯定,另一方面也说明在学术腐败、学术泡沫泛滥中,学术界渐渐反思,欲回归纯粹、独立之学术状态。所以近年文献研究比较"热"。

《文献》杂志出版百期以来,积累了大量有丰厚学术含量的论文,故编辑出版"百期总目及索引",以飨读者,以志纪念。总目包括了该刊从创刊之日起,至第100期的目录,共分为四大部分:第一部分是百期汇目,插图目录逐期随之。第二部分是篇目分类索引,第三部分是插图分类索引,第四部分是作者索引。力图以不同的检索方式,方便读者查询百期以来《文献》所刊登的论著。

就我在国家图书馆工作所见,可做的研究专题非常多,只要不辞辛苦,肯于读书,甘于寂寞,就会从中发现新资料,也就会取得一系列新成就。只要文章有创新,各个刊物都会欢迎。

三 文献研究之选题

研究及写作是一个思想认识过程的纪录,也是一个积累的过程。是思想认识的积累,也是写作能力的积累,又是材料的积累。对任何事物的认识都要经历一个由表及里的过程。当你对事物有比较深入的认识的时候,你就会看到它存在的未知数,等待你去探讨。写作能力也是这样,写得多了,看别人的文章多了,就会领悟到自己的差距在什么地方,文章修改之时,就说明能力正在提高。从这个意义上说,写了文章不要急于发表,应该放在抽屉里,过两个月,看一看,是否有新的认识和材料可以增加,再过两个月,拿出来看一看是否还有不妥处需要修改。几经反复,逐渐积累,才有可能写出一篇有深度有见解立论严谨的文章。也许有人觉得这样做效率太低,与现在的时尚不匹配,但是时下的浮躁风气的确害人。我们的头脑应该保持冷静,只有基础扎实,才能有真正的高效率。

要确立研究方向。既然学术论文表达了一个探索的过程,那么,探索什么,每人各不相同。各人受到的专业教育不同,兴趣爱好不同,所处的社会环境见闻不同,工作性质不同,都会影响研究方向的选择。受到客观环境的影响,不断改变调整自己的研究方向,也是常事。有时需要我们同时关注几个相关的领域,可能会更加机动灵活,又可以触类旁通。比如搞目录学史,兼做图书馆史人物研究,这些人物与目录学的发展有密切关系,比如沈祖荣、裘开明等等。这就是很好的触类旁通的例子。另外,比如聊城大学图书馆的一位南京大学博士,从研究海源阁入手,继而研究运河对聊城的作用,现在已经把聊城地区运河沿岸的石刻全部录文,由此一定可以产生许多研究成果。

再次,坚持自己的研究方向,不为一时热点所动,不为虚名所动,不为一时实用拼凑文字,就会渐渐有持续的研究成果。这是一个多与少、冷与热的辩证关系,比如常书鸿刚到敦煌时,四顾茫茫,荒无人烟。如今,敦煌学已成为国际显学,常书鸿的手稿亦成文物,这是积多少年的寂寞成就的辉煌。也许今天不必如此的艰苦,但是这种学术精神仍然需要。当古籍馆正在进行普通古籍突击编目之时,任馆长希望我向古籍馆做古籍整理的同志们转达这样一个想法,由于分馆的明清古籍比较多,应该注意多读明清史,有了明清史的基础,再进行研究,功底比较丰厚,任馆长以唐长孺先生为例,因为唐先生是著名的唐史专家,所以对于敦煌的研究就能够得心应手。任馆长所讲的方法我们很应该重视并且付诸实践。

选题是研究方向的具体体现,是写文章的重要一环。选题如何,体现了一个人的思想深度或思想的敏锐程度。

首先,选题要出于己意,是个人见解,不要炒冷饭。好的选题不是突然产生的,源于平时的积累和思考。同样的工作,有的人就会不断发现选题,有的人就想不到,这有三种原因:①严格要求自己,积极进取;②勤于思考,多发现为什么和怎么办;③勤于学习,读书看报,接受各方面的信息,结合工作启发思路。有人说,好的选题是文章的一半,其实没有这么神秘。能有好的选题当然值得庆幸,这说明基本思路已经成熟,只要写下去即可。但有时开始写的时候不一定有非常成熟的思想,但是已经有了一种比较强烈的感觉,在写作过程中不断整理思路,不断加深对已掌握的资料的理解,并且逐渐增加新的资料,使得这个题目比当初拟定时有所改进,也许会调整出一个更好的思路。胡适的名言"大胆假设,小心求证"是有道理的,应该勤于动笔,记录自己的思想火花,但不要以为思想火花就是文章,还需要科学求证。有人说,大胆假设之前,应该加上"广泛看书"四个字,其实大胆假设如果没有读书学习为有前提,产生不出有价值的假设。

其次,选题要有新意。所谓新意,至少包括两方面,一是揭示新发现的资料,比如本馆新近购进有关《续修四库总目提要》信札,比如关于最近发现秋瑾就义后的资料,均为以往未曾整理,不为人所知;二是对文献研究后的新认识,比如缪荃孙校勘《新唐书》事;海源阁刻书事;莫友芝《影山草堂学吟稿》诸钞稿本的综合揭示;复旦大学周兴陆研究上海图书馆韩愈诗集上的题跋、陶渊明诗集题跋,均是从某一角度重新认识文献资料,得到新的研究成果。

所谓新,需要研究者对相关领域有密切注视,比如,傅斯年长辈的乡试硃卷,山东一位作者研究傅斯年多年,看到乡试硃卷很激动,于是全文照录。其实,该科硃卷已有刻本,并不稀见,且乡试多为八股文,未必有太多意义。对于硃卷,其意义似以传记资料更受到瞩目。所以这位作者应当把文章重点放在以硃卷考订傅斯年家族史上,或许会有所突破。有些人不注意求新,文章似炒冷饭,比如,研究孔子整理典籍的成就,宋代《崇文总目》的分类体系,书院藏书,都是已经有相当深入的研究成果,如无新见解,就不必进行表面性的叙说了。有的文章说是分析蒙元时期稀见文集,其实《四库全书》已收录这些文集,并不稀见。再比如,有人做先秦散文的辑佚,后来经我们查对,百分之八十都是前人已经辑过,或者《中国古佚书辑本目录解题》已经指出出处。再比如,有人研究明代某国子监祭酒著述,该文文献查找不全面,本馆所藏此学者一部别集,文中没有论及,后来作者看到本馆所藏,知是孤本,包含甚多以往所不知信息,方才补充文章。诸如此类等等。

再次,选题要有意义,文献研究工作是实践性很强的工作,是为他人服务的工作,我们所做的研究,一定要对文化建设、对学术的研究有意义;从日常工作中提炼出来的选题,同时对我馆未来的发展具有借鉴作用,这就是文章的生命力所在。

又次,选题要小中见大。为文不宜题目过大,如讨论《四库全书》抄写错误,是大而不当的题目。题目不能太大,不要把做一本书的题目拿来写一篇文章,或者写出来的文章大而无当,没有切实的内容,或者帽子很大,实际内容与之不相称。比如有的参会文章比较初唐边塞诗与中唐边塞诗的区别,就是帽子太大,文章容量很小,必然难以表达完整思想,受到主持者批评。著名学者王力也主张"应该写小题目,不要搞大题目,小题目反而能写出大文章"(《谈谈写论文》)。比如《史记》版本研究是一个大题目,但如果把它分解成宋代三家注本、元代刊本研究等题目,看起来题目小了,其实更加深入,能发掘出别人没有注意到的材料,反而有新收获,不会是炒冷饭。

事实上,我馆的古籍工作是古文献领域中里最丰富最有特色的,规模大、品种多、管理流程复杂,这为我们发掘选题提供了有利的条件。比如我们的舆图、金石、民族语言单独为组,各自有不同的文献管理方法,都是其他图书馆所不可比拟的。除了日常的借书、管理书籍之外,揭示这些宝藏,研究这些宝藏,也是为学术界服务的手段之一。

作为国家图书馆的工作人员,所发表的文章部分地表达了国家图书馆对此问题的关注,所以当我们落笔写文章时,要想到读者的感受,想到自己声音的意义,想到应该具有的思想高度和视野范围。

四　重视参考资料

参考资料与选题的重要性不相上下。参考资料不是要写文章的时候才去查找,而是平时注意积累,凡属自己研究范围的,个人感兴趣的,都要记在心中或笔记中。资料的积累也有狭义和广义两个方面,固然自己已经拟定的研究方向内的资料应该积累,此外的书刊报纸也应该经常阅读,不仅其他领域相关资料会有启发之功,增广见闻,其他领域的方法论也应该借鉴。大量资料的积累,要进行排比归纳分析。著名的钱存训教授,为了编制《中国目录学》讲义,曾搜集古今中外各种语文有关中国目录学研究专著和论文,有二千五百条之多,之后仅这些资料就编成《中国书目解题汇编》一书,成为研究中国书史必要参考的工具书。

日常积累关于某个问题的资料,或几个问题的资料,十分重要。文章所写的,一般是自己熟悉的领域,或是自己准备努力钻研的领域。平时应该对这些领域的资料多留心。比如南宋缉熙殿,是皇家藏书之所在,我们的善本《文苑英华》《洪范政鉴》上都钤有"缉熙殿"的藏书印。缉熙殿究竟如何呢? 其建制、任职、藏书、现存遗迹等,零散记载于各种史书中、个人文集中,将之钩沉出来,进行梳理,就可以提出问题,解决问题。资料积累多了,还能触类旁通地发现新问题,开辟新的研究方向。使甲文章写在手,乙文章已在酝酿,丙文章的题目已经浮现。这时就会感受到探索与写作的乐趣。

我想在此特别提醒诸位,在查找资料的时候,万不可忘记参考台港以及日本、英美诸国的研究成果,台湾的学者经常花费大量精力编制各种索引,便利专业人员使用。我们必须一只眼睛看着本土,另一只眼睛观察世界。国外资料尽管有语言障碍,仍应不畏困难,既练习语言,又掌握资料。同时注意台湾、香港及内地部分文章转引文字,才能对问题有较全面的认识。

五　研究资料之组织

有了思路,有了选题,有了资料,如何使之成为一篇文章呢?

首先要写一小提纲。全文围绕题目共阐述几个方面,每一个方面内应该有哪几个小问题,都要事先有大概的计划,甚至每一小节要举哪几个例子,最好已经心中有数,这样就可以给每一小节均匀地安排字数。要特别详细阐述的章节,可以多安排一些小节,使全文拍节比较一致,舒缓得当。

接着开始写楔子,也就是写本文的宗旨及写作缘起。所谓写作缘起,即应该在这里说明写此文的动机如何,有关这方面的研究的大致状态如何,本文的新意或突破点在何处。这部分文字虽然简单,却是全文的总领,平常总说起承转和,此处的起,可以是平铺直叙,也可以是单刀直入,开门见山。写小说可以做悬念,可以先写景色铺垫心情,但写论文要严谨周密,立论鲜明,所以楔子部分每句话都表达了文章的宗旨。

楔子之后正文开始。正文部分主要是对欲阐述的观点进行论证。所谓论证,就是充分展示你所有的论据。正面论述,把所有的论据,依一个顺序排列,可以时间为序,使之为纵向论述,也可以是横向的,以事物的不同侧面为序。事物不是孤立存在的,多方面的联系使事物具有复杂的性质。动笔时应想好哪些问题详写,哪些问题略写。《文献》曾经刊出过一篇文章——《南齐王宝玉墓志考释》,作者从南京附近发现的一块南齐墓志说起,先录铭文,再考墓主人,最后兼论南朝墓志体例。这篇文章由表及里,然后总其成。每篇文章,为了阐述中心思想,总要分几个方面,每一方面,又分几个小题目,或者叫作几个小层面,哪个问题先论述,哪个问题后论述,要事先安排,注意各层面之间的内部逻辑关系。写完后还要反复斟酌,反复推敲,俗话说,文章是修改出来的。

起承转合,是一句老话,像是八股。但它是写文章的一般性要求。起承转合俱全,尤其是结尾处的转与合,特别体现了"小中见大"。有的文章仿佛没有"合"这部分文字,但其"合"的含义也应该表现在文章中。所谓"合"，就是小中见大之"大"。如果没有起承转合的"合"，文章没有力度，只是就事论事；有了"合"，立论的最终意义才表述完整。比如，2005年第2期《文献》曾经刊登李国庆（美国）的一篇文章《胡适题跋一则——兼谈胡适与〈醒世姻缘传〉的因缘》，作者从北京大学一部普通古籍上一则长期未被提及的胡适题跋说起，论及胡适藏书、胡适小说研究、胡适对《醒世姻缘传》的研究及其影响，最后落实在胡适对小说版本研究之认识，该文起承转合运用十分准确，使这一则题跋起到小中见大的作用。但是，《文献》的很多文章不见得要如此程序化，比如我们曾经刊登过的《近20年出土契丹文大小字石刻综录》，只是把石刻的发现地及外貌加以介绍，并写清铭文释读后发表的情况及与之有关的不同看法。文章虽然没有写转合部分，但是其民族文献的重要性、出土文献对于历史研究领域扩展的重要性不言而喻，所以转合部分虽省犹在。

六　语言与行文的规范

语言文字对于写文章，看起来仿佛只是技术手段，其实反映了一个人的文化素养和学习功底。一般来说，文章中语言不规范的情况有两种，一种是太口语化，一种是句子结构不合理。

口语化而无语言加工，反映出平常看书太少，没有标准的书面语言训练，比如有的文章中讲到认真执行管理制度，就写作"要动真格的"，还有的人将我们日常用的"日文组""俄编组""法文选书"之类的简称写到文章中，甚至有人用"组藏"分析我馆某类图书的典藏情况。文章写出来，不是仅仅给本馆或本部门的人看，也不是给很了解自己的朋友看，而是至少要给整个文史学界、图书馆界的人看,写作的时候心中要有读者。所以落笔要用规范的语言,正式的书面语言,还要经过反复推敲,才能拿得出手。

前面说到材料组织时,强调了思路的逻辑性。语言是逻辑严谨的表达方式之一,一个逻辑严谨的人很少写病句。

理想的学术论文语言应该严谨、简洁、清晰、流畅。在有所批评的时候,既要实事求是,又要委婉恳切;一般性表述时,尽可能文雅、清新,要做到这一点,也需要多看书,学习别人自然、清晰、得体的文句,以应用到自己的文章中去。

行文的规范,包括引文标注出处,列出参考文献。标明出处和参考文献,表示所论俱有来源,不是凭空臆说,表明作者对这个问题研究的深度,表明作者对资料把握的完整性,也表明作者对前人学说的尊敬。这一点,现在已经是学术规范,我们一定要做到。

纵观以上所说,研究与写学术论文,首先是多看书,勤思考,然后是积累资料,确定选题,成文后要不断修改。对学术的态度要诚实冷静,不盲目追随热点,必然会有所收获。

手书文稿的魅力*

国家图书馆 2004 年 6 月举办了"《文献》百期纪念"展览。这个展览更引人关注的,是展出了该刊二十馀年来积累的部分知名作者的手书文稿。1979 年国家图书馆创办《文献》杂志时,正值"十年浩劫"之后,历经磨难的学者以"霜叶红于二月花"的风骨,重新开始学术生涯。《文献》杂志二十六年间,学风严谨朴实,以披露珍稀文献、发表实证研究为特色,获得众多知名学者对该刊的信任,以及国内外学术界厚爱,成为传统文化、文献学研究领域的重要阵地。这是积累重要手书文稿的前提。

现存的手书文稿,有的文字十分精整,以冀叔英先生的文稿为代表(图一):

此图是 1979 年冀先生为郑振铎的书目和题跋所写的文章手稿,这是国家图书馆善本特藏部的工作人员十分熟悉的"菊花体"。至 2000 年,冀先生已经八十高龄时,为文仍是一丝不苟的

---

*本文原刊《中国文物报·收藏鉴赏周刊》2004 年 7 月 7 日,有较大改动。

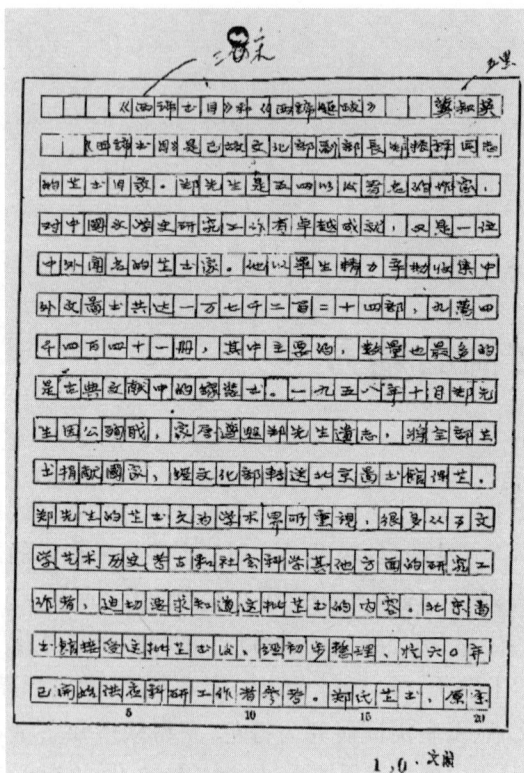

图一：冀叔英文稿

"菊花体"。

　　有的文稿可以看出作者修改文章的思路，如以研究藏书、版本著称的黄裳先生，曾在《文献》上连载关于天一阁被劫事及其被劫书目，在原抄的稿件上可以看到黄裳先生细密小字多处修改。

　　向来作者与编者往来的信函，也是稿件的组成部分，在信函展品中，可以看到端木蕻良讨论古字，阴法鲁审稿意见，胡道静推荐稿件，还有著名的章草大家王蘧常的墨宝。《文献》第二十二辑刊出复旦大学王蘧常教授的传记,王蘧常先生文史哲皆通,又是当代书法家,今存稿件中,有墨书著述表和为传记事与编辑部的几通手札。近似情况的还有王利器先生的文章和编辑部与之往来的信件,谢国桢先生的文章和编辑部与之往来的信件等等。

这些手稿饱含了学者们的心血,反映了他们的学术经历。比如孙楷第先生(1898—1986),著名的小说史专家,是小说目录学的创始人。他在国立北平图书馆工作的十二年,奠定了他从版本、目录入手,研究小说、戏曲的史料基础。他的重要著作《小说旁证》,1935年曾经在《国立北平图书馆馆刊》发表,共八则,之后的四十馀年中,他一直修订不辍。该书至2000年始由人民文学出版社出版,被小说史研究者称为"一部让人等了半个多世纪的好书",而其中一部分以《〈小说旁证〉十题》于1979年就在《文献》杂志上发表。今见其手稿(图二),字大如胡桃,这是因为他晚年视力不佳。孙楷第先生的行实,曾有杨镰先生之文,可参见。

又如谭戒甫先生(1897—1974),系武汉大学教授,研究先秦诸子的大家,其文稿系遗作,所用纸张系60年代初期的泛黄草纸,落款为"1962.9.3. 于武大三区,42号",至今已经将近半个世纪,文章刊于1981年《文献》杂志。

今天看到研究戏曲小说的著名专家吴晓铃先生重要著述《加拿大多伦多大学东亚图书馆所藏蓬莱慕氏书库述概》《书胡适〈跋芝加哥大学藏的赵一清《水经注》释〉》的文稿(图三),如见故人。吴先生当年住在宣武门外时,《文献》的编辑曾往探访,送交稿费和样书。《加拿大多伦多大学东亚图书馆所藏蓬莱慕氏书库述概》,介绍了罕有人提及的加拿大汉学研究机构中的汉籍庋藏。此后凡讨论海外戏曲收藏,北美部分此为代表作之一。吴先生去世后,其藏书归首都图书馆,吴书荫先生参与整理事宜,现又在

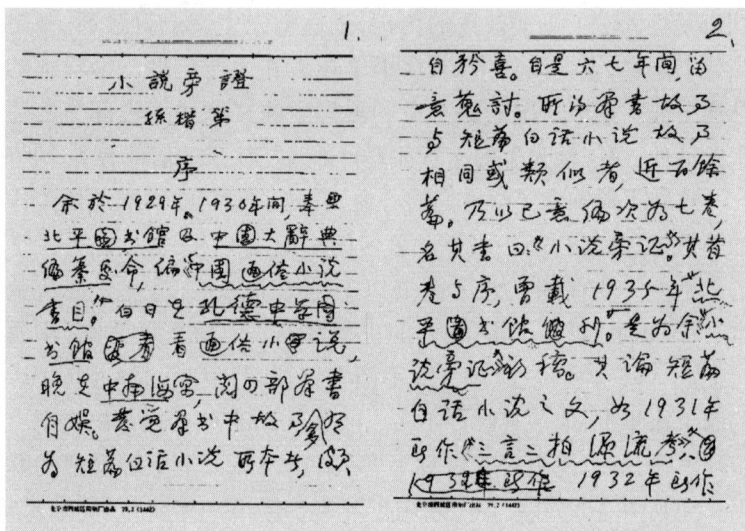

图二:孙楷第手稿

《文献》2004年第3期刊出《吴晓铃先生和"双楯书屋"藏曲》之文,绍介"双楯书屋"的珍藏,《文献》与吴先生的渊源也许还将继续下去。

夏承焘的论词之文多篇,文稿似均为夫人吴无闻抄写并注释。吴无闻是夏先生好友吴鹭山的妹妹,吴鹭山先生治诗,又是书法家,《文献》杂志曾发表三篇吴鹭山的文章。这文字背后蕴含多少历尽坎坷而结成的友谊亲情,想是一言难尽。《文献》杂志曾开辟"中国当代社会科学家传略"栏目,这个栏目持续了八年,收录六十馀篇传记,有的是自撰,有的是亲属或弟子撰写,记录了历经磨难的知名学者艰苦治学经历。大部分传记还附有照片,使读者可一睹这些老学者的风采。冯友兰先生在自传中特别抄写了《西南联合大学校歌(调寄满江红)》:"万里长征,辞却了五朝宫

图三：吴晓铃手稿

阙。暂驻足、衡山湘水，又成离别。绝徼移栽桢干质，九州遍洒黎元血。尽筚吹、弦涌在山城，情弥切。　　千秋耻，终当雪。中业兴，需人杰。便一成三户，壮怀难折。多难殷忧新国运，动心忍性希前哲。待驱除仇寇复神京，还燕碣。"（图四）传达了前辈学人历难不折的坚强信念。

　　国图曾经是国内重要的学术研究机构，许多知名学者是从这里学习成长起来的。多年过去，他们仍然对在图书馆工作的岁月怀有深深的眷念，如著名的历史地理学家谭其骧先生，曾在《文献》刊文，题目为"值得怀念的三年图书馆生活"，他所编撰的《国立北平图书馆方志目录》，是本馆最早的方志目录，也为他日后专门从事历史地理研究打下了坚实的基础。从大学毕业至退休，一直供职于国家图书馆的印刷史专家张秀民先生在《文献》上发表

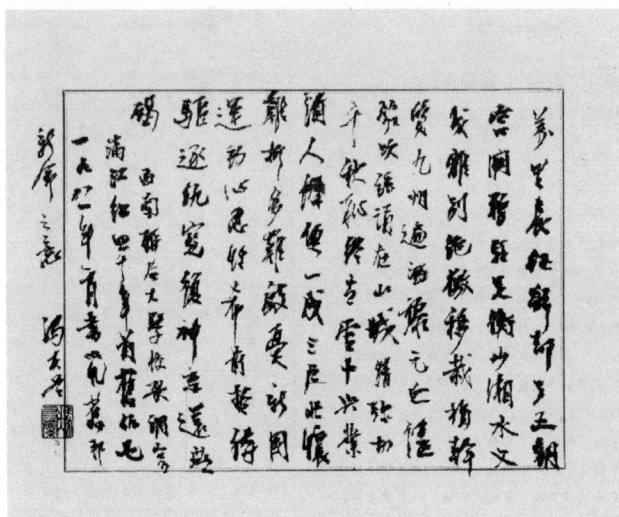

图四：冯友兰手稿

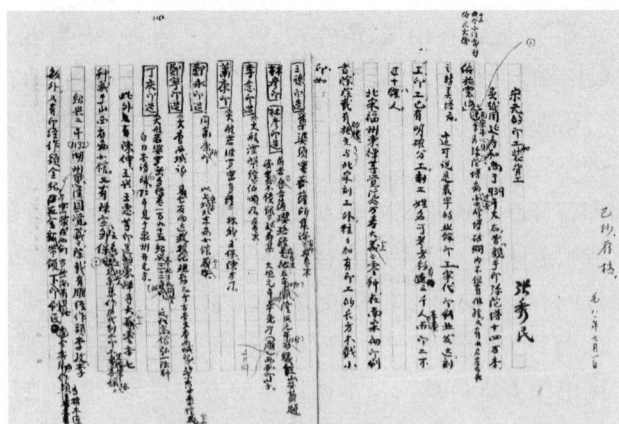

图五：张秀民手稿

多篇关于书史的文章,如《宋元的印工和装背工》(图五)、《明代北京的刻书》、《石印术道光时即已传入我国说》等。

展品中还有戈宝权、商鸿逵、刘乃和、吴小如、朱士嘉、刘世德、姚雪垠、阴法鲁、周谷城、孙钦善、王锺翰、张中行、赵光贤、王利器、卜孝萱、端木蕻良、傅璇琮、顾廷龙、季镇淮、李一氓、罗继祖、缪钺、钱仲联、詹锳、周绍良、周一良、周祖谟等著名学者的手写文稿及书信,展示了书写文化的魅力。

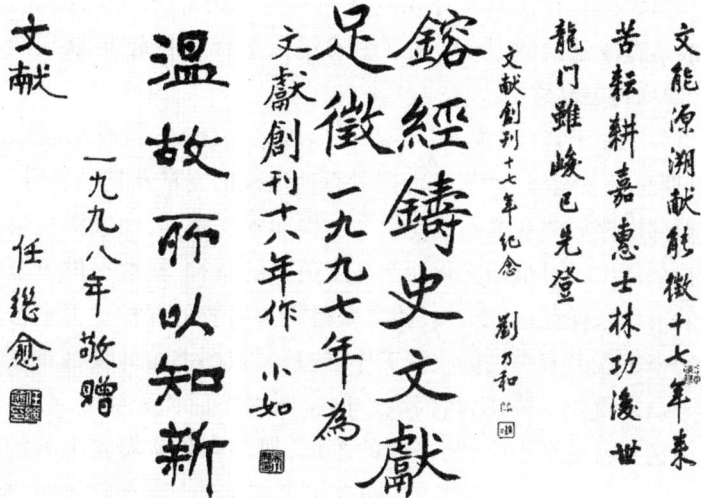

图六:部分题词

时至今日,写作更多是在电脑上完成,计算机技术可以提供剪贴、修改、复制、保存以至传输的方便,稿件永远干净整齐。当我们享受这些方便和整齐时,也就牺牲了欣赏个性书写的美感、修改文句的记录以及因此引起的追忆。而这些积二十馀年留存下来的手书文稿,展示了各位学者不同的书写风格,黄裳娟秀一丝不苟的小字,阴法鲁干净方整的楷书,卞孝萱斜长遒劲的大字,罗继祖、缪钺二位精整的蝇头小楷,王蘧常独特的章草书法,周祖谟的手书工整漂亮,可作字帖,令人叹为观止。

这些手书文稿能够保存至今,饱含很多人对尊重文化的良苦用心。早年的《文献》杂志编辑收到著名学者的手书文稿后,就另抄一份送到印刷厂做排印之用,作者的原稿留存编辑部。国内学者、国外知名汉学家的信件都在信封上专门标注,说明保存的意义。当《文献》杂志从文津街迁往白石桥总馆时,部分旧档案、信件散落在凌乱的物品间,北京图书馆出版社社长郭又陵一一捡出,现均在展品之中。

为了便于查找《文献》杂志百期以来的载文,编辑部制作了"百期总目及索引"。当我们回顾百期以来的文章及其作者时,为编辑部尚存如此众多的重要手书文稿而深深感动,国家图书馆善本特藏部出于对祖国文化遗产高度负责的精神,愿意提供恒温恒湿的书库来保存这些文稿,使之获得更为妥善的保护。善本特藏部历来重视名家手稿的收藏工作,这是国家图书馆的收藏重点之一。众多重要手稿、书籍因藏于国家图书馆而免于被毁之虞,著名的例子就是徐志摩、陆小曼的手稿,保存在陈从周先生处的部分,60年代赠予北京图书馆(即今国家图书馆)。不数月后,"文革"开始,收藏于徐志摩堂侄徐炎炎处的《志摩全集》纸版十包就在运动中遗失了一包。日后,陈从周先生在回忆文章中说:"如果我不是这样做,恐怕(手稿)今天也都不存了。在'文革'期间,我时时忆及它。'四人帮'打倒了,居然仍留人间,我私慰总算对得起志摩、小曼了。"有同样感受的,还有刘乃和先生,刘先生于1997

年撰文《藏书最好的归宿——陈垣藏书的捐献与徐坊书的散失》①,陈垣藏书捐赠国家图书馆,既有妥善的保管又服务于读者;而山东徐坊藏书,晚清曾名重一时,但在民国时期的战乱中,散失殆尽,令人扼腕。《文献》编辑部在这些珍贵的文稿移交保管之前,与善本特藏部十分郑重地携手举办这个纪念展,希望社会各界人士能够一睹这些积二十馀年留存下来的珍贵文稿,体会著名学者不同的书写风格,学习、揣摩这些学者对于文句的推敲,文章修改的思路,学习他们老而弥坚的风骨,这些都是手书文稿所具有的独特魅力。

---

① 《北京图书馆馆刊》1997 年第 3 期。

国家图书馆的关防与藏书印*

一 从印信看沿革(印章图)

国家图书馆(即原北京图书馆)从 20 世纪初始建立,至今已近百年,百年风雨岂能一言道尽!如今静静地置于恒温恒湿善本库中的旧日印信,虽然材质普通,多为铜、铁、木或牛角,但它们凝聚着历史风云,关联着我国近现代历史中诸多文化名人及政治家,抚今追昔,每每令人不胜感慨。在此以时间为次,举例如下。

京师图书馆(如图一"京师图书馆印",铜质,篆文)。建制于清宣统元年(1909)四月,由清政府批准建立。该年七月奏准三件事:一、文津阁《四库全书》藏京师图书馆,将内阁翰林院、内阁大库、各省官书局所藏书籍拨交京师图书馆;二、派四品衔

---

* 本文原刊《山西档案》2000 年第 2 期,又以"国家图书馆历史上的印信与藏书章"为题发表于《文汇读书周报》2005 年 12 月 9 日。

图一

翰林院编修缪荃孙任京师图书馆监督,国子监丞徐坊任副监督,总务司郎中杨熊祥任提调;三、铸造印信。1912年8月27日京师图书馆正式开馆。办馆之初,馆舍紧张,曾移至安定门内方家胡同国子监南学,那时门额使用的方砖名匾至今仍存。

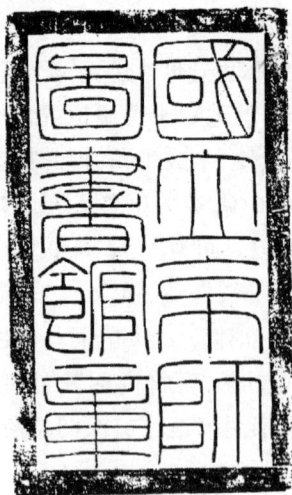

图二

图三

　　国立京师图书馆(如图二"国立京师图书馆章"和图三"国立京师图书馆长")。1925年10月,专门经营、管理美国所退还部分庚子赔款的中华教育文化基金会,与教育部协商订约,决定合办"国立京师图书馆",聘请梁启超、李四光为正副馆长。至此,原"京师图书馆"馆名被撤销。

　　中华教育文化基金会与教育部合办国立京师图书馆,曾签有协议:"一、教育部以原在方家胡同图书馆的旧籍移交行将组建的国立京师图书馆;二、中华教育文化基金会董事会拨款一百万作为馆舍建筑费;三、每月双方各支付经常费用四千元。"但当时北京政府国库空虚,月拨经常费用不能兑现,中华教育文化基金会亦暂缓履行契约,1925年至1928年中华教育文化基金会曾独家经办"北京图书馆"近三年,仍聘请梁启超、李四光为正副馆长,馆址在北海庆霄楼。1928年北伐成功,国民政府宣告成立,定都南京,北京更名为北平。"北京图书馆"之名因此不能沿用而改称北海图书馆。(如图四"北平北海图书馆委员会之印",鸡血石,篆书)。

图四

1926 年—1927 年间,梁启超按照教育部部署,积极筹办合办契约,并办理原京师图书馆改为国立京师图书馆的交接手续,申请拨北海西南之御马圈暨养蜂夹道毗连之操场约七十亩地(即今文津街馆舍),以修建国立京师图书馆馆舍。

图五

1928 年 7 月,国民政府大学院通知国立京师图书馆改名为北平图书馆,同时成立"大学院北平图书馆筹备委员会"(如图五"大学院北平图书馆筹备委员会之章",木质、牛角质各一枚)。此期间由陈垣先生执掌。1928 年 12 月,当时大学院曾有意将北平图书馆并入北海图书馆,筹委会五委员全体具名致电蔡元培、蒋梦麟,力陈不可,要曰:"且该馆系用中美教育基金之款,受委员会监督,会中有美国人,名为国款,实则支配权不在政府及人民。以原系完全由国家设立之事业并入,殊于国体有关……如因国库支绌,可暂维持,不事拓充,在国家每月支出无多,而所以保持国光者甚大。为此迫切陈词,伏希垂察。"电文之后有签名:陈垣、马裕藻、马衡、陈懋治、黄世晖。由于五委员力陈,北平图书馆并入北海图书馆之议搁置未行。

　　国民政府将中海居仁堂交北平图书馆使用,1929年1月在居仁堂举行开馆典礼。陈垣先生做报告,介绍北平图书馆沿革及藏书情况。现在还可见到一枚长方木质印章:"民国十八年一月十日国立北平图书馆迁移新址开馆纪念赠品",显然是为庆祝此次开馆而镌刻。透过这枚木质印章,可以想象当日隆重典礼以及志士仁人共图文化事业发达之擘画经营。

　　1929年6月,国立北平图书馆与北平北海图书馆合并,成立"国立北平图书馆委员会"(如图六"国立北平图书馆章",牛角,篆书)。由蔡元培、袁同礼任正副馆长,本馆档案室尚存1929年8月30日教育部任命袁同礼为副馆长之聘书。从此至1949年改名为北京图书馆,"国立北平图书馆"共持续二十年,是国家图书馆在旧中国使用年限最长之馆名。

图六

图七

　　在国家图书馆历史上,与"松坡图书馆"有较深关系。1925年5月前后,梁启超先生悉心创办了以蔡锷将军的字命名的"北京市私立松坡图书馆",馆址设在北海公园内快雪堂,并郑重镌刻馆印及部门钤印(如图七"北京市私立松坡图书馆钤记",木质,篆书)和收藏章。该馆于1949年8月由北平市军事管制委员会文化接管委员会接管,并改为北京图书馆分馆。至今可见部分图书钤其藏书章。

二　藏书与藏书章

如上所述,清末学部曾奏准调拨内阁翰林院、内阁大库、各省官书局所藏书籍至京师图书馆。从彼时起,各方图籍源源不断运到本馆。1910年,学部给京师图书馆送敦煌经卷。1914年,文津阁《四库全书》押运至京,暂存故宫古物陈列所。《鲁迅日记》中该年1月6日记有此事。1915年教育部派鲁迅等人办理《四库全书》移交京师图书馆手续,京师图书馆派人同古物陈列所工作人员共同点收。1916年,教育部曾两次通令,向各地征求志书、著名碑碣石刻拓片,以充京师图书馆庋藏。从1929年居仁堂开馆仪式上陈垣先生报告,可知彼时庋藏概况。报告对藏书分五个部分介绍,一曰善本,二曰唐人写经,三曰各种地图碑帙墨迹,四曰四库全书,五曰普通书,以下仅引陈垣先生关于普通书所云:"大约系由国子监南学移藏,约七八万册,南陵徐氏藏书、归安姚氏藏书,亦占一部分,合以本馆历年所购置,共有十五万三千馀册,中有二万四千馀册为各省州府县志,四千馀册为赋役全书,并有朱批谕旨等数十部,皆为重要史料,故本馆实可称为研究国学者一比较完善的图书馆。"南陵徐氏,系指徐乃昌积学斋藏书;归安姚氏,系指姚觐元咫进斋藏书。

藏书丰富,藏书章亦不同凡响。有一枚象牙章,印文为篆书

图八

图九

"国立北平图书馆珍藏"（图八），边款刻"巨来"二字（图九）。此系篆刻名家陈巨来所治印。陈斝字巨来，后以字行，斋名安持精舍，浙江平湖人。曾师从赵叔孺。各大博物馆、图书馆都曾请他刻制元朱文藏印。著有《篆刻脞话》《安持精舍印存》等。现在多部善本书上均可见此钤印。还有一枚象牙章，印文为篆书"国立北平图书馆收藏金石文字记"（图十），边款刻有"二十五年八月古杭王福厂治印"十三字。王福厂即王福庵，名禔，原名寿祺，字维季，号福庵，以号行。杭州人。乃西泠印社创立人之一。曾受故宫博物院院长马衡盛情相邀聘为顾问。

抗日战争期间，本馆与北京大学、清华大学等学校一起辗转来到昆明，从办事处发展为战时国立北平图书馆本部，坚持文献采集、编辑、整理工作。此期间，可资记录事件千头万绪，兹举一事,即与西南联合大学共同组建"中日战事史料征辑会"。袁同礼代馆长利用国共合作政治局面,向国共双方征集抗日战争史料。他曾致信中国共产党驻重庆办事处领导周恩来同志,请求支援抗日战争史料征集工作。这一请求得到周恩来同志和驻西安办事处林伯渠同志的热情支持。1939年3月16日周怡同志致函曰:"恩来同志因公赴前线,于月前即已离渝。接奉先生致恩来同志函后,当即趋贵寓拜谒。因先生教育会议忙碌,数次均无缘晤谈,现除将大函留交恩来同志外,已函延安方面,搜集有关抗战文献,直寄昆明。"同年7月17日重庆办事处致函袁同礼,曰:"兹有周副部长交下书籍数十本,特函付(附)上并付(附)书单一纸,收到后希即赐覆。今后尚有书继续寄上。"4月10日,林伯渠同志托李乐知转交国立北平图书馆联共历史等书。1941年10月28日,延安新华书店函问"赠送贵处之书报是否能按期收到"。这些经过战火硝烟保存下来的文件,为我们留住了历史。今天,国家图书馆新善本珍藏中,凡钤有"中日战事史料征辑会"印章的革命文献,多于此时期征集。1948年5月国立北平图书馆在北海静心斋展览抗日战争资料一万五千馀件,引起各界很大反响。现存篆书"中日战事史料

图十

图十一

征辑会"印章一枚(图十一)。今年正值纪念抗日战争胜利,这枚材质普通的印章,展示着抗战必胜的信念,也体现着卓识远见和历史责任感。

以上就印信与藏书章,对国家图书馆历史事件举隅。先贤为本馆发展所做贡献,后学铭心企慕。

书　评

客观科学地研究纸与印刷术对世界文化的意义 *

——评钱存训《中国古代书籍纸墨及印刷术》(修订本)

钱存训,江苏人,早年毕业于金陵大学。后任职于国立北平图书馆(今国家图书馆前身)。抗日战争起,任上海办事处的负责人,保护图书馆南迁到上海的善本书。根据当时的馆长袁同礼通过驻美国大使胡适与美国方面达成的协议,为避免国家的善本书遭到日寇的破坏,将之运往美国,俟和平后再运返祖国。年轻的钱存训接受图书馆的重托,在形势复杂危急的上海,设法找到一位在海关任职的朋友,用手推车秘密地将善本书运到海关,以为美国国会图书馆购买新书的名义,终于在太平洋战争爆发前夕,将计划中运美的书籍全部运出。二十年后,由于新中国和美国尚无正式的外交关系,台北"中央图书馆"要求将这些善本书运到台湾,美方同意,1965 年 11 月运抵基隆港。1967 年,台北"中央图

* 本文发表于《中国文物报》2003 年 4 月 25 日,又发表于台湾《书目季刊》第三十六卷(2003 年)第四期,部分内容亦刊于《图书馆杂志》2003 年第 4 期。

书馆"编《"中央图书馆"善本书目》中包括了这批善本。钱存训教授当时已经任职美国芝加哥大学东亚图书馆,遂以美国东亚图书馆协会主席的身份说明这批善本书系国立北平图书馆的财产,只是暂存台湾。1969 年,台北"中央图书馆"再次出版《"中央图书馆"善本书目》时,对这批善本书就更名为"'中央图书馆'典藏国立北平图书馆善本书目",表示了对事实和这批书的所有权的承认。近年钱存训教授又撰文叙述此事原委,希望能够促进这批善本书早日回归。

　　钱存训自 1948 年任职美国芝加哥大学以来,一直专注于中国书史方面的研究。与书史有关的书籍制度、纸的制造、印刷术的缘起,都在研究的视野之内,60 年代曾有英文本的《书于竹帛》一书问世。纸与印刷术的发明,推动了文明的进程,在世界范围内具有重大的意义。由于钱存训教授的孜孜努力,在英语世界中既注意到国内考古的新成就和国外汉学研究的进展,又搜集中国文化在西方国家传播的迹象与记载以及散出的文物,获得了当时国内处于封闭状态中学者难以了解国外研究的发展动态,和西方国家中一般人中国文化浸润不够深厚故难以企及的成就。著名的剑桥大学李约瑟博士特约请他为系列著述《中国科学技术史》中的《纸和印刷》之册的独立撰稿人,这是这部巨著中当时已经出版的十二册中,第一部由其他学者具名完成的著述。该书于 1985 年出版,第一版在发行之前就被预订一空,1989 年续印修订第三版,至今仍是全书已出版各册中最畅销的一种。显然,由于这一专题涉及中国四大发明中有关文化传播的最重要的两大发明,引起了世界范围的广泛关注。

　　钱存训教授在《书于竹帛》《纸和印刷》(二书皆有多种文字的译本和数次的修订本)之外,还有《中国古代书籍纸墨和印刷术》之论文集,为前二书的补充。这部论文集,初版于香港中文大学出版社,十年之后,由北京图书馆出版社出版修订本。修订后分为前后两编:前编四章收入论文二十篇,其中典籍章分别考订古代文献的特色以及简牍、封泥和书刀的形制;纸墨章追溯其原料、制作及应用的起源和发展;印刷章研究各种技术的沿革、程序及问题;影响章则讨论纸和印刷术的发明、发展及其在学术和社会上的影响和功能。后编四章为叙评等二十篇,收录题记、序跋、书评及读者的评介等杂文,并附有插图多幅。其文笔清新,深入浅出,平和而科学严谨,是很多人异口同声的赞誉。不仅如此,这部论文集广泛地吸收新的考古材料,广泛地搜集世界各地新的研究成果,使读者总是有新的收获。

中国古代印刷技术对于世界的影响,钱存训教授主要从对亚洲和对欧洲两个方面来考察。在亚洲,主要是朝鲜、日本和越南,最早受到了来自中国的影响,学会了造纸和使用雕版印刷术。其中最为突出的是朝鲜国,他们受中国宋代毕昇创制活字技术的启发,于15世纪初即明朝初期使用金属活字,推动了活字印刷技术的发展,采用这些金属活字印制的书籍至今尚存。琉球和菲律宾都有用雕版印刷的历史,并且有实物存世,清晰地表明了受到中国的影响。虽然中国应用雕版印刷比欧洲早八百年,应用活字印刷技术比欧洲早四百年,但是许多研究欧洲印刷史的专家却主张欧洲的活字印刷是独立发明,与雕版印刷无关,更与中国的印刷技术没有关系。钱存训教授特别撰文《欧洲印刷术起源的中国背景》和《中国发明造纸和印刷术早于欧洲的原因》,在西方世界中以理性的分析,批驳了那些无视中国印刷术对世界文明做出伟大贡献的观点,并将各种西方文献中相关的点滴记载积蓄起来,以说明中国的印刷技术和书籍的印刷与装帧,是从欧亚大陆或者是走海路,即从阿拉伯国家传到欧洲去的。

钱存训教授久居美国,环游世界,而潜心于研究中国文化,很自然地,他的著述中常常引用了国外图书馆或博物馆的藏品,比如他介绍过英国剑桥大学所藏的宋刻本《橘录》,介绍过芝加哥大学所藏的汉代封泥印文,介绍过一件美国私人收藏的据说是 1935年于长沙出土的战国时期纸胎漆马,介绍过美国苹果城亨特纸品博物馆所藏的清代墙纸,使国内的读者在阅读其文章的同时,又扩大了眼界。他还积极评介欧美学者研究中国文化的成就,比如,在《亚洲研究学报》上评介美国密歇根大学出版社出版的克伦普的《谋略:战国策研究》一书;在《亚洲研究学报》上评介英国出版的《十竹斋书画谱》复制本,这一复制本选用的底本,是收藏在英国不列颠博物馆和德国柏林东亚美术博物馆的残本,或许国内有完整的、同时期的版本,但我们依旧应当关心流传在海外的汉籍的状况,亦应当了解欧美国家的美术界或印刷史研究者是如何热爱中国传统的优雅的套色雕版印刷品的。曾有一位美国人,20世纪 30 年代利用在广州工作的机会,广泛地考察了广东广西农村手工造纸的情景,并于 1941 年回国时带回各种手工纸样。1970 年这位美国人去世,他的资料被后人补充整理,于 80 年代出版为《中国手工造纸》一书,钱存训教授为之撰写述评。也许研究造纸史的专家多专注于早期的纸样,此书中收录了约四十种两广地区手工造纸的纸样,甚为难能可贵。通过钱存训教授的介绍,人们对中国的造纸技术以及美国人对此的研究,会有更进一步的认识。

钱存训教授长时期使用英语,却对汉字的优越性有着深刻的认识。他认为中国文字记录的持久、延续、多产和广被性,是世界文明中所独具的特色,中国古代文献的丰富和详细,更没有其他民族的记载可以相比。他在《〈书于竹帛〉写作缘起》中写道："由于近代中国所受的外辱和屈辱,使中国人对自己固有的文化传统,丧失自信而盲目自贬。甚至现在还有人认为废除汉字、采用拼音是文字演进的规律和迎合世界潮流,却没有深思汉字的功能和拼音文字的后果。假使没有汉字形体所独具的延续性和凝固性相维护而采用拼音文字,中国早已成为以方言立国而分崩离析的国家了。"对祖国的深刻的热忱,从此不难体会,而从这个意义去认识印刷技术及笔墨书籍的制造与使用,也会有一番新的感受。钱存训教授的这部论文集中对如何认识韩国发现的现存最早的雕版佛经,如何为"印刷"下定义,以及造纸技术的发展与蔡伦的关系,都有冷静、科学的论述。读者可以细细地品味。

宋史研究之延伸*

——喜读《四库提要订误(增订本)》

深秋时节,我收到李师裕民新作《四库提要订误(增订本)》(以下简称《订误》)(中华书局2005年9月出版)。展读新书,不由得想起,差不多二十年前,李老师以订正《四库全书总目》为例,给我们讲解如何进行考据。课上课下的积累,至我们毕业后不久,《四库提要订误》初版已由书目文献出版社付梓。

斗转星移,十几个春秋过去,修订本比初版时分量几乎多一倍,增加近二百条,多少辛勤血汗熔铸成此厚厚一本。

多年来,由于工作关系,也常常读到一些辨证《四库全书总目》的札记,深知其不易。若没有对某一领域的深切研究,难以发现原提要中疏漏。李师此部订误,订正《总目》四百五十条,加订正《四库未收书目提要》八条,共得四百五十八条。其中属宋金元以外仅九十四则,馀五分之四皆属宋金元各朝著述。李师于宋史

* 本文原刊《书品》2006年第2期。部分内容又刊于《全国新书目》2006年第8期。

向有专攻,"文革"之前师从著名宋史权威邓广铭先生,"文革"期间分配到山西大学工作。山西自五代以降,历宋辽金元诸朝,遗篇固多,兼有丰富古迹。李师从容于考古实物与传世文献之间,从山西地方宋金元史资料钩沉,别辟宋史研究新领域。在不断积累过程中,于《四库全书总目》提要订误,渐有新得。

　　既为《总目》补正,必然要与余嘉锡皇皇巨著《四库提要辨证》(以下简称《辨证》)相比较。此《订误》与《辨证》相同条目有四十则左右,其中仅四则为汉唐明人著作,馀皆为宋金元人著述。以宋代乐史著《太平寰宇记》为例:《辨证》于此则凡七页,主要考辨两个问题,一为古来地理书加入人物传记之体例若何,二为本书流传残佚若何;《订误》则主要考辨四库馆臣对于乐史著述动机及成书时间表述之误,作者认为乐史作此书时,正值雍熙北伐失利之后,距太祖太宗封桩库以收复燕云十六州,已有十年左右,所以馆臣"史亦预探其志"之说,不合史实。

　　再如刘攽《彭城集》,《辨证》主要指出为刘攽作祭文者系曾肇,实为张耒代笔,而非曾巩,因曾巩辞世早于刘攽。而《订误》于《彭城集》,共考辨四事,其一为刘攽被贬,与反对新法无多关系;其二指出祭文作者实为张耒;其三补充刘攽著述八种,内四种今存;其四指出馆臣自《永乐大典》辑《彭城集》佚篇,尚有未尽者,还可从他处再辑若干。

　　《辨证》考察严谨,即使《订误》与之考辨同一则提要,由于重点不同,正可以参照观读,增长见闻。不过也有少数条目,《订误》从宋史研究等角度,指出《辨证》的疏漏。例如对于《周易集说》提要,四库馆臣著录作者俞琰为宋人。《辨证》据《万姓统谱》证明俞琰不可能生于四库馆臣所谓之宝祐初年,颇认同明卢熊《苏州府志》关于俞琰卒于元贞(1295—1297)年间之说。《订误》举俞琰

《书斋夜话》和《席上腐谈》数条记载,证明俞琰的确生于宝祐五年(1257)或六年,故馆臣之谓尚可;俞琰入元后生活近五十年,卒年在泰定三年(1326)或四年,馆臣所谓俞琰"至延祐(1314—1320)初始卒"不确。且俞琰隐居不仕,似非效忠于宋之意,故其生平活动大部分在元代,当著录为元人近是。在考证俞琰生卒年过程中,《订误》两次纠正《辨证》误说。又例,《江东地利论》提要中,作者陈武生平"始末未详",《辨证》曾有所考证,《订误》初版时已利用《温州府志》《南宋馆阁续录》及《中兴百官题名》等宋史资料,详细考察,补《辨证》之缺若干,此次修订,再为补充,更加细密。从此陈武生平之大端具备。

以上数例堪可窥见《订误》中宋史研究造诣深厚。兹再举一例,系《辨证》所不及者,进一步说明专史研究与文献考索之功结合的重要性。宋代范成大《吴郡志》,是著名古志,向有研究采用。该书卷首有赵汝谈为之序,宋刻本序文申明龚颐、滕宬、周南三人尝为范成大搜访佚闻。《四库全书总目》著录其中二人姓名不确:龚颐,沿用赵汝谈之说;滕宬,馆臣作"滕茂"。此间最可考辨者为龚颐,龚颐即龚颐正,此人原名龚敦颐,因避宋光宗名讳而改,赵汝谈序文因讳而称"龚颐"。但《四库全书》修于清乾隆时期,没有必要避宋帝讳,是馆臣不察。龚颐正(1140—1201),原籍和州历阳,后徙吴中。以学问文章闻名当时,与范成大交往甚密。《订误》于此考辨甚详,遍举现存宋史资料中有关龚颐正者,读者可以参阅。

李师往年曾为文《宋诗话丛考》,考订二十九种宋诗话(刊于《文史》第二十三辑,中华书局,1984年),内中八种涉及《总目》。《订误》之初版,于宋人诗话共订正十九则,此八种亦在其中,已比刊于《文史》时有多处补充。《四库全书总目》连同存目书在内,共收五十餘种宋人诗话,今《订误》修订本共考辨二十二则,不仅比初版增加新条目,且于旧说也有整饬。如近来研究者颇为关注之《诗话总龟》,《订误》较详细地考述该书成书过程,其前集后集与阮阅关系若何,于今人辑佚得失亦有评说。"诗文评"仅是集部中一个小类,数十年勤学积累,可知集腋成裘大不易。想起时下文章速成,便觉应该提倡这种沉潜于学的精神。

在《订误》修订本中,读者可以看到作者近年宋史研究新成果,数年前,我即知李师着力于宋代道教研究,此修订本比初版果然多出对宋代张伯端《悟真篇注疏》提要之订误。

即使是明人著作,《订误》所及亦常与宋史相关。例如集部明代单复《读杜愚得》,《总目》提要以为宋代黄伯思曾撰《杜诗编年集》,为宋代最早杜诗年谱,经《订误》考证指出,事实上,宋神宗元丰七年(1084)吕大防已撰《杜工部诗年谱》。

该书另一特点是,不仅对宋代史实做订误,且于文献梳理贡献甚大。比如《文苑英华》条,《四库全书》用明刊本,《订误》补充说明国家图书馆尚存宋刊残本,计一百四十卷,可资校勘。再如《江湖后集》条,《四库全书》所取乃辑自《永乐大典》,虽提要自诩"篇什完具",然并不全,《订误》列举尚缺收四十二人。应该重视的是,此则《订误》结尾处特别注明,考辨内容主要据费君清"《永乐大典》中发现的《江湖集》资料论析"(《杭州大学学报》1988年第1期),后又略作补充。这种尊重他人研究成果,不掠美的学术道德更是应该提倡。又如《风月堂诗话》一则,《总目》仅提及作者朱弁"著作散落北方者甚多",而未见其详,《订误》指出朱弁曾作《应州记》《浑源州记》,又从《寰宇通志》、《明一统志》、成化《山西通志》中收集佚文,且今大同市善化寺尚存金皇统三年(1234)朱弁撰《大金西京大普恩寺重修大殿记》。这就是上文所说,山西曾经宋辽金元诸代,地方文献中可供钩辑者颇不少,而且文物遗存、金石碑版亦为珍贵史料,《订误》作者有心留意于此,为文时自然左右逢源,可资考证。

自《四库全书总目》刻本广为流播以来,不断有订补、辨证之书。1937 年胡玉缙《四库提要补正》问世,该书共补提要二千三百种,举凡作者里籍、生卒年代、分类、传本存佚状态等等。1954年余嘉锡《四库提要辨证》结集出版,该《辨证》不仅找寻《四库全书总目》之错误,论证其致误原因,而且还一一考辨诸家之说,如上举《太平寰宇记》之例。以上均为综合考订之作。至于以专史研究角度对《总目》进行考辨之作,台湾专治版本目录学教授刘兆祐曾经有《四库著录元人别集提要补正》一书于 20 世纪 70 年代出版,该书对《四库全书总目》著录之一百六十九家元人别集,补正九十九家,主要从元人文集存世版本与馆臣著录之差异,进行载录、评析。如今,此新著《四库提要订误(增订本)》乃宋史专家辨证《总目》,综合宋史资料,缜密考证,对《总目》中众多宋人著作予以考查,不啻是邓先生治史四把钥匙"职官、地理、目录、年代"之综合体现,乃治《四库全书总目》者、研究宋史者之必读书。

游　记

士礼居·过云楼·顾家花园*

2005 年 11 月 12 日,趁开会报到后的空暇,我们一行五人到苏州寻访藏书楼旧址。

同行中清华大学图书馆刘蔷女士曾著文介绍过云楼藏书,故与过云楼主人顾文彬五世孙顾笃璜先生时有通信联系。我们来到事先约定的网师园附近沈德潜故居,顾笃璜先生已在这里等候多时了。顾先生今年七十八岁高龄,精神矍铄,双目炯炯有神,退休后一直积极促进昆曲抢救,主持着已有八十馀年历史的"昆曲传习所",活动地址就在沈德潜故居。关于近年昆曲演出,2004 年12 月 23 日《北京青年报》曾以"江南最后一个名士"为题做过长篇报道,可以参阅。

顾笃璜先生娓娓介绍过云楼藏书"文革"中辗转变迁,以及顾氏族人自抗战以来流离失散的状况。过云楼现在被一家房地产公司占用,已无顾氏家人居住其中。可喜的是,近年苏州政府已经开

* 本文原刊《图书与情报》2006 年第 2 期。

始注意过云楼存在的历史文化意义,有意整饬开放藏书楼。中午时分,顾笃璜先生以苏州风味的包子和绿茶招待我们。在沈德潜故居,和过云楼后人共享苏州茶点,在我们心中留下的是隽永。

午后,顾笃璜先生带领我们参观过云楼及怡园①。过云楼及怡园旧址原为明代吴宽所有,清代同光年间被曾任道台的顾文彬购置,重新修建。现在,由于城市建设,宅邸前半已成宽阔马路,各种车辆风电般疾驶而过。临街处即是原来庭院深处的藏书楼,"过云楼"匾额仍嵌在门楣上。因是周六,房地产公司不上班,我们也就无缘进到院中登临过云楼。

怡园本为过云楼私家花园,乃苏州众多园林之一,现已开放。亭台楼榭,石瘦水曲,自不必说,单是内中名人如翁方纲、顾文彬、顾廷龙等题字,便令人目不暇接。翁方纲嘉庆癸亥所题"石听琴室",并非因怡园而作,系顾文彬后见翁氏题词切合庭园布置而摹写,并跋曰:"生公说法,顽石点头;少文抚琴,众山相应。琴固灵物,石亦非顽。儿子承于坡仙琴馆操缦学弄,庭中石丈有如伛偻老人,作俯首听琴状,殆不能言而能听者耶?覃溪学士此额,情景宛合,先得我心者,急付手民,以榜我庐。光绪二年岁次丙子季冬之月怡园主人识。"室内古琴抚然,室外湖石嶙峋,表达主人雅趣且超然之情怀。

出得怡园,我们还想再去寻访黄丕烈"士礼居"旧址。顾笃璜先生兴致勃勃,率我们前行。黄丕烈是清代最著名的藏书家之一,其藏书极重宋本,故有"百宋一廛"之说。国家图书馆所藏宋版书,其中部分曾经黄丕烈庋藏,其跋文及藏书印记曾数次揣摩,

---

①陈从周《园林美与昆曲美》一文中特别提到怡园,《惟有园林》,百花文艺出版社,1997年。

故此对士礼居心仪已久。我们走在著名的玄妙观前街上,此地曾经书肆林立,旧刻名抄时出其间。道光年间黄丕烈本人也曾在玄妙观附近开设滂喜园书铺。如今街上丝绸服装店与菜馆鳞次栉比,适值周末,人群熙熙攘攘。穿过玄妙观前街,过一小河,便是悬桥巷,悬桥巷北面是箓葭巷。

　　士礼居的后门在箓葭巷,前门在悬桥巷。此地现为一丝绸服装厂,可辨认为士礼居旧屋仅一正厅和东侧小院而已。正厅宽敞,雕花窗棂尚有旧日气派,但今与一厨房紧邻,脏水在门前肆意流淌;正厅后面是钢管与塑料顶棚搭起的大棚,停放着自行车摩托车。正厅东北方尚存一小院,院内三间平房,宝瓶形拱门尚完整,院墙上雕花漏窗也应是当日风韵。顾笃璜先生认为此二处都不是藏书楼,他说苏州藏书楼格局基本一致,均为楼上藏书,楼下系看书或接待朋友之所。尚存之正厅如同客厅,东侧之平房,当是女眷日常起居之所。无论如何,仅存遗址仍然让我们亲见了神往已久的黄丕烈故居。

　　箓葭巷旁边的小巷,即通往顾颉刚故居。我们欣然前趋。轻轻叩门之后,铁皮门打开,一对中年夫妇问明来意,热情将我们迎入。院落不大,屋舍高敞。南面一座已砌成墙的大门楣上刻有篆字"子翼孙谋",语出《诗经》,为周贻白手迹。一位老者迎出,询问方知,竟是顾颉刚先生哲嗣顾德辉先生,已是八十四岁高龄,原来这里仍是顾家后代居住。一位是顾颉刚后人顾德辉,一位是过云楼后人顾笃璜,此时坐在一起。二顾郡望不同,过云楼之顾乃徽州人氏,顾颉刚之顾乃昆山人氏。顾德辉先生给我们介绍顾家花园的变迁,以及在这里居住过的人物,比如白寿彝在大同书局做事时,曾住在这里。《文献》季刊于2002年连载刊出《顾颉刚藏书记》之文,该文详细记录顾老藏书之聚散,多次提到早年出入玄妙观书肆购书经历。此时笔者身处顾宅,想到苏州众多藏书家及其藏书之命运,感慨系之。悬桥巷内名人故居颇多,仅我们路过的就还有清代状元洪钧故居、近代名医钱伯煊故居。

　　离开顾家花园,已是暮色苍茫。对我们这些热爱藏书研究的人来说,这一天探寻藏书楼的行程多么短暂,多么难忘。同行者还有:山东大学杜泽逊、主父志波,南京师范大学王锷。

代后记:魏榆后人　墨香隽永

　　我在读一本书,妹妹写的《魏榆隽永集》。

　　我们是山西榆次人。榆次古称魏榆。先祖父曾有藏书印"魏榆王孝鱼藏书"。少年时代,我和妹妹生活在先祖父的书斋"观墨香室"里。环壁皆古书,吟诵不绝口是先祖父的日常生活情景。后来,妹妹有幸师从先祖父的弟子,又有幸工作于国家图书馆。从此二十馀年,妹妹"口不绝吟于六艺之文,手不停披于百家之编","焚膏油以继晷,恒兀兀以穷年"(韩愈《进学解》)。工作之馀,退休之后,都在阅读、写作,并整理、注释馆藏典籍。出版著述《潘美传》《宋哲宗》,整理编撰《国家图书馆藏琉球资料三编》(北京图书馆出版社,2006 年),注释《康·安·斯卡奇科夫所藏汉籍写本和地图题录》(国家图书馆出版社,2010 年),还整理出版了《藏园群书校勘跋识录》(中华书局,2012 年)、先祖父遗著《周易外传选要译解》《老子衍疏证》(中华书局,2014 年)等。现在,妹妹的单篇论文与札记随笔又要结集出版了。妹妹的著述文章,承续了先祖父的古籍整理工作,差堪慰藉先祖父在天之灵,亦可使

"观墨香室"那一缕书香留存久远吧。

读这本书,我很受感动,感动于妹妹对国家图书馆的拳拳之心。妹妹对于国图的发展,特别是《国家图书馆馆刊》《文献》的编辑出版,十分关心。文集中《中国古籍联合目录与目录学研究》《〈国立北平图书馆馆刊〉述略》《〈文献〉杂志与文献研究》《王重民致胡适、袁同礼的一封信》等文章都是论述图书馆与《文献》发展的。其中特别关注国图百年历史传统,重视前人研究成果,传承严谨扎实而又前瞻的学术风气。这些文章内容的厚重,让我看到了妹妹立足点的高度和眼光的深远。

读这本书,我也很有兴趣,因为那些揭示馆藏文献的文章,妹妹写来如数家珍,琳琅满目,而且详录细考,卓有识见。比如《从出土西夏文献中有关题记谈西夏的活字印刷》,仅从题记的片言只语,就分析出西夏印刷业的发展程度。比如《〈扬子法言〉校注本传录》,对于文献资料旁征博引,将其内容、收藏、递传、刊刻、异同逐一细述,内容丰富而眉目清晰。又如《〈重修使琉球录〉的刻本及其作者》《明清册封使别集中琉球史料举隅》两篇,不仅将明陈侃《使琉球录》以后明清两代历任册封使关于出使经过和琉球国情的专著爬梳考辨得清清楚楚,而且从册封使别集中搜索琉球史料,作为补充,这是很有见识的。而琉球史料在敏感的中日关系研究中的重要性不言自明。又如《〈虞山毛氏汲古阁图〉及其题跋》通过一幅图画入藏国家图书馆之不易,来历与收藏之辗转,图画与各家题跋之丰富,令人向往不已。在读过《宋哲宗》,看过国图馆藏司马光写作《资治通鉴》手迹(写在范纯仁来信信纸上!)之后,读《范纯仁生平事迹钩沉》真是欣幸不已。范仲淹先忧后乐之形象无人不知,他的次子范纯仁忠直坦荡,不溢美,耻虚荣,敦厚严谨的家风历代传承,读其生平事迹钩沉文章实在感慨良多。

　　读这本书,最令我感慨的也许就是与整理一万六千馀卷藏园手校书相关的六篇文章了。因为整理这批藏书是妹妹近十年来用功最多、钻研最深,甚至得了重病仍然坚持做完的工作。整理出来的校勘记《藏园群书校勘跋识录》已由中华书局出版,颇得读者好评。文集中收录的,是整理工作中写成的专题文章。整理工作中,妹妹对于每一卷每一页都精查细录,并详加注释,发现了许多《藏园群书经眼录》《藏园群书题记》未载的重要题识跋文。为了整理得更全面,妹妹遍询海内外可能有藏园藏书的图书馆,有的亲访,有的函索,将那些藏书中藏园老人所做的校勘题跋一一抄录出来。为了深刻领悟藏园老人的精神世界,妹妹还曾亲往京郊旸台山大觉寺踏勘寻访藏园遗踪。

　　读书读文,深感古籍整理工作意义重大。有时,书籍在图书馆仿佛"养在深闺人未识",整理藏书,编著目录索引,著文揭示馆藏,可以便于读者利用,进行深入研究;可以让读者更了解藏书家校勘者以及刊刻印刷售卖者为了古代典籍的留存传布耗费了多少心血! 同时,也向公众展示了我们祖国的文化瑰宝。

　　读这本书,也为书中的深情所感染。除了热爱国家图书馆,珍爱馆藏典籍之情,书中还洋溢着妹妹对于藏书校书刊印流布古代典籍的前辈学者,对于开创发展国家图书馆事业的早期馆长馆员的敬重之情。正是由于前辈学者沉潜于学,一丝不苟,孜孜矻矻,耗费毕生心血,才有了今日治学必须依据的精校精注本典籍。藏园老人"暇时辄取新旧刻本躬自校雠,丹黄不去手,矻矻穷日夜不休"(余嘉锡序《藏园群书题记》)。周叔弢先生藏书既精,校勘亦勤,且不以珍籍为私密。"周氏自庄严堪藏书和藏园双鉴楼藏书进入国家图书馆,不仅以其版本珍贵而享誉至今,亦因其数十年间孜孜于校勘,汲汲向学风气熏陶后学。"(《周叔弢傅增湘藏书校书合璧举隅》）爱屋及乌，各地藏书楼以及所藏典籍的流转也引起妹妹浓厚兴趣，文集中不少文章写了亲访的兴奋与对于流转的关注。袁同礼、王重民、张秀民等先生是国家图书馆的前辈，他们努力扩大馆藏，尽力保护善本，开拓研究内容，创办图书馆学专科，将毕生献给图书馆事业，对于国家图书馆都做出了不可磨灭的贡献。钱存训先生虽长期生活在海外，但始终以北平图书馆馆员身份保护抗战南迁上海后又迁美国的部分北平图书馆藏善本书，专注于中国书史研究。《书于竹帛》《纸和印刷》《中国古代书籍纸墨和印刷术》等著作，都既有很高的学术价值又饱含先生的拳拳爱国之情。"高山仰止，景行行止"，合上书，景仰之情溢于我心。

　　文集中这些文章，写作时间逾二十年，散见于各种报刊杂志。妹夫钟铟帮助妹妹搜集整理，又为电子版安插图片。而结集的建议、文集的整理都是《文献》编辑张燕婴女史推动。又得林世田、汪桂海、全桂花、王楠、张燕婴、高柯立、刘波等逐篇逐字校核，非常感谢他们。还要特别感谢中华书局领导的支持以及樊玉兰编辑辛勤的劳动。

王　溪

2017 年 5 月